Mögliche Fragen an den Bereich Herrschaft:

- Wie kam es dazu, dass jemand über andere herrschte?
- Wie wurden die jeweiligen Herrschaftsformen begründet?
- Wie konnte Herrschaft durchgesetzt werden?
- Welche Freiheiten hatten die Menschen in verschiedenen Herrschaftssystemen?
- Welche Möglichkeiten hatten die Menschen mitzubestimmen?
- Gab es Kritik an bestimmten Herrschaftssystemen?
- Haben die Menschen gegen bestimmte Herrschaftsformen gekämpft?
- Unter welchen Bedingungen haben sich Herrschaftsweisen geändert?

Mögliche Fragen an den Bereich Wirtschaft:

- Wie organisierten die Menschen zu verschiedenen Zeiten ihre Wirtschaft?
- Welche Entwicklungsmöglichkeiten haben Menschen unter bestimmten wirtschaftlichen Bedingungen?
- Was verursachte wirtschaftliche Veränderungen?
- Welche politischen und gesellschaftlichen Folgen hatten wirtschaftliche Veränderungen?
- Wie sehr prägte die Menschen ihre wirtchaftliche Lebensweise? Wie sehr waren sie von dieser abhängig?

westermann

DURCHBLICK 1
GESCHICHTE

Rheinland-Pfalz

Autorinnen und Autoren

Enrico Jahn
Andreas Klingeberg
Martin Lücke
Christian Machate
Wolfgang Pankratz
Karin Schröfel
Heike Schuster
Mona Teusch

Durchblick Geschichte 1
Rheinland-Pfalz

Mit Beiträgen von
Alexandra Faust, Kerstin Graham, Klaus Langer, Dietmar Schulte-Möhring,
Torsten Steinberg, Ralf Tieke, Gerald Wieziolkowski

Titel: Stiftung Neanderthal Museum

Vorbereiten. Organisieren. Durchführen.
BiBox ist das umfassende Digitalpaket zu diesem Lehrwerk mit zahlreichen Materialien und dem digitalen Schulbuch. Für Lehrkräfte und Schülerinnen und Schüler sind verschiedene Lizenzen verfügbar.
Nähere Informationen unter
www.bibox.schule

Medienbildung
Dieses Symbol verweist auf Aufgaben oder Seiten, auf denen der Erwerb von Medienkompetenz besonders gefördert wird. Nähere Informationen unter
www.westermann.de/medienbildung

© 2021 Westermann Bildungsmedien Verlag GmbH, Georg-Westermann-Allee 66, 38104 Braunschweig
www.westermann.de

Das Werk und seine Teile sind urheberrechtlich geschützt. Jede Nutzung in anderen als den gesetzlich zugelassenen bzw. vertraglich zugestandenen Fällen bedarf der vorherigen schriftlichen Einwilligung des Verlages. Nähere Informationen zur vertraglich gestatteten Anzahl von Kopien finden Sie auf www.schulbuchkopie.de.

Für Verweise (Links) auf Internet-Adressen gilt folgender Haftungshinweis: Trotz sorgfältiger inhaltlicher Kontrolle wird die Haftung für die Inhalte der externen Seiten ausgeschlossen. Für den Inhalt dieser externen Seiten sind ausschließlich deren Betreiber verantwortlich. Sollten Sie daher auf kostenpflichtige, illegale oder anstößige Inhalte treffen, so bedauern wir dies ausdrücklich und bitten Sie, uns umgehend per E-Mail davon in Kenntnis zu setzen, damit beim Nachdruck der Verweis gelöscht wird.

Druck A² / Jahr 2023
Alle Drucke der Serie A sind im Unterricht parallel verwendbar.

Redaktion: Kerstin Graham
Druck und Bindung: Westermann Druck GmbH, Georg-Westermann-Allee 66, 38104 Braunschweig

ISBN 978-3-14-**100110**-5

Liebe Schülerinnen und Schüler,

vor euch liegt euer neues Buch „Durchblick Geschichte". Ihr könnt mit ihm spannende Ereignisse der Vergangenheit erforschen. Auf den Seiten mit dunklen Reitern stehen die Basis-Inhalte, die alle Schülerinnen und Schüler bearbeiten sollen. Die hellblauen Reiter zeigen jene Inhalte an, die als Erweiterung oder Vertiefung angeboten werden. Die Seiten mit weißen Reitern kennzeichnen Seiten, mit denen ihr euch beschäftigen könnt, wenn ihr noch Zeit für und Lust auf Zusatzthemen habt.

❹
④

Auf allen Seiten findet ihr Aufgaben, die euch helfen sollen, die Inhalte der Seite zu erarbeiten. Oft gibt es blaue und weiße Aufgabennummern. Auch hier stehen die weißen Nummern für Zusatzaufgaben, die ihr erledigen könnt, wenn noch etwas Zeit ist oder ihr besonders schnell wart.
Bei Aufgaben mit dem Mediensymbol könnt ihr den Umgang mit digitalen Medien üben.

Hilfe

Einige Aufgaben sind mit einem Hilfezeichen markiert. So seht ihr gleich, dass es zu dieser Aufgabe eine Hilfestellung gibt. Die Hilfe findet ihr auf derselben Seite. Sie ist mit der gleichen Aufgabennummer in Grau gekennzeichnet.

❹
④

Unter einigen Aufgaben findet ihr ein Gruppenzeichen und einen Vorschlag für eine Partner- oder Gruppenlernform. Genauere Anleitungen dazu stehen im hinteren Buchdeckel.

M

In eurem Buch gibt es viele Materialien wie zum Beispiel Bilder, Karten oder Schaubilder. Sie sind alle mit einem M markiert. Auch Texte, die von Personen aus der Vergangenheit stammen, sind auf diese Art gekennzeichnet. Sie stehen auf einem gelben Hintergrund, so könnt ihr sie besser von den normalen Schulbuchtexten unterscheiden.

Elle

Manchmal werdet ihr in eurem Buch auf Wörter stoßen, die schwierig oder auch neu sind. Solche Wörter werden im Text unterstrichen und für euch am Rand erklärt.

Webcode

Das Tabletzeichen zeigt euch an, dass ihr zu einem bestimmten Thema einen Filmclip im Internet finden könnt. Gebt dazu den aufgeführten Webcode unter www.westermann.de/webcodes in das Suchfeld ein.

Wie in vielen anderen Fächern gibt es auch in Geschichte bestimmte Methoden, die ihr für die Erforschung der Vergangenheit erlernen müsst. Sie werden euch auf den gelben „Methoden lernen"-Seiten vorgestellt. Außerdem gibt es grüne „Operatoren üben"-Seiten, die euch helfen sollen, verschiedene Aufgabenformen richtig zu bearbeiten. Beide Seitentypen geben euch viel Gelegenheit zum Üben. Auf den lilafarbenen Zusammenfassungsseiten könnt ihr das Gelernte wiederholen.

Inhalt

Operatoren üben
auf einen Blick

beschreiben	16
erklären	28
gegenüberstellen	66
begründen	138
beurteilen	208
vermuten	252
erläutern	268
bewerten	290
vergleichen	330

Einführung in die Geschichte — 10

- Über Epochen und Quellen 12
- Quellen und Darstellungen 14
- Operatoren üben: beschreiben 16
- Du und deine Geschichte 18
- Methoden lernen: Zeitleisten erstellen 20
- Ein Projekt: Dein Heimatort und seine Geschichte ... 22

Leben in vorgeschichtlicher Zeit — 24

- Spurensuche nach der Vergangenheit 26
- Operatoren üben: erklären 28
- Die Anfänge der Menschheit 30
- Werkzeuge und Feuer 32
- Menschen leben als Jäger und Sammler 34
- Kunst und Glauben 36
- Starke Männer – schwache Frauen? 38
- Die Natur verändert sich 40
- Die Menschen werden sesshaft 42
- Von der Steinzeit zur Metallzeit 44
- Handelswege verbinden Menschen 46
- Die Kelten 48
- Zusammenfassung 50

Antike Kulturen im Mittelmeerraum 52

Ägypten – eine frühe Hochkultur 54

- Der Nil – die Lebensgrundlage Ägyptens 56
- Landwirtschaft am Nil. 58
- Methoden lernen: Bildquellen beschreiben 60
- Der Pharao – Herrscher und Gott 62
- Ungleiche Untertanen 64
- Operatoren üben: gegenüberstellen 66
- Alltagsleben im alten Ägypten 68
- Die Schrift – Grundlage des Wissens 70
- Die Pyramiden 72
- Ein Rollenspiel: Streik auf der Pyramidenbaustelle . . 74
- Der Totenkult im alten Ägypten 76
- Methoden lernen: Bildquellen geschichtlich einordnen. . . 78
- Zusammenfassung 80

Das antike Griechenland 82

- Die Besiedlung Griechenlands. 84
- Götterwelt und Heldensagen. 86
- Die Olympischen Spiele. 88
- Neue Städte in fernen Regionen. 90
- Methoden lernen: Explainitys erstellen 92
- Die attische Demokratie zur Zeit des Perikles 94
- Eine Geschichtserzählung: Das Scherbengericht . . . 96
- Volksherrschaft durch alle?. 98
- Alltagsleben in Athen 100
- Seemacht mit Folgen 102
- Zusammenfassung 104

Imperium Romanum 106

- Die Anfänge Roms. 108
- Ein Weltreich entsteht. 110
- Methoden lernen: Geschichtskarten auswerten 112
- Die römische Republik 114
- Eine Geschichtserzählung: Auf dem Weg zum Triumpfzug. . . . 116
- Leben im antiken Rom 118
- Wohnen in Rom 120
- Freizeit und Vergnügen 122

- Die „familia" 124
- Kinder und Frauen in Rom 126
- Die römischen Götter 128
- Die Germanen: viele Stämme – eine Kultur 130
- Handel über die Grenze hinaus 132
- Leben in der Provinz. 134
- Römische Spuren in Rheinland-Pfalz. 136
- Operatoren üben: begründen 138
- Die Anfänge des Christentums 140
- Zusammenfassung 142

Die Grundlegung Europas im Mittelalter   144

Leben im Mittelalter   146

- Die mittelalterliche Ordnung. 148
- Das Lehnswesen. 150
- Der König auf Reisen 152
- Karl wird Kaiser 154
- Ein Streit um die Macht 156
- Die Grundherrschaft. 158
- Eine Geschichtserzählung: Johann und sein Grundherr 160
- Leben auf dem Land. 162
- Leben in der Dorfgemeinschaft 164
- Das Leben auf Burgen. 166
- Leben im Kloster 168
- Städtegründungen im Mittelalter 170
- Methoden lernen: Textquellen auswerten 172
- Menschen in der Stadt 174
- Handwerker und Zünfte 176
- Die Hanse 178
- Zusammenfassung 180

Begegnung fremder Kulturen   182

- Die Ausbreitung des Islam nach Europa 184
- Arabische Einflüsse bereichern Europa 186
- Die Kreuzzüge 188
- Juden im mittelalterlichen Deutschland 190
- Von Nachbarn zu Feinden 192
- Begegnung durch Handel – die Seidenstraße 194
- Ein Projekt: Internetrecherchen zur Seidenstraße 196
- Zusammenfassung 198

Die Frühe Neuzeit – Zeit des beschleunigten Wandels 200

Die Zeit der Entdeckungen 202

- Eine neue Zeit beginnt 204
- Erfindungen verändern die Welt 206
- Operatoren üben: beurteilen 208
- Das Weltbild im Wandel 210
- Methoden lernen: Historische Karten vergleichen 212
- Christoph Kolumbus – Kurs West nach Indien 214
- Vasco da Gama – Kurs Süd-Ost nach Indien 216
- Das Reich der Inka 218
- Vernichtung einer Hochkultur 220
- Die Folgen der Eroberungen 222
- Methoden lernen: Textquellen vergleichen 224
- Der Beginn des weltweiten Überseehandels 226
- Sklaven für Amerika 228
- Zusammenfassung 230

Reformation und Glaubenskriege 232

- Missstände in der Kirche 234
- Methoden lernen: Flugblätter auswerten 236
- Martin Luther – ein Kritiker der Kirche 238
- Die Reformation breitet sich aus 240
- Der Bauernkrieg 242
- Eine Geschichtserzählung: Vor der Schlacht 244
- Glaubensstreit als Kampf um Einfluss 246
- Die Gegenreformation der katholische Kirche 248
- Der Dreißigjährige Krieg 250
- Operatoren üben: vermuten 252
- Zusammenfassung 254

Die Zeit des Absolutismus 256

- Die Herrschaft Ludwigs XIV. 258
- Die Wirtschaft zur Zeit Ludwigs XIV. 260
- Die Ständegesellschaft in Frankreich 262
- Methoden lernen: Karikaturen analysieren 264
- Die Aufklärung 266
- Operatoren üben: erläutern 268
- Die aufgeklärte Herrschaft Friedrichs II. 270
- Zusammenfassung 272

Das „Lange 19. Jahrhundert" – Zeit der Umbrüche … 274

Die Französische Revolution … 276

- Der Beginn der Französischen Revolution … 278
- Eine Geschichtserzählung: Der Sturm auf die Bastille … 280
- Die Revolution breitet sich aus … 282
- Die Menschenrechte … 284
- Eine Verfassung für Frankreich … 286
- Frankreich wird Republik … 288
- Operatoren üben: bewerten … 290
- Die Herrschaft der Jakobiner … 292
- Das Ende der Revolution … 294
- Die Kirche verliert ihre Macht … 296
- Zusammenfassung … 298

Auf dem Weg zum Nationalstaat … 300

- Napoleon und die Deutschen … 302
- Der Wiener Kongress … 304
- Zwischen Fortschritt und Rückschritt … 306
- Eine neue Schicht: das Bürgertum … 308
- Eine Geschichtserzählung: Schüsse auf dem Schlossplatz … 310
- Die Revolution von 1848/49 … 312
- Die Gründung des Deutschen Reiches … 314
- Methoden lernen: Gemälde auswerten … 316
- Das deutsche Kaiserreich … 318
- Operatoren üben: gegenüberstellen … 320
- Zusammenfassung … 322

Die Industrialisierung … 324

- Tiefgreifende Veränderungen … 326
- Mit Dampf arbeiten … 328
- Operatoren üben: vergleichen … 330
- Industrialisierung in Deutschland … 332
- Das Leben der Arbeiterfamilien … 334
- Methoden lernen: Fotografien untersuchen … 336
- Jede Arbeitskraft wird gebraucht … 338
- Eine Geschichtserzählung: Erna erzählt aus ihrem Leben … 340
- Das Leben des Bürgertums … 342
- Die soziale Frage – Lösungsversuche … 344
- Arbeiter fordern Rechte … 346
- Politische Vordenker … 348
- Der Staat greift ein … 350
- Zusammenfassung … 352

Anhang

Textquellenverzeichnis 354
Bildnachweis 356
Operatorenübersicht 358

Vorschläge für Längsschnitte

Wie wohnten die Menschen in verschiedenen Zeiten?

Vorgeschichte	Menschen leben als Jäger und Sammler	34
	Die Menschen werden sesshaft	42
Antike	Alltagsleben im alten Ägypten (T1, T2)	68
	Alltagsleben in Athen (T2)	101
	Wohnen in Rom	120
Mittelalter	Leben auf dem Land (T1)	162
	Das Leben auf Burgen	166
19. Jahrhundert	**Methoden lernen:** Fotografien untersuchen	336
	Eine Geschichtserzählung: Erna erzählt (T1) . . .	340
	Das Leben des Bürgertums (T1)	342

Wie veränderten sich Rollenbilder im Laufe der Geschichte?

Vorgeschichte	Starke Männer – schwache Frauen?	38
Antike	Alltagsleben im alten Ägypten (T3, T4)	69
	Volksherrschaft durch alle? (T1)	98
	Die „familia" (T1)	124
	Kinder und Frauen in Rom (T3, T4)	127
19. Jahrhundert	Jede Arbeitskraft wird gebraucht (T2)	339
	Eine Geschichtserzählung: Erna erzählt (T2) . . .	341
	Das Leben des Bürgertums (T2, T3)	343

Wie entwickelte sich der Handel in früheren Zeiten?

Vorgeschichte	Handelswege verbinden Menschen	46
Antike	Neue Städte in fernen Regionen	90
	Methoden lernen: Explainitys erstellen	92
	Handel über die Grenze hinaus (T2, T3)	133
Mittelalter	Die Hanse	178
	Begegnung durch Handel – die Seidenstraße . . .	194
Frühe Neuzeit	Christoph Kolumbus – Kurs West nach Indien . . .	214
	Vasco da Gama – Kurs Süd-Ost nach Indien (T1, T2)	216
	Der Beginn des weltweiten Überseehandels	226

M1 Fortbewegungsmöglichkeiten in der Geschichte

Einführung in die Geschichte

→ Was ist Geschichte?

→ Warum ist Geschichte ein Unterrichtsfach?

→ Wie erfahren wir etwas über die Geschichte?

M2 Unsere Klasse im Jahr 2022

M3 Urkunde über ein Bündnis gegen Seeräuber von 1361

2 500 000 v. Chr.

Vorgeschichte
Die Vorgeschichte dauerte von vor etwa 2,5 Millionen Jahren bis etwa 3000 v. Chr. Aus diesem Zeitraum gibt es keine schriftlichen Überlieferungen.

① Flöte und Steinwerkzeug

3000 v. Chr.

Frühgeschichte
Die Frühgeschichte dauerte bis ungefähr 800 v. Chr. Hier entstand zum Beispiel das Reich der Ägypter.

② Ägyptische Malerei

M1 Zeiteinteilung in Epochen

Über Epochen und Quellen

T1 • Geschichte – der Blick in die Vergangenheit
Im Fach Geschichte erfährst du, was in der Vergangenheit geschehen ist und wie die Menschen früher gedacht und gehandelt haben. Um sich in der Zeit zurechtzufinden, werden die vergangenen Jahre gezählt. Unsere Zeitrechnung orientiert sich am Geburtsjahr von Jesus Christus. Alle folgenden Jahre werden mit „nach Christus" (n. Chr.) bezeichnet. Die Jahre davor erhalten den Zusatz „vor Christus" (v. Chr.). Diese Jahre werden rückwärtsgezählt.

Damit wir uns in den vielen Jahren der Geschichte zurechtfinden können, teilen wir sie in Abschnitte ein. Diese nennt man Epochen.

❶ a) **Hilfe** Ordne die Bilder von Fortbewegungsmöglichkeiten in der Geschichte (Seite 8/9) in der richtigen zeitlichen Reihenfolge.
b) Warum hast du die Reihenfolge so gewählt? Begründe deine Entscheidung.

❷ **Hilfe** Bringe die folgenden Epochen in die richtige Reihenfolge: Neuzeit, Antike, Vorgeschichte, Mittelalter, Frühgeschichte. Notiere dazu die richtigen Zeiträume. (M1)

Hilfe zu
❶ a) Kopiere die Seiten 8/9. Schneide die einzelnen Bilder grob aus und sortiere sie zunächst auf deinem Tisch.
Unterscheide zwischen Fortbewegungen zu Fuß, zu Pferd, zur See, per Bahn, per Pkw, per Lkw, im Weltraum.
❷ 1. Vorgeschichte: von …
2. …

| 800 v. Chr. | Christi Geburt | 500 n. Chr. | 1500 n. Chr. |

Antike
Die Zeit bis 500 n. Chr., in der die Griechen und Römer ihre Reiche errichteten, nennen wir Antike.

③ Römische Münzen

Mittelalter
Das Mittelalter dauerte ungefähr 1000 Jahre – von ca. 500 n. Chr. bis ca. 1500 n. Chr.

④ Urkunde

Neuzeit
Die Neuzeit beginnt um 1500 und dauert bis in die Gegenwart.

⑤ Klassenfoto

T2 • Die Quellen unseres geschichtlichen Wissens

Überall stößt du auf Spuren aus der Geschichte. Sie finden sich in Gebäuden, Gegenständen, Schriftstücken, Bildern und Erzählungen. Solche Überreste aus der Vergangenheit werden Quellen genannt. Man unterscheidet zwischen Sachquellen, Textquellen und Bildquellen.

Sachquellen	Bildquellen	Textquellen
Mauerreste, Knochen, Scherben, Waffen, Werkzeuge, Münzen usw.	Höhlenmalereien, Zeichnungen, Gemälde, Fotos, Karten, Filme usw.	Inschriften auf Stein- oder Bronzetafeln, Handschriften, Bücher, Flugblätter, Computertexte usw.

Neben diesen Quellen erfährt man etwas über die jüngere Geschichte, wenn man mit älteren Menschen spricht. Sie können viel über wichtige Ereignisse ihrer Vergangenheit berichten. Man nennt sie Zeitzeugen.

❸ Nenne je zwei Beispiele für Sach-, Bild- und Textquellen. (T2)

❹ Befrage deine Eltern oder Großeltern nach Ereignissen aus deinem Leben, an die du dich selbst nicht erinnern kannst, und schreibe sie auf.

❺ a) Bringe zur nächsten Stunde Erinnerungsstücke von dir mit. Erzähle mit ihrer Hilfe von deiner eigenen Geschichte.
b) Beschrifte die Erinnerungsstücke und notiere dabei das passende Datum.
c) Organisiert eine kleine Ausstellung.

Ruine des Kolosseums in Rom aus der Zeit der Römer (errichtet vor ungefähr 2000 Jahren)

Foto aus einer Grundschule in den 1950er-Jahren

Überreste einer Moorleiche, genannt „Moora" oder das „Mädchen aus dem Uchter Moor" (ungefähr 2650 Jahre alt)

von Hand geschriebenes und bemaltes Buch aus dem Mittelalter (ungefähr 700 Jahre alt)

Goldschatz der Wikinger aus dem frühen Mittelalter (ungefähr 1100 Jahre alt)

M1 Quellen

bei Ausgrabungen entdeckte Fußbodenheizung eines Hauses aus der Zeit der Römer (ungefähr 1600 bis 1900 Jahre alt)

Quellen und Darstellungen

T1 • Quellen und Darstellungen – was ist der Unterschied?

Ruinen, Briefe, Fotos, Fundamente von Siedlungen, Gräber, Urkunden und viele andere Überreste aus der Vergangenheit nennen wir Quellen. Sie sind die Grundlage für unser Wissen darüber, wie das Leben der Menschen früher gewesen sein könnte. Wissenschaftler versuchen, gesicherte Erkenntnisse über die Vergangenheit zu gewinnen. Dazu sammeln sie geschichtliche Quellen und werten sie aus.

Neben Quellen liefern uns auch Darstellungen wichtige Erkenntnisse über die Vergangenheit. Dies können wissenschaftliche Texte, Modelle, Rekonstruktionszeichnungen, Dokumentarfilme oder Ausstellungen in Museen sein. Diese Darstellungen sind zeitlich später entstanden und beinhalten bereits die Ergebnisse der Forschung über ein Thema.

Rekonstruktion
meint hier Nachbildung

Dokumentarfilm
informiert über ein Thema und will es anschaulich darstellen

M2 Darstellungen

❶ Wähle eine Quelle aus M1 aus.
  a) Hilfe Bestimme, um welche Quellenart es sich handelt.
  b) Betrachte die Abbildung genau und überlege, was du durch die Quelle über die Vergangenheit erfahren kannst.
  c) Was erfährst du nicht, das dich aber interessieren würde? Schreibe Fragen auf.
  🌐 *Think – Pair – Share*
❷ a) Was sind Darstellungen? (T1)
  b) Was ist der Unterschied zwischen Darstellungen und Quellen? (T1)
❸ Ordne jeder Quelle aus M1 eine Darstellung aus M2 zu.
❹ a) Wähle eine Darstellung aus. Überlege, was sie über die Vergangenheit erklären kann.
  b) Überprüfe, ob die Darstellungen aus M2 deine Fragen aus Aufgabe 1 c) beantworten.
  🌐 *Gruppenpuzzle*
❺ Zu historischen Themen lassen sich auch im Internet viele verschiedene Arten von Darstellungen finden. Nenne mögliche Beispiele.

Hilfe zu
❶ a) Folgende Quellenarten hast du kennengelernt: Sachquellen, Bildquellen, Textquellen und Zeitzeugenberichte.

beschreiben

Wenn du im Geschichtsunterricht Sach- und Bildquellen oder auch Vorgänge aus der Vergangenheit anschaust, dann musst du diese oft erst einmal beschreiben.

Das bedeutet, dass du beispielsweise bei einem Gegenstand das Aussehen in einer logischen Reihenfolge beschreiben sollst. Solche Gegenstände können Dinge aus dem Alltag der Menschen sein, wie zum Beispiel Werkzeuge, Spielzeuge oder auch Essschüsseln.

Bei einem Vorgang musst du diesen in der zeitlich richtigen Reihenfolge kurz zusammenfassen. Ein Beispiel dafür können die Schritte bei dem Bau eines Hauses sein.

Am Ende deiner Beschreibung sagst du kurz, wozu die Menschen den Gegenstand gebraucht haben oder warum der Vorgang wichtig für die Menschen war.

1. Schritt: Erste Eindrücke sammeln – Notizen machen
- Was für ein Gegenstand ist zu sehen?
- Was fällt dir an dem Gegenstand auf?
- Was für ein Ablauf ist dargestellt?

2. Schritt: Das Aussehen oder die Schritte genau schildern
- Wie sieht jedes einzelne Teil des Gegenstandes aus?
- Was sind die einzelnen Schritte des Vorgangs?

3. Schritt: Deine Vermutungen aufschreiben
- Wozu haben die Menschen den Gegenstand gebraucht?
- Warum war der Vorgang wichtig für die Menschen?

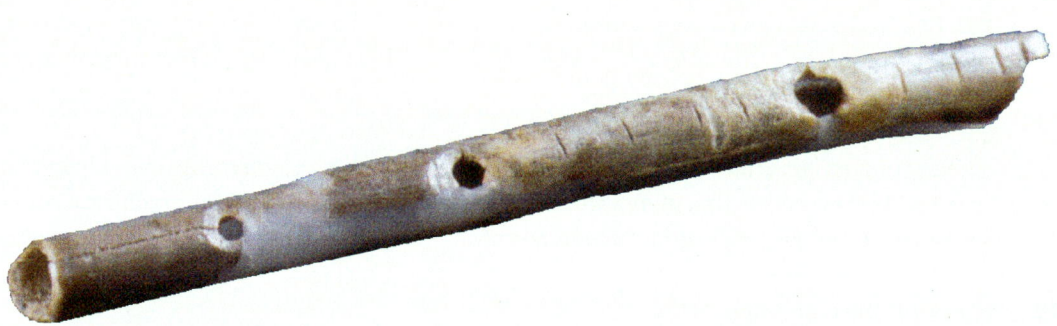

M1 Eine Flöte aus der Vorgeschichte

Beschreibe eine Flöte aus der Vorgeschichte.

1. Schritt: **Erste Eindrücke sammeln und Notizen machen**
Am Anfang schaust du dir den Gegenstand genau an. Was fällt dir an ihm auf? Hast du Fragen? Mache dir Notizen zu deinen Gedanken und Fragen. Diese müssen noch nicht geordnet sein.
So könnte deine Notizsammlung zur Flöte aus M1 aussehen:

2. Schritt: **Das Aussehen oder die Schritte genau schildern**
Im zweiten Schritt ordnest du deine Notizen und schreibst ganze Sätze. Du schreibst auf, was für ein Gegenstand es ist und wie der Gegenstand genau aussieht. Achte auf eine logische Reihenfolge. Das bedeutet, dass du zum Beispiel nicht am Anfang etwas zur Form sagst und dann am Ende noch einmal, sondern sofort alles dazu aufschreibst.
Nutze folgende Satzanfänge:
Der Gegenstand, den ich beschreibe, ist eine Flöte.
Sie ist weiß bis … .
Ihre Form ist rund / krumm / … . Aber … . An den Enden … .
Außerdem ist die Flöte innen … . Sie ist ungefähr … cm lang.
Besonders fallen die Löcher auf. Eines der Löcher ist … .
Das Material sieht anders aus als bei Flöten heute. Es ist … .

3. Schritt: **Deine Vermutungen aufschreiben**
Nachdem du den Gegenstand genau beschrieben hast, stellst du Vermutungen zu ihm an. Hier kannst du versuchen, deine Fragen aus Schritt 1 zu beantworten. Das heißt, du überlegst, wofür die Menschen den Gegenstand früher gebraucht haben könnten.
So kannst du schreiben:
Wahrscheinlich ist die Flöte aus … gemacht.
Die Menschen früher haben sie benutzt, um … .
Die Menschen früher brauchten die Flöte zum … .

Tipp
Du kannst deine Notizen in einem Cluster oder auch in einer Mindmap festhalten.

Tipp
für die Beschreibung eines Vorgangs
Wenn du einen Vorgang beschreibst, kannst du im ersten Schritt auch ein Cluster machen. Notiere im Cluster alles, was die Personen in dem Vorgang tun. Schreibe ebenfalls auf, welche Fragen du dazu hast. Danach kannst du die Schritte in eine Reihenfolge bringen. Auch bei einem Vorgang sollst du am Ende Vermutungen zu deinen Fragen aus Schritt 1 aufschreiben.

Tipp
Beginne bei der Beschreibung mit Form und Farbe des Gegenstandes. Beschreibe ihn dann von links nach rechts oder von oben nach unten.

Du und deine Geschichte

M1 Die „Bildergeschichte" von Nele

❶ In M1 ist eine Collage zur Geschichte von Nele und ihrer Familie zu sehen. Schau dir die Fotos genau an.
 a) Ordne den Fotos die rechts stehenden Bildunterschriften zu.
 b) Bringe die Fotos in die richtige zeitliche Reihenfolge.

- Jule und ich im Hafen von Wismar 2005
- Ur-Ur-Großeltern mit Familie 1920
- Jule und ich mit Mama und Papa 2002
- Urgroßeltern 1963
- Einschulung 2007
- Omi 2012
- Opa 2012

T1 • Auf Spurensuche

Auch du kannst deine eigene Geschichte zu Hause erforschen. Frage deine Eltern nach Fotos deiner Familie und schaut sie gemeinsam an.

Sicherlich findest du viele Bilder, die Ereignisse aus deiner Familie darstellen. An bestimmte Ereignisse mit deiner Familie oder auch mit Freundinnen und Freunden kannst du dich sicher selbst erinnern. Über anderes werden dir deine Eltern, Onkel, Tanten oder Großeltern berichten können.

Mein Lebenslauf

- 2011 am 21.7.   geboren
- 2012
- 2013 am 17.10. Geburt meines Bruders Mahir
- 2014 Umzug unserer Familie nach Kaiserslautern
- 2015
- 2016 am 23.5.   Tanta Ayse gestorben
- 2017 Einschulung
- 2018 am 3.6.   Heirat meiner Cousine Leila
- 2019 erstes Handballtraining
- 2020
- 2021 Schulwechsel
- 2022 zur Klassensprecherin gewählt

Özlem

meine Mannschaft 2022

M2 Özlems Lebenslauf

❷ Wie stellt Özlem ihre Geschichte dar? Beschreibe. (M2)

❸ a) Vergleiche, wie Nele und Özlem ihre Geschichte darstellen. (M1, M2)
b) Nenne Vor- und Nachteile der Darstellungen.

❹ Stelle deine eigene Geschichte oder die deiner Familie dar. Überlege, ob du eine Fotocollage oder eine Zeitleiste erstellen möchtest. Du kannst deine Geschichte auch aufschreiben und dazu Fotos ergänzen. Informiere dich dazu auf Seite 20/21.

Zeitleisten erstellen

Ereignisse ordnen

Eine Zeitleiste kann dabei helfen, Ereignisse oder Entwicklungen zeitlich zu ordnen und anschaulich darzustellen. Dabei muss Folgendes beachtet werden:

- Unsere Zeitrechnung wurde nach dem Geburtsjahr von Jesus Christus festgelegt. Auf einer Zeitleiste wird dies mit dem Eintrag „Christi Geburt" dargestellt.
- Die Ereignisse nach Christi Geburt werden auf einer Zeitleiste rechts davon eingetragen und mit „n. Chr." gekennzeichnet. Das steht für „nach Christi Geburt".
- Alle Ereignisse, die vor Christi Geburt passiert sind, werden links davon eingetragen. Hier werden die Jahre rückwärtsgezählt und mit „v. Chr." gekennzeichnet. Das steht für „vor Christi Geburt".
- Es ist wichtig, dass auf einer Zeitleiste die Abstände zwischen den Jahresmarkierungen immer gleich sind.
- Beschriftungen und Bilder unterstützen die Anschaulichkeit einer Zeitleiste.

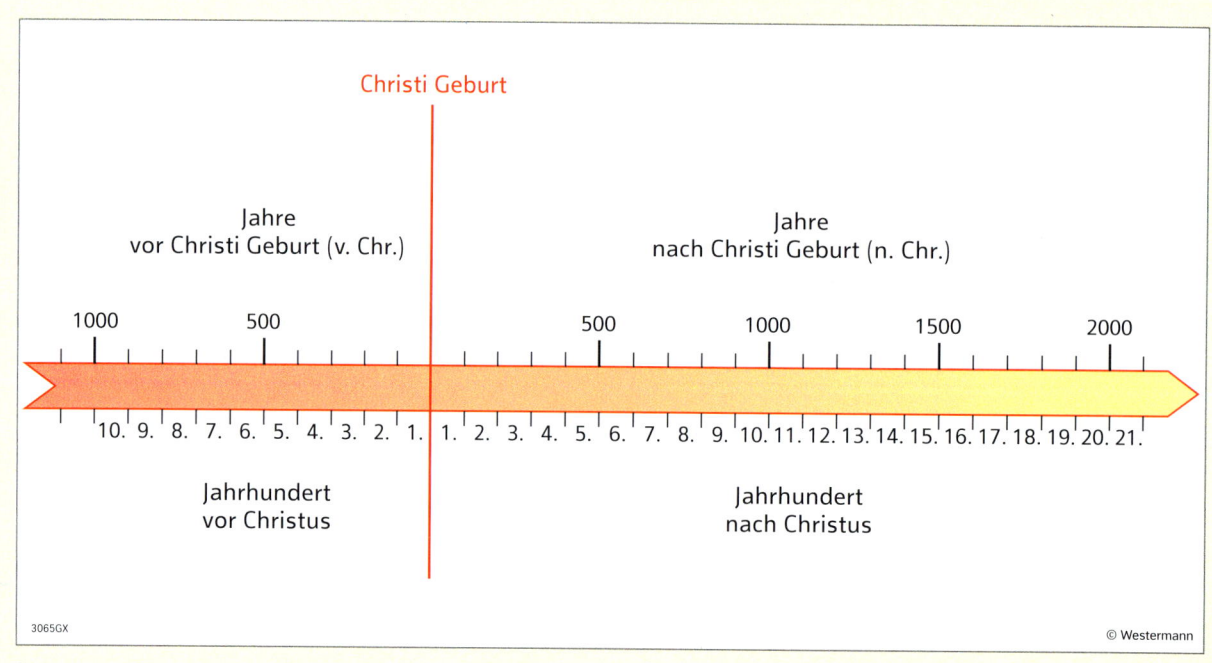

M1 Darstellung einer Zeitleiste

Die eigene Geschichte darstellen

Auch du hast eine Geschichte: Vielleicht erinnerst du dich noch daran, als du in den Kindergarten gegangen bist, oder an den Tag, an dem du eingeschult wurdest, vielleicht seid ihr umgezogen oder du hast ein Geschwisterkind bekommen.

Sammle Bilder, Urkunden oder Fotos von Erinnerungsstücken. Lege eine Zeitleiste zu deiner persönlichen Geschichte an.

1. Schritt: **Eine Zeitleiste planen**
- Fertige eine Liste mit den Materialien an, die du für deine Arbeit benötigst.
- Überlege, wann deine Zeitleiste beginnen soll, zum Beispiel mit deiner Geburt oder mit dem Beginn deines Hobbys.
- Entscheide, in wie viele Abschnitte du deine Zeitleiste unterteilen möchtest.
- Wenn du dich entschieden hast, welcher Zeitabschnitt dargestellt werden soll, lege die Abstände der Ereignisse gleichmäßig fest, zum Beispiel 1 cm für 1 Jahr.

2. Schritt: **Material auswählen und ordnen**
- Betrachte dein Material, zum Beispiel Fotos, Erinnerungsstücke und Urkunden, genau.
- Wähle die Materialien aus, die am besten zu dem jeweiligen Zeitabschnitt in deinem Leben passen.
- Notiere dir das richtige Datum auf dem Material.

3. Schritt: **Eine Zeitleiste anlegen und gestalten**
- Zeichne auf das Papier eine dicke, waagerechte Linie.
- Teile diese Linie in die Abstände ein, die du vorher festgelegt hast.
- Beginne ganz links und notiere unter die Striche die jeweilige Jahreszahl.
- Lege deine Materialien zunächst probehalber aus.
- Klebe sie dann an der richtigen Stelle auf.
- Beschrifte die Zeitleiste:
  meine Geburt – meine Zeit im Kindergarten – meine Einschulung usw.
- Verbinde die Materialien mit der Zeitleiste durch einen Strich, damit man genau erkennt, welches Ereignis zu welchem Datum gehört.

Materialliste
Papier
Lineal
Schere
Kleber
Farbstifte
Kopien von Fotos, Urkunden usw.

Tipp
Für eine größere Zeitleiste kannst du mehrere Blätter aneinanderkleben oder ein Stück Tapetenrolle nutzen.

Tipp
Fertige von Urkunden, Zeugnissen oder Erinnerungsstücken Fotos bzw. Kopien an, damit du diese beschriften und aufkleben kannst.

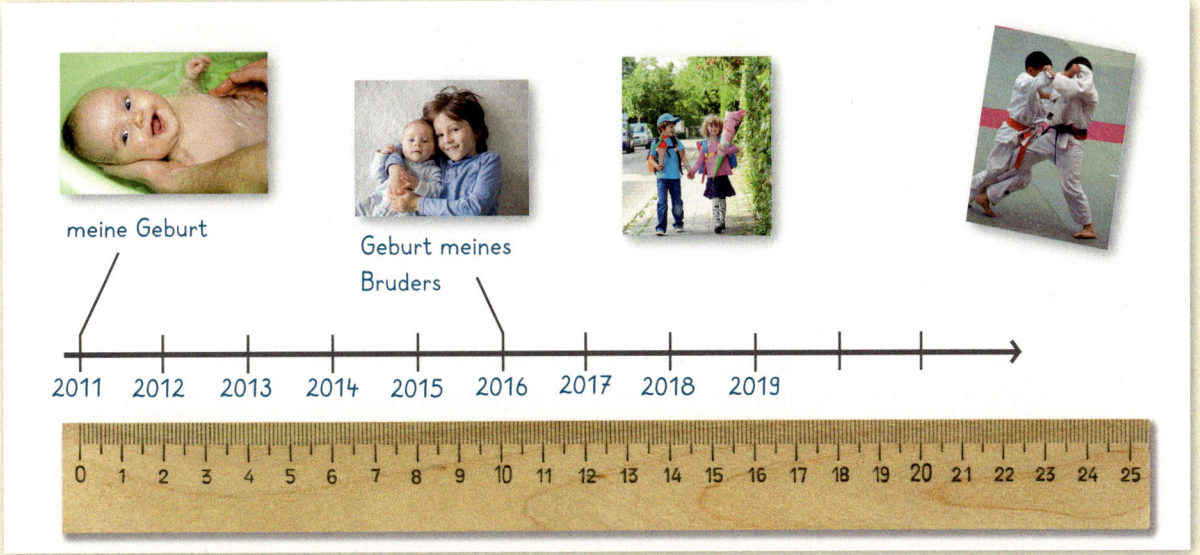

M2 Eine Zeitleiste erstellen

Ein Projekt

Dein Heimatort und seine Geschichte

Thema 1: Spurensuche vor Ort

Spuren der Vergangenheit gibt es auch in eurem Ort. Wenn ihr danach sucht, findet ihr Gebäude, Denkmäler und Straßen, die aus früherer Zeit stammen.

Begebt euch in eurer Stadt auf Spurensuche und erstellt eine Präsentation. Bestimmt gibt es auch bei euch viel Spannendes zu entdecken – so wie hier in Trier:

① Domkirche St. Peter

② Marktplatz

③ Amphitheater

④ Alter Krahnen

1. Geht auf Spurensuche in eurem Ort.
   a) Fotografiert geschichtliche Dinge, die euch interessieren.
   b) Ordnet die Bilder nach Gebäuden, Straßen, Kirchen und öffentlichen Bauten.
   c) Erstellt eine Präsentation zu eurem Heimatort.

2. Stellt ein Gebäude aus eurem Ort ausführlich vor. Bei der Touristeninformation, im Rathaus oder im Stadtmuseum erhaltet ihr Auskünfte und auch Prospektmaterial.

Thema 2: Die Geschichte der eigenen Schule

Ihr könnt auch die Geschichte eurer Schule erforschen.

- Sammelt zunächst in Gruppen Fragen zur Geschichte eurer Schule und notiert sie. Vergleicht eure Aufzeichnungen mit denen der anderen Gruppen und ergänzt sie.
- Vielleicht erhaltet ihr Einblick in die Schulchronik oder das Schularchiv. Fertigt Kopien von Urkunden oder Fotos an.
- Anschließend präsentiert ihr eure Ergebnisse. Zum Beispiel könnt ihr mit den Materialien eine Wandzeitung anfertigen, die ihr an geeigneter Stelle in der Schule ausstellt, oder ihr erstellt eine digitale Präsentation, die ihr auf eurer Schulwebsite verlinkt.

Auswertung historischer Dokumente

Erarbeitung der Präsentation

Mögliche Fragen für eine Erforschung der Geschichte der eigenen Schule.

- Wann wurde die Schule gegründet?
- Welche Schulform liegt vor?
- Welchen Namen trägt die Schule?
- Warum wurde die Schule so benannt?
- Was muss man über den Namen der Schule wissen?
- Wie viele Schüler und Klassen gab es bei der Gründung der Schule?
- Wie viele Schüler und Klassen sind es heute?
- Haben bekannte Persönlichkeiten die Schule besucht?
- Welche immer wiederkehrenden Ereignisse im Schulleben gibt es?
- Wann finden sie statt?

M1 Umherziehende Vormenschen

Leben in vorgeschichtlicher Zeit

→ Wie haben sich die Menschen entwickelt?

→ Warum war Stein ein wichtiger Werkstoff für die Menschen?

→ Wie lebten die Menschen in der vorgeschichtlichen Zeit?

M2 Erste Werkzeuge werden gefertigt

M3 Menschen beim Hausbau

M1 Eine Ausgrabungsstätte – Archäologinnen und Archäologen bei der Arbeit

Spurensuche nach der Vergangenheit

T1 • Unser Wissen über die Menschen von früher

Wie haben frühere Menschen gelebt? Mit dieser Frage beschäftigen sich viele Wissenschaftler, zum Beispiel die Archäologen. Sie suchen nach Überresten unserer Vorfahren. Diese Überreste sind oft tief im Boden abgelagert. Die Archäologen graben Knochen, Werkzeuge, Waffen, Schmuck, Alltagsgegenstände oder auch Gebäudereste aus. Sie säubern die Fundstücke und setzen sie zum Teil wieder zusammen. Danach versuchen sie herauszufinden, wie diese Dinge früher verwendet und hergestellt wurden.

Bei menschlichen Skeletten können die Wissenschaftler bestimmen, wie alt der Mann oder die Frau geworden ist. Mit jedem neuen Fund können sie Antworten über das Leben der ersten Menschen geben.

Archäologen
Wissenschaftler, die sich mit den Überresten aus der Vergangenheit beschäftigen. Sie untersuchen Dinge wie alte Münzen, Töpfe oder auch Knochen.

❶ a) Was machen die Wissenschaftlerinnen in M1? Beschreibe.
 b) Hilfe Wozu benutzen sie die verschiedenen Werkzeuge und Gegenstände? (M1)
❷ Nenne Dinge, die Wissenschaftler suchen, um etwas über das Leben früherer Menschen aussagen zu können? (T1)

❸ Was machen die Wissenschaftler mit den gefundenen Gegenständen? (T1)

Hilfe zu
❶ b) Schreibe die Antwort in ganzen Sätzen. Benutze die Begriffe: Eimer – Pinsel – kleine Kelle usw.

Leben in vorgeschichtlicher Zeit

T2 • Altersbestimmung mithilfe von Erdschichten

Das Alter von Fundstücken können Wissenschaftler zum Beispiel über die Lage in der Erde bestimmen. Durch die Ablagerung von Sand und Erde bildeten sich im Laufe der Jahrtausende Erdschichten. Wenn diese Schichten nicht verändert wurden, gilt eine einfache Regel: Die unteren Schichten haben sich früher abgelagert als die oberen. Anhand der Lage des Fundstücks können Wissenschaftler ein ungefähres Alter schätzen. Mithilfe von komplizierten Geräten und wissenschaftlichen Verfahren bestimmen sie das Alter später genau.

M2 Übereinandergelagerte Erdschichten können Auskunft über das Alter von Fundstücken geben.

T3 • Altersbestimmung mithilfe von Jahresringen

Für Fundstücke aus Holz können Wissenschaftler das Alter sehr genau bestimmen. Sie nutzen dafür die Jahresringe des Holzes.

In jedem Jahr wächst ein Baum nicht nur in die Höhe, sondern auch in die Breite. Dabei bildet sich im Stamm ein Jahresring. Die einzelnen Jahresringe sind unterschiedlich dick. War ein Jahr zum Beispiel sehr trocken, dann ist der Baum sehr wenig gewachsen und der Jahresring ist sehr dünn. Im Laufe eines Baumlebens kommen auf diese Weise unverwechselbare Muster zustande.

Wissenschaftler haben unzählige Bäume von heute bis 10 000 v. Chr. ausgewertet. Mit den Ergebnissen konnten sie einen Jahresringkalender erstellen. Holzfunde werden mit diesem Kalender verglichen. So kann das Alter eines Fundstücks sehr genau bestimmt werden.

M3 Jahresringe eines Baumstammes

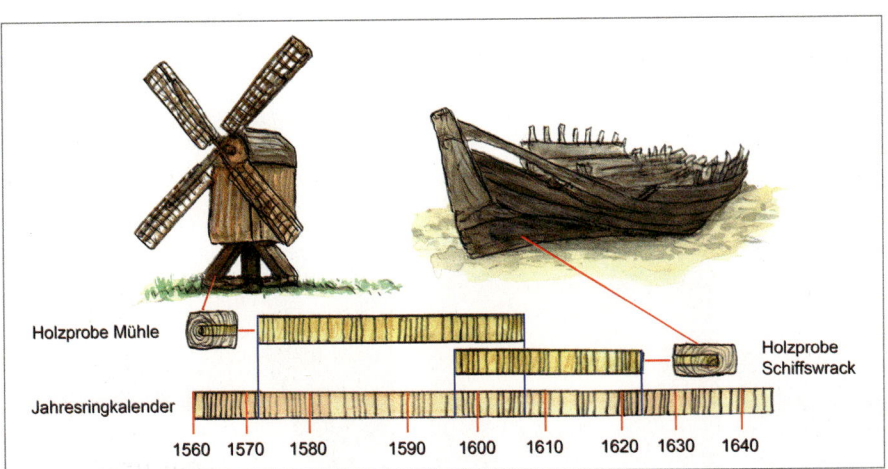

M4 Altersbestimmung mithilfe des Jahresringkalenders

☐ Webcode
Filmclip über die Arbeit von Archäologen
WES-100110-1

❹ Wie können Erdschichten bei der Altersbestimmung von Fundstücken helfen? (T2, M2)
❺ [Hilfe] Wie wird das Alter von Fundstücken aus Holz festgestellt? (T3, M3, M4)
❻ Informiere dich über weitere Methoden zur Altersbestimmung von archäologischen Funden. Stelle eine anschaulich vor.

Hilfe zu
❺ Vervollständige die Sätze:
Beim Wachsen eines Baumes entstehen … . Sie sind unterschiedlich … . Es entstehen unverwechselbare … . Wissenschaftler haben einen … erstellt. Damit können bis zu … alte Holzfunde sehr … .

erklären

Wenn du im Geschichtsunterricht etwas erklären sollst, dann musst du Informationen aus einem Text oder einem Bild herausarbeiten und diese dann genau wiedergeben. Deine Erklärung muss so genau sein, dass sie von jedem verstanden werden kann.

1. Schritt: Text lesen, Bilder anschauen, Informationen sammeln
- Wo findest du die Informationen in dem Text?
- Unterstreiche oder schreibe die Informationen heraus.

2. Schritt: W-Fragen in Stichworten beantworten
- Wer macht was?
- Was wird gemacht?
- Wie wird es gemacht
- Wann wird es gemacht?
- Warum wird es gemacht?
- Wo wird es gemacht?

3. Schritt: Text formulieren
- Formuliere Antworten zu den W-Fragen und schreibe einen zusammenhängenden Text.

Forscher bilden Gesicht nach

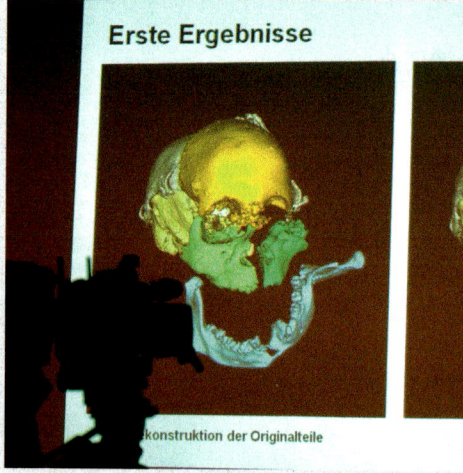
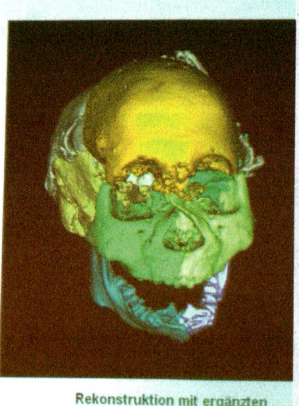

Berechnung fehlender Knochenteile per Computer

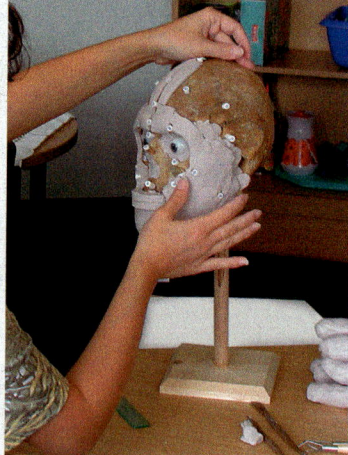

Nachbilden des Gesichtes

Mit Schädelfunden können Forscherinnen und Forscher heute das Aussehen der Menschen nachbilden. Mit Computern berechnen sie fehlende Knochenteile. Diese Teile bilden sie mit künstlichen Materialien nach und setzen sie ein. Auf die Knochen werden anschließend Schichten aus Ton aufgetragen und das Gesicht wird nachgeformt.

Erkläre, wie Forscher ein Gesicht nachbilden.

1. Schritt: **Text lesen, Bilder anschauen, Informationen sammeln**
Im ersten Schritt musst du den Text lesen und dir die Bilder anschauen, um Informationen zu sammeln. Um genau zu erklären, wie Archäologen ein Gesicht nachbilden, musst du den Zeitungsartikel auf Seite 28 lesen und dir die Bilder dazu anschauen. Lege dir ein Notizblatt neben dein Buch, um wichtige Wörter herauszuschreiben.
So könnte eine Sammlung von wichtigen Wörtern zu deiner Aufgabe aussehen:

Ein Gesicht nachbilden:
- Schädel
- Forscherinnen und Forscher
- Computer → fehlende Knochenteile berechnen
- künstliche Materialien = Ersatz für fehlende Knochen
- Tonschichten → Gesicht nachbilden

2. Schritt: **W-Fragen in Stichworten beantworten**
Im zweiten Schritt beantwortest du mithilfe deiner Notizen die W-Fragen in Stichworten.

So kannst du die W-Fragen aufschreiben:
Wer?   Forscherinnen und Forscher
Was?   ein Gesicht eines alten Schädels nachbilden
Wie?   fehlende Teile mit Computer berechnen
       fehlende Teile nachbilden und in Schädel einsetzen
       Schichten aus Ton auf Schädel auftragen, Gesicht nachbilden
Warum? anschaulich machen, wie Menschen früher gelebt und
       ausgesehen haben

Hinweis: Du kannst nicht immer alle W-Fragen beantworten. Bei dieser Aufgabe kannst du beispielsweise die Fragen nach dem „Wann?" und „Wo?" nicht genau beantworten.

3. Schritt: **Text formulieren**
Im dritten Schritt formulierst du deine Stichworte zu einem Text aus. In diesem Text erklärst du, wie Forscherinnen und Forscher ein Gesicht eines Schädels nachbilden. Schreibe so viel wie möglich in deinen eigenen Worten.
So kannst du deinen Text beginnen:

Forscherinnen und Forscher können Gesichter von alten Schädeln nachbilden. Dafür brauchen sie einen Computer, mit dem sie … . Die Teile, die in dem Schädel fehlen, werden … . Die nachgemachten Teile werden dann … . Am Ende … . Die Forscherinnen und Forscher machen das, um … .

Achtung!
Wenn du etwas in deinen eigenen Worten erklären sollst, dann versuche, so wenige Sätze aus dem Text wie möglich zu benutzen. Verwende nur die Stichwörter, die du dir aufgeschrieben hast.

Webcode
Filmclip über die Nachbildung eines Gesichtes
WES-100110-2

M1 Vormenschen – erste Vorfahren des Menschen (heutige Darstellung)

Die Anfänge der Menschheit

T1 • Entwicklung des Menschen

Die Entwicklung des Menschen begann in Afrika. Dies beweist der älteste Fund eines Schädels, der je von einem menschlichen Vorfahren gefunden wurde. Er ist etwa 6 bis 7 Millionen Jahre alt und wird von Wissenschaftlern als Vormensch bezeichnet. Mit dem Aussehen und der Intelligenz des heutigen Menschen hatte er wenig gemeinsam.

Die Entwicklung des Menschen verlief in verschiedenen Stufen. Es gab Vormenschen, Frühmenschen und Altmenschen. Vor ungefähr 200 000 Jahren entwickelte sich der Jetztmensch, der Homo sapiens. In jeder der Entwicklungsstufen kamen neue Fähigkeiten hinzu.

Sehr wichtig war die Ausbildung des Gehirns. So hat der Jetztmensch mit einem etwa drei- bis viermal größeren Gehirn als unsere ältesten Vorfahren die beste Grundlage zum Denken. Dies war wichtig, um sich an die Umwelt anzupassen und Neues zu lernen.

Homo sapiens
Fachwort für den heutigen Menschen. „Homo" heißt Mensch und mit „sapiens" wird die Eigenschaft der Menschenart beschrieben: klug, vernünftig.

❶ Hilfe Beschreibe M1.
❷ Arbeite aus dem Text T1 Informationen über die frühen Menschen heraus:
  a) Wo lebten die Vorfahren des heutigen Menschen?
  b) Wie werden sie bezeichnet?
  c) Wann hat sich der Jetztmensch entwickelt?
  d) Hilfe Was war bei der Entwicklung der Menschen wichtig? Erkläre.

Hilfe zu
❶ Achte bei deiner Beschreibung von M1 auf das Aussehen und die Fortbewegung der Vormenschen sowie auf die Landschaft. Formuliere ganze Sätze:
Die Personen sind nackt und stark behaart. Ihre Gesichter erinnern an … . Einige gehen, andere klettern … .
❷ d) Beziehe in deine Antwort auch die Erklärung zum Homo sapiens mit ein.

T2 • Die Verbreitung des Menschen

Die Besiedlung der Erde durch die Jetztmenschen ging von Afrika aus. Das beweist der Fund des ältesten Skeletts eines Jetztmenschen. Es wurde in Ostafrika gefunden und ist etwa 200 000 Jahre alt.

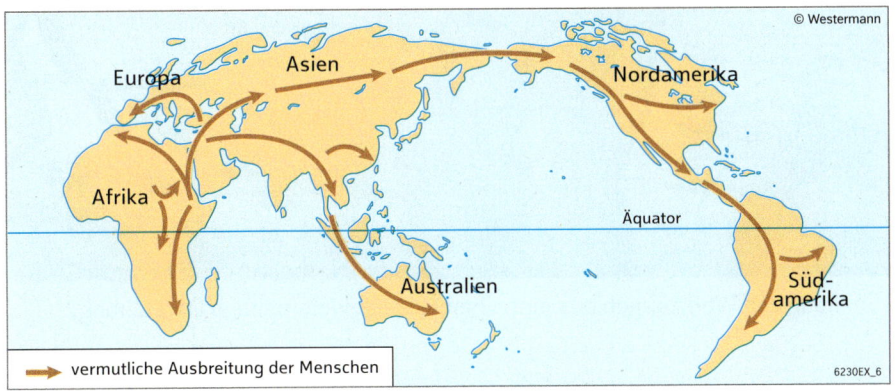

M2 Von Afrika in die Welt – die Ausbreitung des Menschen

T3 • Ein Vormensch namens Lucy

Im Jahr 1974 fanden Archäologen in Afrika das Skelett eines weiblichen Vormenschen. Er war 105 cm groß gewesen und vor 3,2 Millionen Jahren gestorben. Die Wissenschaftler nannten diesen Vormenschen Lucy. Anhand des Skeletts konnten die Forscher wichtige Eigenschaften der Vormenschen erkennen. Besonders die Form der Beinknochen verraten, ob sich Lebewesen auf zwei oder auf vier Beinen fortbewegen.

> Auch wenn Lucy und ihre Verwandten aufrecht gingen, wie ... der Bau des Beckens und der Kniegelenke zeigt, hatten sie noch viele ältere ... Merkmale bewahrt, vor allem was die [Größe der] Gliedmaßen (Arme und Beine) und die Form von Händen und Füßen betrifft; demnach dürften sie auch an das Klettern auf Bäumen noch recht gut angepasst gewesen sein. Aufgrund des Gehirns, das etwa so groß war wie das von einem Menschenaffen, und des großen vorspringenden Gesichts trifft die Beschreibung Lucys und ihrer Verwandten als Schimpansen auf zwei Beinen recht gut zu.

M3 Vom Affen zum Vormenschen (vereinfacht)

M4 Lucy: gefundenes Skelett und Nachbildung

❸ Arbeite aus der Karte M2 heraus:
 a) Wo entwickelten sich die ersten Menschen?
 b) Wie wurde Südamerika besiedelt? (M2)

❹ Woran können Wissenschaftler die Eigenschaften von Vormenschen erkennen? (T3)

❺ Woher weiß man, dass Lucy aufrecht ging? Erkläre. (T3, M4)

❻ **Hilfe** Warum wurde Lucy „Schimpanse auf zwei Beinen" genannt? Erkläre. (M3, M4)

Hilfe zu
❻ Lucy ging ... . Sie kletterte auch noch ... . Ihr Gehirn war ... . Mit dem großen, vorspringenden Gesicht sah sie aus wie ... .

M1 Frühmenschen bei der Herstellung von Werkzeugen aus einfachen Flusssteinen (heutige Darstellung)

Werkzeuge und Feuer

T1 • Das älteste Werkzeug

Vor rund 2,4 Millionen Jahren begannen die Menschen, sich Werkzeuge herzustellen. Anfangs waren es einfache Steine, die sie nur recht grob bearbeiteten. Mit jedem Schritt ihrer Entwicklung gelang es ihnen, ein besseres Werkzeug aus Stein anzufertigen.

Vor etwa 1,5 Millionen Jahren machten sie in der Herstellung von Werkzeugen weitere Fortschritte. Mit ausgesuchten Steinen war es den frühen Menschen möglich, ein besonders gutes Werkzeug anzufertigen: den Faustkeil. Mit diesem Werkzeug konnten sie hacken, schneiden, schlagen, schnitzen und einiges mehr.

T2 • Die Steinzeit

Später benutzten unsere Vorfahren für ihre Werkzeuge auch andere Materialien wie Holz oder Knochen. Der wichtigste Werkstoff war jedoch Stein. Deshalb wird diese Zeit Steinzeit genannt. Sie dauerte in Mitteleuropa von 600 000 v. Chr. bis 2200 v. Chr. Dieser große Zeitabschnitt wird in die Altsteinzeit und die Jungsteinzeit unterteilt.

M2 Faustkeil

M3 Herstellung von Steinwerkzeugen (heutige Darstellung)

T3 • Feuer und Flamme

Ab wann die Menschen Feuer selbst erzeugen konnten, ist unbekannt. Bisherige Funde belegen, dass sie schon vor 1,5 Millionen Jahren über Feuer verfügten. Vielleicht hatte ein Gewitter einen Baum in Brand gesetzt oder ein glänzender Stein trockenes Gras entzündet.

Bevor die Menschen lernten, Feuer selbst zu entfachen, hüteten sie die Glut. Sie bewachten das Feuer, und wenn sie weiterzogen, nahmen sie die Glut in Lederbeuteln mit.

Das Feuer brachte viele Vorteile. Mithilfe von Feuer konnten die Menschen Fleisch garen. So war es besser verdaubar und nahrhafter. Das Feuer hielt wilde Tiere fern und war zudem eine Licht- und Wärmequelle. Die Menschen saßen gemeinsam um das Feuer. Das stärkte die Gemeinschaft und förderte ganz wesentlich die Entwicklung der Sprache.

M5 Beim Feuerschlagen entzünden Funken trockenes Gras.

M6 Beim Feuerbohren entsteht durch Reibung so viel Hitze, dass trockenes Holz zu glühen beginnt.

M4 Steinzeitmenschen an einer Feuerstelle (heutige Darstellung)

---

❶ a) Beschreibe das Bild M1.
   b) Überlege, wozu die ersten Menschen Werkzeuge gebrauchen konnten.

❷ **Hilfe** Wie entwickelten sich die ersten Werkzeuge vom groben Steinwerkzeug zum Faustkeil? Erkläre. (T1, M2)
   Lerntempoduett

❸ Wozu benutzten die frühen Menschen den Faustkeil? (T1, M2)

❹ Welche verschiedenen Materialien benutzten die frühen Menschen für ihre Werkzeuge und Waffen? (T2)

❺ **Hilfe** Warum wird die Zeit von 600 000 bis 2200 v. Chr. Steinzeit genannt? Erkläre. (T2)

❻ Wie wurden die Steine bearbeitet? (M3)

❼ **Hilfe** Wie haben die Menschen das Feuer entdeckt? (T3)

❽ Welche Vorteile brachte das Feuer? (T3)

❾ **Hilfe** Wie konnten die Menschen damals selbst Feuer machen? Beschreibe. (M5, M6)
   Partnervortrag

Hilfe zu

❷ Benutze die Satzanfänge und ergänze: Zuerst wurden einfache Steine … . Mit ausgesuchten Steinen … . Der Faustkeil war vorn … . Mit der Faust konnte man … .

❺ Vervollständige den Satz: Die Zeit von … bis … wird Steinzeit genannt, weil … .

❼ Benutze die Wörter: Gewitter – Baum – Stein – Brand – Gras – entzündet – trockenes – glänzender .

❾ Man kann durch das Aufeinanderschlagen von zwei … .

M1 Jäger und Sammler (heutige Darstellung)

Menschen leben als Jäger und Sammler

T1 • Überleben in der Natur

Bis vor etwa 12 000 Jahren fanden die Menschen ihre Nahrung nur in der Natur. Sie nahmen aus ihrer Umgebung, was sie vorfanden. Es wurde alles gesammelt, was essbar war: Beeren, Pilze, Wurzeln oder Früchte. Gejagt wurden alle Arten von Tieren: Mammuts, Rentiere, Hasen, Fische, Vögel und vieles mehr.

Die Menschen der Altsteinzeit lebten in Gruppen. In der Gemeinschaft fühlten sie sich sicher und geborgen. Gemeinsam schützten sie sich vor gefährlichen Tieren oder vor Angriffen anderer Gruppen. In der Gruppe wurden auch alle anfallenden Arbeiten erledigt. Jeder musste bei dem Kampf um das Überleben mithelfen.

Mammut
eine ausgestorbene Elefantenart. Im Gegensatz zu unseren heutigen Elefanten hatten Mammuts ein langes Fell.

Rentier
eine Hirschart mit großem Geweih

❶ Hilfe Beschreibe die Tätigkeiten der Menschen in M1.

❷ Warum werden die Menschen der Altsteinzeit als Jäger und Sammler bezeichnet? Erkläre. (M1, T1)

❸ Woraus bestand die Nahrung der Jäger und Sammler? (M1, T1)

❹ Warum lebten die Menschen in Gruppen? Erkläre. (T1)

Hilfe zu
❶ Benutze zum Beispiel folgende Wörter:
jagen – fischen – sammeln – pflücken – Beeren – Fische – Gräser – Wurzeln – Tier zerlegen .

M2 Lagerplatz von Altsteinzeitmenschen (heutige Darstellung)

T2 • Von Lagerplatz zu Lagerplatz

In der Altsteinzeit lebten die Menschen als Nomaden. Das bedeutet, dass sie nicht an einem festen Ort lebten. Gab es nicht mehr genug Nahrung zum Sammeln oder waren nicht mehr genug Tiere zum Jagen vorhanden, zogen sie weiter. Dann suchten sich die Menschen eine andere Stelle, an der sie wieder genügend Nahrung finden konnten. An diesem Ort errichteten sie ihr neues Lager. Das konnte unter Felsvorsprüngen oder an Höhleneingängen sein, wo sie Schutz vor schlechtem Wetter, Kälte, wilden Tieren oder anderen umherziehenden Gruppen fanden. Oft kannten die Menschen auch schon den Lagerplatz aus dem Jahr vorher.

Manche Gruppen hatten auch Zelte. Diese bauten sie aus Tierfellen, Knochen und Stöcken. Die Zelte hatten den Vorteil, dass sie schnell auf- und abgebaut werden konnten.

M3 Nähnadel aus Tierknochen. Vor ungefähr 22 000 Jahren erfand der Mensch die Nadel mit Nadelöhr.

5 *Hilfe* Warum hatten die Menschen keinen festen Wohnsitz? Erkläre. (T2)

6 Wo wohnten die Menschen? (M2, T2)

7 Überlege, welche Vor- und Nachteile ein Lager aus Zelten oder ein Lager in einem Höhleneingang hatte.
Bienenkorb

8 Warum ist der Lagerplatz in M2 gut gewählt?
Placemat

Hilfe zu
5 Sie waren auf das angewiesen, was sie … . Wenn nicht mehr genug … .
8 Denkt an Nahrung, Schutz, Überblick usw.

M1 Malereien von Altsteinzeitmenschen in der Felsenhöhle von Lascaux in Südfrankreich (etwa 17 000 Jahre alt)

Kunst und Glauben

T1 • Kunstwerke der Vergangenheit

Schon die Menschen der Altsteinzeit betätigten sich als Künstler. Dies wird uns durch Funde von kleinen geschnitzten Figuren und Schmuck belegt. Für den Schmuck benutzten die frühen Menschen Materialien wie Zähne von Tieren, Federn oder besonders schöne Steine.

Aber die Menschen der Altsteinzeit bemalten auch Höhlenwände oder ritzten Bilder in Felsen ein. Besonders beeindruckend sind ihre Höhlenmalereien, die zwischen 30 000 und 10 000 v. Chr. entstanden. Diese Bilder befinden sich oft an schwer zu erreichenden Stellen von Höhlen. Forscher glauben, dass diese Kunstwerke nicht aus Freude am Malen entstanden sind. Sie vermuten vielmehr, dass die Menschen geglaubt haben, mit diesen Bildern ihr Jagdglück beeinflussen oder Jagdunfälle verhindern zu können.

M2 Aus einem Mammutstoßzahn geschnitztes Wildpferd (etwa 32 000 Jahre alt)

Webcode virtueller Rundgang durch die Höhle von Lascaux
WES-100110-3

❶ a) Welche Tiere sind in M1 zu erkennen?
  b) Hilfe Wie wurden sie dargestellt?
❷ Erkläre, warum die Altsteinzeitmenschen Höhlenmalereien angefertigt haben. (T1)
❸ Hilfe Wieso beeindrucken die Höhlenmalereien noch heute?
  Placemat

Hilfe zu
❶ b) Achte zum Beispiel auf die Größe der Tiere und die Farben.
❸ Du kannst die folgenden Satzanfänge benutzen:
  – Mir gefällt besonders, dass … .
  – Mich beeindruckt …, weil … .

Leben in vorgeschichtlicher Zeit

T2 • Religion in der Altsteinzeit

Forscher gehen heute davon aus, dass die Menschen der Altsteinzeit bereits religiöse Vorstellungen hatten. Ausgrabungen haben gezeigt, dass sie ihre Toten beerdigten. In die Gräber legten sie den Toten oft Waffen, Werkzeuge und Schmuck als Grabbeigaben. Die Wissenschaftler nehmen daher an, dass die Menschen der Altsteinzeit an ein Leben nach dem Tod glaubten. Vermutlich hatten sie die Vorstellung, dass die Verstorbenen diese Gegenstände wieder benötigen würden.

Bei der Untersuchung der Gräber stellten Wissenschaftler deutliche Unterschiede bei den Grabbeigaben fest. Manche Tote waren besonders reich, andere weniger reich ausgestattet. Die Forscher schließen daraus, dass die Menschen der Altsteinzeit zwischen angesehenen und weniger angesehenen Menschen unterschieden haben.

M3 In der Altsteinzeit beerdigter Mann

④ Beschreibe M3.
⑤ Warum vermuten Forscher, dass die Menschen der Altsteinzeit an ein Leben nach dem Tod glaubten? (T2, M3)
⑥ **Hilfe** Woher wissen wir, dass die Menschen der Altsteinzeit bei der Beerdigung ihrer Toten nach angesehenen und weniger angesehenen Menschen unterschieden? (T2)
Lerntempoduett

Hilfe zu
⑥ – Ausgrabungen haben gezeigt, dass die Steinzeitmenschen ihre … .
– In den Gräbern fanden Forscher … .
– Die Grabbeigaben lassen vermuten, dass … .
– Die Forscher vermuten deswegen … .

M1 Menschen der Altsteinzeit: Mann und Frau (heutige Nachbildung)

Starke Männer – schwache Frauen?

T1 • Rollenbilder über die Menschen in der Steinzeit

Die Steinzeitmänner, am ganzen Körper stark behaart, gingen in Gruppen bewaffnet auf die Jagd. Die Frauen saßen am Feuer vor der Höhle und hüteten die Kinder. Sie kochten, nähten Kleidung oder sammelten Pilze, Früchte, Beeren, Wurzeln oder anderes Essbares. So oder so ähnlich stellen sich viele Menschen das Leben unserer Vorfahren vor. Aber stimmen solche Rollenbilder?

Erst seit wenigen Jahren beschäftigt sich die Wissenschaft mit dem Zusammenleben der Menschen in der Urgeschichte. Es ist besonders schwer, diese Epoche zu erforschen, weil es keine schriftlichen Überlieferungen gibt. Das heißt aber nicht, dass diese Zeit unerforscht bleibt. Wissenschaftler können Sachquellen, wie zum Beispiel Waffen und Werkzeuge, auswerten. Mithilfe dieser Objekte können sie häufig Rückschlüsse auf das Zusammenleben der Steinzeitmenschen ziehen.

❶ a) Beschreibe die nachgebildete Szene von Menschen aus der Altsteinzeit. (M1)
b) Wie stellst du dir das Zusammenleben der Steinzeitmenschen vor?

❷ Beschreibe, wie sich viele Menschen das gemeinsame Leben der Steinzeitmenschen vorstellen. (T1)

❸ **Hilfe** Wie können Wissenschaftler Erkenntnisse über das Zusammenleben in der Steinzeit erhalten? (T1)

Hilfe zu
❸ Wissenschaftler werten Sachquellen ... . Dadurch können sie ... .

T2 • Die Steinzeitfunde aus Stetten

Bei archäologischen Ausgrabungen von steinzeitlichen Gräbern aus der Zeit von 2700–2200 v. Chr. in der Nähe von Stetten wurde ein männliches Skelett entdeckt. Neben dem 35- bis 40-jährigen Mann lagen drei Pfeilspitzen und eine Knochennadel. Untersuchungen am Skelett ergaben, dass der Oberkörper des Mannes stark beansprucht worden war.

In einem anderen Grab lag das Skelett einer etwa 30-jährigen Frau. Dicht neben ihrem Skelett lagen eine Feuersteinklinge, zwei geschliffene Knochenspitzen, Teile eines Schleifsteins und ein Schafsknochen. Die Untersuchung des Skeletts ergab starke Abnutzungen am Schienbein und an der Elle.

Fertigte der Mann Kleidung und die Frau Werkzeuge an? Tatsächlich würden die gefundenen Grabbeigaben und die abgenutzten Knochen zu solchen Tätigkeiten passen. Für Wissenschaftler ist es schwer, sichere Aussagen zu Geschlechterrollen in der Steinzeit zu machen. Sie können die Funde nur deuten.

Stetten
Gemeinde in Baden-Württemberg, an der Donau gelegen

Elle
Längeneinheit, ungefähr so lang wie der Unterarm eines Menschen

Agta
Volk, das in den abgeschiedenen Bergregionen der Insel Luzon (Philippinen) lebt

T3 • Blick zu heutigen Jägern und Sammlern

Um Erklärungen für das Zusammenleben der Altsteinzeitmenschen zu finden, betrachten Wissenschaftler Menschen, die heute noch als Jäger und Sammler leben. Ein solches Volk sind die Agta. Sie leben in einer entlegenen Bergregion auf den Philippinen. Hier gehen hochschwangere Frauen noch auf die Jagd nach Kleintieren. Rollenbilder, nach denen bestimmte Tätigkeiten Frauen beziehungsweise Männern zugewiesen werden, kennen sie nicht. Daraus, und aus den Funden, schließen Wissenschaftler, dass es in der Altsteinzeit keine Rollenverteilungen gab.

M2 Ein Agta beim Fischfang

M3 Traditioneller Lagerplatz der Agta

❹ a) Beschreibe die Funde von Stetten. (T2)
　b) Was schließen die Wissenschaftler aus den Funden zu den Tätigkeiten? (T3)

❺ Warum betrachten Wissenschaftler das Zusammenleben von Menschen, die heute noch als Jäger und Sammler leben? (T3)

❻ Was lernen Wissenschaftler aus dem Zusammenleben der Agta für das Leben der Steinzeitmenschen? Erkläre. (T3)

❼ Vergleiche die früheren und heutigen Vorstellungen über Rollenverteilungen in der Steinzeit. (T1, T2, T3)

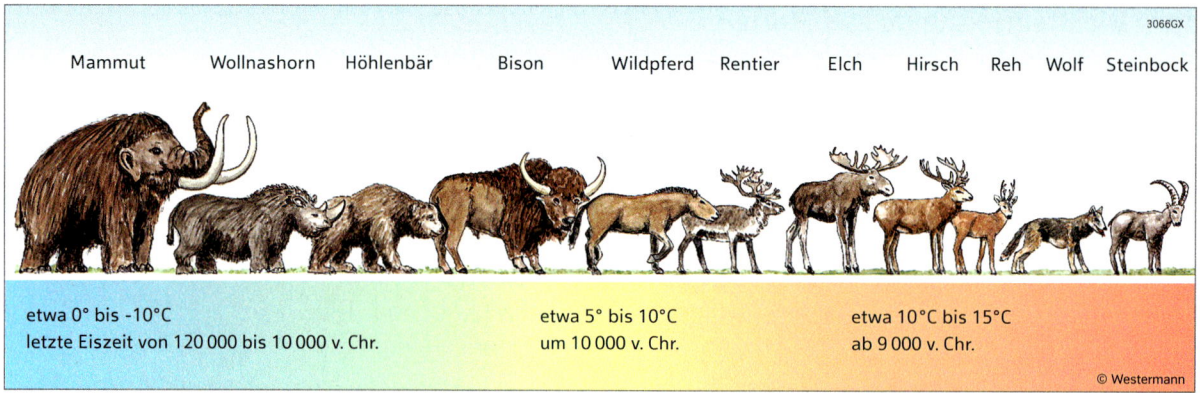

M1 Veränderungen in der Tierwelt

Die Natur verändert sich

T1 • Eisige Zeiten

Bis vor etwa 10 000 Jahren war das Klima in Europa kalt und eisig. Es herrschte eine Eiszeit.

Die Menschen und Tiere hatten sich an dieses Klima angepasst. Die Tiere besaßen ein dichtes Fell, mit dem sie die Kälte überlebten. Die Menschen hatten gelernt, sich mit warmer Kleidung zu schützen. Trotzdem mussten sie um ihr Überleben kämpfen. Die Nahrungssuche war nicht leicht, denn das Sammeln war in den schneebedeckten Gebieten sehr schwer. Auch die Jagd war in der eisigen Kälte schwierig.

T2 • Wärmere Zeiten

Vor etwa 10 000 Jahren endete die letzte Eiszeit in Europa. Es wurde wärmer und milder. Schnee, Eis und Gletscher schmolzen. Durch das milde Klima veränderten sich die Pflanzenwelt und die Tierwelt. Es gab jetzt dichte Laubwälder, in denen reichlich Beeren, Früchte, Nüsse und Pilze wuchsen. Tiere wie das Mammut oder das Wollnashorn starben aus. In den Wäldern lebten jetzt zum Beispiel Auerochsen, Rehe, Hirsche, Wildschweine, Bären oder Luchse.

Diese reichhaltige Natur machte das Sammeln von Nahrung und das Jagen von Tieren viel leichter. Mit dem Klimawandel war es für die Menschen der Altsteinzeit einfacher geworden zu überleben.

Klima
Bezeichnung für das Wetter mit allen Erscheinungen: Temperatur, Schnee, Regen, Sonnenschein usw.

Eiszeit
ein Abschnitt in der Geschichte der Erde, in der viele Teile der Erde mit Eis bedeckt waren

Gletscher
eine durch Schnee entstandene Eismasse

---

❶ Beschreibe Tiere und Pflanzen in M1 und M2.
❷ Warum war das Überleben in der Eiszeit besonders schwer? Erkläre. (T1)
❸ a) Hilfe Welche Veränderungen brachte das wärmere und milde Klima mit sich? Beschreibe. (T2)
  b) Nenne Pflanzen und Tiere, die in der Warmzeit vorherrschten. (T2, M1, M2)
❹ Warum war das Leben der Menschen in der Warmzeit einfacher? Erkläre. (T2)
  Think – Pair – Share

Hilfe zu
❸ a) Benutze Begriffe wie: Eiszeit – Schnee – Eis – Gletscher – Pflanzenwelt – Tierwelt – Laubwälder – Mammut usw.

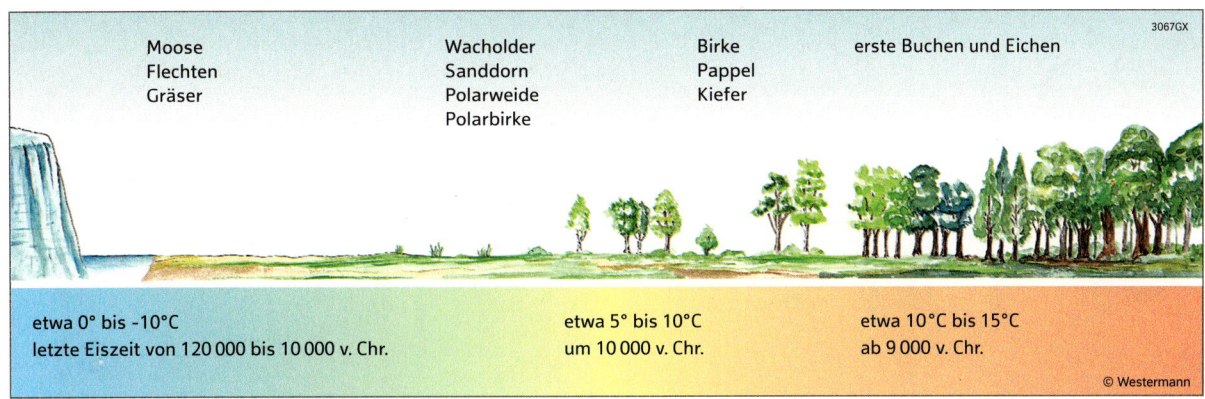

M2 Veränderungen in der Pflanzenwelt

T3 • Ackerbau

Bei ihrer Nahrungssuche sammelten die Menschen auch Körner von Gräsern. Diese Gräser waren Vorgänger unserer heutigen Getreidesorten. Die Menschen fanden damals heraus, dass sich die Körner zu Mehl zerreiben ließen. Aus diesem Mehl konnten sie einen einfachen Getreidebrei oder Brot zubereiten.

Wahrscheinlich bemerkten die Menschen, dass an den Stellen, an denen Körner liegen geblieben waren, im nächsten Jahr wieder neue Pflanzen wuchsen. Nach dieser Beobachtung streuten sie ganz bewusst Körner in den Boden. Die angehenden Pflanzen wurden gepflegt und später geerntet. Damit begann die Zeit des Ackerbaus.

T4 • Viehzucht

Die Menschen begannen damit, Wildtiere einzufangen. Sie fütterten und pflegten sie. Auf diese Weise wurden aus wilden Ziegen, Schafen, Rindern und Schweinen Haustiere. So hatten die Menschen regelmäßig Fleisch, wenn sie ein Tier schlachteten. Aber auch Milch, Wolle und Felle erhielten sie durch die Viehzucht. Damals lebten auch schon Hunde als Haustiere bei den Menschen. Diese entwickelten sich aus gezähmten Wölfen.

Ab etwa 6000 v. Chr. zogen die Menschen in Europa nicht mehr umher. Aus Sammlern und Jägern wurden Ackerbauern und Viehzüchter. Sie erzeugten ihre Nahrung selbst. Damit begann die Jungsteinzeit.

Acker
Boden, der so bearbeitet wird, dass auf ihm zum Beispiel Getreide oder andere Dinge angepflanzt werden können

⑤ Welche der in M1 abgebildeten Tiere leben bis heute in unseren Wäldern?

❻ a) Wie entwickelte sich der Ackerbau? (T3)
b) Wie entwickelte sich die Viehzucht? (T4)
Partnerpuzzle

❼ Hilfe Warum hat die Warmzeit das Leben der Menschen verändert? Erkläre.
(T2, T3, T4, M1, M2)

Hilfe zu
❼ Nutze Wendungen wie zum Beispiel:
deshalb – darum – aus diesem Grund – weil – wegen.
Folgende Satzanfänge kannst du nutzen:
Durch das warme Klima gab es jetzt ... .
Hier fanden die Menschen ... . Später lernten sie ... . Aus Sammlern und Jägern wurden ... .

M1 Leben in einer jungsteinzeitlichen Siedlung

Die Menschen werden sesshaft

T1 • Die ersten Dörfer

Die Menschen in der Jungsteinzeit zogen nicht mehr als Jäger und Sammler umher. Sie errichteten Häuser auf waldfreien Anhöhen, an Flüssen oder auf Lichtungen im Wald. Fanden sie keine Lichtungen, mussten sie Wald roden. Ausgrabungen zeigen, dass diese Häuser eine Länge von 40 Metern hatten. Hier konnten bis zu 20 Menschen leben. Die Häuser waren in Wohn-, Speicher- und Stallteile aufgeteilt. Aus den einzelnen Häusern wurden Siedlungen und Dörfer.

T2 • Neuerungen der Jungsteinzeit

In der Jungsteinzeit erfanden die Menschen viele neue nützliche Geräte und Werkzeuge oder verbesserten sie. Sie lernten zum Beispiel, Gefäße aus Ton herzustellen. Darin konnten sie Vorräte über einen längeren Zeitraum aufbewahren. Die Wolle der Schafe verarbeiteten sie zu Garn, aus dem sie Stoffe herstellten.

Lichtung
baumfreie Fläche mitten im Wald

roden
Roden heißt, dass Bäume mit den Wurzeln entfernt werden. Der Boden kann dann als Acker genutzt werden.

Ton
eine Bodenart, die zur Herstellung von Schüsseln und Krügen verwendet werden kann. Der Ton wird geknetet und geformt und dann im Feuer gehärtet.

❶ a) Was machen die einzelnen Personen? Beschreibe mindestens drei. (M1)
b) Welche Geräte und Werkzeuge kannst du erkennen? (M1)
 Bienenkorb

❷ Aus welchen Materialien sind die Häuser gebaut? (M1)

❸ Hilfe Warum erfanden die Menschen in der Jungsteinzeit neue Geräte? (T2)

❹ Warum waren Tongefäße und Stoffe eine große Verbesserung? Erkläre. (T2)

Hilfe zu
❸ Denke an Dinge wie Zeit oder Notwendigkeit.

T3 • Die Lebensweise verändert sich

Die Arbeiten im Dorf wurden verteilt. Jeder musste Aufgaben für die Gemeinschaft übernehmen. Einige stellten Werkzeuge oder Waffen her, andere töpferten Tongefäße, andere kümmerten sich um das Vieh und andere wiederum stellten Kleidung her oder backten Brot. Bei der Feldarbeit mussten alle mithelfen. Wie schon in der Altsteinzeit lernten die Kinder alle wichtigen Tätigkeiten, indem sie den Erwachsenen zusahen und bei den verschiedenen Arbeiten mithelfen mussten.

Das Leben in einer festen Siedlung hatte viele Vorteile. Die Menschen konnten sich nun besser um Kinder, Alte und Kranke kümmern. Mehr Kinder überlebten und die Menschen wurden älter. Zudem bot das Dorf einen besseren Schutz vor gefährlichen Tieren.

Bei Köln-Lindenthal haben Archäologen ein jungsteinzeitliches Dorf gefunden, das um 5000 v. Chr. ungefähr 200 Einwohner hatte.

M2 Tongefäß

5 **Hilfe** Welche Vorteile hatte das Leben in festen Siedlungen? Erkläre. (T3, M1)

6 **Hilfe** Vergleiche die Alt- und Jungsteinzeit.

7 Warum kann der Schritt von Sammlern und Jägern zu Ackerbauern und Viehzüchtern als ein sehr großer Schritt der Menschheit bezeichnet werden? Erkläre.
  Think – Pair – Share

8 Überlege, ob das Leben am immer gleichen Ort auch Nachteile haben konnte.
  Lerntempoduett

Hilfe zu

5 Die Menschen konnten sich besser um die Kinder … . Das Dorf … . Die Arbeit … .

6 Du kannst eine Tabelle anlegen:

	Altsteinzeit	Jungsteinzeit
Nahrung		
Wohnen		
Werkzeuge		
…		

M1 Ein Bergwerk, in dem metallhaltiges Gestein abgebaut wird, um 1700 v. Chr. (heutige Zeichnung)

Von der Steinzeit zur Metallzeit

T1 • Ein neuer Werkstoff – Metall

Etwa 4500 v. Chr. begannen die Menschen, in Mitteleuropa neben den Werkstoffen Stein, Knochen und Holz auch Metall zu verwenden. Das Metall gewannen sie aus erzhaltigem Gestein. Mit dem Metall konnten die Menschen bessere Geräte, Waffen oder Schmuck anfertigen.

Erze sind vorwiegend unter der Erde zu finden. Um sie abzubauen, gruben die Menschen tiefe Schächte in die Erde. Die Stellen mit den Erzen wurden erst mit Feuer erhitzt und danach mit kaltem Wasser abgeschreckt. Dadurch entstanden Risse. Nun konnten die Menschen mit Hämmern und spitzen Gegenständen die Erzbrocken abschlagen.

Um das Metall aus dem Erz herauszulösen, wurde das Erz mithilfe von Holzkohle in Schmelzöfen auf über 1000 °C erhitzt. Dadurch wurde reines Metall aus dem Gestein herausgeschmolzen.

T2 • Vorteile des Werkstoffs Metall

Ab 2200 v. Chr. gewann die Bronze an Bedeutung. Sie war eine Metallmischung aus Kupfer und Zinn und deutlich härter als reines Kupfer. Der Werkstoff Stein verlor nun an Bedeutung und die Metallzeit begann.

Etwa 800 v. Chr. setzte sich in Mitteleuropa Eisen durch. Es ist noch härter als Bronze und damit noch einmal besser geeignet für Werkzeuge und Waffen. Die aus Metall gefertigten Gegenstände hielten oft länger. Zerbrachen sie oder wurden sie beschädigt, konnte man sie durch Einschmelzen oder Erhitzen wieder bearbeiten. Das war ein großer Vorteil. Messer und Äxte aus Metall konnten zum Beispiel öfter und besser geschärft werden als die aus Stein.

Erz
Eisen, Kupfer und andere Metalle sind in Gestein eingelagert. Diese metallhaltigen Gesteine heißen Erze.

M2 Schmelzofen aus Lehm mit Kupfererz und Holzkohle, angefeuert mit einem Blasebalg (heutige Zeichnung)

T3 • Neue Berufe entstehen

Die Verarbeitung von Metall wurde immer wichtiger. Der Abbau der Erze, das Herausschmelzen der Metalle sowie die Verarbeitung der Metalle erforderten besondere Kenntnisse und Fähigkeiten. Für diese Tätigkeiten waren Spezialisten erforderlich. Es kam zur Arbeitsteilung und verschiedene Berufe entstanden: Bergleute, Schmelzer, Kupfer- und Bronzegießer, Schmiede, Händler und andere.

Diese Menschen hatten keine Zeit mehr, sich durch Landwirtschaft mit Nahrung selbst zu versorgen. Deshalb tauschten sie ihre Produkte bei den Bauern gegen Nahrungsmittel ein. Dieser Tauschhandel war aber nur möglich, weil die Bauern mittlerweile mehr ernteten, als sie selbst benötigten.

Halsring aus Eisen, vermutlich für eine Statue

Kessel aus Bronze

Speerspitze und Axt aus Eisen

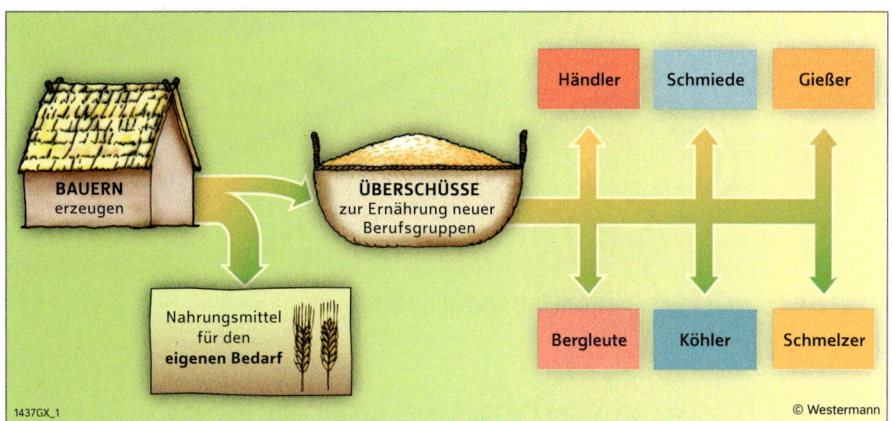

M3 Metallzeit: Berufe entstehen

M4 Produkte aus Metall

---

❶ a) Beschreibe die Arbeiten in M1.
  b) Schätze ein, wie gefährlich die Arbeiten im Bergwerk waren.
  c) Überlege, wie wichtig das abgebaute Gestein war.

❷ a) *Hilfe* Wie wurden Erze im Bergwerk abgebaut? Beschreibe. (M1, T1)
  Lerntempoduett
  b) Wie wurde das Metall aus den Erzen gewonnen? Erkläre. (T1, M2)

❸ *Hilfe* Warum war Metall besser als Stein zur Herstellung von Werkzeugen, Waffen oder Schmuck geeignet? Erkläre. (T2)

❹ Warum hat sich letztendlich das Metall Eisen durchgesetzt? (T2)
  Partnerabfrage

❺ a) Nenne Berufe, die sich neu entwickelt haben. (T3, M3)
  b) *Hilfe* Warum entstanden Berufe? (T3)

❻ Versetze dich in eine Berufsgruppe aus M3. Erkläre, warum dein Beruf wichtig für die Menschen deiner Zeit ist.
  Kugellager

Hilfe zu
❷ a) Benutze die Wörter:
  Feuer – Wasser – Hämmer – Leiter – Körbe – Risse – Stützbalken – abschrecken – schlagen – zerkleinern – transportieren – ziehen.

❸ Beginne die Erklärung so:
  Werkzeuge, Waffen und Schmuck aus Metall waren ..., weil ... .

❺ b) Bilde Sätze aus folgenden Wortgruppen:
  die Bauern erzeugten – Nahrungsmittel für den eigenen Bedarf – Bauern produzierten Überschüsse – für neue Berufsgruppen – tauschten Erzeugnisse usw.

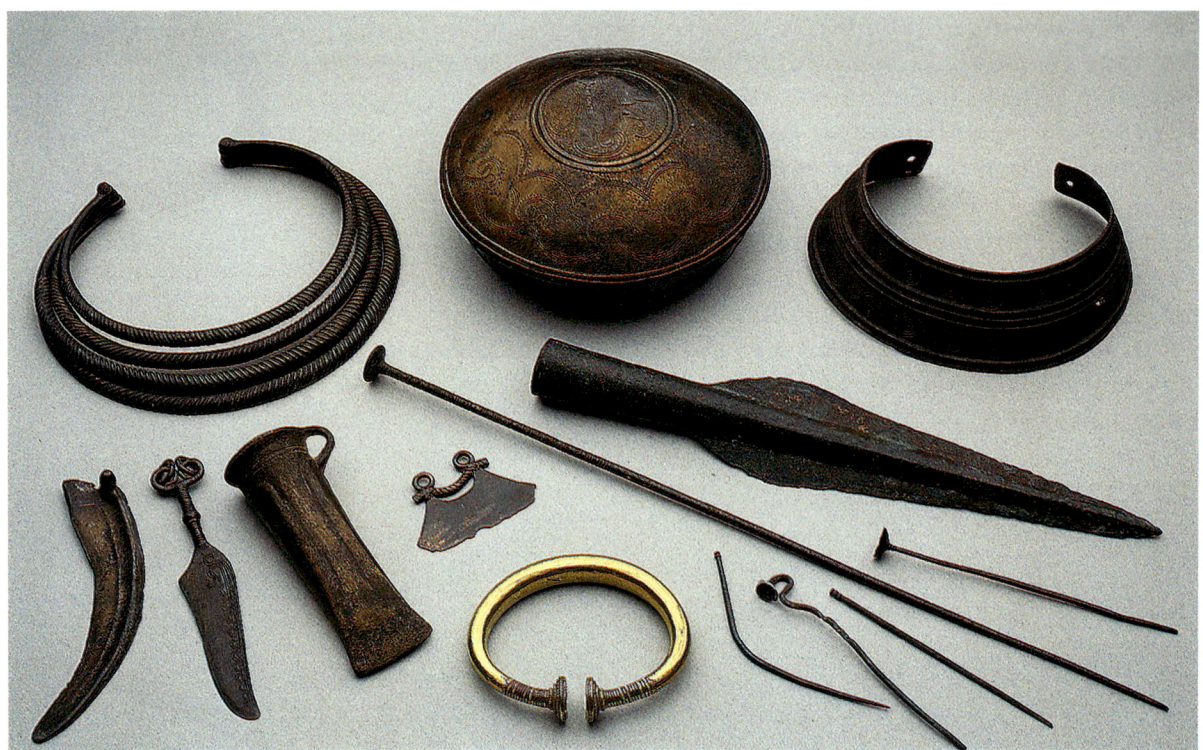

M1 Bronzefunde aus Dieskau bei Halle an der Saale (zwischen 2000 und 1700 v. Chr.)

Handelswege verbinden Menschen

T1 • Bronzezeit in Mitteleuropa

In Mitteleuropa löste ab 2200 v. Chr. die Bronze Werkstoffe wie Stein und Kupfer für den Waffen- und Werkzeugbau allmählich ab. Bronze, eine Legierung aus den Metallen Kupfer und Zinn, war erheblich härter als Kupfer. Damit war Bronze besser geeignet, um zum Beispiel Schwerter und Äxte herzustellen.

Die Technik, Bronze herzustellen und zu verarbeiten, entwickelte sich nicht überall gleich. Vielmehr gab es Regionen, in denen die Menschen sehr gute Bronze herstellen konnten und auch besonders hochwertige Gegenstände aus Bronze fertigten. In anderen Regionen gelang es den Menschen, nur schlechte Bronze herzustellen. Diese war für Schwerter oder Äxte nicht hart genug. Bestimmte Bronzeobjekte wurden dann aus anderen Gebieten eingeführt.

Legierung
eine Mischung aus zwei oder mehr Metallen

❶ a) Beschreibe die in M1 abgebildeten Fundstücke.
b) Überlege, um welche Gegenstände es sich handeln könnte.
  🔍 *Bienenkorb*

❷ Erkläre, warum Bronze für den Bau von Waffen- und Werkzeugen besser geeignet war als Stein und Kupfer. (T1)

❸ Warum wurden in einigen Regionen Bronzeobjekte aus anderen Gebieten eingeführt? (T1)

T2 • Handel mit Rohstoffen und Waren

Kupfer und Zinn gab es nicht überall und selten zusammen in einem Gebiet. Für die Herstellung von Bronze mussten Händler die Rohstoffe zu den Orten bringen, an denen die Handwerker sie verarbeiteten.

In dem Gebiet des heutigen Deutschlands gab es zum Beispiel an der Mittelelbe und an der Saale besonders geschickte Handwerker. Dort waren sie in der Lage, sehr gute Bronze und aufwendige Bronzewerkstücke herzustellen. Das dafür nötige Zinn erhielten die Handwerker aus dem Erzgebirge oder aus dem englischen Cornwall. Mit großem Geschick stellten sie Bronzeobjekte, wie zum Beispiel Schwerter und Äxte, her. Diese gelangten auf Handelswegen zum Beispiel in Regionen des heutigen Süddeutschlands.

Auch in Regionen am Mittelrhein lebten Menschen, die vielfältigen Handel betrieben. Ihre Bronzeerzeugnisse, wie zum Beispiel Radnadeln, gelangten nach Süd- und Norddeutschland und sogar bis in das heutige Ungarn. Umgekehrt wurden aufwendig hergestellte Bronzegefäße sowie Waffen und Pferdegeschirre aus anderen Gebieten in der Region am Mittelrhein gehandelt.

Rohstoff
Material aus der Natur, das von Menschen weiterverarbeitet wird

Radnadeln
Schmuck in Nadelform, mit dem zum Beispiel Tücher befestigt wurden

Pferdegeschirr
Gefüge aus Bändern und Ringen, das einem Pferd um den Kopf und den Bauch gelegt wird, damit man es besser führen kann.

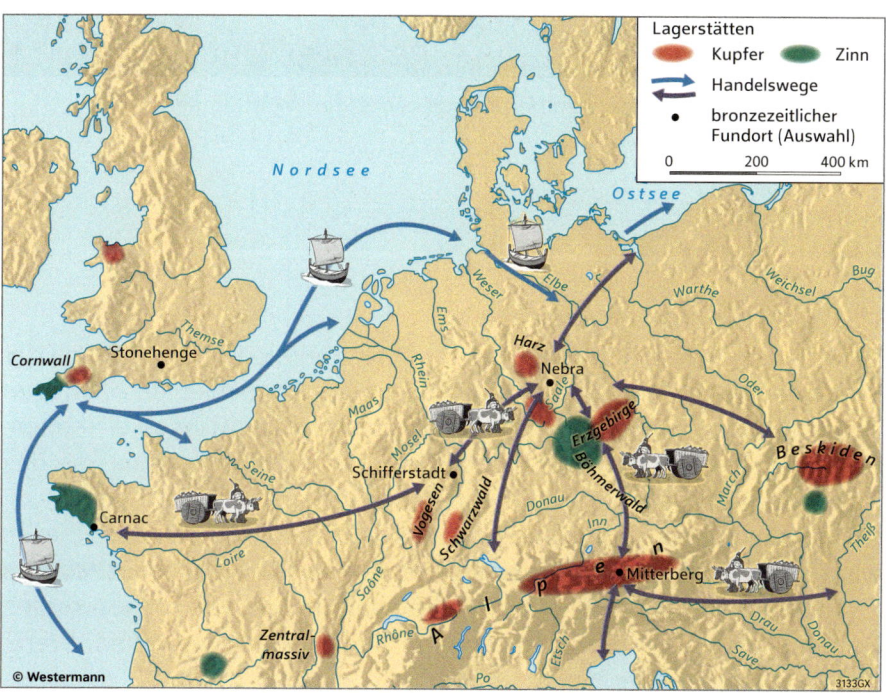

M2 Handelswege in der Zeit von 2200 bis 600 v. Chr. (Auswahl)

M3 Radnadeln aus Bronze

M4 Radnadeln waren meist Bestandteil von Frauenkleidung (Rekonstruktion nach Funden aus Niederbayern)

❹ Warum mussten Händler Rohstoffe zu den Handwerkern bringen? (T2)
❺ Berichte über die Handwerker an der Mittelelbe und der Saale. (T2)
❻ **Hilfe** Beschreibe, wie Zinn und Kupfer in das Gebiet der Saale gelangte. (M2, T2)

Hilfe zu
❻ Du kannst zum Beispiel so beginnen:
Zuerst musste das Zinn aus Cornwall über den Landweg zur englischen Küste transportiert werden. Dann wurde es mithilfe von … .

M1 Die befestigte Keltensiedlung Heuneburg beim heutigen Herbertingen in Baden-Württemberg (Rekonstruktionszeichnung)

Die Kelten

T1 • Ein Volk der Eisenzeit

Eisenzeit
Zeitraum von etwa 750 bis 58 v. Chr., in dem vor allem Eisen zur Werkzeugherstellung benutzt wurde

Zwischen dem 8. und 5. Jahrhundert v. Chr. breitete sich die Technik der Eisenbearbeitung auch in Mitteleuropa aus. Im Gebiet des heutigen Deutschlands lebten im Südwesten und im heutigen Hessen die Kelten. Sie waren Meister der Eisenbearbeitung. Die Kelten waren es, die das Eisen in das Gebiet nördlich der Alpen einführten.

Mit einem besonderen Ofen gewannen sie aus Eisenerz Eisen. Dieses wurde anschließend durch verschiedene Techniken verfeinert, sodass Eisen entstand, das von hoher Qualität war und gut verarbeitet werden konnte. Aus diesem Rohstoff fertigten sie erstklassige Waffen, Werkzeuge und andere Geräte.

❶ a) Beschreibe die nachgebildete Anlage der Heuneburg. (M1)
b) Erklärt euch gegenseitig, was ihr in der Anlage entdeckt.

❷ Warum wird die Epoche von 750 bis 58 v. Chr. als Eisenzeit bezeichnet? (T1)
 Think – Pair – Share

❸ **Hilfe** Erkläre, warum die Kelten als Meister der Eisenverarbeitung bezeichnet werden. (T1)

Hilfe zu
❸ Benutze den Wortspeicher: besonderer Ofen – Eisenerz – Eisen mit hoher Qualität.

Leben in vorgeschichtlicher Zeit

T2 • Die Kelten – furchtlose Krieger

Durch Ausgrabungen und durch schriftliche Quellen von den Griechen und Römern wissen wir sehr viel über die Kelten. Die Quellen berichten zum Beispiel über die Organisation der vielen keltischen Stämme. An deren Spitze stand immer ein Stammesfürst. Ihren Machtbereich dehnten die Kelten meist durch Gewalt aus. In die Schlachten zogen sie mit weiß gekalkten Haaren, Geschrei oder rhythmischen Gesängen, um die Gegner abzuschrecken. Ihre Streitwagen, ihre Reitkunst und auch ihr Kampf mit den langen Eisenschwertern waren sehr gefürchtet.

Streitwagen
Ein zweirädriger Wagen, der im Krieg in Kämpfen genutzt wurde. Er wurde mit zwei Pferden bespannt sowie mit einem Lenker und einem Kämpfer besetzt.

T3 • Die Religion der Kelten

Eine sehr wichtige Rolle spielten bei den Kelten die Druiden. Sie waren Priester, Deuter der Zukunft, Erzieher, Richter und Experten der Heilkunst. Zudem wachten sie über die Opfergaben. Geopfert wurden zum Beispiel Bronzefiguren. Diese versenkten sie in Flüssen, Seen oder Mooren, denn bei den Kelten wurden die Kräfte der Natur verehrt. Im Mittelpunkt standen die Urkräfte: Erde, Feuer, Wasser und Luft.

Über die Einstellung der Kelten zum Tod ist nicht sehr viel bekannt. Vermutlich glaubten sie an ein Leben nach dem Tod. Forscher erklären das anhand von Schüsseln, Tellern, Trinkgefäßen und Kleidung, die in Gräbern von Kelten gefunden wurden.

Schnabelkanne aus Eisen

Schale aus Gold

Trinkhorn aus Eisen mit Goldverzierungen

M3 Fundstücke aus den Fürstengräbern von Hochdorf und am Glauberg

M2 Grabkammer des Fürstengrabes von Hochdorf um 530 v. Chr. (Rekonstruktion im Keltenmuseum Hochdorf/Enz)

④ Erkläre, warum wir heute sehr viel über die Kelten wissen. (T2)
  🐝 *Bienenkorb*

⑤ Beschreibe, wie die Kelten ihren Machtbereich erweitert haben. (T2, M1)

⑥ Erkläre die Bedeutung der Natur bei den Kelten. (T3)

⑦ Nenne die Aufgaben eines Druiden. (T3)

⑧ Woher wissen wir, dass die Kelten an ein Leben nach dem Tod glaubten? (T3, M2)

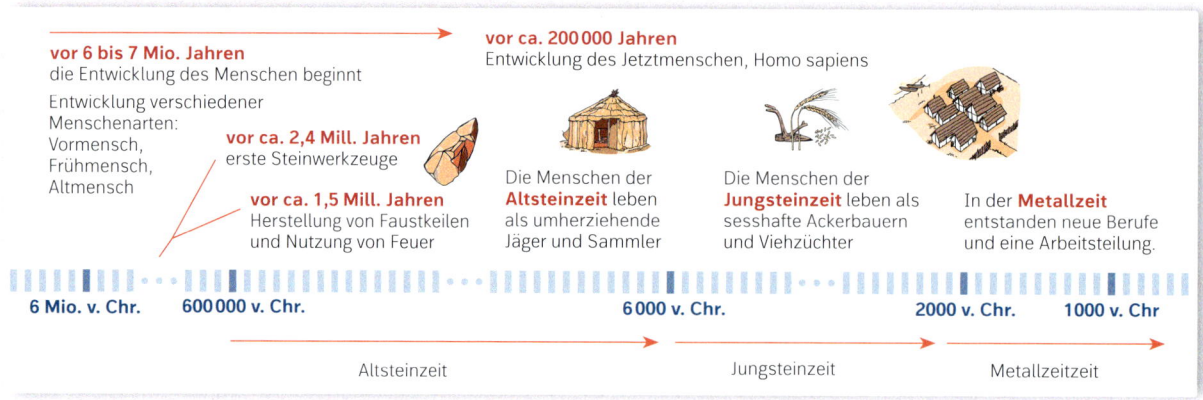

Leben in vorgeschichtlicher Zeit

Wie haben sich die Menschen entwickelt?

Der Ursprung der Menschheit liegt in Afrika. Hier entwickelten sich die Vormenschen vor etwa 6 bis 7 Millionen Jahren. Mit dem Aussehen und der Intelligenz des heutigen Menschen hatten sie wenig gemeinsam. Die Entwicklung des Menschen verlief in verschiedenen Stufen. Es gab Vormenschen, Frühmenschen und Altmenschen, bis sich vor ungefähr 200 000 Jahren der Jetztmensch, der Homo sapiens, entwickelte.

Warum war Stein ein wichtiger Werkstoff für die Menschen?

Vor rund 2,4 Millionen Jahren begann der Mensch, Werkzeuge aus Stein herzustellen. Zuerst wurden nur einfache Steine grob bearbeitet. Doch mit jedem Schritt der menschlichen Entwicklung wurden die Arbeiten besser. Vor etwa 1,5 Millionen Jahren gelang es, mit ausgesuchten Steinen ein besonders gutes Werkzeug herzustellen. Das war der Faustkeil.

Weil die ersten Werkzeuge aus Stein waren, heißt die Zeit zwischen 600 000 v. Chr. und 2200 v. Chr. Steinzeit.

Wie lebten die Menschen in der vorgeschichtlichen Zeit?

Die Menschen der Altsteinzeit lebten als Jäger und Sammler. Sie sammelten alles in der Natur, was essbar war, und jagten alle Arten von Tieren. Gab es nicht mehr genug Essbares, zogen die Gruppen weiter. Sie errichteten dort neue Lager, wo sie wieder genug Nahrung vorfanden.

Die Menschen der Jungsteinzeit lebten als Ackerbauern und Viehzüchter. Ab etwa 6000 v. Chr. hatten die Menschen in Europa gelernt, wie Getreide angebaut und geerntet wird. Zudem war es ihnen gelungen, aus wilden Tieren Haustiere zu züchten. Sie mussten jetzt nicht mehr umherziehen, sondern lebten in festen Häusern. Aus einzelnen Häusern wurden Siedlungen und Dörfer.

In der Metallzeit lernten die Menschen, aus Metallen bessere Gegenstände anzufertigen. Metall hatte gegenüber Stein viele Vorteile: Ging zum Beispiel ein Metallgegenstand kaputt, konnte das Metall eingeschmolzen und neu angefertigt werden.

Ackerbau
Der Anbau von Getreide und Gemüse auf Feldern wird Ackerbau genannt. Vor rund 10 000 Jahren hatten die Menschen vermutlich erkannt, dass aus Körnern, die am Boden liegen geblieben waren, neue Pflanzen wuchsen. Nach diesen Beobachtungen streuten sie selbst Körner in den Boden. Die angehenden Pflanzen wurden gegossen und später geerntet.

Altsteinzeit
Die Altsteinzeit dauerte von 600 000 v. Chr. bis etwa 6000 v. Chr. Stein war in dieser Zeit das wichtigste und dauerhafteste Material für die Herstellung von Werkzeugen und Waffen.

Homo Sapiens
Der heutige Mensch, der sich vor ca. 200 000 Jahren entwickelt hatte, wird als Homo Sapiens bezeichnet. Dabei heißt „Homo" Mensch, während mit „sapiens" die Eigenschaft dieser Menschenart beschrieben wird, klug und vernünftig zu sein.

Jungsteinzeit
Der Abschnitt der Jungsteinzeit dauerte von 6000 v. Chr. bis etwa 2200 v. Chr. In dieser Zeit lebten die Menschen von Ackerbau und Viehzucht. Sie zogen nicht mehr umher, sondern wohnten in festen Häusern, die zu Siedlungen und Dörfern wurden.

Metallzeit
Die Metallzeit folgte etwa 2200 v. Chr. der Jungsteinzeit. Zu dieser Zeit löste Metall den Stein als wichtigsten Rohstoff für Werkzeuge, Waffen und Schmuck ab. Das bereits in der Jungsteinzeit verwendete Kupfer wurde nun von der härteren Bronze verdrängt. Sie wiederum wurde ungefähr 800 v. Chr. von dem noch härteren Metall Eisen abgelöst.

Nomaden
Als Nomaden werden Menschen bezeichnet, die von Ort zu Ort ziehen. Die Menschen der Altsteinzeit zogen in Gruppen umher, denn sie mussten immer dorthin wandern, wo sie in der Natur als Jäger und Sammler genug Nahrung fanden.

Sesshaftigkeit
Hierunter wird verstanden, dass die Menschen nicht mehr als Jäger und Sammler ihrer Nahrung nachzogen, sondern an festen Plätzen Ackerbau und Viehzucht betrieben und feste Häuser bauten. In Europa trat das beim Übergang von der Altstein- zur Jungsteinzeit ein.

Viehzucht
Etwa um 6000 v. Chr. begannen die Menschen in Europa wilde Tiere einzufangen. Sie fütterten sie und pflegten sie, sodass sie zu Haustieren wurden. Dadurch hatten die Menschen regelmäßig Milch, Wolle und von den geschlachteten Tieren Fleisch und Felle. Die Menschen waren dadurch weniger auf die Jagd angewiesen.

Antike Kulturen im Mittelmeerraum

Antike → bedeutet **Altertum** → umfasst den Zeitraum zwischen der Vorgeschichte und dem Mittelalter

ca. von **3500 v. Chr. bis 500 n. Chr.**

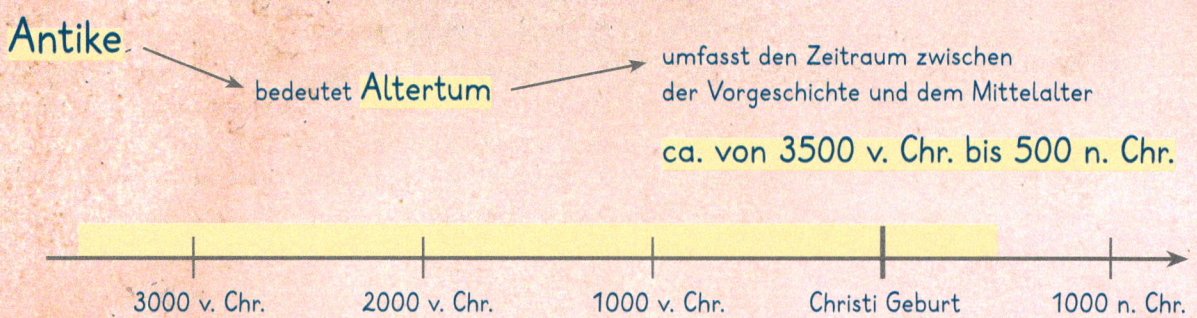

Kulturen → **Kultur** ist der Gegenbegriff zu **Natur**

beschreibt **alles, was der Mensch hervorbringt,** zum Beispiel: Ackerbau, Technik, Schrift oder Gesetze

meint alles Natürliche, das nicht vom Menschen verändert oder gestaltet wurde

große Gruppen von Menschen, die eine bestimmte Kultur, das heißt eine gemeinsame Art und Weise zu leben, entwickelt haben

Zu den bedeutenden Kulturen der Antike gehören:

die **Ägypter**   die **Griechen**   die **Römer**

Mittelmeerraum → gemeint sind die **Landgebiete, die um das Mittelmeer herum liegen**

→ Die Sommer sind hier meist heiß und trocken und die Winter mild und regnerisch.

→ Das Mittelmeer ist das Meer zwischen Afrika und Europa.

Meere und Flüsse stellten bereits in der Antike Verbindungen zwischen verschiedenen Regionen dar. Dies machte es möglich, dass Waren und Wissen ausgetauscht werden konnten.

Das antike Griechenland

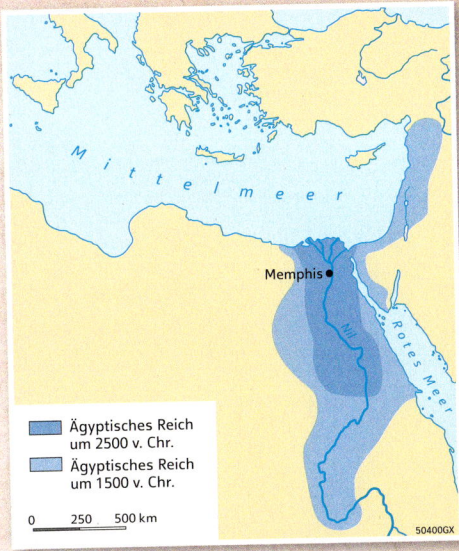
Das alte Ägypten

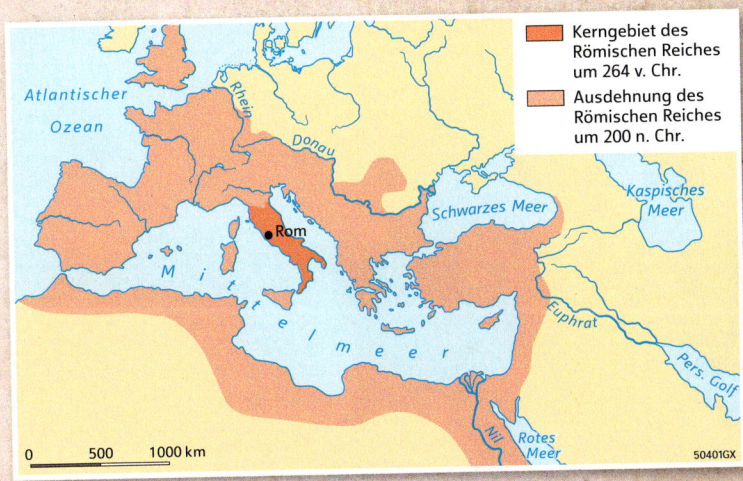
Das Römische Reich

Fragen an das Thema

Unter welchen Bedingungen entwickelten sich Kulturen?

Wie organisierten antike Kulturen ihr Zusammenleben?

Wie halfen Religionen im täglichen Leben?

Wie lösten sie ihre gesellschaftlichen Probleme?

Was förderte in der Antike den wirtschaftlichen Aufschwung?

Woher nahmen Menschen das Recht, über andere zu herrschen?

Wie hingen die Vergrößerung eines Landes und die Wirtschaft zusammen?

M1 Die Cheops-Pyramide bei Gise in Ägypten – erbaut vor 4600 Jahren

Ägypten – eine frühe Hochkultur

→ Warum wird das alte Ägypten als Hochkultur bezeichnet?

→ Warum siedelten die Menschen am Nil?

→ Wie lebten die Ägypter?

M2 Der Nil in Ägypten

M3 Bauern bei der Feldarbeit (Grabmalerei aus dem 15. Jahrhundert v. Chr.)

M1 Der Nil in Ägypten

Der Nil – die Lebensgrundlage Ägyptens

T1 • Der Fluss ermöglicht Leben in der Wüste

Fast ganz Ägypten liegt in einer Wüste, der Sahara. Dort regnet es sehr selten. Ein einziger Fluss spendet beinahe das gesamte Wasser. Dieser Fluss heißt Nil. Das Niltal in Ägypten ist ungefähr 1000 Kilometer lang und bis zu 20 Kilometer breit. Nur in dem Gebiet entlang des Nils ist Landwirtschaft möglich, weil der Nil und die fruchtbaren Böden eine Flussoase bilden. Das Niltal ist die längste Flussoase der Welt.

T2 • Menschen siedeln am Nil

Menschen siedelten sich in Flussoasen wie dem Niltal an, weil es dort ausreichend Wasser gab. Nach den heftigen Regenfällen im Sommer überschwemmte der Nil jedes Jahr die Uferbereiche. Dort lagen die Felder, auf denen die Ägypter zum Beispiel Getreide anbauten. Wenn das Nilwasser wieder zurückgegangen war, blieb fruchtbarer Schlamm zurück. Dieser Schlamm sorgte als Dünger für gute Ernten. Nach der Aussaat wurden die Felder von den Ägyptern mit Nilwasser bewässert.

fruchtbarer Boden
Dieser Boden ist reich an Nährstoffen, die für das Wachstum der Pflanzen wichtig sind.

Oase
Die Oase ist ein Ort in der Wüste. An diesem Ort gibt es Wasser und deshalb auch Pflanzen.

siedeln
Wenn Menschen siedeln, dann bedeutet es, dass sie an einem Ort bleiben und dort ihre Häuser errichten.

| Achet (Überschwemmung) | Peret (Sprießen) | Schemu (Wärme) |
| Juli–Oktober | November–Februar | März–Juni |

M2 Wasserstände des Nils und Jahreszeiten in Ägypten

❶ Was ist das Besondere an der Nillandschaft? Beschreibe. (M1, M3)

❷ **Hilfe** Was bedeutet der Begriff Flussoase? Erkläre. (T1)

❸ a) Wie veränderte sich der Stand des Nils im Laufe des Jahres? Beschreibe. (M2)
b) Wie teilten die Ägypter das Jahr ein? (M2)

❹ Welche Folgen hatte das jährliche Nilhochwasser? Erkläre. (T2)
🌐 *Lerntempoduett*

Hilfe zu
❷ Der Begriff Flussoase bezeichnet … . Wichtige Kennzeichen … . Besonders typisch ist … .

M3 Ein Satellitenbild des Nils

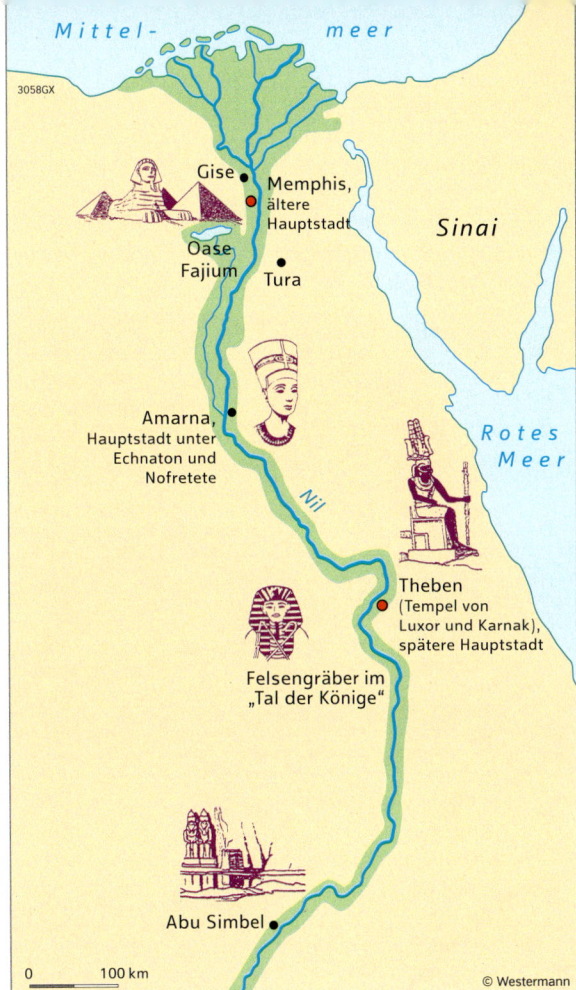

M4 Eine Karte des Nils

T3 • Ägypten – eine Hochkultur

Die Menschen wurden an den fruchtbaren Ufern des Niltals sesshaft. Sie gründeten dort größere Gemeinschaften. Aus kleinen Bauernsiedlungen entstanden um 3000 v. Chr. größere Dörfer, später sogar einige wenige Städte. Die Gemeinschaften und Dörfer entlang des Nils schlossen sich nach und nach zusammen. Es entstand ein Reich unter einem Herrscher. Angrenzende Gebiete wurden durch Kriege erobert und in das Reich einbezogen.

Die alten Ägypter besaßen bereits eine Schrift, um Informationen festzuhalten, und auch Gesetze, die das Zusammenleben der Menschen regelten. Handwerker und Künstler schufen Malereien, Skulpturen und große Bauwerke. Wissenschaftler forschen und Beamte kümmerten sich um die Verwaltung des Reiches.

So eine weit entwickelte Gesellschaft nennt man Hochkultur.

5 Hilfe Warum gilt das alte Ägypten als eine Hochkultur? (T3)

6 Wo errichteten die Ägypter ihre Städte, Tempel und Gräber? (M4)

Hilfe zu
5 Zähle wichtige Kriterien auf.
Schrift: Wissen wurde weitergegeben.
Gesetze: …

M1 Landwirtschaft am Nil (heutige Zeichnung)

M2 Schaduf

schöpfen
Eine Flüssigkeit wird mit einem Behälter irgendwo herausgenommen und woanders hineingegossen.

Landwirtschaft am Nil

T1 • Der Nil stellt viele Aufgaben

Im Niltal mussten die Menschen gemeinsam viele Aufgaben lösen. Nach der Überschwemmung mussten die Felder neu vermessen werden, denn sie waren mit einer schwarzen Schlammschicht bedeckt. Diese Aufgabe übernahmen die Seilspanner. Sie waren Landvermesser und teilten die Felder für die Bauern ein.

Nachdem die Felder abgemessen waren, pflügten die Bauern die Böden und säten zum Beispiel Getreide. Von da an wurden die Felder regelmäßig bewässert, denn in der Hitze wären sie sonst steinhart geworden. Dazu mussten Bewässerungskanäle gegraben und Schöpfgeräte gebaut werden. Ein wichtiges Schöpfgerät war das Schaduf. Mithilfe eines Ledereimers an einem langen Hebearm schöpften die Bauern jeden Tag Nilwasser in die Bewässerungskanäle.

❶ Welche Aufgaben werden in M1 ausgeführt? Zähle auf und beschreibe.
❷ a) Welche Aufgabe hatten die Seilspanner? (T1)
   b) **Hilfe** Wie wurden die Felder angelegt und bearbeitet? Beschreibe. (M1, T1)
   c) **Hilfe** Wie arbeiteten die Ägypter mit dem Schaduf? Erkläre. (T1)
   Partnervortrag

Hilfe zu
❷ b) Zähle wichtige Kriterien auf:
      Böden – Saat – Bewässerungskanäle – Schöpfgeräte – ausbringen – anlegen – bewässern.
   c) Du kannst eine Zeichnung erstellen oder einen kurzen Text schreiben:
      Ein Schaduf besteht aus … . An einem langen … . Der Bauer schöpfte damit … .

T2 • Beamte überwachen die Arbeiten

Der Herrscher Ägyptens konnte die vielen Aufgaben in seinem großen Reich nicht selbst überwachen. Dazu benötigte er Beamte. Sie bekamen vom Herrscher bestimmte Aufgaben zugewiesen. Manche Beamte kontrollierten die Bewässerung der Felder und das Errichten von Dämmen. Andere beaufsichtigten die Ernte, nahmen die Abgaben der Bauern entgegen oder kümmerten sich um die Lagerung von Vorräten. Für all diese Aufgaben mussten Beamte lesen, schreiben und rechnen können. Bezahlt wurden sie mit Anteilen an Ernten oder mit Landbesitz.

Damm
Für einen Damm werden Erde und Steine angehäuft. Der Damm sorgt dafür, dass sich das Wasser eines Flusses staut oder kontrolliert abfließt.

dressieren
Beim Dressieren wird ein Tier so trainiert, dass es Kunststücke oder andere nützliche Handlungen auf Befehl tun kann.

züchten
Hierbei lässt man Pflanzen unter genauer Kontrolle so heranwachsen, dass sie verbessert werden.

M3 Neue Aufgaben – neue Anforderungen (heutige Zeichnung)

T3 • Was ernteten die ägyptischen Bauern?

Die Ägypter ernteten Getreide, vor allem Weizen und Gerste. Außerdem pflanzten sie Wein und Obst an. Sie bauten verschiedene Gemüsesorten wie Linsen, Bohnen, Knoblauch, Lauch und Zwiebeln an. Für die Ernte von Feigen und Datteln, die auf Bäumen reiften, hatten die Ägypter Affen dressiert. Außerdem züchteten sie Gewürzpflanzen wie Wacholderbeeren, Koriander und Kümmel.

③ Hilfe Auf welche Tätigkeiten mussten sich die Beamten spezialisieren, damit die Landwirtschaft erfolgreich war? (T2, M3)
Stühletausch

④ Nenne landwirtschaftliche Produkte der ägyptischen Bauern. (T3)

Hilfe zu
③ Du kannst eine Tabelle nach folgendem Muster anlegen:

Tätigkeit	Bild
Land vermessen	...

Bildquellen beschreiben

Bilder können wichtige Quellen sein, um etwas über das Leben der Menschen in der Vergangenheit zu erfahren. Es gibt viele unterschiedliche Bildquellen. Gemälde, Fotografien, Zeichnungen, Buchmalereien oder Wandmalereien sind sehr häufig.

Um aber die richtigen Informationen aus einem Bild entnehmen zu können, muss es richtig verstanden werden. Wir müssen Bilder also genau betrachten, um die Einzelheiten richtig zu entschlüsseln. Dies fällt uns manchmal schwer, denn die Bedeutung von Farben, Zeichen oder Gegenständen hat sich verändert oder ist uns nicht bekannt.

M1 Der Beamte Nakht beaufsichtigt Bauern bei der Feldarbeit. (Wandmalerei aus dem 15. Jahrhundert v. Chr.)

Ägyptische Wandmalereien

Wissenschaftler haben viele Wandmalereien aus dem alten Ägypten untersucht, um etwas über das Leben der Menschen zu erfahren. Die Ägypter zeigten in ihren Bildern aber nicht nur, wie der Alltag der Menschen aussah. Die ägyptischen Herrscher haben in Bildern darstellen lassen, wie sie sich den Aufbau der Gesellschaft vorstellten und nach welchen Regeln die Menschen leben sollten.

Das Bild M1 ist ein Ausschnitt einer Wandmalerei im Grab des Beamten Nakht. Wahrscheinlich ist es um 1425 v. Chr. entstanden.

Eine ägyptische Wandmalerei beschreiben

1. Schritt: Erste Eindrücke sammeln
- Beschreibe, wie das Bild auf dich wirkt.
- Nenne, was besonders auffällig ist.
- Formuliere Fragen, die sich dir beim Betrachten des Bildes stellen.
  Folgende Formulierungshilfen kannst du nutzen:
  Wenn ich das Bild betrachte, frage ich mich, … .
  Wenn ich das Bild betrachte, möchte ich gerne wissen, … .
  Wenn ich das Bild betrachte, verstehe ich nicht, … .

2. Schritt: Ein Bild genau beschreiben
- Beschreibe, was dargestellt wird. Was zeigt das Bild?
  Tipp: Formuliere einen Einleitungssatz. So kannst du beginnen:
  Das Bild M1 zeigt … . In Bild M1 wird dargestellt, … . Auf dem Bild sehe ich … .
- Beschreibe, wer oder was im Vordergrund, im Hintergrund, rechts und links zu sehen ist.
  Nutze folgende Satzanfänge:
  Im Vordergrund … . Im Hintergrund … . In der Mitte des Bildes … .
  Rechts im Bild … . Links im Bild … .
- Beachte, welche Gegenstände, Personen und Tätigkeiten abgebildet sind.
  Personen: Bauern, Feldarbeiter, der ägyptische Beamte Nakht
  Gegenstände: ein Pflug, der von einem Rind gezogen wird;
   eine Axt, mit der ein Baum gefällt wird;
   eine Hacke, um den Boden zu lockern;
   Körbe, Schalen und Gefäße, um Vorräte zu lagern.
  Tätigkeiten: pflügen, hacken, abholzen, fällen, sitzen, beobachten,
   kontrollieren, überwachen
- Berücksichtige auch Farben, Helligkeit und Stimmung des Bildes.

3. Schritt: Ein Bild richtig verstehen
- Nutze die zusätzlichen Informationen in der Bildunterschrift und im Info-Kasten.
- Benenne, um welche Art Bild es sich handelt und wann es entstanden ist.
  So kannst du beginnen:
  Bei dem Bild M1 handelt es sich … . Es ist nur ein Ausschnitt aus … .
  Das Bild befindet sich … . Es wurde im Jahr … .
- Prüfe, ob das Bild eine Meinung wiedergibt.
  So kannst du beginnen:
  Der Beamte Nakht ist eine wichtige … . Er … . Ich vermute, dass … .

> Seine Augen sehen jeden Körper, er ist Re (der Sonnengott) … Er erleuchtet Ägypten mehr als die Sonne, er lässt das Land grün werden wie die Überschwemmungen des Nils. Er sorgt für die, die seinem Weg folgen.

M1 Loblied auf den Pharao (um 1350 v. Chr.)

Der Pharao – Herrscher und Gott

Zeichen für die Herrschaft des ägyptischen Pharao:

1) der Krummstab als Zeichen für den Oberhirten des Volkes,

2) die Geißel (Peitsche) als Zeichen für die richterliche Gewalt und Macht,

3) der Geierkopf ist das Wappentier von Oberägypten,

4) die aufgebäumte Kobra ist ein Symbol der Macht und das Wappentier von Unterägypten,

5) der geflochtene Götterbart, der nicht echt ist und am Kinn befestigt wurde,

6) das königliche Kopftuch.

M2 Sarkopharg des Pharao Tutanchamun; er regierte von 1347–1337 v. Chr.

❶ a) Hilfe Was für eine Aussage über den Pharao steckt in dem Loblied (M1)?
b) Wer könnte das Lied gesungen haben?
❷ Hilfe Trage die Herrschaftszeichen des Pharao zusammen. Ordne hierfür die Buchstaben A – F und die Stichpunkte 1–6 in einer Tabelle. (M2)
🪑 *Stühletausch*

Hilfe zu
❶ a) Du kannst folgende Formulierungshilfen nutzen:
   Der Pharao ist ein … . Er sorgt dafür, dass … .
❷ Lege deine Tabelle so an und ergänze:

Herrschaftszeichen		Bedeutung
1) Krummstab	F	ein Zeichen für …

T1 • Der Pharao – Macht ohne Grenzen

Das Volk glaubte, dass der Pharao der Sohn des Sonnengottes Re war. Deshalb wurde der Pharao auch als Sonnengott verehrt. Er war der Herrscher über Ägypten und somit der mächtigste Mann des Reiches.

Zu den Aufgaben des Pharao gehörte es, sein Volk zu beschützen. In Kriegen führte er das Heer an. Der Pharao entschied als oberster Richter über Leben und Tod, verwaltete den Staatsschatz und ließ Tempel und Pyramiden bauen. Alles in Ägypten gehörte dem Pharao. Auch alle Menschen lebten und arbeiteten für ihn. Beamte gaben seine Befehle an die Untertanen weiter. Diese mussten von ihren Ernten einen großen Teil an den Pharao abgeben, damit dieser zum Beispiel Handwerker und Soldaten mit Nahrungsmitteln versorgen konnte.

Der Pharao regierte als Alleinherrscher über Ägypten, und zwar solange er lebte. Eine solche Staatsform wird Monarchie genannt.

Untertanen
Menschen, die einem Herrscher unterstehen

T2 • Hatschepsut – die Pharaonin

Der Pharao vererbte in der Regel sein Amt an einen seiner Söhne. Eine Ausnahme war die Pharaonin Hatschepsut, die von 1479 bis 1458 v. Chr. regierte. Als ihr Mann Thutmosis II. starb, war dessen Sohn Thutmosis III. noch zu jung zum Regieren. Deswegen übernahm Hatschepsut diese Aufgaben. Für die Bevölkerung war dies ein Verstoß gegen die Gesetze der Götter. Doch sie regierte so gut, dass sie dem Land eine 20 Jahre dauernde Friedenszeit brachte.

M3 Überreste des Totentempels von Hatschepsut

M4 Skulptur der Hatschepsut (15. Jh. v. Chr.)

❸ Welche Stellung hatte der Pharao gegenüber seinem Volk? Beschreibe. (T1)
❹ Nenne die Aufgaben des ägyptischen Pharao. (T1)
❺ Warum glaubten die Ägypter, dass der Pharao große Macht hatte? Erkläre. (M1, T1)
  Lerntempoduett

❻ **Hilfe** Was war an der Herrschaft Hatschepsuts außergewöhnlich? Erkläre. (M3, M4, T2)

Hilfe zu
❻ Nutze folgende Formulierungshilfen:
  Der Pharao vererbte sein Amt an …, aber Hatschepsut war eine … .

M1 Ägyptische Bauern werden von Beamten geschlagen. (Wandrelief, um 2500 v. Chr.)

Ungleiche Untertanen

T1 • Die ägyptische Gesellschaft

Die ägyptische Gesellschaft bildete eine Hierarchie, das heißt, sie war in verschiedene Schichten aufgeteilt. Diese Schichten waren einander über- oder untergeordnet.

Die meisten Menschen gehörten zur untersten Schicht, den Bauern. Obwohl sie mit ihrer Arbeit die Grundlage für den Reichtum des Pharao schufen, zählten sie nicht viel. In der gesellschaftlichen Rangfolge standen die Handwerker, Kaufleute und Soldaten über den Bauern. Die nächsthöhere Schicht bildeten die Beamten. Der höchste Beamte war der Wesir. An der Spitze der Gesellschaft stand der Pharao, der über alles und jeden bestimmen konnte.

T2 • Die Götter bestimmten den Platz in der Gesellschaft

Die Ägypter glaubten, dass die Götter ihnen den Platz in der Gesellschaft zugewiesen hatten. War man in eine Handwerker- oder Bauernfamilie geboren worden, wurde man später auch Handwerker oder Bauer. Nur wenigen gelang es, als Schreiber zu Beamten des Königs zu werden und in der Gesellschaft aufzusteigen.

Gesellschaft
alle Menschen, die zusammen, zum Beispiel in einem Land, leben. Sie haben die gleichen Regeln, den gleichen Herrscher und meistens die gleiche Sprache.

❶ a) Wie behandeln die Beamten die Bauern in M1? Beschreibe.
b) Warum war es den Beamten erlaubt, auf diese Weise mit den Bauern umzugehen? Erkläre. (T1)

② Wie wurde in der ägyptischen Gesellschaft entschieden, zu welcher Schicht man gehörte? Erkläre. (T2)

③ Konnte man in der ägyptischen Gesellschaft aufsteigen? (T2)

Pharao: gottgleicher Herrscher über Ägypten

Wesir: oberster Verwalter und damit Chef der staatlichen Verwaltung

Priester: führten verschiedene Zeremonien zu Ehren der Götter durch

Schreiber: schrieben alles auf wie zum Beispiel Befehle, Abgaben, Materiallisten, Vorratsmengen

Beamte: überbrachten die Befehle des Pharao und überwachten deren Ausführung

Soldaten: zogen für den Pharao in den Krieg

Kaufleute: trieben im Auftrag des Pharao Handel

Handwerker: zum Beispiel Töpfer, Tischler, Steinmetze, Bildhauer, Goldschmiede

Bauern: sorgten dafür, dass alle Menschen im Land zu essen hatten, und arbeiteten auf den Baustellen des Pharao

M2 Der Aufbau der ägyptischen Gesellschaft: Die meisten Menschen gehörten zur untersten Schicht. Je höher man nach oben blickt, desto weniger Menschen lassen sich finden.

4 Hilfe Wie war die ägyptische Gesellschaft aufgebaut? Beschreibe. (M2)

5 Was war gut und was war schlecht an diesem Aufbau der Gesellschaft? (T1, M1, M2)
Think – Pair – Share

Hilfe zu
4 An der Spitze der Gesellschaft stand der … . Er gab seine Befehle an den … . Dieser unterstand nur dem Pharao und musste ihm … . Der Wesir gab seine … an Priester, … oder … .

gegenüberstellen

Wenn in der Aufgabenstellung steht, dass du Dinge einander gegenüberstellen sollst, dann geht es darum, diese genau anzuschauen und ihre Gemeinsamkeiten und Unterschiede aufzuzählen. In der Aufgabenstellung steht, was du genau einander gegenüberstellen musst. Das können zum Beispiel Dinge, Personen oder Aufgaben von Personen sein. Du musst zunächst möglichst viele Informationen über sie sammeln und aufschreiben. Diese Informationen ordnest du übersichtlich, sodass du ganz leicht erkennen kannst, welche Gemeinsamkeiten und welche Unterschiede die beiden haben.

1. Schritt: Informationen sammeln
- Was soll einander gegenübergestellt werden?

2. Schritt: Die Informationen in eine Tabelle schreiben
- Was erfährst du alles darüber?

3. Schritt: Gemeinsamkeiten und Unterschiede formulieren
- Was haben die zwei Dinge gemeinsam?
- Wo liegen Unterschiede?

T1 • Über die Priester

Die Priester halfen den Pharaonen in religiösen Dingen. Sie waren die Vermittler zwischen den Göttern und den Menschen. Zu ihren Aufgaben gehörte es, religiöse Feiern durchzuführen, die Tempel zu bewachen und sauber zu halten. Damit der Tempel rein blieb, mussten auch die Priester sehr sauber sein: Sie mussten sich zwei Mal am Tag und zwei Mal in der Nacht nach einer bestimmten Vorschrift waschen. Sie waren wohlhabend und beliebt. In der Gesellschaft standen sie über den Bauern und Handwerkern, aber unter dem Wesir und dem Pharao.

T2 • Über die Handwerker

Die Handwerker lebten in Dörfern oder Städten. Sie stellten beispielsweise Stoffe, Brot oder auch Keramikgefäße her. Kunsthandwerker wie Steinmetze, Bildhauer oder Maler gab es weniger. Sie wurden besser bezahlt als die anderen Handwerker, da sie an wichtigen Gebäuden, wie Grabstätten, arbeiteten. Sie dienten alle dem Pharao. Die Kunsthandwerker wohnten oft direkt neben den Bauwerken, an denen sie arbeiteten. Ihre Arbeit mussten sie genau und schnell machen. In der ägyptischen Gesellschaft standen sie über den Bauern, aber unter den Beamten, Priestern und dem Pharao.

Stelle Aufgaben und Lebensweisen von Handwerkern und Priestern gegenüber.

> **Lebensweise**
> Zu der Lebensweise gehören Dinge wie Wohnung, Lohn und Stand in der Gesellschaft.

1. Schritt: **Informationen sammeln.**
- Im ersten Schritt sammelst du die Informationen zu den ägyptischen Priestern und Handwerkern. Kopiere dafür die Seite 66.
- Lies die Texte und markiere darin Aufgaben und Lebensweisen beider Personengruppen in den Texten.
- **Tipp:** Um die Informationen übersichtlicher zu machen, kannst du verschiedene Farben verwenden: Unterstreiche die Informationen zu den Aufgaben rot und die zur Lebensweise blau.

> **T2 • Über die Handwerker**
> Die Handwerker lebten in Dörfern oder Städten. Sie stellten beispielsweise Stoffe, Brot oder auch Keramikgefäße her. …

2. Schritt: **Die Informationen in eine Tabelle schreiben**
- Im zweiten Schritt schreibst du die Informationen, die du in Texten gefunden hast, in eine Tabelle. Die Informationen zu den gleichen Themen sollten nebeneinanderstehen. So ist es hilfreich, wenn du die Aufgaben, die die Personen hatten, nebeneinanderschreibst.
So kann deine Tabelle aussehen:

	Priester	Handwerker
Aufgaben	- Pharao in religiösen Dingen helfen - …	- dem Pharao dienen - Brot, Stoffe usw. herstellen - …
Lebensweise	- lebten nahe … - waren wohlhabend - …	- lebten in … - …

3. Schritt: **Gemeinsamkeiten und Unterschiede formulieren**
- Zuletzt schreibst du auf, welche Gemeinsamkeiten und welche Unterschiede es zwischen den ägyptischen Priestern und Handwerkern gab. Nutze hierfür die Tabelle. Schreibe zuerst die Gemeinsamkeiten auf und dann die Unterschiede. Schreibe so:
Wenn man die ägyptischen Handwerker den ägyptischen Priestern gegenüberstellt, sieht man wenige Gemeinsamkeiten und viele Unterschiede. Eine Gemeinsamkeit ist, dass beide unter dem Pharao standen und ihm dienten. Außerdem … . Beide standen in der Gesellschaft über … .
Handwerker und Priester unterschieden sich in vielen Dingen, zum Beispiel … . Vor allem die Wohnorte waren unterschiedlich: … . Ein weiterer Unterschied war, dass … . Die Handwerker wurden von den Beamten ständig überwacht, die Priester aber … .

M1 Lehmhäuser von Arbeiterfamilien in der Nähe eines Pyramidenbaus

M2 Eine ägyptische Bauernfamilie

Alltagsleben im alten Ägypten

T1 • Wohnen in Lehmhäusern

Der größte Teil der Bevölkerung, die Bauern, lebte in kleinen Dörfern am Rand des Niltals. Ihre einstöckigen Hütten erbauten sie mit Ziegelsteinen aus getrocknetem Nilschlamm, Holz, Schilf und Palmblättern. Die Fußböden bestanden aus gestampftem Lehm. Die Wände wurden oft weiß gestrichen, damit man Ungeziefer wie Spinnen und Skorpione besser erkennen konnte. Ihre Vorräte bewahrten die Bauern in kleinen Kellern auf.

Außerdem gab es Arbeitersiedlungen, die der Pharao errichten ließ. Dort lebten all jene, die an den Pyramiden und Tempeln arbeiteten. Diese Siedlungen waren so ähnlich wie Reihenhaussiedlungen gebaut.

T2 • Wohnen in Villen

In Ägypten gab es damals nur wenige Städte. In ihnen lebten die Bediensteten des Pharao, vor allem die Beamten und deren Familien. Die Reichen und Mächtigen wohnten in prachtvollen Villen. Diese hatten neben den Wohnräumen auch größere Vorratsräume und Viehställe. Schattige Gärten gehörten ebenfalls zu den Palästen. Wie überall in Ägypten üblich hatten auch diese Häuser nur kleine Fenster. So drang wenig Sonne ein, sodass es in den Gebäuden angenehm kühl war.

❶ **Hilfe** Bildet Gruppen und informiert euch arbeitsteilig:
a) Wie lebten Bauern und Arbeiter? (M1, T1)
b) Wie lebten die Wohlhabenden? (M3, T2)
Partnerpuzzle

Hilfe zu
❶ Informiert euch zum Beispiel über:
- die Größe und Bauart der Häuser,
- die Umgebung,
- zugehörige Gebäude.

M3 Villa einer wohlhabenden Familie

T3 • Männer und Frauen im alten Ägypten

In der ägyptischen Gesellschaft waren Männer und Frauen weitgehend gleichberechtigt. Allerdings waren ihre Aufgaben von vornherein festgelegt. Männer wurden Handwerker oder Bauern. Sie verrichteten die körperlich schweren Arbeiten, zum Beispiel auf den Feldern oder am Bau. Die Frauen waren, von wenigen Ausnahmen abgesehen, nach ihrer Heirat für die Erziehung der Kinder und die Führung des Haushalts zuständig. Dabei webten sie Stoffe, mahlten Korn, backten Brot und brauten Bier.

Die Arbeitsteilung war in wohlhabenden ägyptischen Familien ähnlich wie in ärmeren Familien. Die Männer arbeiteten in ihren Berufen, zum Beispiel als Schreiber, Beamte, Baumeister oder Offiziere. Die Frauen organisierten den Haushalt und leiteten das Hauspersonal an.

M4 Eine wohlhabende ägyptische Familie

T4 • Aus dem Leben der Kinder

Die meisten Kinder lebten auf dem Land. Schon früh mussten sie ihren Eltern helfen, zum Beispiel bei der Arbeit auf den Feldern, beim Fischen, in der Werkstatt des Vaters, im Haushalt oder bei der Betreuung von jüngeren Geschwistern. Zur Schule gingen meistens nur die Söhne wohlhabender Familien. Der Schulbesuch war wichtig, um später Schreiber, Beamter oder Handwerksmeister werden zu können.

② Stelle die Kleidung der reichen und der armen Familien gegenüber. (M2, M4)
 Lerntempoduett

③ Hilfe Welche Aufgaben hatten im alten Ägypten Frauen und Männer zu erledigen? Liste auf. (T3)

④ Berichte über das Leben der Kinder. (T4)

Hilfe zu ③

Frauen	Männer
Tätigkeiten im Haus:	Tätigkeiten im Beruf:

 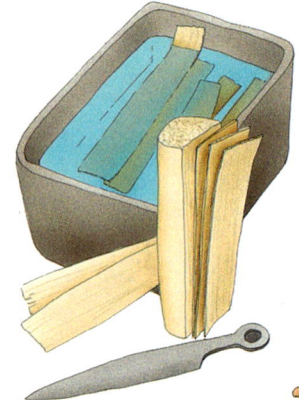 

1. Ein Ägypter beschneidet eine Papyruspflanze.
2. Das Innere der Pflanze wird herausgeschält, in Streifen geschnitten und eingeweicht.
3. Die Papyrusstreifen werden zu großen Blättern oder Rollen zusammengefügt.
4. Die Schreiber schreiben mit Tinte Texte auf die Papyrusrolle.

M1 Die Herstellung einer Papyrusrolle

Die Schrift – Grundlage des Wissens

T1 • Die ägyptische Schrift

Die Ägypter entwickelten um 3000 v. Chr. eine Schrift. Da die Wörter auch auf Grabstätten eingemeißelt waren, nannte man diese Zeichen Hieroglyphen, das bedeutet „heilige Zeichen". In dieser eingemeißelten Form ist uns ein Teil der alten ägyptischen Schriften bis heute erhalten geblieben.

Für viele Dinge brauchten die Ägypter schriftliche Aufzeichnungen. Sie mussten Abgaben notieren, Listen über die Vorräte führen und die Befehle des Pharao richtig weitergeben. All diese Informationen wurden natürlich nicht in Stein gemeißelt. Hierfür entwickelten die Ägypter ein Material, das beschrieben und transportiert werden konnte. Dies war Papyrus, eine Art Papier, das mit Pinsel und Tinte beschrieben wurde.

Mithilfe der Schrift konnten die Ägypter ihr Wissen für sich und auch für ihre Nachkommen festhalten.

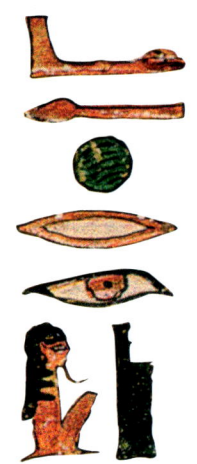

M2 Hieroglyphen

❶ **Hilfe** Versetze dich in den Papyrushersteller aus M1. Beschreibe aus seiner Sicht, wie Papyrus gefertigt wurde und wozu die Ägypter es nutzten. (M1)

❷ Warum heißen die ägyptischen Schriftzeichen Hieroglyphen? (T1)

❸ **Hilfe** Wofür benötigten die Ägypter die Schrift? Erkläre. (T1)

❹ Welche Bedeutung hatte die Entwicklung des Papyrus für die Ägypter?

Hilfe zu
❶ Betrachte Bild für Bild genau und lies die Bildunterschriften sorgfältig durch.
❸ Die Schrift machte es möglich, … . Dadurch konnten die Ägypter … .

T2 • Die Hieroglyphen

Die ägyptische Schrift ist eine der ältesten Schriften der Welt. Die Hieroglyphen waren Bildzeichen, die sich zur Schrift weiterentwickelt haben. Zunächst bedeutete zum Beispiel das Bild „Mund" auch Mund. Später erhielt es weitere Bedeutungen: reden, essen, lachen. Schließlich wurde es auch für den Buchstaben „R" benutzt. So entstanden über 700 Hieroglyphen für Buchstaben, Silben und Begriffe. Schreibregeln gab es nicht, selbst die Schreibrichtung war nicht festgelegt. Die Vokale a, e, i, o und u wurden oft nicht mitgeschrieben.

M3 Ein ägyptischer Schreiber

Buchstabe	Zeichen	Bedeutung	Buchstabe	Zeichen	Bedeutung
a		Geier	l		Löwe
b		Bein	m		Eule
c		Tierbauch mit Zitzen	n		Wasser
d		Hand	o		Seil
e		Arm	p		Stuhl
f		Schlange	q		Abhang
g		Krug	r		Mund
h		Hof	s, x, z		gefalteter Stoff
i, j, y		Schilfblatt	t		Brot
k		Korb	u, v, w		Wachtel

Zeichen: Mann, Frau

Ring, in den der Name des Pharao eingeschrieben wurde (Kartusche)

M4 Ägyptisches Alphabet

T3 • Die Entschlüsselung der Hieroglyphen

Die Hieroglyphen konnten erst im Jahr 1822 entziffert werden. Einem französischen Forscher war aufgefallen, dass die Namen der Pharaonen immer von einem bestimmten Zeichen, einer Kartusche, eingerahmt waren. In den Texten erkannte er so den Namen des Pharao. Auf diese Weise konnte er die Bedeutung einzelner Hieroglyphen herausfinden. Nach und nach gelang es ihm, ganze Texte zu entschlüsseln.

5 a) **Hilfe** Schreibe deinen Namen in Hieroglyphen in eine Kartusche. (M4)
b) **Hilfe** Verfasse in Hieroglyphen eine kurze Mitteilung an eine Mitschülerin oder einen Mitschüler. (M4)
c) Tauscht eure Mitteilungen und entschlüsselt den Text. (M4)
  Stühletausch

6 Wie entwickelte sich die ägyptische Schrift? Erkläre. (T2)

7 Wie und wann gelang es, die Hieroglyphen zu entziffern? (T3)

Hilfe zu
5 a) Zeichne eine Kartusche wie in M4 und setze die Zeichen aus M4 für die Buchstaben deines Namens ein.
b) Überlege dir einen kurzen Satz, z. B.: *Ich bin … .* oder *Ich gehe in die Klasse … .* oder *… ist mein bester Freund.*

① Steinbruch
② Unterkünfte für Arbeiter
③ Hafenbecken mit Kanal zum Nil
④ Bäckerei, Brauerei und Feldküche
⑤ kleine Pyramiden für Königinnen
⑥ Totentempel
⑦ Pyramide

M1 Pyramidenbaustelle (heutige Zeichnung)

Die Pyramiden

T1 • Die Großbaustellen der Ägypter

Man schätzt, der Bau einer Pyramide dauerte ungefähr 30 Jahre und wurde von speziell ausgebildeten Handwerkern geleistet. Während der Nilflut wurden sie von Bauern unterstützt. Insgesamt waren ungefähr 25 000 Menschen am Bau beteiligt. Sie arbeiteten in den Steinbrüchen, beim Transport der Steinblöcke und auf der Baustelle. Allein 5000 Bäcker und Köche versorgten die Arbeiter. Durch ihre Arbeit für den Pharao wollten sich die Bauern und Arbeiter seine Unterstützung im Jenseits sichern, denn sie verehrten ihn als einen Gott.

Nilflut
die Zeit im Jahr, in der der Nil die Felder der Bauern überschwemmt

❶ Nenne die verschiedenen Bereiche der Baustelle. (M1)

❷ Welche und wie viele Personen waren beim Pyramidenbau beteiligt? (T1)

M2 Arbeiten auf der Pyramidenbaustelle (heutige Zeichnung)

T2 • Wohnungen für das Leben nach dem Tod

Die Ägypter glaubten, dass ein Pharao nach seinem Tod weiterlebte und für seine Untertanen sorgte. Daher errichteten sie große Grabanlagen mit einer Pyramide als Mittelpunkt, die den Leichnam des Pharao und seinen wertvollen Besitz schützten. Zudem gab es Tempel zur Verehrung der Götter und Pharaonen. Alle Bauten zusammen nannte man Totenstadt. Den Eingang zur Totenstadt bewachte die Sphinx, eine Statue mit dem Kopf eines Pharao und dem Körper eines Löwen.

M3 Die Sphinx und die große Pyramide von Gise. Sie ist die Grabstätte des Pharao Cheops:
- ca. 3000 v. Chr. erbaut,
- 2 500 000 Steinblöcke von etwa 2,5 Tonnen Gewicht pro Block.

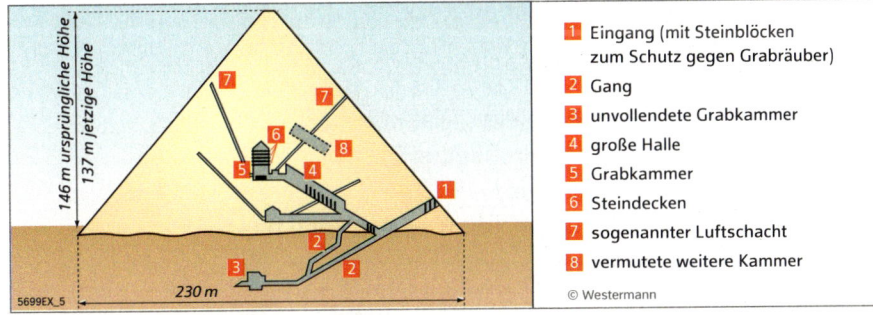

1 Eingang (mit Steinblöcken zum Schutz gegen Grabräuber)
2 Gang
3 unvollendete Grabkammer
4 große Halle
5 Grabkammer
6 Steindecken
7 sogenannter Luftschacht
8 vermutete weitere Kammer

M4 Ein Blick in die Cheops-Pyramide

❸ **Hilfe** Welche Arbeiten mussten beim Bau der Pyramiden erledigt werden? (M1, M2, T1)
Lerntempoduett

❹ Die Pyramiden waren ursprünglich außen glatt und strahlend weiß. Wie sehen sie heute aus? Beschreibe. (M3)

❺ Warum wurden die Pyramiden gebaut? (T2)

❻ Welche Funktion könnten die weiteren Grabkammern und die Geheimgänge in der Cheops-Pyramide gehabt haben. (M4)

Hilfe zu
❸ Du kannst folgende Wörter verwenden:

- Steinbrüche   - herausbrechen
- Steinblöcke   - aufladen
- Schlitten   - ziehen
- Rampe   - heraufziehen
- Pyramide   - einpassen
- Bäcker, Köche   - versorgen
- Bauleiter   - planen
- Beamte   - überwachen, regeln.

Ein Rollenspiel

Im Rollenspiel versetzt ihr euch in eine andere Person und spielt diese in einer bestimmten Situation. Vorher müsst ihr euch über die Person genauer informieren. Außerdem müsst ihr euch überlegen, wie sich diese Person wohl in der konkreten Situation verhalten würde.

So geht ihr vor:

1. Schritt

Verwendet die Rollenkarten auf Seite 75. Verteilt die Rollen in der Klasse.
Tipp: Die Rollen können auch doppelt besetzt werden.

2. Schritt

Macht euch mit eurer Rolle vertraut. Überlegt euch genau, wie eure Person in der vorgegebenen Situation handeln würde.
Tipp: Informiert euch zusätzlich in eurem Geschichtsbuch:
- der Pharao Chefren und seine Frau Meresanch Seite 62/63,
- der Beamte Snofru Seite 64/65,
- der Bauleiter Imothep Seite 64/65 und 72/73.

Macht euch kurze Notizen auf eurer Rollenkarte.

3. Schritt

Spielt die folgende Situation:
„Der Bauleiter berichtet dem Pharao über die Unzufriedenheit der Arbeiter auf der Pyramidenbaustelle."

4. Schritt

Bewertet das Spiel und die Spieler. Diskutiert zum Beispiel:
- Wer kann seine Meinung durchsetzen?
- Wer nennt die besten Gründe?
- Nennt jemand Gründe, die nicht zu seiner Rolle passen?
- Welcher Spieler hat welches Ziel?

---

❶ **Hilfe** Nenne die Probleme oder Ziele, die die einzelnen Rollen haben.
❷ Werden in eurem Rollenspiel Lösungen für die Probleme bzw. Ziele gefunden?
❸ Was habt ihr aus dem Rollenspiel über die Alltagsprobleme in Ägypten gelernt?
❹ Welche Probleme hattet ihr beim Umsetzen des Rollenspiels?

Hilfe zu
❶

Rolle	Problem / Ziel	Lösung
Pharao	- Pyramide bauen - Arbeiter beruhigen	- Lebensmittel verteilen - …
Meresanch	- …	

Streik auf der Pyramidenbaustelle

❶ Du bist der **Pharao** Chefren. Du lässt gerade eine Pyramide als dein Grab bauen. Du überlegst, wie du deine Arbeiter beruhigen kannst. Deine Beamten sollen eine Nachricht von dir weitergeben: „Ich lasse euch, meine Arbeiter, nicht einen Tag ohne Essen. Außerdem wird jeder für jeden Monat Arbeit bezahlt. Ich habe für euch Speicher mit Brot und Fleisch gefüllt. Jeder bekommt Sandalen und Kleider."

❷ Du bist **Imothep**, der Bauleiter des Pharao. Du hast beim Bau der Pyramide Schwierigkeiten mit den Arbeitern. Sie sagen, dass sie vor Hunger sterben. Sie erhalten zu wenig Lebensmittel. Es seien noch 18 Tage bis zum nächsten Monat, in dem es Lohn gibt. Sie hätten aber keinen Stoff mehr, kein Öl, keinen Fisch und auch kein Gemüse. Du stellst fest, dass die Arbeiter im Recht sind. Der Pharao muss etwas tun.

❸ Du bist **Meresanch**, die Ehefrau des Pharao. Deine Aufgabe ist es, dem Volk von Ägypten zu zeigen, wie groß und mächtig ihr Pharao ist. Du darfst nicht mitregieren. Du weißt aber, dass dein Mann nur ein großer Pharao werden kann, wenn seine Pyramide fertig wird. Du machst deinem Mann klar, dass die Arbeiter besser für ihn arbeiten, wenn er beliebt bei ihnen ist und wenn er dafür sorgt, dass die Arbeiter genug zu essen haben.

❹ Du bist **Snofru**, ein Beamter. Du hast dafür zu sorgen, dass Material und Bauarbeiter für den Bau der Pyramide bereitgestellt werden. Du sollst den Arbeitern mitteilen, dass der Pharao Männer bestimmt hat, die den Arbeitern Essen und Kleidung beschaffen; zum Beispiel sollen Gärtner Gemüse und Früchte anbauen. Fisch und Wild sollen gefangen und gelagert werden. Zudem sollen andere Arbeiter Kleidung und Sandalen fertigen.

M1 Grabkammer des Pharao Tutanchamun mit Sarkophag

Der Totenkult im alten Ägypten

T1 • Gräber in der Wüste

Die Ägypter richteten ihr ganzes Leben auf die Zeit nach dem Tod aus. Alle Menschen sparten für ihr Begräbnis. Viele Herrscher und Reiche ließen sich gewaltige Gräber bauen. Sie glaubten daran, unsterblich zu sein und im Jenseits weiterzuleben.

Die Wände der ägyptischen Grabkammern schmücken noch heute prächtige Bilder. Einige zeigen den Weg der Toten zu den Göttern im Jenseits. Andere Bilder geben das Alltagsleben der Ägypter wieder. Die Ägypter glaubten an die magische Kraft der Bilder. Dort ist dargestellt, wie Menschen auf Feldern und in Werkstätten arbeiten, Nilpferde jagen, Brot backen und Bier brauen. Die Darstellungen sollten verhindern, dass die Toten im Jenseits Not leiden. In den Grabkammern konnten Archäologen außerdem viele Gegenstände des Alltags finden, wie zum Beispiel Kleidung, Krüge, Körbe oder Spiele.

Sarkophag
ein großer und prunkvoller Sarg

Jenseits
Ort, an dem sich, nach religiöser Vorstellung, die Seelen der Menschen nach dem Tod befinden

Webcode
Filmclip zu ägyptischen Grabkammern
WES-100110-4

---

❶ Hilfe Beschreibe die Grabkammer in M1.
❷ Welche Bedeutung hatte der Tod für die Ägypter? (T1)
❸ Hilfe Warum fand man in ägyptischen Grabkammern viele Gegenstände und Wandmalereien? Erkläre. (M1, T1)
 Stühletausch

Hilfe zu
❶ Im Vordergrund … . Im Hintergrund … . Links im Bild … .
❸ Die Menschen sollten nach ihrem Tod …, deshalb … . Die Toten sollten durch die Bilder … . Die Bilder sollten den Toten … .

T2 • Die Kunst der Mumifizierung

Der Körper des Toten wurde für das Leben im Jenseits vorbereitet. Dazu musste er vor Verwesung geschützt werden. Diese Vorbereitung nannte man Mumifizierung. Die Arbeit zur Mumifizierung des Toten dauerte über zwei Monate. Danach wurde die Mumie in einen reich verzierten Holzsarg gelegt. Nach dem Ende der Bestattungszeremonie wurde die Grabkammer von außen versiegelt.

M2 Gefäße für innere Organe (zum Beispiel das Herz)

> Sie holen zuerst mit einem gebogenen Eisen einen Teil des Gehirns durch die Nasenlöcher heraus. Den Rest lösen sie mithilfe … (von Säuren) auf, die sie in den Schädel gießen. (Danach schneiden sie) mit einem scharfen Stein den Bauch (auf), entleeren die Bauchhöhle und spülen sie mehrfach aus. Darauf füllen sie den Leib mit reinen zerstoßenen Kräutern und nähen ihn wieder zu. Danach legen sie die Leiche in Salz, 70 Tage lang. Nach dieser Zeit waschen sie den Toten und umwickeln ihn mit Binden … Nun legen sie (die Leiche) in einen hölzernen Sarg von Menschengestalt und verschließen ihn.

M3 Der Grieche Herodot über die Mumifizierung bei den Ägyptern (Beschreibung aus dem 5. Jahrhundert v. Chr.)

M4 Ägyptische Priester gießen Reinigungsflüssigkeiten über den Toten. (Darstellung auf einem Holzsarg, etwa aus dem 2. Jahrhundert v. Chr.)

M5 Die ausgewickelte Mumie des Pharao Ramses II. (ca. 1290–1224 v. Chr.)

❹ Warum mumifizierten die Ägypter die Körper der Toten? Erkläre. (T2)

❺ **Hilfe** Beschreibe aus der Sicht eines ägyptischen Priesters die Mumifizierung der Toten. (M2–M4)
 Lerntempoduett

Hilfe zu
❺ Nutze folgende Formulierungshilfen:
> Wir mussten den Toten mit einem gebogenen … . Der Rest des … haben wir mithilfe von … gelöst. Wir schnitten mit einem Stein den … .

Bildquellen geschichtlich einordnen

Informationen aus Bildern entnehmen

Bildquellen geben uns Informationen über die Zeit, in der sie entstanden sind. Sie sind historische Bildquellen. Sie können Personen, Tätigkeiten oder Gegenstände aus dem Alltag abbilden. Auf Bildern wird ebenfalls dargestellt, welches Ansehen eine Person zu der Zeit hatte. Sie zeigen, was die Menschen als bedeutsam ansahen oder was sie ablehnten.

Vorstellungen entwickeln

Nicht aus allen Zeiten sind Bildquellen überliefert. Auf der Grundlage von wissenschaftlichen Erkenntnissen werden aus diesem Grund häufig Rekonstruktionszeichnungen angefertigt. Das Wort „Rekonstruktion" bedeutet Wiederherstellung oder Nachbildung.

Auch in Geschichtsbüchern finden sich Rekonstruktionszeichnungen. Ein Vorteil dieser Zeichnungen ist es, dass man sich besser vorstellen kann, wie Menschen gelebt haben. Gleichzeitig müssen wir aber auch hinterfragen, inwieweit die Darstellung aus der Fantasie des Zeichners stammt oder sie auf wissenschaftlichen Vermutungen beruht. Bei der Arbeit mit Bildern ist es also wichtig zu untersuchen, ob es sich um eine historische Bildquelle oder eine spätere Darstellung handelt.

Sarkophag
ein großer und prunkvoller Sarg

M1 Ein Priester mit der Maske des Gottes Anubis schließt den Sarkophag nach der Mumifizierung des Pharao. (Wandmalerei aus dem Grab des Sennedjem aus dem Jahr 1290 v. Chr.)

1. Schritt: **Bilder beschreiben**
- Beschreibe die beiden Bilder mithilfe der Methode „Bildquellen beschreiben" auf Seite 60/61.

- die Mumifizierung
- mit weißen Binden umwickeln
- der Priester
- die Maske

2. Schritt: **Bilder untersuchen**
- Lies die Bildunterschriften genau durch. Suche nach Hinweisen und Informationen über die Zeit, in der das jeweilige Bild entstanden ist.
- Vermute, wie der Künstler das Bild gemalt hat.
  Der Künstler nutzte … . Er malte … .
  Vergleiche zum Beispiel die Abbildung der Menschen mit den Darstellungen, die du aus anderen Bildern der Ägypter kennst.
- Nenne Gemeinsamkeiten und Unterschiede in den Darstellungen.
  Die Bilder M1 und M2 zeigen beide … .
  Sie haben gemeinsam, dass … . Vergleichbar ist, dass … .
  Unterschiedlich ist, … .
  Beide Bilder unterscheiden sich … .
  Im Unterschied zu Bild M1 ist Bild M2 … .

3. Schritt: **Bilder geschichtlich einordnen**
- Zeige mithilfe deiner Ergebnisse auf, ob das Bild aus der gleichen Zeit stammt wie das Ereignis, das dargestellt wird.

M2 Während einer Mumifizierung im alten Ägypten (Rekonstruktionszeichnung aus einem heutigen Jugendbuch)

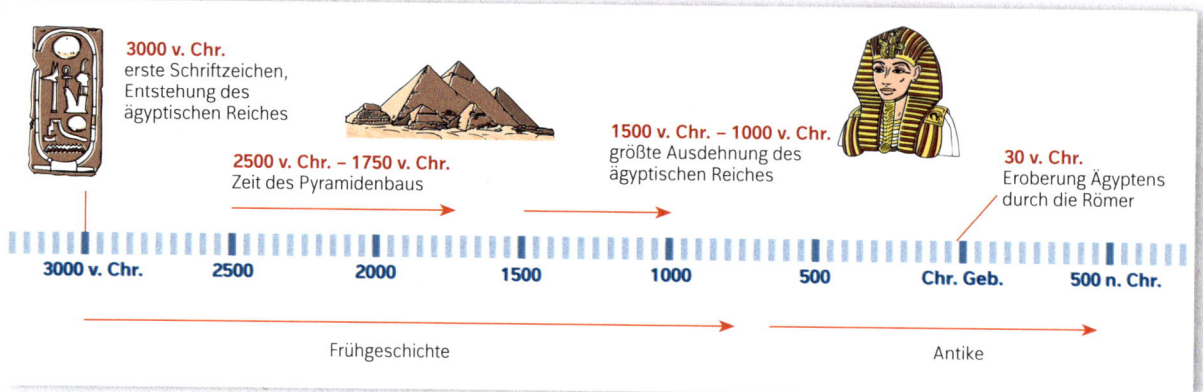

Ägypten – eine frühe Hochkultur

Warum siedelten die Menschen am Nil?

Nur auf dem Gebiet entlang des Nils ist Landwirtschaft möglich, weil das Wasser und die fruchtbaren Böden eine sogenannte Flussoase bilden. Menschen siedelten sich am Nil an, da es dort ausreichend Wasser gab. Nach den heftigen Regenfällen in jedem Sommer überschwemmte der Nil die Uferbereiche und Felder, auf denen die Ägypter zum Beispiel Getreide anbauten. Wenn das Nilwasser zurückgegangen war, blieb Schlamm liegen. Dieser fruchtbare Schlamm sorgte als Dünger für gute Ernten.

Wie lebten die Ägypter?

Die Ägypter glaubten, dass die Götter ihnen ihren Platz in der Gesellschaft zugewiesen hätten. War man in eine Handwerker- oder Bauernfamilie geboren worden, wurde man später auch Handwerker oder Bauer. Der größte Teil der Bevölkerung lebte in kleinen Dörfern. Sie wohnten in einstöckigen Hütten. Sie verrichteten körperlich schwere Arbeiten auf den Feldern oder auf Baustellen. Es gab damals nur wenige Städte. Dort lebten die Bediensteten des Pharao, vor allem die Beamten und deren Familien.

Der mächtigste Mann des Reiches war der Pharao. Er wurde auch als Sonnengott verehrt. Zu den Aufgaben des Pharao gehörte es, das Volk zu beschützen. Er führte das Heer in die Schlacht, wenn Kriege gegen andere Länder geführt wurden. Alles in Ägypten gehörte dem Pharao. Alle Menschen lebten und arbeiteten für den Pharao.

Warum wird das alte Ägypten als Hochkultur bezeichnet?

Ägypten war ein großes Reich, das von einem Monarchen regiert wurde. Die Beamten des Pharao kümmerten um die Weiterleitung seiner Befehle und um die Verwaltung des Reiches. Die alten Ägypter besaßen bereits eine Schrift, um Informationen festzuhalten und weiterzugeben. Gleichfalls formulierten sie Gesetze, um das Zusammenleben der Menschen zu regeln. Darüber hinaus schufen die Ägypter Malereien, Skulpturen und große Bauwerke. So eine weit entwickelte Gesellschaft nennt man Hochkultur.

Beamte
Der Pharao musste die Ordnung in seinem Staat überwachen lassen. Dazu benötigte er Beamte, die seine Befehle weitergaben. Sie bekamen Ämter mit bestimmten Aufgaben zugewiesen. Manche Beamte planten und kontrollierten die Bewässerung der Felder und das Errichten von Dämmen. Andere kümmerten sich zum Beispiel um den Bau von Tempeln oder Pyramiden.

Bewässerungssystem
Die Ägypter entwickelten Methoden, um ihre Felder bewässern zu können. Sie schöpften Wasser aus dem Nil, das über Bewässerungskanäle zu den Feldern geleitet wurde.

Flussoase
Eine Flussoase ist ein Gebiet an den Ufern eines Flusses in einer Wüste. Dort gibt es einen reichen Pflanzenwuchs. Grundlage einer Flussoase ist Wasser eines Flusses.

Hierarchie
Die ägyptische Gesellschaft setzte sich aus Schichten zusammen. Diese waren die einander über- oder untergeordnet. An der Spitze stand der Pharao, darunter die Priester und Beamten, danach die Soldaten, Kaufleute und Handwerker. Die meisten Menschen gehörten zur untersten Schicht, den Bauern.

Hieroglyphen
Die Ägypter entwickelten ihre Schriftzeichen um 3000 v. Chr. Sie werden Hieroglyphen genannt, das heißt „heilige Zeichen".

Hochkultur
Eine Hochkultur besaß bereits eine Schrift und Gesetze, die das Zusammenleben der Menschen regelten. Handwerker und Künstler schufen Malereien, Skulpturen und Bauwerke, und Wissenschaftler forschten. Es entstanden erste Städte. Das Leben auf dem Land und in der Stadt wurde durch eine Verwaltung gesteuert.

Monarchie
Bei dieser Staatsform regiert eine Person als Alleinherrscher auf Lebenszeit. Das bedeutet, sie herrscht allein und solange sie lebt bzw. bis sie abdankt, also das Amt von sich aus zurückgibt.

Pharao
Er war der gottgleiche Herrscher über Ägypten. Alles in Ägypten gehörte dem Pharao und er konnte über alles befehlen. Der Pharao herrschte allein und solange er lebte. In der Regel vererbte er sein Amt als Pharao an einen seiner Söhne. Nach seinem Tod wurde der Pharao als Gott weiter vom Volk verehrt.

Pyramide

Pyramiden sind Grabmäler der Pharaonen. In ihnen gab es große Grabkammern, in denen der Sarkophag des Pharao stand. Außerdem waren die Grabkammern mit großen Reichtümern und allen Dingen gefüllt, die man zum Leben braucht. Denn die Ägypter glaubten, dass der Pharao nach seinem Tod als Gott weiterlebt.

M1 Die Akropolis mit dem Parthenon-Tempel der Stadtgöttin Athene in Athen, der Hauptstadt des heutigen Griechenlands

Das antike Griechenland

→ War Athen auch die Hauptstadt des antiken Griechenlands?

→ Wie funktionierte die Demokratie in Athen?

→ Warum gibt es griechische Tempelruinen in Nordafrika?

M2 Eine Volksversammlung in Athen

M3 Ruinen der griechischen Stadt Kyrene in Libyen (Nordafrika)

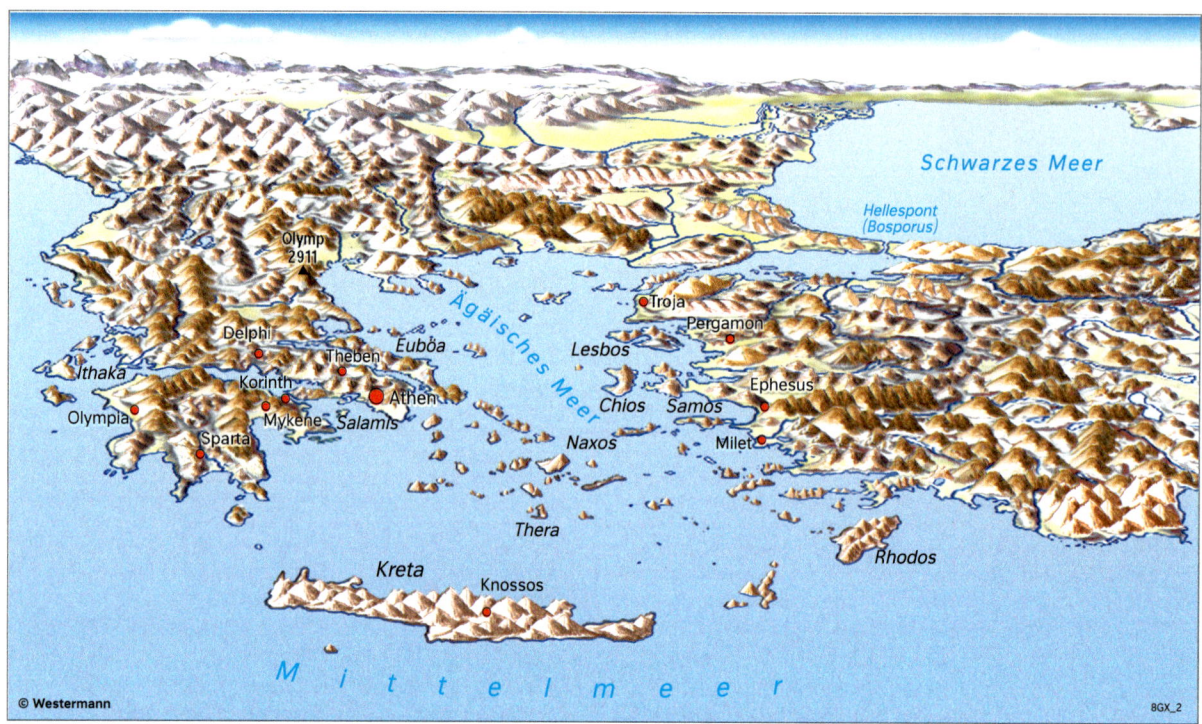

M1 Griechenland im Altertum

Die Besiedlung Griechenlands

T1 • Viele Stadtstaaten und doch ein Volk

Das antike Griechenland liegt am östlichen Rand des Mittelmeeres. Dort siedelten sich ab dem 10. Jahrhundert v. Chr. die griechischen Stämme der Ionier, Dorer und Achäer an. Weil das Siedlungsgebiet durch viele Gebirgszüge aufgeteilt ist und die Inseln durch das Meer voneinander getrennt sind, entstanden unabhängig voneinander viele Städte. Diese bildeten mit dem jeweils umliegenden Land sogenannte Stadtstaaten. Diese nannten die Griechen Polis.

Oftmals bestand eine Polis nur aus einigen Tausend Einwohnern. Die Bürger einer Polis bildeten eine feste Gemeinschaft. Sie legten großen Wert darauf, politisch und wirtschaftlich eigenständig zu sein.

Obwohl diese Stadtstaaten eigenständig waren und gegeneinander sogar Kriege führten, fühlten sich die Menschen miteinander verbunden. Dies erklärt sich dadurch, dass sie eine gemeinsame Sprache, Schrift und Religion hatten. Ihrem Land gaben sie den Namen Hellas, sich selbst bezeichneten sie als Hellenen.

Gebirgszug
viele hohe Berge hintereinander

❶ Beschreibe, was an der Gestalt Griechenlands besonders auffällig ist. (M1)

❷ Erkläre, warum Griechenland nur aus unabhängigen Stadtstaaten bestand. (T1)

❸ Nenne Gründe dafür, dass sich die Griechen als ein Volk fühlten. (T1)
  Stühletausch

T2 • Stadtgründungen

Die Griechen gründeten ihre Städte meistens in fruchtbaren Tälern, die sie für Ackerbau und Viehzucht nutzen konnten. So war die Versorgung der Bevölkerung mit Lebensmitteln gesichert. Aber auch an geschützten Buchten entstanden viele Städte. Hier bauten die Griechen Häfen, von denen aus sie Handel betreiben konnten. Besonders vorteilhaft war die Lage einer Stadt auf einer Insel. Hier konnten Landwirtschaft, Fischfang und Schifffahrt betrieben werden. Zudem bot die Insellage einen guten Schutz vor feindlichen Angriffen.

Das Stadtzentrum des antiken Korinth zeigt typische Merkmale einer griechischen Stadt:
① Tempel der Octavia
② Quelle der Glauke
③ kleines Theater
④ Rathaus
⑤ Geschäftsgebäude
⑥ Marktplatz
⑦ Rednertribüne
⑧ Säulenhalle
⑨ Apollon-Tempel
⑩ großes Theater
⑪ Nordmarkt

M2 Das antike Korinth (heutige Zeichnung)

❹ a) Nenne drei Gebiete, in denen die Griechen häufig siedelten. (T2)
b) Hilfe Warum siedelten sie gerade dort? (T2)
❺ Hilfe Beschreibe die typischen Bauten einer antiken griechischen Stadt. (M2)

Hilfe zu
❹ b) Berücksichtige die genaue Lage und die Landschaft.
❺ Gehe auf Tempel, Plätze, Häuser und Stadtbefestigung ein.

M1 Die wichtigsten Götter der Griechen

Götterwelt und Heldensagen

T1 • Die griechischen Götter

Die Griechen besaßen eine gemeinsame Religion und pflegten den gleichen Götterkult. Sie glaubten an viele verschiedene Götter. Nach ihrer Vorstellung lebten die Götter in einer großen Familie auf dem heiligen Berg Olymp zusammen und waren für verschiedene Bereiche zuständig. Der Göttervater hieß Zeus. Seine Ehefrau war Hera. Die Griechen schrieben ihren Göttern menschliche Eigenschaften zu. Mal waren sie miteinander befreundet, dann wieder stritten sie miteinander, waren neidisch oder eifersüchtig aufeinander.

Weil die Griechen ihre Götter fürchteten, wollten sie diese gnädig stimmen. Deshalb errichteten sie Tempel, in denen sie zu ihnen beteten und Tiere opferten. Ein Stück des Tieres wurde auf dem Altar verbrannt, das meiste aß man jedoch beim anschließenden Festessen.

Götterkult
die Art und Weise, wie Menschen ihre Götter verehren

gnädig stimmen
jemanden dazu bringen, nicht so streng zu sein

---

❶ **Hilfe** Der Zeichner von M1 hat dargestellt, wofür einige Götter nach Meinung der Griechen zuständig waren.
Überlege, welcher Gott bzw. welche Göttin wofür zuständig war.

❷ Berichte über die Religion der Griechen. (T1)
🐝 *Lerntempoduett*

❸ a) Welche menschlichen Eigenschaften wurden den Göttern zugeschrieben.
b) Überlegt, warum dies geschah.
🐝 *Bienenkorb*

Hilfe zu
❶ Mögliche Zuständigkeiten: Meer, Krieg, Wein, Weisheit, Musik, Liebe, Jagd, Götterbote.

M2 Darstellung eines Tieropfers (Malerei auf Holz aus dem 6. Jahrhundert v. Chr.)

T2 • Griechische Mythen

Erzählungen, sogenannte Mythen, überlieferten die Griechen mündlich von Generation zu Generation. Darin beschrieben sie, wie sie sich das Handeln der Götter vorstellten. Sie erklärten mit ihren Mythen Vorgänge oder Erscheinungen, die ihnen rätselhaft waren oder die sie mit ihrem Wissen nicht deuten konnten.

Göttergeschlecht bedeutet so viel wie Götterfamilie

Prometheus stammte von einem alten Göttergeschlecht ab und konnte Zeus zum Freund gewinnen. Aus Lehm schuf er Menschen und lehrte sie alle Künste. Eines Tages gab es Streit darüber, welchen Teil des Opfertieres die Götter erhalten sollten und welchen Teil die Menschen selber essen durften. Prometheus wurde zum Schiedsrichter bestellt. Da nahm er zwei Säcke. In den größeren steckte er die Knochen und das Fett, in den kleineren aber das Fleisch. Zeus wählte natürlich den größeren Sack. Als er die Täuschung erkannte, wurde er zornig. Er beschloss, den Menschen das Feuer wegzunehmen. Prometheus aber stahl vom himmlischen Sonnenwagen das Feuer und brachte es den Menschen. Da wurde Zeus noch zorniger. Er ließ Prometheus an einen Felsen im Kaukasus-Gebirge ketten, und Zeus' Adler fraß jeden Tag ein Stück von der Leber des Prometheus, die aber sofort wieder nachwuchs.

M4 Prometheus (Vasenmalerei aus dem 6. Jahrhundert v. Chr.)

M3 Der Mythos von Prometheus

④ Mythen erfüllten für die Griechen eine wichtige Aufgabe. Erkläre. (T2)
⑤ Fasse den Mythos aus M3 mit eigenen Worten zusammen.
⑥ Der Mythos von Prometheus sollte eine Frage klären, die für die Griechen wichtig war. Erkläre dies anhand von M2 und M3.
⑦ Welche Szene des Mythos zeigt M4?

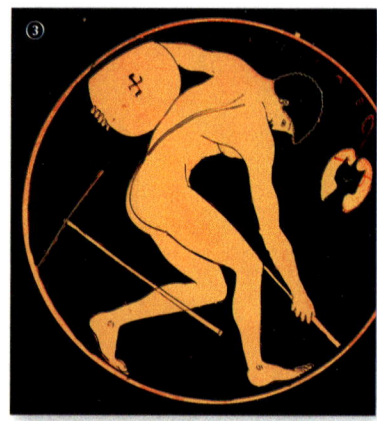
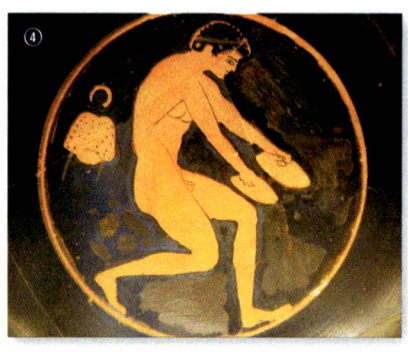

M1 Die Sportarten des Fünfkampfes (Vasenmalereien aus dem 6. bis 5. Jahrhundert v. Chr.)

Die Olympischen Spiele

T1 • Sport als Gottesdienst

Seit 776 v. Chr. kamen alle vier Jahre Sportler aus ganz Griechenland zu sportlichen Wettkämpfen nach Olympia. Diese Wettkämpfe wurden veranstaltet, um die Götter zu ehren.

An den Olympischen Spielen durften nur freie griechische Männer teilnehmen. Zudem herrschte während der sechstägigen Wettkämpfe ein landesweiter Friede. Wenn Stadtstaaten in dieser Zeit trotzdem Krieg gegeneinander führten, galt dies als Sünde gegen die Götter.

Die Spiele in Olympia wurden mit einem Opfer an den Göttervater Zeus eröffnet. Vor seiner Statue legten die Wettkämpfer anschließend den olympischen Eid ab, mit dem sie sich dazu verpflichteten, die Wettkampfregeln einzuhalten. Erst danach begannen die Wettkämpfe.

T2 • Die Wettkämpfe

Die Wettkämpfe fanden in mehreren Sportarten statt. Im Vordergrund stand der olympische Fünfkampf in den Disziplinen Speerwurf, Sprung, Diskuswerfen, Laufen und Ringen. Zusätzlich gab es Wettbewerbe im Faustkampf sowie Wagen- und Pferderennen. Am sechsten Tag wurden die Sieger geehrt. Preise erhielten nur die Erstplatzierten. Zweite und dritte Plätze wurden nicht geehrt. In ihrer Heimat erhielten die Sieger lebenslang freie Verpflegung und waren von Steuerzahlungen befreit.

Webcode
Filmclip zu den
Olympischen Spielen
WES-100110-5

① Zeus-Tempel, ② Hera-Tempel, ③ Trainingsgelände, ④ Brunnenanlage, ⑤ Schatzhäuser, ⑥ Echohalle als schattiger Ruheort, ⑦ Stadion, ⑧ Rathaus

M2 Gelände des antiken Olympia (Rekonstruktionszeichnung)

> Mit Recht lobt man (die Gründer der Spiele). … Ihnen verdanken wir es, dass wir uns nach Verkündung des Gottesfriedens und nach Beilegung der schwebenden Feindschaften an einem Ort zusammenfinden und den Göttern gemeinschaftliche Gebete und Opfer darbringen.

M3 Isokrates von Athen (436 – 338 v. Chr.)

> Zu Unrecht wertet man die leibliche (körperliche) Kraft höher als Wissen und Weisheit. Denn sei im Volke ein Bürger tüchtig (besonders gut) im Faustkampf oder Fünfkampf, so wird doch die Ordnung des Staates dadurch nicht besser. Wenig Gewinn erwächst der heimischen Stadt.

M4 Xenophanes von Kolophon (6./5. Jh. v. Chr.)

❶ a) Beschreibe die Darstellungen in M1.
   b) Nenne die Sportarten.
❷ a) Berichte über die Bedeutung der Olympischen Spiele für die Griechen. (T1)
   b) Beschreibe die Eröffnungsfeier. (T1)
❸ Nenne die Vorteile, die ein Sieg in Olympia dem Wettkämpfer brachte. (T2)
❹ Stelle die Gebäude in M2 zu Gruppen (Sport, Religion, Sonstiges) zusammen.
❺ a) Stelle die Aussagen über die Olympischen Spiele gegenüber. (M3, M4)
   b) Wie ist deine Meinung dazu?

❻ *Hilfe* Vergleiche die antiken Olympischen Spiele mit denen der Neuzeit.
   Gruppenpuzzle

Hilfe zu
❻   **Die Olympischen Spiele**

Vergleichspunkte	damals	heute

Mögliche Vergleichspunkte:
Dauer der Spiele, Kampfstätten, Wettkampfdisziplinen, Regeln, Gewinne und Ehrungen.

M1 Die Dürre auf Thera und ihre Folgen

Neue Städte in fernen Regionen

T1 • Griechen wandern aus

Die Bevölkerung in Griechenland nahm seit dem 8. Jahrhundert v. Chr. sehr schnell zu. Gleichzeitig kam es immer wieder zu langen Dürrezeiten und Missernten, sodass die Menschen hungern mussten.

Die Hungersnöte, das starke Bevölkerungswachstum und der Wunsch nach Wohlstand waren Gründe, weshalb manche junge Leute einer Polis auswanderten. Sie gründeten in anderen Gebieten an der Küste des Mittelmeeres sowie am Schwarzen Meer Kolonien.

Dürre
heißes, trockenes Wetter über eine lange Zeit

Missernte
Ernte mit wenig Ertrag, beispielsweise nur wenig Getreide

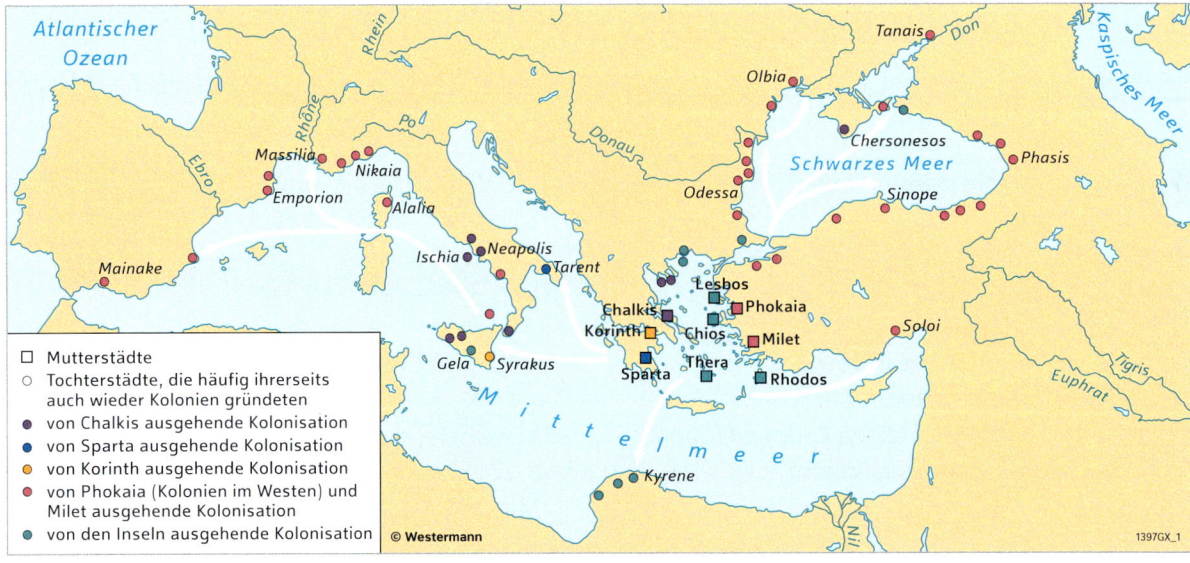

M2 Gründung griechischer Kolonien zwischen 750 und 550 v. Chr.

T2 • Die griechischen Kolonien

Die Kolonien entwickelten sich zu eigenständigen Stadtstaaten. Zu ihren Mutterstädten blieben sie in enger Verbindung. Mit ihnen und anderen Städten an den Küsten von Mittelmeer und Schwarzem Meer trieben sie Handel. Viele Händler machten gute Gewinne.

Die Auswanderer nutzten die fruchtbaren Böden der neuen Heimat und verdienten ihren Lebensunterhalt mit Ackerbau und Viehzucht. Ihre Erzeugnisse, wie Olivenöl, Wein, Getreide und Vieh, wurden im gesamten Mittelmeerraum gehandelt.

Die Bewohner des Umlandes der Kolonien lebten mit den Griechen meist friedlich zusammen, trieben Handel mit ihnen, übernahmen deren Sprache und Schrift sowie das Münzgeld, die griechische Baukunst und griechische Lebensgewohnheiten.

Kolonie
entferntes Gebiet, das von einer Polis (Mutterpolis) besiedelt wird. Die neue Polis (Tochterpolis) pflegt zur Mutterpolis enge Beziehungen.

① Fundamentreste der griechischen Kolonie Alalia auf Korsika

② Reste griechischer Gebäude bei Neapel

③ Reste griechischer Gebäude in Chersonesos auf der Krim

④ Ruinen der griechischen Kolonie Kyrene in Libyen

M3 Ruinen griechischer Kolonien

❶ a) Berichte über die Lage auf Thera. (M1)
b) Nenne Gründe für die Auswanderung.
c) Beschreibe, wie die Auswanderung geplant und durchgeführt wurde.

❷ Nenne drei Gründe, weshalb Griechen Kolonien gründeten. (T1)

❸ a) Suche in M2 fünf griechische Mutterstädte, die Kolonien gründeten.
b) Notiere dazu jeweils drei Kolonien.
⊕ *Lerntempoduett*

❹ a) Wie lebten die Griechen in den Kolonien? (T2)
b) Berichte über das Verhältnis zwischen Griechen und Einheimischen in den Kolonien. (T2)

❺ Nenne die Mutterstädte der Kolonien in M3. (M2)

❻ „Das Mittelmeer war für die Griechen kein Hindernis, sondern ein Verbindungsweg." Erkläre.
⊕ *Bienenkorb*

Explainitys erstellen

Wahrscheinlich habt ihr im Fernsehen oder im Internet schon einmal Explainitys gesehen. Diese Videos werden auch Erklärfilme genannt, weil sie in kurzer Form Sachverhalte leicht verständlich darstellen. Mit Explainitys können also Themen, die umfangreich und kompliziert sind, vereinfacht und nachvollziehbar erklärt werden.

Für Explainitys wird die sogenannte Legetricktechnik genutzt. Hierbei werden aus Papier ausgeschnittene Bilder und Symbole auf einem Hintergrund bewegt, während dabei von oben herab gefilmt wird. Ergänzt wird der Film durch einen gesprochenen Text, der den Inhalt der Bilder und ihren Zusammenhang erklärt. Der gesprochene Text und die Bilderabfolge sollen so gestaltet sein, dass ein Zuschauer nicht nur informiert, sondern auch unterhalten wird. Dies gelingt gut, wenn ihr zum Beispiel den Zuschauer direkt ansprecht oder Fragen stellt, die er haben könnte.

Ihr könnt Explainitys mit dem Smartphone selbst herstellen und dafür auch spezielle Apps nutzen.

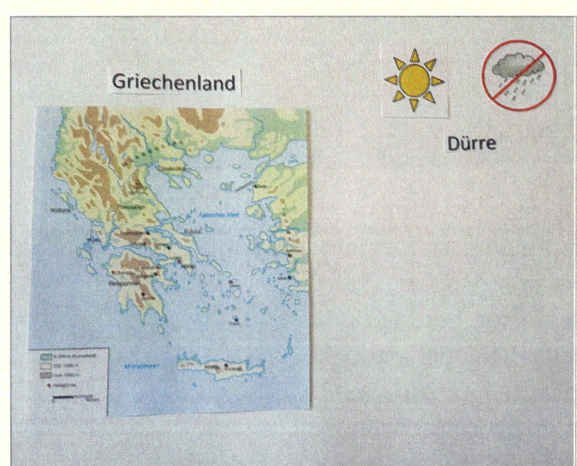
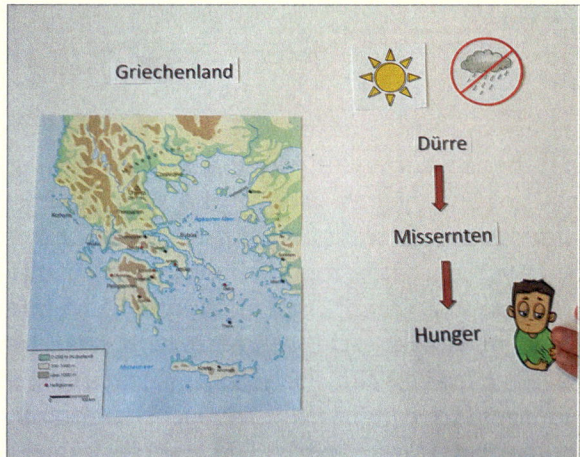

M1 Schülerinnen und Schüler beim Erstellen eines Erklärvideos

1. Schritt: **Vorbereitung**
- Erarbeitet den Inhalt zum Thema „Die griechische Kolonisation" mithilfe eures Geschichtshefters und des Schulbuches.
- Fasst die gesammelten Informationen auf das Wesentliche zusammen und erstellt ein Drehbuch:
  - Was ist das Thema?
  - Was ist wichtig? Was kann weggelassen werden?
  - Welche Abfolge muss eingehalten werden, damit andere das Thema verstehen können?
  - Gibt es Aussagen, Bilder oder Symbole, die typisch sind? Wie können diese verwendet werden?
  - Was sind Zeichen und Symbole, die das Video gliedern können?
  - Verteilung der Aufgaben: Wer spricht den Text? Wer filmt? Wer legt die Bilder?
- Plant einen interessanten Einstieg für euer Explainity.
  Habt ihr euch auch schon einmal gefragt: ... .
  Unser Thema ist ... . Das findet ihr langweilig? Wartet ab!
  Über ... weißt du vielleicht nicht viel. Deshalb hier unser Erklärvideo.
- Schreibt die passenden Texte, die gesprochen werden.
  Seit dem 8. Jahrhundert ... . Außerdem ... . Das führte zu Problemen, wie zum Beispiel ... . Was also tun? Besonders junge Griechen wollten ... . Deshalb gründeten sie ... . Aber sie hielten engen Kontakt ... . Was machten die Griechen in den ... ? Sie handelten ... . Dabei wurden sie ziemlich ... . Die Griechen fühlten sich in ihrer neuen Heimat ... . Sie ... .
- Überlegt, ob ihr weitere Bilder oder Symbole verwenden wollt, und zeichnet diese. Möglich wären zum Beispiel: Pfeile, Punkte, Fragezeichen, eine Umrisskarte, Schiffe, Handelswaren wie Öl oder Oliven.
- Prüft, ob die Texte zu den Bildelementen passen.

2. Schritt: **Ausprobieren und Erstellen eines Erklärvideos**
- Probiert das Legen der Bilder und Symbole aus.
- Übt das Filmen und achtet auf die Beleuchtung.
- Stimmt alles aufeinander ab und erstellt das Explainity.
- Lest die Texte deutlich und mit der richtigen Betonung vor.
- Eventuell könnt ihr euer fertiges Explainity noch am Computer bearbeiten und Musik oder andere Effekte ergänzen.

3. Schritt: **Präsentieren**
- Gebt den anderen Gruppen Feedback zu ihren Ergebnissen. Berücksichtigt dabei:
  - Texte: verständlich, informativ, vollständig, gut verstehbar
  - Bilder: passend zum Text, ergänzend zum Text
  - Gestaltung: unterhaltend, passende Symbole
  - Besonderheiten: Musik und Geräusche als Unterstützung
- Fasst eure Einschätzung zusammen und begründet diese.
  Besonders gut hat mir ... gefallen, weil ... .   Überzeugt hat mich ..., denn ... .
  Gelungen finde ich ..., da ... .   Beim nächsten Erklärvideo achtet darauf, dass ... .

Tipps zum Verfassen der Texte
1. Formuliert interessante Fragen.
2. Sprecht mit eurem Zuschauer.
3. Schreibt kurze, verständliche Sätze.
4. Erklärt Fachbegriffe.

M1 Versammlung der Bürger in Athen (heutige Darstellung)

Die attische Demokratie zur Zeit des Perikles

Demokratie
auch Volksherrschaft genannt; Herrschaftsform, in der alle Bürger die gleichen Rechte haben. Die von den Bürgern gewählten Vertreter müssen sich an die Gesetze halten.

Adlige
geschlossene Gruppe von Menschen mit besonderen Rechten. Adlige waren meist wohlhabend und besaßen Land. Die Kinder von Adligen waren auch adelig.

T1 • Auf dem Weg zur Volksherrschaft

Lange Zeit wurde die Polis Athen von Königen beherrscht. Diese Staatsform nennt man Monarchie. Ab dem 7. Jahrhundert v. Chr. übernahmen Adlige und reiche Kaufleute die Macht. Diese Regierungsform wird als Aristokratie bezeichnet. Da der Reichtum der Stadt jedoch vor allem durch die Handwerker und Lohnarbeiter geschaffen wurde, verlangten diese auch Mitsprache bei politischen Entscheidungen.

Im 6. Jahrhundert v. Chr. war Athen in eine gefährliche Krise geraten. Wegen schlechter Ernten waren viele Kleinbauern bei reichen Adligen verschuldet. Da sie ihre Schulden nicht zurückzahlen konnten, drohten sie zu Sklaven zu werden. Die Unzufriedenheit mit den Verhältnissen wuchs. Es drohte ein Krieg zwischen den einfachen Bürgern und den Herrschenden. In dieser Situation versuchte der Adlige Solon, die Krise zu entschärfen, indem er das Volk stärker an der Macht beteiligte.

❶ a) Beschreibe M1.
  b) Überlege drei Themen, die dort besprochen werden könnten.
  🔄 *Think – Pair – Share*

❷ Erkläre die Regierungsformen
  a) Monarchie,
  b) Aristokratie. (T1)

❸ **Hilfe** Beschreibe die Krise Athens im 6. Jahrhundert v. Chr. (T1)

❹ Wie versuchte Solon, die Krise zu entschärfen? Erkläre. (T1)

Hilfe zu
❸ Folgende Formulierungshilfen kannst du nutzen:
  - Aufgrund von Missernten … .
  - Sie konnten ihre Schulden … .
  - Die Unzufriedenheit wuchs und es drohte … .

T2 • Wie die Volksherrschaft funktionierte

In mehreren Schritten wurde das Volk immer weiter in die Herrschaft eingebunden. Der Politiker Perikles gestaltete die politischen Verhältnisse so, dass man von einer Volksherrschaft sprechen konnte. Die Macht in Athen wurde durch die Volksversammlung, den Rat und die Volksgerichte ausgeübt.

An der Volksversammlung nahmen alle freien Bürger Athens teil. Sie fand alle zehn Tage statt. Die Bürger entschieden gleichberechtigt über die Gesetze, auch über Krieg und Frieden. Sie wählten die Regierung, die Führer des Heeres und die Richter. Außerdem wählten sie für ein Jahr neun Älteste. Das waren erfahrene Bürger, die die Gerichte leiteten und Feste vorbereiteten.

Regiert wurde Athen durch den Rat der 500. Dieser machte Gesetzesvorschläge und bereitete die Volksversammlungen vor. Die Mitglieder des Rates wurden von den Bürgern durch Lose bestimmt. Aus dem Rat übernahmen 50 Mitglieder für jeweils 36 Tage die Regierung. Der Vorsitz der Regierung wurde täglich neu gewählt. So war es theoretisch möglich, dass jeder Bürger für einen Tag in Athen herrschen konnte.

Die Volksversammlung bestimmte ebenfalls die Besetzung der Volksgerichte. Die Richter klärten Verbrechen auf, schlichteten Streitigkeiten und kontrollierten die Arbeit der staatlichen Behörden.

Bürger
Bewohner eines Staates, die politische Rechte und Pflichten haben. Zu den Bürgern Athens gehörten alle Männer ab 20 Jahren. Frauen besaßen keine Bürgerrechte.

Behörden
Behörden erledigten Aufgaben und Arbeiten für die Öffentlichkeit, beispielsweise Straßenbau.

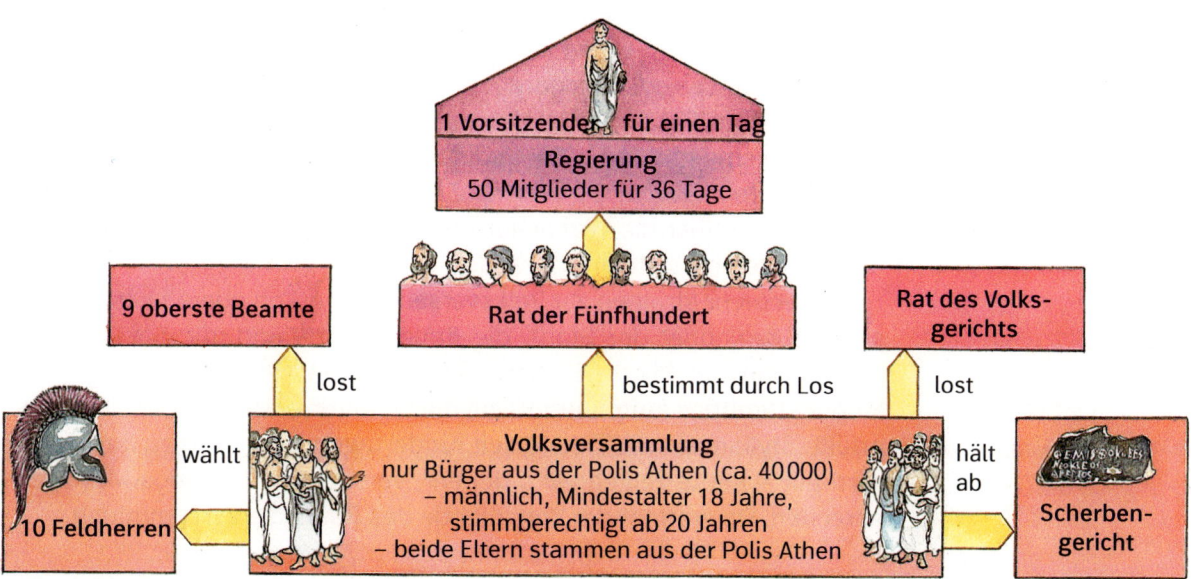

M3 Die demokratische Verfassung von Athen um 450 v. Chr.

5 Wer übte die Macht in der attischen Volksherrschaft aus? (T2)

6 Hilfe Erkläre, wie die Volksherrschaft funktionierte. (T2, M3)
 Gruppenpuzzle

Hilfe zu
6 Es soll die Zusammensetzung und die Aufgaben von Volksversammlung, Rat und Volksgerichten dargestellt werden.

Eine Geschichtserzählung

T1 • Der Tag der Entscheidung

Noch ist es früh am Morgen, aber die Sonne brennt bereits unbarmherzig in die Agora Athens. Zeitig ist Dimitrios aufgebrochen, er hat in der vergangenen Nacht sowieso keinen Schlaf gefunden. Innig hat er seine Frau Kyrene zum Abschied umarmt, zärtlich einen letzten Blick auf seine noch schlafenden Söhne geworfen.

Jetzt sitzt er hier und erinnert sich an die letzten Tage. Warum hatte er seinen Mund nicht halten können? Aber die Pläne der reichen Adligen für einen erneuten Krieg hatten ihn wütend gemacht. Krieg – das bedeutet für ihn als Bauern, wieder einmal das Feld nicht bestellen zu können, sondern sein Leben zu riskieren. Und wofür? Damit die Reichen mit großer Beute ihre Geldsäcke noch weiter füllen können. Deshalb war er in der Volksversammlung aufgestanden und hatte die Kriegspläne abgelehnt. Breite Zustimmung für seine Rede hatte er am Applaus erkannt. Damit hat er aber die Wut vieler reicher Athener auf sich gezogen, und heute wollen sie sich an ihm rächen.

Immer mehr strömen zur Volksversammlung. Von überall her kommen sie: die Bewohner der Stadt, die Bauern vom Land, die Seeleute und Fischer von der Küste. Es herrscht ein großes Stimmengewirr. Einige klopfen Dimitrios aufmunternd auf die Schulter, andere Blicke sind hasserfüllt. Stylianos, sein Freund seit Kindertagen, setzt sich zu ihm. „Alles wird gut – heute zeigen wir's denen", versucht er, Dimitrios Mut zuzusprechen. Da eröffnet der Vorsitzende des Rates die Versammlung.

T2 • Das Scherbengericht

Sofort ergreift Leonidas, ein reicher Kaufmann, das Wort. Er zeigt mit dem Finger auf Dimitrios: „Mit der Ablehnung eines Krieges will Dimitrios verhindern, dass Athen größer und mächtiger wird. Er hat viele gegen die Oberen der Stadt aufgehetzt und fügt so unserer Stadt großen Schaden zu. Ich fordere seine Verbannung!" Da kann Dimitrios nicht mehr ruhig sitzen bleiben. „Ein erneuter Krieg schwächt uns nur", ruft er aufgebracht der Menge zu. „Er hält uns Bauern davon ab, Athen zu versorgen. Nur im Frieden kann Athen größer und mächtiger werden!"

Agora
Marktplatz, auf dem Versammlungen und Feiern stattfanden

ein Feld bestellen
ein Feld vorbereiten, die Saat verteilen, die Pflanzen pflegen, später ernten

Ein großes Gemurmel ergreift die Versammlung. Der Vorsitzende des Rates verschafft sich Gehör: „So lasst das Scherbengericht sprechen!" Bei diesen Worten zuckt Dimitrios zusammen. Jetzt ist das Befürchtete
35 wirklich eingetreten. Jeder Anwesende erhält eine Tonscherbe. Wenn er der Meinung ist, dass jemand verbannt werden soll, muss er den Namen in die Scherbe ritzen.

T3 • Das Urteil

Ängstlich sieht sich Dimitrios um. Viele beschriften ihre Scherben und
40 geben sie bei den Beamten ab. Das ist nicht gut für ihn. Anschließend werden sie ausgezählt. Noch hofft Dimitrios, dass die notwendige Zahl von 6000 Stimmen gegen ihn nicht erreicht wird. Aber die Hoffnung dauert nur kurz: „Fünftausendneunhundertachtundneuzig, -neunundneunzig, sechstausend …", verkündet der Vorsitzende. Dimitrios kann
45 nicht mehr weiter zuhören und krümmt sich vor Aufregung.

Damit ist das Ergebnis klar und deutlich. Tröstend umarmt Stylianos seinen Freund Dimitrios, aber dem schießen Tränen der Angst und der Wut in die Augen. Innerhalb von zehn Tagen muss er Athen verlassen haben. Zehn Jahre lang darf er keinen Fuß mehr in die Stadt setzen. Er
50 ist noch jung, seine Hände sind Arbeit gewohnt. Er wird auch woanders Arbeit finden. Aber was bedeutet das für seine Frau Kyrene und seine beiden kleinen Söhne? Welches Schicksal wird auf sie warten? Und was bedeutet diese Entscheidung für seine Heimatstadt Athen? Ein Krieg wird jetzt kaum noch zu vermeiden sein.

1. **Hilfe** Was erfährst du über die Hauptperson der Geschichte? (T1)
2. Warum ist Dimitrios aufgeregt? (T1)
3. Was fordert Leonidas? (T2)
4. Wie begründet Dimitrios seine Position? (T2)
5. Wodurch fällt die Entscheidung? (T2)
6. a) **Hilfe** Beschreibe den Ablauf des Scherbengerichts. (T2, T3)
   b) Wie lautet das Urteil? (T3)
7. Nenne die Folgen des Urteils.
8. Schreibe eine mögliche Fortsetzung.

Hilfe zu
1. Nenne seinen Namen, seine Familienverhältnisse und seinen Beruf.
6. a) Gehe auf folgende Punkte ein: Beschriftung der Scherben – notwendige Stimmen – Entscheidung.

> ... [Frauen] erfüllt ohne Rest die Pflichten, die eure Natur euch zuweist, so wird man euch loben, und wenn von einer Frau, sei es im Guten, sei es im Bösen, unter Männern möglichst wenig gesprochen wird, so ist das ihr höchster Ruhm.

M1 Ratschlag des athenischen Politikers Perikles an die Frauen (431 v. Chr.)

Volksherrschaft durch alle?

T1 • Die Stellung der Frauen

Demokratie heißt Herrschaft des Volkes. Aber nicht alle Bewohner Athens hatten das Recht mitzubestimmen. So waren die Frauen von politischer Mitwirkung ausgeschlossen. Sie durften nicht an den Volksversammlungen teilnehmen und wählen. Frauen hatten ausschließlich den Haushalt zu führen, wobei der Ehemann als Haushaltsvorstand alle Entscheidungen traf. Den Frauen in Athen war es nicht gestattet, über ein eigenes Vermögen zu verfügen. Eine umfassende Schulbildung für Mädchen wurde ebenso als unwesentlich angesehen. Ihre Erziehung umfasste lediglich die Vorbereitung auf ihre Aufgaben als Hausfrau und Mutter. Die meisten Mädchen wurden bereits mit 14 Jahren verheiratet, während die Männer bei der Eheschließung meist um die 30 Jahre alt waren. Lediglich auf religiösem Gebiet gab es eine gewisse Gleichberechtigung. Frauen durften beispielsweise als Priesterinnen tätig sein.

> Sie war noch nicht 15 Jahre alt, als ich sie heiratete. Die Zeit vorher hatte man fürsorglich auf sie aufgepasst, damit sie möglichst wenig sah, hörte und fragte. Ich war schon damit zufrieden, dass sie bei ihrem Kommen bereits verstand, mit Wolle umzugehen und ein Gewand anzufertigen, und dass sie auch schon bei der Spinnarbeit der Dienerinnen zugesehen hatte. Außerdem war sie im Kochen vorzüglich erzogen, ... was mir bei Mann und Frau die wichtigste Erziehungsfrage zu sein scheint.

M2 Eine junge griechische Frau

M3 Der Politiker Xenophon über seine Ehefrau (um 380 v. Chr.)

T2 • Auch Fremde ohne Möglichkeit zur Mitbestimmung

In Athen lebten auch Fremde, die aus anderen griechischen Landesteilen in die Stadt gezogen waren. Diese wurden Metöken genannt, was Mitwohnende bedeutet. Sie durften in Athen leben und arbeiten. Dafür mussten sie ein besonderes Schutzgeld zahlen.

Auch wenn manche Metöken durch Handwerk oder Handel ein beachtliches Vermögen erworben hatten, besaßen sie kein Bürgerrecht. Eine Teilnahme an den Volksversammlungen und damit eine Mitsprache bei politischen Entscheidungen war ihnen nicht gestattet.

Schutzgeld
meint hier: Zahlungen der Metöken, um im Schutz der Stadtmauern leben zu dürfen

T3 • Sklaven ohne Rechte

Jeder Dritte der Bewohner Athens war ein Sklave. Sie waren meist in Kriegsgefangenschaft geraten oder von Seeräubern erbeutet worden. Auf Märkten wurden sie wie eine Ware angeboten und verkauft. Der Kauf und Verleih von Sklaven war ein lohnendes Geschäft. Dabei richtete sich der Preis nach ihren körperlichen Fähigkeiten und ihrer Bildung.

Sklaven waren das Eigentum ihres Herrn und hatten keinerlei Rechte. Sie arbeiteten im Haushalt als Bedienstete oder Lehrer, auf den Feldern und in allen handwerklichen Bereichen. Besonders hart war die Arbeit in den Silberbergwerken.

Auch die Kinder von Sklaven waren unfrei. In einigen Fällen kam es vor, dass ein Besitzer seinem Sklaven die Freiheit schenkte.

M4 Sklaven arbeiten in einem Bergwerk (Rekonstruktionszeichnung)

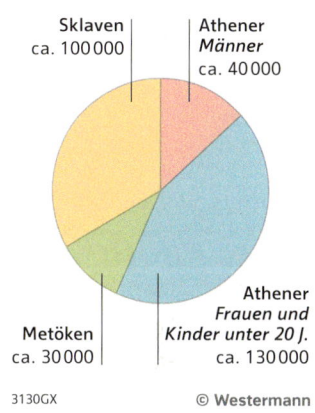

M5 Bewohner Athens um 500 v. Chr.

Bevölkerung Athens ca. 300 000
- Sklaven ca. 100 000
- Athener Männer ca. 40 000
- Athener Frauen und Kinder unter 20 J. ca. 130 000
- Metöken ca. 30 000

---

❶ a) Fasse den Inhalt von M1 zusammen.
b) Was bedeutet es für Frauen, wenn „über sie ... möglichst wenig geredet" werden soll?
  Placemat

❷ Hilfe Beschreibe die Stellung der Frauen (T1).

❸ a) Welche Eigenschaften seiner Braut lobt Xenophon? (M3)
b) Hilfe Beschreibe die Gefühle des Politikers zu seiner Frau.

❹ Hilfe Wer sind Metöken? Erkläre. (T2)

❺ Beschreibe die Stellung der Sklaven. (T3)

❻ Versetze dich in eine Person aus M4. Schreibe deine Gedanken auf.

❼ Hilfe Kann man von einer Volksherrschaft sprechen? Begründe deine Meinung. (M5)

Hilfe zu

❷ Gehe auf folgende Punkte ein: Stellung im Haushalt – politische Mitbestimmung.

❸ b) Mögliche Adjektive: liebevoll – freundschaftlich – sachlich – kühl – überheblich usw.

❹ Gehe auf folgende Begriffe ein: Herkunft – Wohn- und Arbeitsrecht – politische Mitbestimmung.

❼ Folgende Formulierungen sind möglich:
Die Zahlen aus M5 zeigen, dass ... .
Ich bin der Meinung, dass ... .

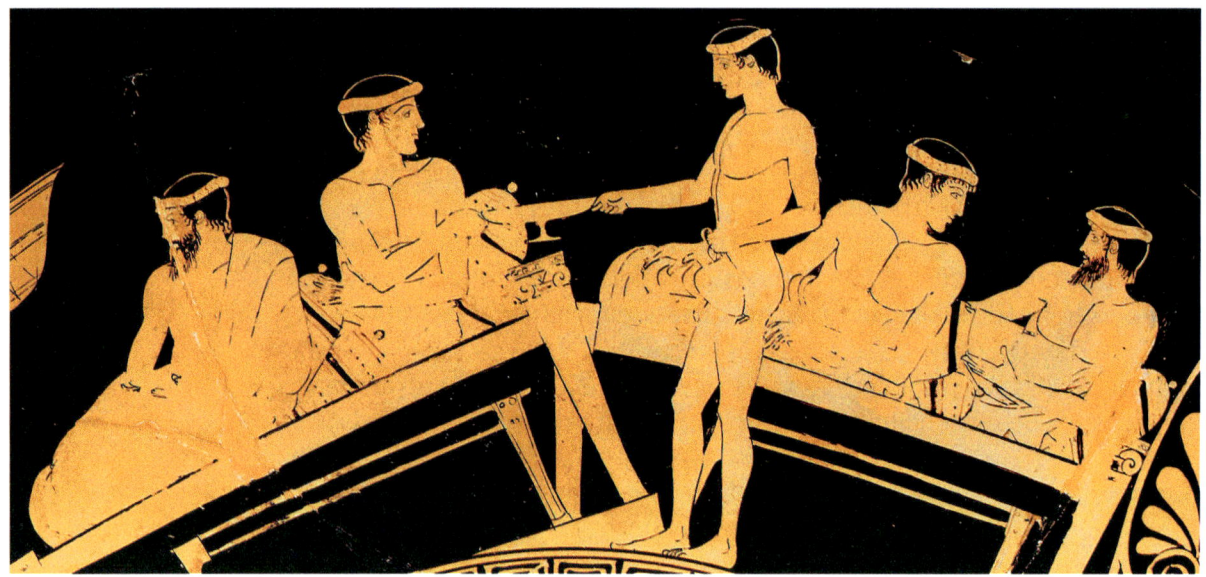

M1 Feier mit Freunden (Vasenmalerei, um 460–450 v. Chr.)

Alltagsleben in Athen

T1 • Der Tagesablauf

Der Tag begann für die meisten Athener Bürger mit Sonnenaufgang. Für seinen Lebensunterhalt zu arbeiten war für einen wohlhabenden Bürger Athens kein erstrebenswertes Ziel. Viel lieber trafen sich die Wohlhabenden unter den schattigen Wandelgängen auf der Agora, um über Politik zu diskutieren. Menschen, die körperlich arbeiteten, wurden abwertend als Banausen bezeichnet.

Während die Männer ihren unterschiedlichen Beschäftigungen nachgingen, führten die Frauen den Haushalt. Neben den Eheleuten und ihren Kindern gehörten zu einem Athener Haushalt meist auch die Großeltern und die Sklaven.

Zu den Höhepunkten des Tages zählte das Symposion am Abend. Das war eine Feier, zu der sich Männer mit Freunden trafen. Dort aßen und tranken sie ausgiebig und wurden durch Musik und Tanz unterhalten. Frauen hatten nur als Bedienstete oder Tänzerinnen Zutritt.

Wandelgänge
überdachte Gänge mit Säulen, die an Gebäuden entlangführen

Banause
abwertende Bezeichnung für Menschen, die körperlich arbeiten mussten und die man als ungebildet ansah

❶ a) Hilfe Beschreibe M1.
b) Vergleiche mit heutigen Feiern.
  Think – Pair – Share
❷ a) Welche Einstellung hatten die wohlhabenden Athener Bürger zur Arbeit? (T1)
b) Wie verbrachten die Bürger am liebsten ihren Tag? Beschreibe. (T1)
❸ a) Was taten die Frauen? (T1)
b) Wer gehörte zu einem Athener Haushalt?

❹ Hilfe Beschreibe ein Symposion. (T1)

Hilfe zu
❶ a) Nenne Teilnehmer, Geschlecht, Position, Tätigkeiten.
❹ Du kannst folgende Formulierungshilfen nutzen:
Ein Symposium war … . An ihm nahmen … teil, während … . Das … wurde von … begleitet.

T2 • Die Wohnverhältnisse

Während die Athener Bauleute prächtige Tempel errichteten, waren die Wohnhäuser der Bürger eher einfach. In engen, verwinkelten Gassen standen meist einstöckige Häuser. Nur die reichsten Bürger wohnten in zweistöckigen Häusern. Die Häuser besaßen dünne Wände, die Dächer waren mit Stroh gedeckt. Die Fenster waren sehr klein und weit oben angebracht, um nur wenig Staub hereinzulassen. Da es Glas für Fenster noch nicht gab, wurden sie mit Brettern verschlossen. Die einfachen Lehmböden wurden mit Matten bedeckt, in Häusern der Reichen gab es Steinfußböden mit Mosaiken.

Wenn das Haus betreten wurde, kam man zuerst in einen Innenhof. Hier befand sich ein kleiner Altar, auf dem an Feiertagen Opfer abgelegt wurden. Um den Innenhof gruppierten sich die Wohnräume und die Küche. Viele Häuser besaßen bereits ein Badezimmer, in dem sich eine gemauerte Wanne und ein Tontopf mit Deckel als Toilette befanden. Die Wohnräume waren spärlich möbliert. Im Speisezimmer gab es kleine Tische und mehrere Hocker. In einem Raum standen einfache Liegen. Bei Bedarf wurden die Möbel hin- und hergetragen. Die Kleidung und Wäsche des Haushalts befanden sich in Holztruhen. Krüge, Schüsseln und Becher standen an der Wand aufgereiht, Lebensmittel wurden in Tonkrügen aufbewahrt.

Mosaik
ein aus vielen bunten Steinen zusammengesetztes Bild

spärlich
gering, wenig, kaum

① Küche
② Aufenthaltsraum für Frauen und Kinder, auch für Mänenr gab es eigene Aufenthaltsräume
③ Innenhof
④ griechische Frauen verbrachten viel Zeit mit Spinnen und Weben, denn sie stellten die Kleidung selbst her
⑤ Speiseraum

M2 Ein zweistöckiges Wohnhaus einer wohlhabenden griechischen Familie (Rekonstruktionszeichnung)

❺ *Hilfe* Beschreibe die Wohnverhältnisse der Athener Bürger. (T2, M2)
❻ Führe als Athener Bürger einen Besucher durch dein Haus.
Partnervortrag

Hilfe zu
❺ Unterscheide zwischen den Häusern der einfachen und der reichen Bürger. Benenne die Teile des Hauses, die Räume und die Einrichtungsgegenstände.

M1 Trieren – Kriegsschiffe der Griechen um 480 v. Chr. (Rekonstruktionszeichnung)

Seemacht mit Folgen

T1 • Aufbau einer Kriegsflotte

Athen hatte seine militärische Stärke zunächst nur auf dem Land unter Beweis gestellt. Obwohl die Stadt mit Piräus einen bedeutenden Hafen besaß, kamen Schiffe nur im Fischfang und im Handel zum Einsatz.

Das änderte sich, als Athen von einem mächtigen Nachbarn, dem Perserreich, bedroht wurde. Die athenischen Bürger erkannten, dass man gegen diesen starken Feind nur eine Chance besaß, wenn man eine Kriegsflotte aufbaute. Mit großen Anstrengungen entwickelten sie die sogenannte Triere. Das war ein 35 Meter langer Bootstyp, der sehr schnell, wendig und vom Wind unabhängig war. Er wurde von 170 Ruderern angetrieben, die auf beiden Seiten des Bootes in drei Reihen saßen.

Außerdem schloss Athen mit anderen Stadtstaaten ein Bündnis. Gemeinsam gelang es, die Perser 480 v. Chr. in der Seeschlacht von Salamis zu besiegen.

Kriegsflotte
mehrere Schiffe, die zusammengehören und für den Krieg genutzt werden

Salamis
eine Insel in der Nähe von Athen

❶ a) Beschreibe das Kriegsschiff. (M1)
b) Wie erfolgte die Fortbewegung?

❷ Was zwang die Athener zum Aufbau einer Kriegsflotte? Beschreibe. (T1)

❸ Was ist eine Triere? Verfasse einen kurzen Lexikonartikel. (T1, M1)

❹ Hilfe Wie gelang es den Athenern, die Perser zu besiegen? Erkläre. (T1)

Hilfe zu
❹ Gehe auf folgende Punkte ein: Vorteile der Schiffe – Bündnis.

T2 • Holzhunger

Die Schiffe wurden zu jener Zeit aus Holz gebaut. Der Auf- und Ausbau der Flotte ließ den Holzbedarf enorm ansteigen. Schon zuvor war Holz ein wichtiger Rohstoff für alltägliche Dinge wie zum Beispiel Möbel oder Werkzeuge gewesen. Hinzu kam, dass Holz in den Werkstätten der Handwerker und in den Küchen der Familien die einzige Energiequelle war. Mit Holz wurde gekocht und geheizt, aber auch Töpferware gebrannt oder Holzkohle für die Metallverarbeitung erzeugt.

Die Nachfrage nach Holz deckten die Griechen, indem sie die damals dichten Wälder rücksichtslos abholzten. Die Folgen sind noch heute zu spüren.

> Auf den Bergen gab es [damals] weite Wälder, und die Ebenen, die man heute als rau und steinig bezeichnet, hatten fetten Boden in reichem Maße ... Von Zeus bekam das Land jedes Jahr sein Wasser, und dieses ging nicht wie heute verloren, wo es aus kärglichem Boden ins Meer fließt, sondern weil das Land reichlich Erde hatte und das Wasser damit auftrank und es in dem lehmigen Boden bewahrte. Wenn man den heutigen Zustand mit dem damaligen vergleicht, ist fetter, lehmhaltiger Boden weggeschwemmt worden und nur das magere Gerippe des Landes ist übrig geblieben.

M2 Der griechische Gelehrte Platon (4. Jahrhundert v.Chr.)

M3 Landschaft auf der griechischen Insel Kreta

5 Hilfe Erkläre den Begriff Holzhunger. (T2)
6 Wie deckten die Athener ihren Holzbedarf? (T2)
7 Beschreibe anhand von M2 und M3 die Auswirkungen der Holznutzung, die bis heute zu erkennen sind.
8 Stelle Nutzen und Schaden des Holzabbaus für die Menschen gegenüber.
Lerntempoduett

Hilfe zu
5 Bedenke, wozu Holz damals benötigt wurde.

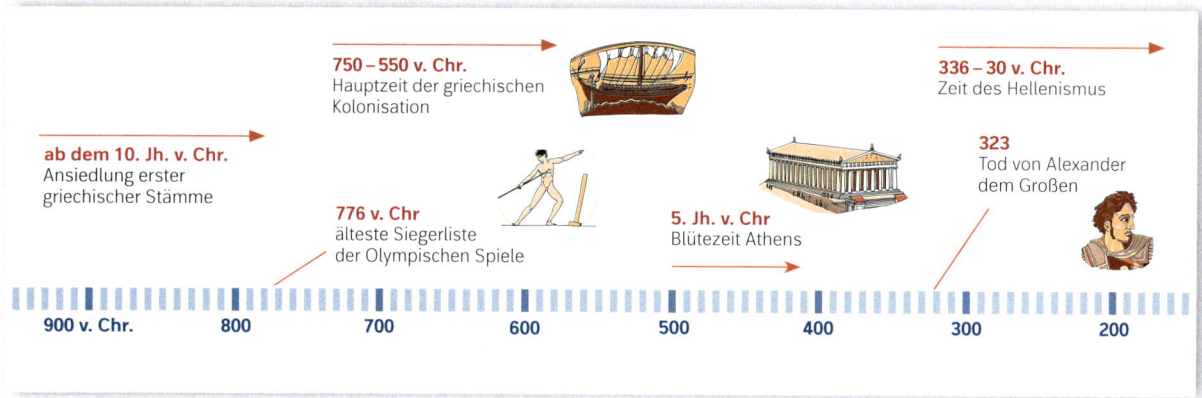

Das antike Griechenland

Wofür war Athen in der Antike so berühmt?

In Athen hatten Baumeister prächtige Bauten für die Götter geschaffen und so die Bedeutung der Stadt betont. Dennoch war Athen nicht die Hauptstadt des antiken Griechenlands. Denn das Land bestand aus vielen unabhängigen Stadtstaaten. Diese waren entstanden, weil die Siedlungsgebiete der Menschen durch Gebirgszüge und eine Vielzahl von Inseln voneinander getrennt waren. Obwohl diese Stadtstaaten selbstständig waren, fühlten sich die Menschen durch ihre gemeinsame Sprache und Religion miteinander verbunden.

Wie wurde Athen regiert?

Um 450 v. Chr. setzte sich in Athen das Prinzip der Demokratie durch. Das bedeutet, dass das Volk herrscht. In der Volksversammlung berieten die freien Männer gleichberechtigt über die Angelegenheiten der Stadt. Hier trafen sie Entscheidungen über Krieg und Frieden und die Gesetze. Sie wählten den Rat, der die Stadt regierte, die Richter und die Kriegsführer. Frauen, Metöken und Sklaven waren von der Mitbestimmung ausgeschlossen. Sie durften in den Angelegenheiten der Stadt nicht mitbestimmen.

Warum gibt es im gesamten Mittelmeerraum griechische Ruinen?

Die Bevölkerung nahm in den griechischen Städten stark zu, sodass nicht genug Nahrung für alle Bewohner vorhanden war. Deshalb verließ ein Teil der Einwohner die Mutterstadt und gründete an günstig erscheinenden Orten, vor allem an den Küsten des Mittelmeeres und des Schwarzen Meeres, neue Städte. Diese neuen Städte wurden Kolonien genannt. Die Beziehungen zur Mutterstadt blieben sehr eng. Man betrieb Handel miteinander, oft wurden in den Kolonien ähnliche Gebäude wie in der Mutterstadt errichtet. Die Bewohner im Umland der Kolonie lebten meist friedlich mit den griechischen Kolonisten zusammen. Sie trieben Handel mit ihnen und übernahmen zum Teil die griechische Sprache und Schrift.

Demokratie
Unter Demokratie versteht man eine Regierungsform, in der das Volk die Macht im Staat ausübt. Die Bürger Athens beschlossen in der Volksversammlung, welche Gesetze in ihrer Stadt galten und wer regieren sollte. Die Regierenden wurden immer nur für eine bestimmte Zeit gewählt.

Kolonie
Der Bevölkerungsanstieg in den griechischen Stadtstaaten führte dazu, dass es nicht genug Nahrung für alle Bewohner gab. So wanderte ein Teil der Einwohner aus und gründete vor allem an den Küsten des Mittelmeeres neue Städte. Diese neuen Ansiedlungen nennt man Kolonien. Sie blieben eng mit ihrer Mutterstadt verbunden.

Metöken
Metöken bedeutet Mitbewohner. So wurden die Einwohner Athens bezeichnet, die nicht in Athen geboren wurden, sondern aus anderen griechischen Landesteilen in die Stadt gezogen waren. Sie mussten ein Schutzgeld bezahlen und durften nicht an den Volksversammlungen teilnehmen. Deshalb waren sie von politischer Mitbestimmung ausgeschlossen.

Götterkult
So bezeichnet man die Art und Weise, wie Menschen ihre Götter verehren. Die Griechen verehrten ihre Götter, indem sie zum Beispiel für die Götter Tempel bauten, Feste feierten oder auch die Olympischen Spiele durchführten.

Scherbengericht

Wenn ein Bürger Athens der Meinung war, dass ein anderer gegen die Interessen der Stadt handelte, konnte er in der Volksversammlung die Ausweisung beantragen. Alle Bürger wurden aufgefordert, den Namen des Mannes, den sie ausweisen wollten, auf eine Tonscherbe zu schreiben. Kamen mehr als 6000 Scherben mit dem Namen zusammen, musste der Betroffene die Stadt für zehn Jahre verlassen.

Sklaven
Ungefähr ein Drittel der Bevölkerung Athens waren Sklaven. Sie wurden auf Märkten wie eine Ware verkauft. Sie waren persönliches Eigentum ihres Herrn und besaßen keinerlei Rechte. Meist waren sie als Kriegsgefangene zu Sklaven geworden. Sie arbeiteten in der Landwirtschaft, im Handwerk, in den Bergwerken oder im Haushalt als Diener oder Lehrer. Die Kinder von Sklaven waren ebenfalls unfrei.

Volksversammlung
Die Volksversammlung hatte die größte Macht im antiken Athen. An ihr durften alle männlichen Athener über 20 Jahre teilnehmen. In der Volksversammlung wurden die wichtigen Angelegenheiten der Stadt beraten und Entscheidungen getroffen. Sie bestimmte über Krieg und Frieden und wer die Stadt im Rat regierte. Frauen, Metöken und Sklaven war die Teilnahme an der Volksversammlung verboten.

M1 Rom – Hauptstadt eines Weltreiches

Imperium Romanum

→ Wann und wie hat sich das Römische Reich entwickelt?

→ Wie lebten die Römer?

→ Wie organiserten die Römer ihr Zusammenleben mit anderen Kulturen?

M2 Römisches Mietshaus

M3 Tauschhandel an einer Grenzbefestigung

M1 Siedlungen auf den Hügeln am Fluss Tiber – aus ihnen entstand die Stadt Rom (heutige Zeichnung)

Die Anfänge Roms

T1 • Am Fluss Tiber

Rom ist heute die Hauptstadt von Italien. Wann und wie genau die Stadt gegründet wurde, wissen wir nicht. Es gibt nämlich keine schriftlichen Quellen darüber.

Archäologen haben herausgefunden, dass sich schon um 1000 v. Chr. Bauern auf den Hügeln am Fluss Tiber angesiedelt hatten. Dort lebten sie in einfachen Hütten. Der Siedlungsbereich war umgeben von einem Sumpfgebiet, das Schutz vor Feinden bot. Der Fluss hatte an dieser Stelle eine Furt und eine kleine Insel und konnte gut überquert werden.

Nach und nach ließen sich immer mehr Bauern, Handwerker und Händler nieder und gründeten Siedlungen. Sie tauschten Waren untereinander und der Tiber wurde zu einem wichtigen Schiffshandelsweg.

Im Laufe der Zeit wuchsen die Siedlungen zu einem größeren Ort zusammen. Um 750 v. Chr. war daraus eine Stadt geworden: Rom.

Furt
flache Stelle in einem Bach oder Fluss

---

❶ Hilfe Was siehst du in M1? Beschreibe.
❷ Warum ließen sich Bauern, Handwerker und Händler am Fluss Tiber nieder? Erkläre. (T1)
 Lerntempoduett

❸ Wie ist Rom entstanden? Beschreibe. (T1)

Hilfe zu
❶ Im Vordergrund sehe ich … . In der Mitte ist … zu erkennen. Im Hintergrund … .

T2 • Die Sage von der Gründung Roms

Die Römer glaubten damals, was eine Sage über die Gründung ihrer Stadt berichtete. Danach wurde Rom 753 v. Chr. von den Zwillingen Romulus und Remus gegründet.

Angeblich stammten die Königskinder Romulus und Remus von den Göttern ab. Als Säuglinge wurden sie in einem einfachen Korb auf dem Tiber ausgesetzt. Sie sollten sterben, denn ihr boshafter Onkel wollte als König herrschen.

Der Korb aber trieb ans Ufer und eine Wölfin entdeckte die Babys. Sie säugte sie und rettete ihnen somit das Leben. Dann fand ein Hirte die beiden, nahm sie mit nach Hause und zog sie auf.

Als junge Erwachsene besiegten Romulus und Remus ihren Onkel und erhielten ihr Königreich zurück. Am Ort ihrer Rettung durch die Wölfin gründeten sie die Stadt Rom. In der Sage heißt es weiter, dass es dann zu einem heftigen Streit zwischen den beiden Brüdern kam, bei dem Romulus seinen Bruder Remus tötete.

M2 Wölfin aus Bronze – Wahrzeichen der Stadt Rom (um 500 v. Chr.)

Sagen
Geschichte über ausgedachte und oft übernatürliche Ereignisse, die mündlich weitererzählt wird. Der Autor der Geschichte ist unbekannt.

Hirte
ein Mensch, der eine Tierherde, zum Beispiel Schafe, bewacht und versorgt

M3 Comic zur Sage

④ a) Hilfe Zeichnet arbeitsteilig einen Comic zur Sage von der Gründung Roms.
   b) Präsentiert eure Ergebnisse.
   🔄 *Galeriegang*

⑤ Hilfe Welche Informationen kommen nur in der Sage vor, welche haben die Wissenschaftler herausgefunden? Stelle die Sage den wissenschaftlichen Erkenntnissen gegenüber. Finde Gemeinsamkeiten und Unterschiede. (M1, T1, T2, M2)
   🔄 *Think – Pair – Share*

Hilfe zu
④ a) Findet euch in Gruppen zusammen. Überlegt, wie viele Bilder ihr zeichnen wollt.
⑤ Du kannst auf ein A4-Blatt 2 Kreise zeichnen, die sich überschneiden. In die Überschneidungsfläche schreibst du die Gemeinsamkeiten, in die anderen jeweils die Unterschiede.

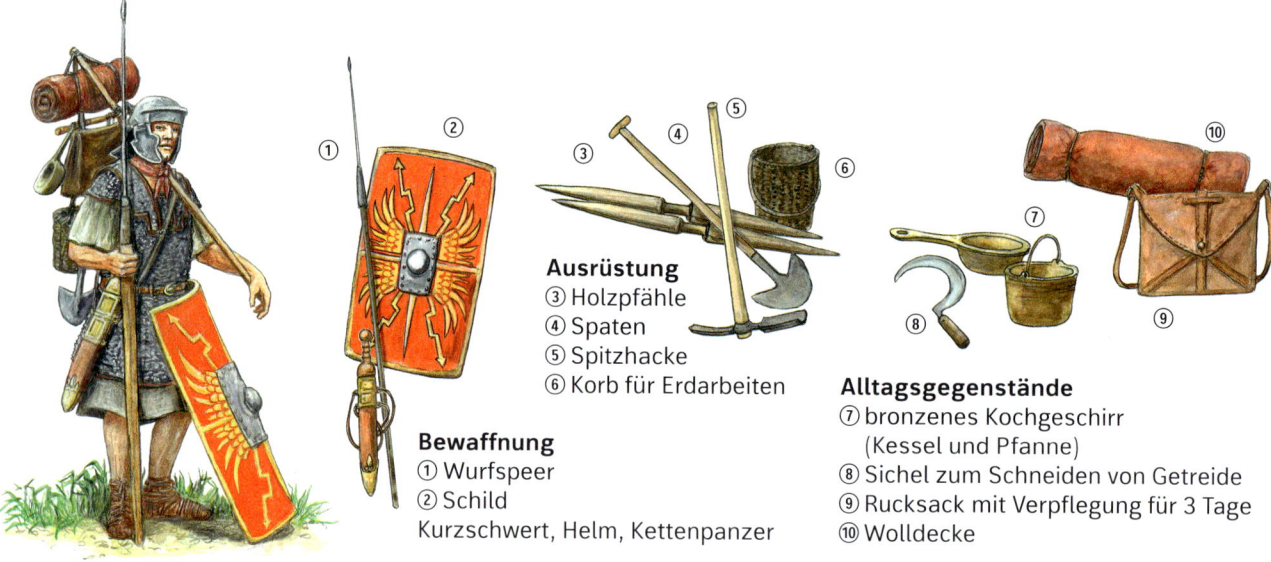

Ausrüstung
③ Holzpfähle
④ Spaten
⑤ Spitzhacke
⑥ Korb für Erdarbeiten

Bewaffnung
① Wurfspeer
② Schild
Kurzschwert, Helm, Kettenpanzer

Alltagsgegenstände
⑦ bronzenes Kochgeschirr (Kessel und Pfanne)
⑧ Sichel zum Schneiden von Getreide
⑨ Rucksack mit Verpflegung für 3 Tage
⑩ Wolldecke

M1 Römischer Berufssoldat (Legionär) mit Marschgepäck (Rekonstruktionszeichnung)

Ein Weltreich entsteht

T1 • Die römischen Legionäre

Das römische Heer bestand aus Berufssoldaten, den Legionären, die ihrem Feldherrn treu ergeben waren. Sie waren gut ausgebildet und bestens ausgerüstet. Bei Feigheit drohten ihnen hohe Strafen.

Wer Legionär werden wollte, musste muskulös und kräftig sein, denn das Marschgepäck wog über 40 Kilogramm. Es bestand aus Kleidung, Rüstung, Waffen und Alltagsgegenständen wie zum Beispiel Töpfen.

In Friedenszeiten verrichteten die Legionäre verschiedene Arbeiten. So wurden sie zum Beispiel beim Straßenbau oder für Sonderaufgaben wie die Warenkontrolle eingesetzt. Oder sie bauten an den Reichsgrenzen befestigte Lager, die Kastelle. Hier waren Soldaten stationiert, um im Kriegsfall sofort einsatzbereit zu sein.

Nach 25 Jahren endete die Dienstzeit eines Legionärs. Er bekam dann ein Stück Land oder Geld zur Altersversorgung.

T2 • Der Aufbau des römischen Heeres

Im Römischen Reich spielte das Heer eine wichtige Rolle. Um Christi Geburt umfasste die römische Armee 25 Legionen. Eine Legion bestand aus ungefähr 6100 Mann Fußvolk, 700 Reitern und leicht bewaffneten Truppen. Mit ihrer Kampftechnik und ihrer Kriegsplanung waren sie vielen Gegnern überlegen. Jede Legion erhielt eine Fahne mit dem Zeichen des höchsten römischen Gottes, Jupiter.

Feldherr
der oberste Anführer einer Legion

Legion
eine feste Einheit von ca. 6100 Soldaten, die gemeinsam ausgebildet wurden und zusammen kämpften

❶ a) Woraus bestand das Marschgepäck eines römischen Legionärs? Beschreibe. (M1)
b) Wofür benötigte der Legionär die verschiedenen Ausrüstungsgegenstände?
   🐝 *Bienenkorb*

❷ Welche Aufgaben hatten die römischen Soldaten in Friedenszeiten? (T1)
❸ Wie war das römische Heer aufgebaut? (T2)
❹ Warum waren die römischen Soldaten so erfolgreich? (T2)

T3 • Römische Soldaten erobern und sichern

Mithilfe des riesigen Heeres entwickelte sich das Römische Reich über viele Hundert Jahre zu einem Weltreich. Im Laufe der Zeit unterwarfen die Römer viele Völker. In diesen Kriegen fanden viele Menschen den Tod. Die Kriegsgefangenen wurden zu Sklaven gemacht. Die eroberten Gebiete wurden als Provinzen ins Reich eingebunden.

Provinzen
Die Römer eroberten viele Gebiete, die weit weg von Rom lagen. Diese nannten sie Provinzen. Sie wurden durch römische Vertreter verwaltet.

Therme
Badeanlage, in der sich die Legionäre reinigen und erholen konnten

> Die Römer sind Plünderer des Erdballs. Stehlen, Morden, Rauben nennen sie mit falschem Namen Herrschaft; und Frieden, wo sie eine Wüste schaffen. Kinder und Verwandte sind für jeden das Liebste: Die werden davongeschleppt, um anderswo zu dienen.

M2 Der römische Historiker Tacitus (um 55-120 n. Chr.) gibt die Rede eines Fürsten wieder, der von den Römern besiegt worden war. (vereinfacht)

M3 Römisches Kastell zur Sicherung der Reichsgrenze

6.00 Uhr	Aufstehen	18.00 Uhr	Abendessen, Freizeit
6.30 Uhr	Versammlung		(Besuch einer nahe gelegenen
7.00 Uhr	Frühstück		Stadt, Pferderennen, Jagd,
7.30 Uhr	Wachdienste,		Kampfspiele, Baden in der
	Kastellarbeiten		Lagertherme)
12.00 Uhr	Mittagessen	21.30 Uhr	Nachtruhe
12.30 Uhr	Waffenübungen, Märsche	22.00 Uhr	absolute Ruhe

M4 Tagesablauf in einem römischen Kastell

❺ Was war die Hauptaufgabe des römischen Heeres? (T3, M3)

❻ Arbeite aus M2 heraus, was der besiegte Fürst über die Römer dachte.

❼ Wie war ein Kastell aufgebaut? Beschreibe. (M3)

❽ **Hilfe** Schreibe als Legionär einen Brief über deinen Alltag im Kastell. (M3, M4)

Hilfe zu
❽ Beachte zum Beispiel folgende Fragen:
– Wann stehst du auf?
– Was geschieht nach dem Aufstehen?
– Wann sind Essenszeiten?
– Wie verbringst du deine Freizeit?
– Wann gehst du schlafen?

Geschichtskarten auswerten

Karten geben Orientierung

Karten gibt es nicht nur im Fach Erdkunde, sondern auch in Geschichte. Geschichtskarten sind thematische Karten. Sie stellen ein bestimmtes Thema innerhalb eines bestimmten geografischen Raumes dar.

Mithilfe von Geschichtskarten kannst du erarbeiten, wo bestimmte geschichtliche Ereignisse stattgefunden haben, zum Beispiel wer mit wem Handel trieb oder wer welche Gebiete besaß. Die dargestellten Themen können sich auf einen bestimmten Zeitpunkt beziehen, aber auch eine Entwicklung über einen längeren Zeitraum abbilden.

Zeichen richtig verstehen

Es ist notwendig, eine Geschichtskarte richtig zu lesen, um sie wirklich zu verstehen. Dazu muss die Karte genau untersucht werden. Die vielen unterschiedlichen Zeichen und Symbole, die verwendet werden, sind dir zum Teil aus dem Erdkundeunterricht bekannt.

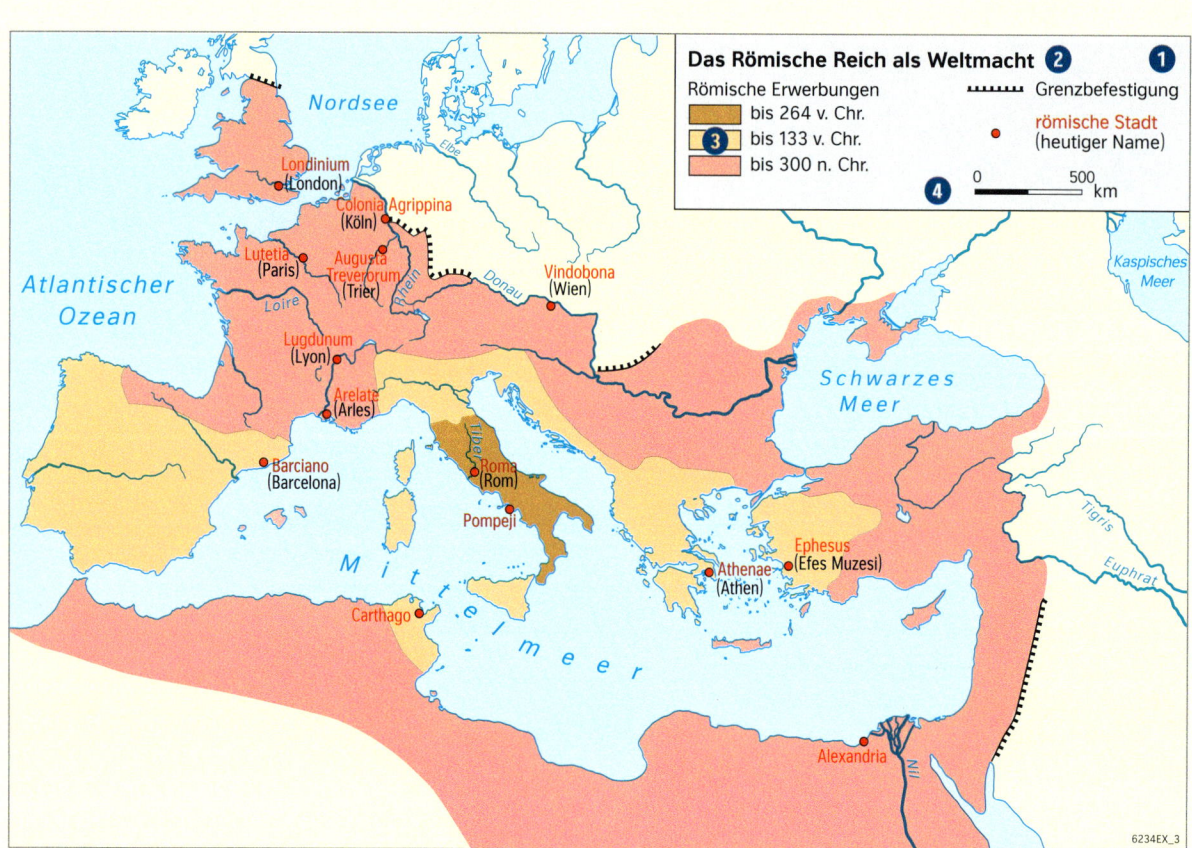

M1 Die Ausbreitung des Römischen Reiches

① die Legende (Erklärung der Zeichen)
② das Thema der Karte
③ die Flächenfarben
④ der Maßstab

1. Schritt: **Eine Geschichtskarte beschreiben**
- Nenne das Thema der Karte.
  Die Karte M1 hat das Thema … .
- Bestimme, welches Gebiet die Karte zeigt (Kontinent, Land, Region, Stadt).
  Die Karte M1 zeigt das Gebiet rund um das Mittelmeer und Großbritannien.
- Benenne den Zeitraum, für den die Karte gültig ist.
  Der Zeitraum, der dargestellt wird, geht von … bis … .
- Formuliere mit den Informationen einen treffenden Einleitungssatz.

2. Schritt: **Eine Geschichtskarte inhaltlich erfassen**
- Beschreibe, welche geschichtliche Entwicklung oder welches Ereignis dargestellt wird.
  - Gebiete: …
  - dargestellte Zeit: …
  - geschichtliches Ereignis: …
- Untersuche, was die Zeichen, die Farben und weitere Angaben in der Karte bedeuten.
  - Zeichen in der Legende: …
  - Flächenfarben: …
  - Besonderheiten: …
- Notiere, was dir besonders auffällt.
  - Auffälligkeiten: …
  - Besonderheiten: …
  - Veränderungen: …

3. Schritt: **Eine Geschichtskarte auswerten**
- Fasse deine Ergebnisse in einem kurzen Text zusammen.
  Das Thema der Karte ist … .
  Das dargestellte Gebiet erstreckt sich über … .
  Die Karte informiert über … .
  In der Karte wird deutlich, … .
  Die Verteilung der Flächenfarben weist darauf hin, … .
  Zusammenfassend lässt sich sagen, … .
- Überlege, ob sich aus dem Inhalt der Karte mögliche Konfliktsituationen erkennen lassen.
  Ich vermute, … . Ich frage mich, … .
  Ich könnte mir vorstellen, dass … .
- Notiere Fragen, die bei deiner Erarbeitung nicht beantwortet werden konnten.

die Karte	der Raum	das Ereignis	im Jahr …	zeigen
der Ausschnitt	das Gebiet	die Entwicklung	der Zeitraum	darstellen
das Thema der Karte	die Region	der Verlauf	von … bis …	abbilden
		die Veränderung		

M1 Ein Legionär kehrt nach dem Krieg heim zu seiner Familie

> Marcus, oh, lieber Mann! Jupiter sei Dank, du bist endlich aus dem Krieg zurück. Seit drei Jahren arbeite ich jeden Tag auf dem Feld, doch siehe, ich schaffe es nicht allein! Die Ernte ist schlecht, das Feld ist voller Unkraut und wir haben kaum noch Vieh. Gut, dass du endlich wieder daheim bist.

Die Römische Republik

T1 • Ungerechtigkeiten

Die Römer führten viele Kriege gegen benachbarte Völker und eroberten große Gebiete. Die Armee bestand aus wehrpflichtigen Römern, die genug Vermögen besaßen, sich Waffen anzuschaffen. Das waren die Plebejer. Sie waren hauptsächlich Kleinbauern, aber auch Händler, Handwerker und damit sehr wichtig für die römische Wirtschaft.

In Kriegszeiten konnten die Plebejer ihrer Arbeit nicht nachgehen und zum Beispiel ihre Felder nicht bestellen. Häufig wurde das Land unfruchtbar. Deswegen blieb vielen Bauern oft nur der Verkauf an reiche Patrizier. Diese nutzten die Notlage der ehemaligen Soldaten aus und kauften deren Land besonders günstig. Die aus dem Krieg heimgekehrten Bauern verloren auf diese Weise ihren Besitz. Sie zogen mit ihren Familien in die Stadt. Sie hofften, dort Arbeit zu finden. So entstand eine neue Bevölkerungsgruppe verarmter Bürger, die Proletarier.

Während die Zahl der armen Proletarier stetig zunahm, wurde die römische Oberschicht, die Patrizier, immer reicher. So kam es bis Ende des 2. Jahrhunderts v. Chr. mehr und mehr zu Konflikten in der Gesellschaft. Zudem war bald die militärische Macht Roms gefährdet, denn es waren immer weniger Römer bereit, als Soldaten in den Krieg zu ziehen.

---

wehrpflichtig
bedeutet, dass man für einen bestimmten Zeitraum für sein Land im Krieg kämpfen muss

Plebejer
einfache Bürger Roms, die vor allem selbstständige Bauern und Handwerker waren

Patrizier
wohlhabende Bürger Roms, die meist große Flächen Land besaßen

Proletarier
ärmste Menschen in Rom. Sie hatten keinen Besitz und arbeiteten meist für geringe Löhne.

---

❶ Beschreibe die Situation in M1.
❷ a) Weshalb mussten viele Plebejer ihr Land nach dem Kriegsdienst billig verkaufen? (T1)
b) [Hilfe] Wie entstand die Schicht der Proletarier im Römischen Reich? (T1)
c) Wer wurde immer reicher? (T1)

❸ Weshalb war Ende des 2. Jh. v. Chr. Roms militärische Macht gefährdet? (T1)

Hilfe zu
❷ b) Erkläre mithilfe folgender Begriffe:
Bauern – Kriegsdienst – unfruchtbare Felder – Verkauf an Patrizier – Umzug in die Stadt.

T2 • Land für die verarmten Bauern

Im Jahr 134 v. Chr. übernahm Tiberius Gracchus, der aus einer vornehmen römischen Familie stammte, ein hohes politisches Amt. Er setzte sich für die verarmten Bauern ein.

> Die Männer aber, die ... kämpfen und sterben, haben nichts als Luft und Licht. Unstet, ohne Haus und Heim, ziehen sie mit Frau und Kind im Lande umher. Die Feldherren lügen, wenn sie in der Schlacht ihre Soldaten aufrufen, Gräber und Heiligtümer gegen die Feinde zu verteidigen. Denn keiner von diesen armen Römern hat einen Altar von seinem Vater geerbt, kein Grabmahl seiner Ahnen. Für Wohlleben und Reichtum anderer setzen sie im Krieg ihr Leben ein. Herren der Welt werden sie genannt. In Wirklichkeit gehört ihnen kein Krümchen Erde.

M3 Die Brüder Gracchus mit ihrem Ackergesetz

M2 Tiberius Gracchus in einer öffentlichen Rede

Gegen den Willen der meisten Patrizier schlug Tiberius 134 v. Chr. ein Ackergesetz vor. Das hatte zum Ziel, Ackerland an die Armen zu verteilen. Die Patrizier sollten dafür Land abgeben. Diese waren empört und es kam zu großen Auseinandersetzungen in Rom. Tiberius Gracchus und 300 seiner Anhänger wurden erschlagen.

Durch diese Morde verschärfte sich der Kampf zwischen Arm und Reich. Als sein jüngerer Bruder Gaius Gracchus zehn Jahre später erneut versuchte, Tiberius' Forderungen durchzusetzen, wurde er ebenfalls ermordet.

T3 • Rom in der Krise

Wegen ihrer Notlage wollten immer weniger Bauern in den Legionen dienen. Um 100 v. Chr. wurde die römische Armee daher in ein Berufsheer umgewandelt. Besitzlose Proletarier verpflichteten sich als Berufssoldaten. Die militärische Ausrüstung bezahlte der Staat. Der Feldherr zahlte ihnen Sold und versorgte sie nach ihrer Entlassung mit einem Bauernhof. Daher fühlten sich die Söldner ihrem Heerführer eng verbunden. Erfolgreiche Feldherren gewannen so immer mehr Einfluss im Staat und die Politiker wurden zunehmend entmachtet. Schließlich kam es zu Machtkämpfen zwischen einflussreichen Feldherren und römischen Politikern, die zu Bürgerkriegen führten.

unstet
ohne festes Zuhause, ruhelos

Altar
eine Art Tisch für religiöse Handlungen, zum Beispiel Opfergaben

Ahnen
Vorfahren; Verwandte, die in der Vergangenheit verstorben sind

Krümchen
kleines Stück, kleiner Teil

Sold
Bezahlung, Lohn

Söldner
Soldaten, die fürs Kämpfen bezahlt werden, meist auf eine bestimmte Zeit begrenzt

Bürgerkrieg
Bürger des gleichen Staates kämpfen gegeneinander. Sie haben verschiedene politische Ziele und versuchen, diese mit Gewalt durchzusetzen.

---

❹ Beschreibe, was Tiberius Gracchus in M2 beklagt.
  🐝 *Bienenkorb*

❺ Erkläre, was das Ackergesetz der Gebrüder Gracchus vorsah. (M2)

❻ Welche Veränderungen brachte das Berufsheer für die Proletarier? (T3)

❼ *Hilfe* Wie kam es zu den Bürgerkriegen in Rom? Erkläre. (T3)

Hilfe zu
❼ Wodurch gewannen erfolgreiche Feldherren immer mehr Macht gegenüber den Politikern in Rom?

Eine Geschichtserzählung

Auf dem Weg zum Triumphzug

Julius: Los, Claudius, komm! Ganz Rom ist auf den Beinen! Wir wollen unserem Kaiser Vespasian und seinem Sohn Titus, der wieder nach Rom heimgekehrt ist, einen ehrenvollen Empfang bereiten!

Claudius: Woher ist Titus denn zurückgekommen?

Julius: Er hat im Auftrag seines Vaters die Aufstände in den östlichen Provinzen beendet und so den Frieden des Reiches gesichert.

Claudius: Seit wann gibt es solche Triumphzüge?

Julius: Schon seit sehr langer Zeit. Ursprünglich hielten erfolgreiche Feldherren einen Triumphzug ab. Seit der Kaiserzeit ist das aber nur dem Kaiser erlaubt. Für Titus wird heute eine Ausnahme gemacht!

Claudius: Aha. Und wer war eigentlich der erste Kaiser von Rom?

Julius: Augustus war der erste Kaiser Roms. Er beendete einen großen Bürgerkrieg und übernahm 31 v. Chr. die Herrschaft in Rom.

Claudius: Aber wenn Augustus der erste Kaiser von Rom war – was war dann vorher?

Julius: Vorher wählten die römischen Männer bestimmte Bürger in die Regierung. Sie sollten dort die Interessen ihrer Wähler vertreten. Diese Herrschaftsform nennt man Republik. Die Römer wollten damals ein Mitspracherecht haben. Sie hatten nämlich sehr schlechte Erfahrungen mit dem letzten König gemacht. Der hatte sein Volk unterdrückt. Als die Römer diesen König um 510 v. Chr. aus der Stadt vertrieben hatten, errichteten sie die Republik.

Claudius: Dann verstehe ich aber überhaupt nicht, warum Rom später ein Kaiserreich wurde. Und wieder nur einer über alle regierte.

Julius: Nun ja, die Römische Republik bestand recht lange. Aber dann kam es im 2. Jahrhundert v. Chr. zu großen Streitigkeiten in der Bevölkerung. Die Verwalter der Provinzen bereicherten sich an den Steuereinnahmen, anstatt die Steuergelder nach Rom zu schicken. Außerdem kämpften große Heerführer mit ihren Legionen gegeneinander, um mehr Macht und mehr Reichtum zu erlangen. Dem einfachen Volk aber ging es immer schlechter.

Claudius: Und was ist dann passiert? Wer hat denn den Menschen in dieser Situation geholfen?

Julius: Diesen Namen hast du bestimmt schon einmal gehört, wenn du im Unterricht aufgepasst hast: Das war Caesar. Er wurde 59 v. Chr. der mächtigste Mann im Reich. Während seiner Regierungszeit kehrte wieder Recht und Ordnung in Rom ein.

Claudius: Und ob ich aufgepasst habe! Caesar war doch der Mann, der 44 v. Chr. von seinen politischen Gegnern ermordet wurde!

Julius: Richtig! Sie hatten Angst, dass Caesar die Republik abschaffen wollte. Er hatte sich vorher nämlich zum Alleinherrscher wählen lassen. Das gefiel vielen nicht. Nach seiner Ermordung folgte ein neuer Bürgerkrieg. Den konnte Augustus beenden. Er regierte das Reich von da an als Kaiser. – Und nun komm endlich! Beeile dich!

Triumphzug
Das ist ein feierlicher Einzug eines siegreichen Feldherrn in die Stadt Rom. Mit dem Triumphzug wurde der Feldherr geehrt und gefeiert.

Kaiser
Der Kaiser war der oberste Herrscher des Römischen Reiches und aller Provinzen. Er war Alleinherrscher und hatte die Macht über das römische Heer.

M1 Triumphzug für Kaiser Vespasian und seinen Sohn Titus im Jahr 71 n. Chr. (heutige Darstellung)

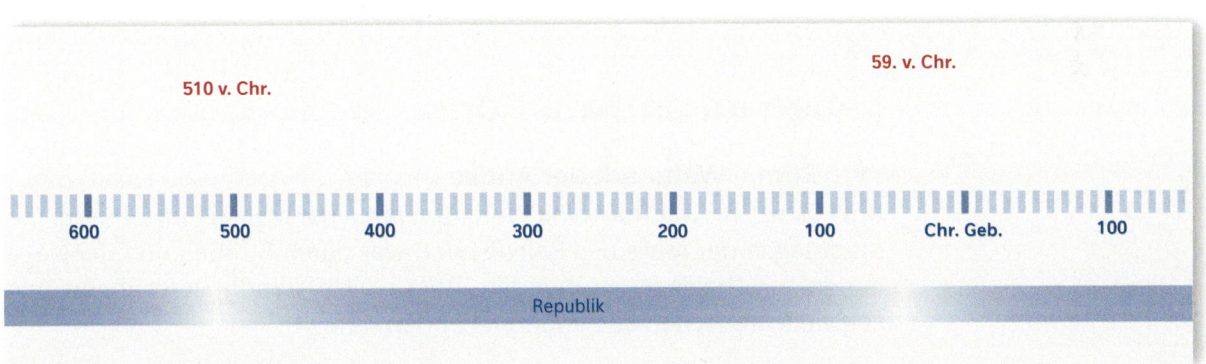

M2 Eine unfertige Zeitleiste

❶ Lest die Geschichtserzählung.
   🌀 *Lesekarussell*

❷ [Hilfe] Fertige mithilfe von M2 eine Zeitleiste zur Geschichtserzählung an.
   🌀 *Bienenkorb*

❸ [Hilfe] Versetze dich in Claudius und beschreibe die Ereignisse in M1.

Hilfe zu
❷ Übertrage M2 in deine Mappe und ergänze die fehlenden Einträge.
❸ Du kannst verschiedene Dinge beschreiben: den Triumphzug, den Ort, die Stimmung, die Teilnehmer des Triumphzuges, deine eigenen Gedanken usw.

M1 Rom um 100 n. Chr. (heutiges Modell)

① Thermen des Titus und des Trajan: öffentlicher Ort der Reinigung und Erholung
② Kolosseum: Hier kämpften die Gladiatoren.
③ Aquädukt: römische Wasserleitung, führte Quellwasser aus dem Gebirge bis zu 150 km weit in die Stadt
④ Kaiserpaläste auf dem Palatinhügel: Von hier aus regierte der Kaiser sein Reich.
⑤ Circus Maximus: Stadion für Wagenrennen mit Platz für 250 000 Zuschauer
⑥ Forum Romanum: Fest- und Marktplatz, Tempelbezirk
⑦ Jupitertempel: Jupiter war der höchste Gott der Römer.
⑧ Tiber: Fluss, Verbindung zum Mittelmeer, wichtiger Verkehrsweg

Leben im antiken Rom

T1 • Rom – Weltstadt der Antike

Um 100 n. Chr. war Rom eine Weltstadt mit einer Million Einwohnern. Die Stadt lag in der Mitte des Reiches und war durch Straßen und Seewege mit seinen Provinzen verbunden. Rom wurde ständig verschönert und zog viele Menschen aus anderen Ländern an.

Kapitol
(Kapitolinischer Hügel) zweitkleinster der sieben Hügel Roms

Palatin
einer der sieben Hügel Roms, ältester bewohnter Teil der Stadt

> Die Bauwerke …, die ringsum stehen, der Rasen und die Hügel geben einen Anblick, dass man sich von ihm kaum losreißen kann. Kommt man … auf den alten Markt und sieht die königlichen Tempel, dazu auch noch das Kapitol mit seinen Bauwerken und die auf dem Palatin, so könnte man leicht alles, was draußen liegt, vergessen. Solcherart ist Rom.

M2 Der griechische Geograf Strabo (63 v. Chr. – 23 n. Chr.) nach einem Besuch der Stadt Rom (vereinfacht)

Imperium Romanum

Gesellschaft

M3 Überreste des antiken Roms

① **Hilfe** Wie sah Rom um das Jahr 100 n. Chr. aus? Beschreibe. (M1)

② a) Wie empfand der Grieche Strabo die Stadt Rom? Gib M2 mit eigenen Worten wieder.
b) Was denkst du über Rom? (M1)

③ **Hilfe** Ordne die Fotos A–F dem Modell M1 zu.
🗣 *Stühletausch*

④ **Hilfe** Gestaltet in Gruppenarbeit Werbeflyer zu den Sehenswürdigkeiten aus M3.
🗣 *Galeriegang*

Hilfe zu

① In M1 ist ein heutiges Modell von … . Oben rechts im Bild mit der Ziffer 1 sind die Thermen … zu erkennen. …

③ A = ④ Kaiserpaläste auf dem Palatinhügel
B =

④ Sucht Informationen zu eurer Sehenswürdigkeit (Bibliothek, Reiseführer, Internet). Formuliert auch einen Werbetext. Präsentiert anschließend eure Flyer.

M1 Wohnblock in Rom (Rekonstruktionszeichnung)

Wohnen in Rom

T1 • Wohnen in Armut

In Rom lebten die meisten Menschen im Stadtzentrum. Dort waren die Straßen eng und verdreckt, und es herrschte Gedränge und Lärm.

Viele Römer lebten in Wohnblocks. Diese Mietshäuser hatten bis zu fünf Etagen und waren häufig schlecht gebaut. Im Erdgeschoss gab es Läden und Werkstätten. Hier konnten die Römer Lebensmittel kaufen, sich die Haare schneiden lassen und vieles mehr. In den oberen Etagen, die aus Holz gebaut waren, befanden sich kleine Wohnungen. Bis zu 400 Menschen wohnten in einem Haus. Eigene Toiletten gab es nicht, man benutzte die öffentlichen Gemeinschaftstoiletten, die Latrinen.

Fundamente
Grundmauern eines Hauses in der Erde, die aus stabilem Material, wie zum Beispiel Stein, gebaut sind. Häuser werden auf ein Fundament gebaut, damit sie fest auf dem Boden stehen und nicht einsinken können.

Mörtel
Baumaterial, das die Steine beim Bau eines Hauses fest aneinanderkleben lässt. Die Römer machten ihren Mörtel aus Vulkanasche, Kalk und Wasser.

> ... Wir traten ein. „Je höher die Treppe, desto niedriger die Miete", erklärte ich ihr ... Ich wohnte zwischen Himmel und Erde. Das Mädchen war hingerissen ... Ich lebte in ständiger Angst, die Fundamente des Hauses könnten nachgeben und sechs Schichten Wohnraum in einer Wolke aus Mörtelstaub in sich zusammenstürzen, oder ich könnte in einer Brandnacht den Alarm der Feuerwache verschlafen.

M2 Auszug aus dem Roman „Silberschweine" von Lindsey Davis

T2 • Wohnen in Luxus

Reiche und vornehme Römer wohnten mit ihren Familien in luxuriösen Villen. Sie waren von wunderschönen Gärten umgeben. Diese Häuser lagen fernab vom Lärm und Gestank der Stadt. Sie waren prächtig gestaltet mit Wandmalereien, Springbrunnen und vielem mehr. Es gab fließendes Wasser, eigene Toiletten und eine Heizung.

Mittelpunkt des Hauses war ein offener, hoher Raum, das Atrium. Die Dachöffnung und ein darunterliegendes Wasserbecken sorgten für angenehme Temperaturen. Um das Atrium herum waren die Räume für das Personal angeordnet. Im hinteren Hausteil befanden sich Ess-, Wohn-, Empfangs- und Schlafräume der Familie.

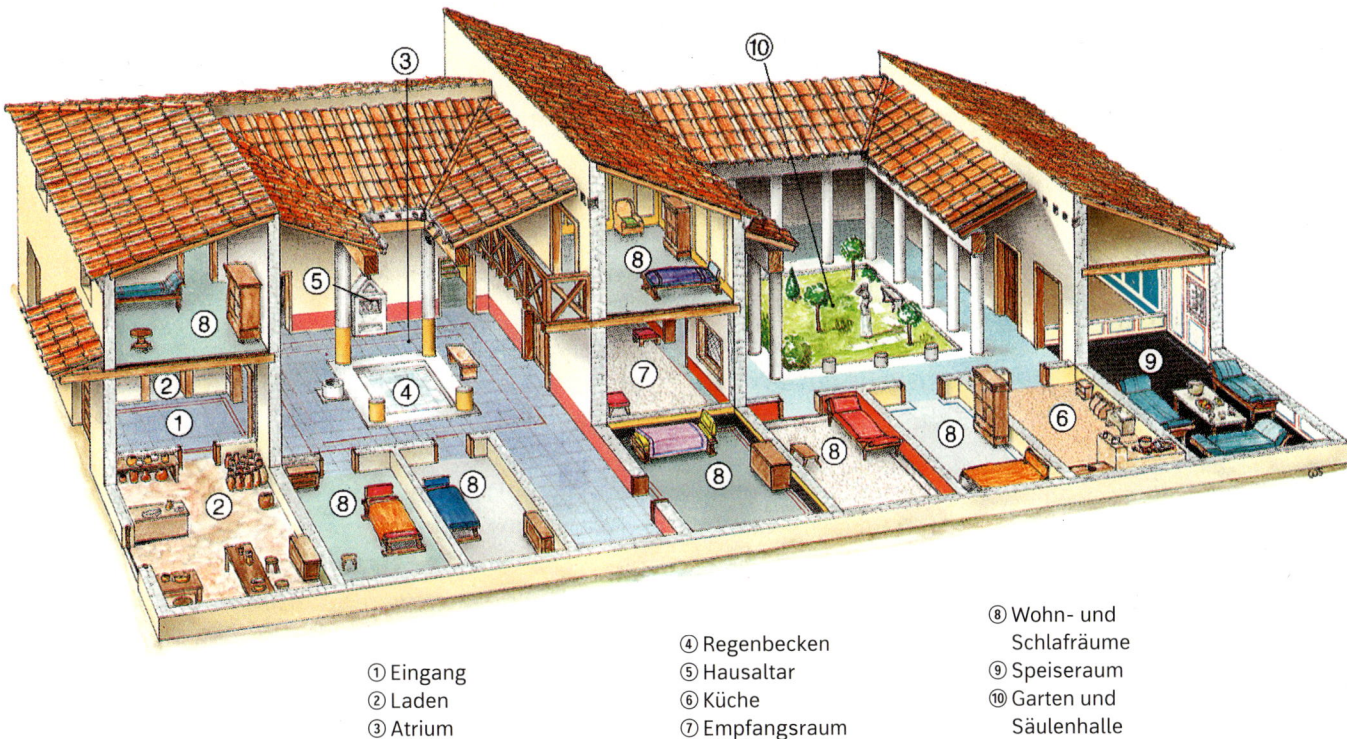

① Eingang
② Laden
③ Atrium
④ Regenbecken
⑤ Hausaltar
⑥ Küche
⑦ Empfangsraum
⑧ Wohn- und Schlafräume
⑨ Speiseraum
⑩ Garten und Säulenhalle

M3 Stadtvilla einer reichen römischen Familie (Rekonstruktionszeichnung)

❶ Hilfe Was ist in M1 dargestellt? Beschreibe.
❷ Wie lebten die meisten Menschen im antiken Rom? Beschreibe. (M1, T1)
❸ Wovor hat der Erzähler in M2 Angst? Erkläre mit eigenen Worten.
❹ Hilfe Versetze dich in einen reichen Römer, der eine Stadtvilla besitzt. Führe einen Besucher durch dein Haus. (T2, M3)
❺ Hilfe Stelle das Wohnen damals und heute gegenüber. (T1, T2, M1–M3)
  Stühletausch

Hilfe zu
❶ Beginne im Erdgeschoss.
❹ Herzlich willkommen in meiner wunderschönen Villa! Tritt ein und folge mir geradeaus. Du befindest dich nun … . Dieser Raum … . Hier steht auch unser Hausaltar. Die Räume, in die man von hier aus gelangt, sind … .
❺

	damals	heute
Unterschiede		
Gemeinsamkeiten		

M1 Gladiatoren im Kampf (Mosaik, 2. Jh. n. Chr.)   **M2** Sieger eines Wagenrennens (Mosaik, 3. Jh. n. Chr.)

Freizeit und Vergnügen

T1 • Unterhaltung für alle

In Rom gab es eine Vielzahl von Feiertagen. Normalerweise fanden dann Umzüge, Theateraufführungen und öffentliche Spiele statt. Besonders beliebt waren Wagenrennen im Circus Maximus sowie Tierhetzen und Gladiatorenkämpfe im Kolosseum. Dort war Platz für 50 000 Zuschauer. Die Begeisterung war groß – je sensationeller die Veranstaltung, desto besser.

Manche Gladiatoren und Wagenlenker waren berühmt und wurden wie Stars verehrt. Der reichste Sportler aller Zeiten, Gaius Appuleius Diocles, war Wagenlenker in Rom und lebte im 2. Jahrhundert n. Chr. Auf heutige Verhältnisse übertragen hatte er insgesamt rund 12 Milliarden Euro verdient.

T2 • Brot und Spiele

Die Kaiser in Rom ließen sich die Veranstaltungen einiges kosten. Sie wollten sich bei ihren Untertanen beliebt machen, um auf diese Weise ihre Herrschaft zu sichern. Deshalb wurde während der Veranstaltungen auch schon mal Geld in die Menge geworfen oder es wurden Getreide und Essenspakete verteilt.

Tierhetzen
Die Römer ließen zur Unterhaltung Tiere, wie zum Beispiel Löwen, gegeneinander kämpfen.

Gladiatoren
Berufskämpfer, die zur Unterhaltung der Römer häufig auf Leben und Tod gegeneinander oder gegen Tiere kämpften

Webcode
Filmclip über das Kolosseum
WES-100110-6

❶ a) Was seht ihr in den Abbildungen M1 und M2? Beschreibt.
  Partnervortrag
  b) Was, glaubt ihr, hat das mit Freizeit und Vergnügen zu tun?

❷ Welche Freizeitvergnügen waren bei den Römern beliebt? (T1)
③ Welche Absicht verfolgten die Kaiser mit ihrem Unterhaltungsangebot für alle? Erkläre. (T2)

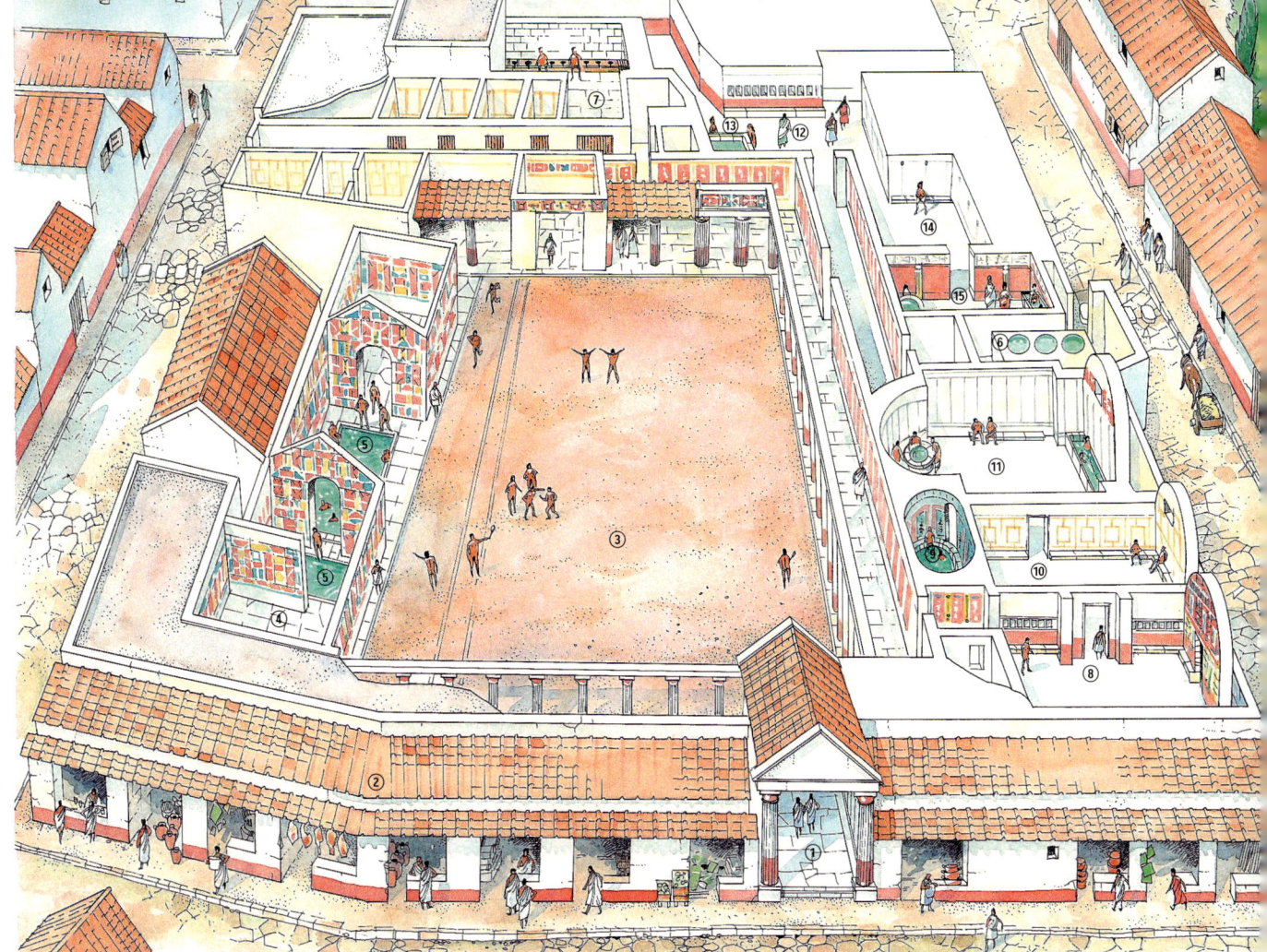

M3 Eine römische Therme (Rekonstruktionszeichnung)

① Haupteingang
② Läden
③ Hof
④ Umkleideraum
⑤ Schwimmbad
⑥ Öfen mit Wassertanks
⑦ Toiletten

Männerbad:
⑧ Umkleideraum
⑨ Kaltwasserbad
⑩ Warmluftraum
⑪ Heißraum

Frauenbad:
⑫ Umkleideraum
⑬ Kaltwasserbad
⑭ Warmluftraum
⑮ Heißraum

T3 • Thermen und Wellness

Die Stadt Rom verfügte über Hunderte von Badeanlagen, sogenannte Thermen. Diese waren häufig sehr groß. Eine zwischen 298 und 306 erbaute Therme war zum Beispiel so groß wie 32 Fußballfelder. Mehr als 3000 Personen sollen darin Platz gehabt haben.

Der Eintritt in die Thermen war niedrig, für Kinder umsonst. Für die Römer war das Baden sehr wichtig. Man wusch und erholte sich in den Thermen, trieb Sport und traf Freunde. Darüber hinaus besprach man dort auch politische und geschäftliche Angelegenheiten.

Männer und Frauen besuchten die Thermen nicht gemeinsam. Sie badeten in getrennten Baderäumen oder zu unterschiedlichen Zeiten.

❹ Was ist in M3 dargestellt? Beschreibe.
❺ **Hilfe** Du verbringst einen Tag in einer römischen Therme. Berichte. (M3, T3)
   🐝 *Bienenkorb*
❻ Stelle die Freizeitbeschäftigungen der Römer deinen eigenen gegenüber.

Hilfe zu
❺ Möglicher Ablauf: Kleider ablegen – Körper erwärmen beim Sport – sich einölen lassen – Warmluft- oder Heißraum besuchen – Öl und Schmutz mit Schaber abkratzen – Kaltwasserbad – Schwimmen im Schwimmbecken.

M1 Eine reiche römische Familie

Die „familia"

T1 • Die römische Familie

Latein
Hauptsprache der Menschen im Römischen Reich

Unser Wort „Familie" stammt vom lateinischen „familia". Zu einer römischen Familie gehörten alle Menschen, die in einem Haushalt lebten. Geheiratet wurde meist nicht aus Liebe, sondern häufig, um Besitz und Einfluss zu vergrößern.

Das Oberhaupt der Familie war der Vater. Er hatte das Recht, über alle Angehörigen seiner „familia" zu bestimmen. Er konnte Befehle erteilen und Bestrafungen vornehmen. Auch über den Familienbesitz durfte er entscheiden. Seine Frau führte den Haushalt und beaufsichtigte die Sklaven. Im Gegensatz zum Mann verließ sie eher selten das Haus.

Ärmere Familien besaßen keine Sklaven; Rechte und Pflichten innerhalb der Familie waren aber in gleicher Weise verteilt.

> Ein Mann hat unbeschränkte Gewalt über seine Frau. Wenn du deine Frau beim Ehebruch erwischst, darfst du sie … ungestraft töten. Wenn du aber selbst die Ehe brichst oder gebrochen hast, steht ihr keineswegs das Recht zu, dich auch nur mit dem Finger zu berühren.

M2 Der römische Schriftsteller Cato der Ältere (234 – 149 v. Chr.)

❶ a) Wer gehörte zu einer römischen Familie? (M1)
b) Warum stehen die Mitglieder auf unterschiedlichen Stufen? Erkläre. (M1, T1)

❷ Nenne die Aufgaben des Vaters und der Mutter in einer römischen Familie. (T1)

❸ Stelle die Rechte von Männern und Frauen in der „familia" gegenüber. (T1, M2)

T2 • Sklaven im Römischen Reich

Für die Menschen damals war die Sklaverei etwas ganz Normales. In der Zeit um Christi Geburt war ungefähr jeder dritte Bewohner Roms ein Sklave. Die meisten Sklaven waren Kriegsgefangene. Aber römische Bürger konnten auch zu Sklaven werden, wenn sie jemandem Geld schuldeten. Kinder von Sklaven waren selbst auch Sklaven.

Der Preis für einen Sklaven richtete sich nach seinen Fähigkeiten oder seinem Aussehen. Ein preiswerter Sklave kostete so viel wie ein Rind und war damit für den Jahreslohn eines Legionärs zu haben.

Die Sklaven arbeiteten zum Beispiel als Bauern, Bergwerkarbeiter, Köche und Haushaltshilfen, Friseurinnen und Tänzerinnen, aber auch als Wissenschaftler, Lehrer, Schreiber und Gutsverwalter. Viele Römer behandelten ihre Sklaven gut, denn sie waren ein Teil ihres Vermögens. Ein großer Teil der Sklaven wurde sogar nach einer gewissen Zeit freigelassen. Andere hingegen mussten unter unmenschlichen Bedingungen arbeiten.

M3 Sklavenmarke mit der Inschrift: „Ich bin geflohen, halte mich. Wenn du mich meinem Herrn Zoninus zurückgebracht hast, erhältst du einen Solidus Belohnung." (4. Jh.)

M4 Römische Slaven arbeiten in einer Bäckerei (römisches Relief)

> Guter Gott, was gab es da für Wesen! Die ganze Haut mit blauen Striemen gekennzeichnet, den verprügelten Rücken mit ein paar zerrissenen Fetzen mehr betupft als bedeckt, einige nur mit einem winzigen Lendenschurz – und alle jedenfalls so angezogen, dass die Knochen durch die Lumpen zu sehen waren! Die Stirn gezeichnet, der Kopf halb rasiert, die Füße beringt.

M5 Der Schriftsteller Apuleius (125 – 170 n. Chr.) über Sklaven in einer Mühle (vereinfacht)

4 Hilfe Berichte aus Sicht eines Sklaven:
a) Wie bist du in die Sklaverei geraten?
b) Wie könntest du deine Freiheit wiedererlangen?
c) In welchem Bereich arbeitest du?
d) Unter welchen Bedingungen musst du leben und arbeiten?
(a–c: T2, M4); (a–d: T2, M3–M5)

5 Überprüfe folgende Aussage: „Die römische Wirtschaft war von der Arbeit der Sklaven abhängig."

Hilfe zu
4 Schreibe in ganzen Sätzen. Überlege dir zuvor, wer du bist, woher du kommst, wer deine Eltern sind usw.

M1 Spielende Kinder in einer römischen Stadt (Rekonstruktionszeichnung)

Kinder und Frauen in Rom

T1 • Kinderspiele

Die Kinder der Römer spielten wie alle Kinder der Welt. Es gab ganz unterschiedliche Spielsachen: Wagen aus Holz, Puppen, Murmeln, Kreisel, Jojos, Reifen, Puzzle und Brettspiele. Das Spiel „Mühle" beispielsweise wird heute noch genauso gespielt wie im alten Rom. Gern spielten die Kinder auch mit Nüssen. Die gab es reichlich und sie eigneten sich für viele Wurf- und Geschicklichkeitsspiele. Daneben liebten römische Kinder Ball-, Lauf- und Fangspiele.

T2 • Schule im Römischen Reich

Mit sieben Jahren gingen viele Mädchen und Jungen zur Schule. Da die Eltern die Lehrer bezahlen mussten, konnten sich nicht alle die Schule leisten. Um Geld zu sparen, schickten ärmere Eltern ihre Kinder oft zu schlecht ausgebildeten Lehrern. Andere Kinder besuchten die Schule gar nicht. Sie wurden zum Beispiel für die Feldarbeit gebraucht.

Öffentliche Schulen gab es nicht. Unterrichtet wurde in Privaträumen der Lehrer, in Lagerhallen, unter dem Vordach eines Ladens oder auf freien Plätzen. Hier lernten die Kinder Lesen, Schreiben und Rechnen. Bei schlechten Leistungen gab es zur Strafe oft Prügel. Kinder reicher Eltern wurden in teuren Privatschulen von gut ausgebildeten Lehrern unterrichtet oder zu Hause von einem Sklaven. Für alle Schüler begann der Unterricht sehr früh und ging bis mittags. Im Hochsommer, an Fest- und Markttagen war unterrichtsfrei.

T3 • Die Jugend der Mädchen und Jungen

Mit zwölf Jahren verließen die meisten römischen Mädchen die Schule und lernten zu Hause Kochen, Spinnen, Weben und Nähen. In diesem Alter konnten sie schon verheiratet werden. Den Bräutigam suchte der Vater aus. Der Vater entschied auch über die Zukunft der Jungen. Wollte er, dass sein Sohn eine Ausbildung beginnt, bestimmte er auch, welche das sein sollte. Besuchte der Sohn aber weiterhin die Schule, lernte er von nun an Griechisch und die Kunst der öffentlichen Rede, um später auch ein politisches Amt übernehmen zu können.

Die Kindheit der Jungen endete zwischen dem 14. und dem 19. Lebensjahr. Das Zeichen für die Volljährigkeit war das Tragen der Toga.

M2 Junger Mann mit Toga

M3 Entwicklungsstufen eines Jungen (römisches Marmorrelief)

Spinnen
Fasern, beispielsweise Schafwolle, zu einem langen Faden drehen

Weben
Fäden werden so miteinander verflochten, dass ein Stoff entsteht.

Hebamme
Hebammen bereiten Frauen auf die Geburt ihres Kindes vor, helfen ihr während der Geburt und betreuen sie auch in der Zeit danach.

T4 • Frauen im römischen Reich

Römische Frauen sollten vor allem Ehefrau und Mutter sein. Deshalb wurden sie schon früh verheiratet. Mit der Heirat tauschten die Frauen ihre Abhängigkeit vom Vater durch die Abhängigkeit vom Ehemann ein. Die Hauptaufgabe der Frauen war die Aufsicht über das Haus. Sie stellten die Speisen zusammen, überwachten die Sklaven und erzogen die Kinder.

Das Leben einer Römerin hing von ihrem Stand ab. Reiche Römerinnen konnten eine gewisse Unabhängigkeit erreichen und beispielsweise ihre Geldangelegenheiten selbst regeln. Außerdem durften sie zu öffentlichen Veranstaltungen gehen. Es gab aber auch sehr arme Römerinnen. Diese mussten mit auf den Feldern arbeiten und bei der Ernte helfen. Manche hatten auch einen Beruf, zum Beispiel Hebamme oder Friseurin.

Politisch hatte die Frau keinerlei Rechte. Sie durfte nicht an Versammlungen teilnehmen und war von Wahlen ausgeschlossen.

---

❶ Betrachte M1. Nenne Spiele und Spielgeräte, die du erkennst.

❷ a) Berichte, wie Kinder in Rom spielten. (M1, T1)
b) Welche Spielzeuge gibt es noch heute?

❸ Stelle die Unterrichtsbedingungen von Kindern armer und reicher Eltern gegenüber. (T2)
Kugellager

❹ a) Berichte über den Lebensweg eines Mädchens ab dem 12. Lebensjahr. (T3, T4)
b) Beschreibe den Werdegang eines Jungen. (T3, M3)
c) Schreibe einen Dialog, in dem ein Junge und ein Mädchen über ihre Zukunft reden.

❺ a) Nenne Rechte und Pflichten der Frauen.
b) Wovon waren sie ausgeschlossen?

M1 Römische Götter (Auswahl)

Die römischen Götter

T1 • Religion bei den Römern

Der Glaube spielte im Römischen Reich eine große Rolle. Jeder Haushalt besaß einen Hausaltar, an dem die Menschen täglich die Götter um Schutz und Hilfe baten.

Die Römer glaubten an eine Vielzahl von Göttern. Sie stellten sich die Götter in menschlicher Gestalt vor. Alle Götter besaßen ihren eigenen Aufgabenbereich und nahmen Einfluss auf das Leben der Menschen. Dies waren zum Beispiel Bereiche wie die Geburt und der Tod, die Aussaat und die Ernte oder auch ein Sieg oder eine Niederlage im Krieg. Für die Römer waren die Götter immer und überall anwesend, egal, was die Menschen gerade taten.

T2 • Priesterinnen und Priester

Für viele Götter bauten die Römer eigene Tempel. Dort wurden sie verehrt und Priesterinnen und Priester brachten ihnen Opfer. Auf diese Weise sollten die Götter gnädig gestimmt werden.

Die Priesterinnen und Priester wurden sehr geachtet. Eine Gruppe von Priesterinnen waren die sechs Vestalinnen. Sie bewahrten im Tempel der Vesta das heilige Feuer. Es durfte nie verlöschen. Schon als Kinder wurden die Vestalinnen für ihre heilige Aufgabe ausgewählt. Ihre Dienstzeit betrug 30 Jahre. Sie unterstanden dem obersten Priester in Rom, dem Pontifex Maximus.

Eine andere wichtige Gruppe von Priestern waren die Auguren. Sie waren Vogelschauer und trugen als Zeichen ihres Amtes Krummstäbe. Sie erkannten den Willen der Götter im Flug oder im Geschrei von Vögeln. Ihr Rat wurde bei wichtigen politischen Fragen eingeholt, wie zum Beispiel, ob ein Krieg geführt werden sollte. Aber auch vor wichtigen Entscheidungen in einer Familie wurden die Auguren um Rat gefragt.

gnädig stimmen
jemanden dazu bringen, nicht so streng zu sein

M2 Ein Augure

T3 • Informationen im Internet suchen

Die Römer glaubten an die gleichen Götter wie die Griechen. Allerdings gaben sie ihnen lateinische Namen. Welche Namen waren das? Wie hießen diese Götter bei den Griechen? Waren auch ihre Aufgaben die gleichen?

Diese und andere Fragen kannst du zum Beispiel im Internet mithilfe von Suchmaschinen klären. Suchmaschinen helfen dir, in der riesigen Menge von Informationen im Internet die passende Seiten zu finden. Aber auch bei den Suchmaschinen gibt es eine große Vielfalt. Folgende Suchmaschinen sind für Kinder und Jugendliche geeignet:

- www.fragfinn.de
- www.blinde-kuh.de
- www.helles-koepfchen.de.

Darüber hinaus gibt es viele Internetseiten für Kinder, die ebenfalls Suchfunktionen anbieten. Dies sind zum Beispiel:

- www.kinderzeitmaschine.de
- www.wasistwas.de.

❶ Betrachte die Götter in M1. Was fällt dir auf?
   Bienenkorb

❷ Welche Bedeutung hatte die Religion für die Römer? Beschreibe. (T1)

❸ Arbeite die Aufgaben von römischen Priesterinnen und Priestern heraus. (T2)
   Partnervortrag

❹ a) Finde über eine Kindersuchmaschine die griechischen Namen für die Götter aus M1.
   b) Tauscht euch darüber aus, welche Suchmaschine euch am besten weitergeholfen hat und welche Probleme es gab.
   c) Recherchiere weitere römische Götter. Erstelle zu einem Gott bzw. einer Göttin eine Präsentation mit medialer Unterstützung.

Die Germanen: viele Stämme – eine Kultur

> Die äußere Erscheinung ist bei allen dieselbe. Wild blickende blaue Augen, rötliches Haar und große Gestalten, die allerdings nur zum Angriff taugen … In jedem Haus wachsen Kinder nackt und schmutzig zu diesem Körperbau, zu dieser erstaunlichen Größe heran.

M1 Der römische Geschichtsschreiber Tacitus über die Germanen (um 98 n. Chr.)

Die Männer trugen überwiegend lange Hosen und darüber einen Kittel, der mit einem Gürtel zusammengehalten wurde. Daran wurde auch das Schwert befestigt. Gegen Kälte schützte eine große Decke als Umhang.

Frauen trugen ein Untergewand aus Leinen mit einem Gürtel. Der Überwurf wurde von kostbaren Broschen, den Fibeln, zusammengehalten. Je wertvoller die Fibel war, desto angesehener war auch die Frau.

Aus der Sicht eines Römers waren die Germanen sehr groß: Die meisten Männer erreichten 1,70 – 1,80 m, die Frauen 1,60 – 1,65 m. Ihre Augen waren zumeist blau und die Haare rötlich.

M2 Germanen (Rekonstruktionszeichnung nach archäologischen Funden)

T1 • Woher stammt unser Wissen über die Germanen?

Die Historiker wissen heute über die Germanen viel weniger als über die Römer, denn die Germanen haben keine Schriftstücke hinterlassen. Einiges kann aber aus archäologischen Funden erschlossen werden.

Die Römer stießen bei ihren Kriegszügen auch auf die Germanen. Daher liefern uns römische Geschichtsschreiber wichtige Informationen über diese Menschen. Einer von ihnen war der berühmte Schriftsteller Tacitus mit seiner Schrift „Germania" aus dem Jahr 98 n. Chr.

❶ Wie werden die Germanen von dem Römer Tacitus beschrieben? (M1)
❷ Wie sahen die Germanen nach heutigen Erkenntnissen aus? Beschreibe. (M2)
❸ a) **Hilfe** Stelle M1 und M2 gegenüber.
b) Überlege, warum Tacitus die Germanen anders beschrieben hat. (M1, T1)

Hilfe zu
❸ a)

	M1	M2
Größe		
Haarfarbe		
Kleidung		
Kinder		

Wichtige germanische Stämme (um 100 n. Chr.)
- römisches Gebiet
- freies Germanien
- ▪▪▪ Grenzbefestigung

M3 Germanenstämme

T2 • Die germanische Gesellschaft

Die Germanen waren kein einheitliches Volk. Sie lebten in verschiedenen Volksstämmen, die sich untereinander bekämpften. Sie sprachen aber dieselbe Sprache und glaubten an dieselben Götter.

Angeführt wurden die Stämme von adligen Stammesführern. Unter ihnen standen die Freien, die lange Haare hatten und Waffen trugen. Die Unfreien waren meist Kriegsgefangene anderer Stämme. Sie waren Eigentum ihres Herrn, der sie zum Beispiel verkaufen, verheiraten oder hart arbeiten lassen konnte.

Der Mann war das Oberhaupt der Familie, die Frau und die Kinder waren ihm rechtlich unterstellt.

M4 Germanisches Langschwert

❹ Werte die Karte M3 mithilfe der Schritte auf den Seiten 112/113 aus.

❺ Nenne mithilfe von M3 germanische Stämme, die a) im freien Germanien
b) im Römischen Reich
siedelten.
✤ *Stühletausch*

❻ Hilfe Was erfährst du über die germanische Gesellschaft? (T2)
✤ *Lerntempoduett*

Hilfe zu
❻ Lies den Text einmal in Ruhe durch. Lies anschließend ein zweites Mal und mache dir nach jedem Absatz Notizen.

M1 Tauschhandel an einem Grenzübergang (Modell im Limesmuseum Aalen)

Handel über die Grenze hinaus

T1 • Am Limes

Zur Sicherung ihrer Grenzen bauten die Römer eine Grenzbefestigung, den Limes. Zu Beginn des 1. Jahrhunderts war der Limes ein befestigter Weg mit ein paar Wachtürmen aus Holz. Nach und nach verstärkten die Römer die Grenze. Sie bauten einen Zaun aus Holzpfählen oder auch eine Mauer, bis der Limes ungefähr 550 Kilometer lang war und vom Rhein bis an die Donau reichte. Etwa 900 Wachtürme und 120 größere und kleinere Kastelle befanden sich entlang der Grenze. Mit dem Limes wollten die Römer die Grenzen ihres Reiches schützen, aber auch ihre Stärke unter Beweis stellen.

Große Angriffe konnte der Limes allerdings nicht abhalten, vielmehr sollte er gegen räuberische Überfälle der Germanen schützen. Es gab auch einige kontrollierte Übergänge, an denen sich ein lebhafter Tauschhandel zwischen Römern und Germanen entwickelte.

❶ Beschreibe die Szene in M1.
❷ Wo verlief der Limes? Betrachte dazu die Karte M3 auf Seite 131.
❸ Fertige einen Spickzettel über den Limes an.
  a) Schreibe dazu zehn wichtige Wörter aus dem Text. (T1)
  b) Mache Zusammenhänge mit Zeichen und Symbolen deutlich.
  c) Erklärt euren Mitschülern mithilfe eures Spickzettels, was ihr über den Limes gelernt habt.
  Marktplatz

T2 • Der Handel zwischen Römern und Germanen

Die Kontakte, die sich am Limes zwischen den Römern und Germanen entwickelten, waren für beide Seiten nützlich. Die Römer schätzten viele germanische Waren, wie Bernstein, Honig, Wachs, Felle oder Sklaven. Begehrt war ebenfalls langes blondes Frauenhaar, mit dem die Römer Perücken anfertigten. Die Germanen interessierten sich zum Beispiel für römischen Schmuck, Wein, Gewürze, Olivenöl, Töpfe und Glasbecher.

M2 Bernstein (im Ostseeraum verbreiteter Schmuckstein)

T3 • Alle Wege führen nach Rom

Die Römer waren große Meister im Straßenbau. Zur Zeit der größten Ausdehnung des Römischen Reiches verband ein Straßennetz von über 85 000 Kilometern die Provinzen im Reich. Die Straßen wurden vor allem von Soldaten und Händlern genutzt.

Mit der Ausdehnung des Reiches verstärkte sich der Handel zwischen Rom und seinen Provinzen. Die Provinzen handelten auch untereinander. So waren zum Beispiel Glasgefäße aus Köln auch in Britannien oder Holland erhältlich. Neben den Straßen nutzten die Fernhändler auch Wasserwege zum Transport ihrer Waren.

M3 Handelswege und Handelsgüter in der nördlichen Hälfte des Römischen Reiches

④ Welche Waren boten die Römer an, welche die Germanen? Liste auf. (T2)

⑤ **Hilfe** Ein Germane und ein Römer treffen sich am Limes. Verfasst in Partnerarbeit einen Dialog.

⑥ Berichte über das römische Straßennetz. (T3)

⑦ **Hilfe** Werte die Karte M3 aus.

⑧ Nenne drei Gebiete, die von Rom weit entfernt liegen. Notiere dazu, welche Waren von dort nach Rom kamen. (M3)

🌐 *Lerntempoduett*

Hilfe zu

⑤ Der Germane Aldemar trifft auf den Römer Titus: Aldemar: Ich habe eine große Auswahl an Fellen zum Tausch mitgenommen. Ich suche Töpfe und Schmuck. Titus: Ich suche Felle, da meine Kinder immer frieren. Ich habe Töpfe und Krüge mitgebracht. …

⑦ Nutze die Anleitung auf den Seiten 112/113. Die Karte M3 hat das Thema „Handelswege …". Sie zeigt das nördliche Reichsgebiet und … . Der Zeitraum, der dargestellt ist, … .

① Verbindungsstraßen
② Stadtmauer
③ Aquädukt
④ Tempel
⑤ Friedhof
⑥ Vorstadtvilla
⑦ Forum: Fest- und Marktplatz
⑧ Therme
⑨ Statthalterpalast

M1 Das römische Köln Anfang des 4. Jahrhunderts n. Chr. (Rekonstruktionszeichnung)

Leben in der Provinz

T1 • Römische Städte in der Provinz Germanien

Die Römer legten in Germanien Städte nach römischem Vorbild an. Auch die Stadt Köln wurde von den Römern gegründet. Hier lebten etwa 20 000 Römer und Einheimische friedlich zusammen. Die einheimischen Handwerker lernten viele neue Techniken von den Römern.

Ein Besuch in der Stadt war für die Menschen aus der Umgebung ein Erlebnis. Hier gab es Theater, Unterhaltung, Feste und große Tempel. Auch die Verwaltung hatte ihren Sitz in den Städten. Auf den Märkten kauften die Menschen viele Waren des täglichen Bedarfs, aber auch Luxusgüter wie Pfeffer von Fernhändlern.

Verwaltung
Einrichtung, in der Menschen arbeiten und sich um alles Wichtige in einer Stadt kümmern; zum Beispiel darum, dass jeder Steuern bezahlt oder dass die Straßen befahrbar sind

❶ Beschreibe die Stadt Köln zur Zeit der Römer. (M1)

❷ „Die Römer legen ihre Städte planmäßig an." Überlege anhand von M1, ob diese Aussage stimmt.
  Placemat

❸ **Hilfe** Du lebst Anfang des 4. Jahrhunderts in Köln. Schildere deiner Cousine Mimi in Rom einen Tag in deiner Stadt.
  Marktplatz

❹ Recherchiere im Internet den römischen Urprung weiterer deutscher Städte, z. B. von Xanten, Bonn, Mainz oder Regensburg.

Hilfe zu

❸ ... aus Colonia grüßt Mimi in Rom! Gestern habe ich einen aufregenden Tag verbracht. Mein Vater ist mit den schönsten Stoffen aus ... zurückgekehrt und ich durfte ihn zum Markt begleiten ... .

T2 • Römische Städte in der Provinz Germanien

Viele Menschen aus dem freien Germanien reisten in das Römische Reich und arbeiteten für die Römer. Ebenso wie die Germanen, die in den Provinzen wohnten, lernten sie die römische Lebensweise kennen. Sie sahen prächtige Häuser aus Stein, gepflasterte Straßen, Theater, Badeanstalten und Tempel.

Da die Germanen für einige Dinge keine Bezeichnungen hatten, übernahmen sie die Begriffe der Römer. Man nennt diese Wörter Lehnwörter. Noch heute kann man bei vielen deutschen Wörtern ihren lateinischen Ursprung erkennen. So ist zum Beispiel in unserem Wort „Pforte" das lateinische Wort „Porta" enthalten.

M2 Von den Römern übernommene Wörter

5 Was ist ein Lehnwort? Erkläre. (T2)

6 Hilfe Finde zu den Wörtern in M2 die dazugehörigen deutschen Begriffe.
🐝 *Bienenkorb*

7 Hilfe Nenne einige Lehnwörter aus anderen Sprachen, die es heute in unserer Sprache gibt.

8 Nenne heutige Beispiele, bei denen sich Kulturen gegenseitig bereichern. Denke dabei an Handel, Tourismus und anderes.

Hilfe zu

6 Du kannst eine Tabelle anlegen:

lateinische Wörter	deutsche Begriffe
① fenestra	Fenster
② ...	

7 Denke dabei beispielsweise an Begriffe aus dem Englischen oder Französischen wie zum Beispiel Cornflakes und Baguette.

① Die „Venus von Mainz" (römische Skulptur, ca. 150 n. Chr.)

② In Bellheim gefundene Gefäße aus Keramik und Glas (4. Jh. n. Chr.)

③ Die Villa Rustica in Wachenheim, römisches Landgut mit rekonstruiertem Backofen (3. Jh. n. Chr.)

④ Die Igeler Säule (römisches Grabmal in Igel, 3. Jh. n. Chr.)

M1 Überreste aus römischer Zeit in Rheinland-Pfalz

Spuren römischen Lebens in Rheinland-Pfalz

T1 • Römische Lebensart in der Provinz

Das heutige Rheinland-Pfalz umfasst Teile der römischen Provinzen Germanien und Gallien. Hier lebten vor 2000 Jahren die keltischen Stämme der Treverer, der Mediomatriker, Nemeter und Vangionen. Nachdem das Gebiet von den Römern erobert worden war, fanden hier auch hohe römische Beamte und entlassene Legionäre mit ihren Familien eine neue Heimat. Sie gestalteten ihr Leben nach römischem Vorbild. Bald übernahmen viele Einheimische die römische Lebensweise. Dies wird Romanisierung genannt. Noch heute erkennt man in Bau- und Kunstwerken, in Schmuck und Gebrauchsgegenständen die römische Kultur. Immer wieder finden archäologische Ausgrabungen statt, bei denen Wissenschaftler auf Funde aus römischer Zeit stoßen. Auch beim Bau von Straßen und Häusern kommen immer wieder Überreste aus römischer Zeit zutage.

❶ **Hilfe** Wähle drei Bilder aus M1 aus und berichte, was du über das Leben zur Zeit der Römer im Gebiet des heutigen Rheinland-Pfalz erfährst.

❷ Erkläre, wie die römische Lebensart nach Rheinland-Pfalz gelangte. (T1)

Hilfe zu
❶ ① zeigt eine römische Skulptur in ... .
In der Abbildung ② sieht man ... .
In ③ sind die Grundmauern und ein rekonstruierter ... .

⑤ Das römische Amphitheater in Trier (2. Jh. n. Chr.)

⑥ Barbarathermen in Trier (2. Jh. n. Chr.)

⑦ Die Römerbrücke in Trier (um 17. v. Chr.)

⑧ Die Konstantin-Basilika in Trier (ca. 305–311 erbaut)

⑨ Die Porta Nigra in Trier (um 170 n. Chr)

T2 • Die Römerstadt „Augusta Treverorum" – Trier

In ihren Provinzen gründeten die Römer Städte nach römischem Vorbild. Eine von ihnen war „Augusta Treverorum", das heutige Trier. Sie entstand vor mehr als 2000 Jahren. Dank der guten Lage an wichtigen Handelsstraßen und direkt an der Mosel entwickelte sich Augusta Treverorum zu einer bedeutenden Handelsstadt der Antike. Im 2. Jahrhundert hatte Trier schätzungsweise 70000 Einwohner. Neben Handwerkern gab es auch viele Händler. Waren aus allen Teilen der Welt wurden hier angeboten. Kaufleute lieferten in Trier gefertigte Stoffe und Keramikgeschirr in alle Teile des Imperiums.

Das Wahrzeichen Triers, die Porta Nigra, wurde um 170 n. Chr. erbaut. Sie diente als Ein- und Ausgangstor und war ein Zeichen großer Macht. Die Römerbrücke wurde an einem Verkehrsknotenpunkt errichtet, der Straßen- und Wasserwege des römischen Fernstraßensystems verband. Die Barbarathermen wurden im 2. Jahrhundert erbaut. Sie waren zu diesem Zeitpunkt die zweitgrößte Thermenanlage im Römischen Reich. Im Aphitheater, das gegen Ende des 2. Jahrhunderts entstand, fanden bis zu 18000 Menschen Platz. In der Spätantike wurde Trier zur Kaiserresidenz, und Kaiser Konstantin ließ die Konstantin-Basilika, einen Thronsaal, erbauen.

Residenz
Ort, an dem ein Herrscher wohnt und von dem aus er regiert

❸ Hilfe Fertige einen Spickzettel über Augusta Treverorum an. (T2, M1 ④–⑨)
Lerntempoduett

Hilfe zu
❸ Verwende höchstens zehn Begriffe. Symbole, Pfeile, Zahlen etc. sind unbegrenzt erlaubt.

begründen

Wenn du etwas begründen sollst, dann sollst du eine Aussage erklären. Diese musst du erst einmal in deinen eigenen Worten zusammenfassen. Danach musst du Gründe dafür finden, dass diese Behauptung richtig ist. Du sollst also die Frage nach dem „Warum ist das so?" beantworten. Dafür brauchst du Informationen und Beispiele aus der Geschichte. Um Informationen und Beispiele auflisten zu können, musst du Materialien anschauen und Texte lesen. Am Ende fasst du dein Ergebnis in einem Schlusssatz zusammen.

1. Schritt: **Informationen sammeln**
- Welche Informationen findest du in den Texten und Materialien?

2. Schritt: **Gründe formulieren**
- Warum ist die Aussage richtig?

3. Schritt: **Schlusssatz formulieren**
- Wie kannst du deine Ergebnisse zusammenfassen?

M1 Reste einer römischen Straße in Trier (Rheinland-Pfalz)

M2 Römisches Bad in Badenweiler (Baden-Würtemberg)

M3 Reste einer römischen Wasserleitung in Köln (Nordrhein-Westfalen)

M4 Waffenreste von einer römisch-germanischen Schlacht bei Kalkriese (Niedersachsen)

M5 Römische Handelswaren, gefunden in einem Grab bei Lübsow (Polen)

M6 Glaswaren aus Köln und Umgebung aus römischer Zeit (Nordrhein-Westfalen)

Begründe, warum der Austausch der Kulturen für Römer und Germanen vorteilhaft war.

1. Schritt: Informationen sammeln

In der Aufgabe steht die Aussage: „Der Austausch der Kulturen war für die Römer und die Germanen vorteilhaft." Diese Aussage soll begründet werden.

Zuerst musst du Informationen sammeln, um erklären zu können, warum die Aussage richtig ist. Das tust du, indem du die Texte aus dem Schulbuch liest:

Texte für alle:
- T2 auf Seite 133
- T1 auf Seite 134

zusätzliche Texte:
- T1 auf Seite 136
- T2 auf Seite 137

Außerdem schaust du dir die Materialien auf Seite 138 an. Danach ordnest du die Informationen.
So kannst du vorgehen:

Tipp
Nutze beim Lesen der Texte und Anschauen der Materialien ein Notizblatt. Auf diesem kannst du Informationen aufschreiben oder auch wieder durchstreichen. Deine Notizen von dem Notizblatt kannst du danach ordentlich in die Tabelle schreiben.

Warum war der Austausch für die Römer gut?	Warum war der Austausch für die Germanen gut?
- germanische Waren: Bernstein, Felle ... - stellten Perücken aus ... her - ...	- römische Waren: Schmuck ... - Handwerker lernen zum Beispiel ... - neue Wörter: ... - ...

2. Schritt: Gründe formulieren

Im zweiten Schritt musst du die gesammelten Informationen in ganzen Sätzen aufschreiben. Achte dabei auf abwechslungsreiche Satzanfänge. Schreibe erst die Aussage auf und dann die Gründe.
So kannst du schreiben:

Der Austausch der Kulturen war für die Römer und die Germanen vorteilhaft. Das erkennt man zum Beispiel daran, dass sie untereinander handelten. Die Römer kauften von den Germanen ... . Die Germanen kauften von den Römern ... . Außerdem lernten die Germanen ... . In den Städten ... . Ebenso lernten die Germanen ... . Besonders beliebt waren ... .

Als Erstes ...
Außerdem ...
Auch ...
Ebenso ...
Besonders ...
Zuletzt ...

3. Schritt: Schlusssatz formulieren

Zuletzt schreibst du einen Schlusssatz auf. In diesem fasst du noch einmal zusammen, was du herausgefunden hast.
- Stimmt die Aussage?
- Hast du viele Gründe gefunden?
- Wofür hast du mehr Gründe gefunden?

Schreibe so:
Es ist wahr, dass der Austausch ... . Es gibt viele Gründe ... . Aber ... . Vor allem ... .

M1 Maria mit dem Jesuskind (Wandmalerei in Rom, Ende des 3. Jahrhunderts)

M2 Jesus heilt eine kranke Frau (Wandmalerei in Rom, Ende des 3. Jahrhunderts)

Die Anfänge des Christentums

T1 • Der Ursprung des christlichen Glaubens

Als die Römer immer neue Gebiete eroberten, übernahmen sie auch die Götter der fremden Völker. Den Bewohnern der Provinzen gestatteten die Römer weiterhin, ihre vertrauten Götter zu verehren. Dafür verlangten sie von ihnen Opfergaben für das Wohl des Kaisers und das Wohl des Reiches.

Um 30 n. Chr. entstand in der römischen Provinz Judäa eine neue Glaubensgemeinschaft, deren Anhänger dem Wanderprediger Jesus folgten. Sie wurden bald als „Christen" bezeichnet. Sie glaubten an Jesus als Gottes Sohn und an nur einen einzigen Gott. Daher weigerten sie sich, für den römischen Kaiser ein Opfer zu bringen. Davon fühlten sich die römischen Herrscher bedroht. Sie hatten Angst, dass die Christen den Zorn der Götter auf ihr Reich hervorrufen könnten. Außerdem machten sich die Christen dadurch verdächtig, dass sie sich zu ihren Gottesdiensten in privaten Häusern trafen. Im Jahr 64 n. Chr. zerstörte ein Großbrand große Teile Roms. Der Kaiser beschuldigte die Christen der Brandstiftung und ließ sie daraufhin verfolgen.

weigern
etwas Bestimmtes nicht tun wollen

❶ a) Beschreibe M1 und M2.
  b) Hilfe Der christliche Glaube im Römischen Reich – überlegt, ob das zusammenpasst.
  🐝 *Bienenkorb*
❷ Beschreibe, wie die Römer mit anderen Religionen in den eroberten Gebieten umgegangen sind. (T1)

❸ Wie entstand das Christentum? (T1)
❹ Erkläre, weshalb sich die römischen Herrscher von den Christen bedroht fühlten. (T1)

Hilfe zu
❶ b) Denke daran, was du über die Religion der Römer gelernt hast.

T3 • Das Christentum wird Staatsreligion

Trotz schwerer Verfolgungen stieg die Zahl der Christen immer weiter an. Die Kaiser änderten deshalb ihre Politik. Sie sahen ein, dass man mit den Verfolgungen nichts erreichen konnte.

Kaiser Galerius gestand den Christen im Jahr 311 n. Chr. die Ausübung ihrer Religion offiziell zu, und Kaiser Konstantin förderte ab 313 n. Chr. das Christentum sogar. Er ließ Kirchenbauten errichten und suchte Rat bei Bischöfen. Zudem ließ er seine Kinder christlich erziehen. Schließlich ließ Kaiser Theodosius in verschiedenen Gesetzen aus den Jahren 380 und 391 n. Chr. alle nicht christlichen Bräuche und Religionen verbieten und erklärte das Christentum zur Staatsreligion.

Bischof
oberster Leiter der Kirche in einem größeren Gebiet, in dem er auch Herr über den Landesbesitz ist

Staatsreligion
meint hier: eine einzig geltende Religion im Staat, die über andere Religionen gestellt wird.

> Alle Völker, über die wir ein mildes und maßvolles Regiment führen, sollen sich zu der Religion bekennen, die der göttliche Apostel Petrus den Römern überliefert hat ... Nur diejenigen, die diesem Gesetz folgen, sollen ... Christen heißen dürfen.

M2 Aus einem Gesetz von Kaiser Theodosius (380 n. Chr.) über das Christentum

M3 Die Ausbreitung des Christentums im 3.–5. Jahrhundert n. Chr.

❺ Erkläre, wie die Kaiser ihre Politik in Bezug auf das Christentum änderten. (T3)
❻ Was ordnete Kaiser Theodosius an? (M2)
❼ **Hilfe** Wie breitete sich das Christentum aus? Werte dazu die Karte M3 aus.

Hilfe zu
⑦ Die Karte zeigt ...
 Thema der Karte ist ...
 Die Karte umfasst den Zeitraum ...
 Die unterschiedlichen Rottöne ...

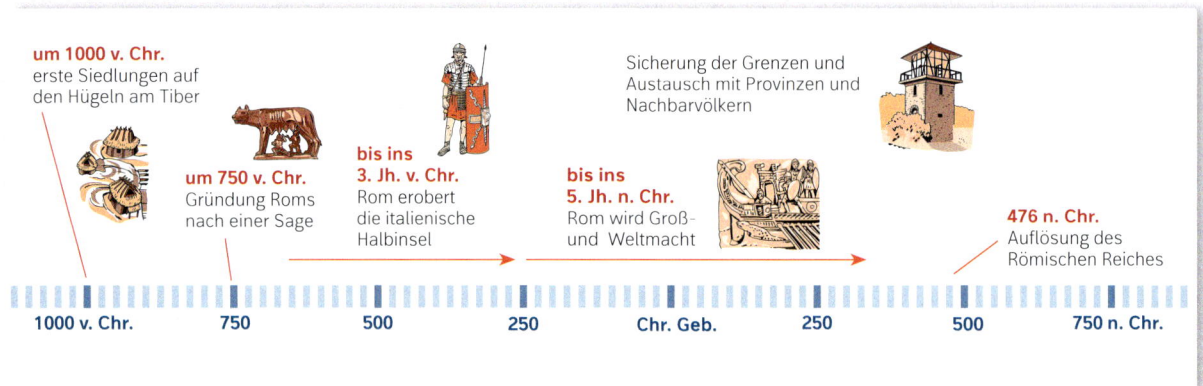

Imperium Romanum

Wann und wie hat sich das Römische Reich entwickelt?

Die Geschichte Roms begann um 1000 v. Chr. mit einer Bauernsiedlung am Tiber. Um 750 v. Chr. entstand die Stadt Rom. In vielen Kriegen eroberten die Römer große Gebiete und schufen ein Weltreich. Es hatte im Jahr 117 n. Chr. seine größte Ausdehnung. Das Römische Reich wurde durch eine gut funktionierende Verwaltung, ein sehr gut ausgebautes Straßen- und Handelsnetz und nicht zuletzt durch hervorragend ausgebildete Soldaten zusammengehalten.

Wie lebten die Römer?

Um 100 n. Chr. hatte die Stadt Rom über eine Million Einwohner. Die meisten Menschen wohnten in schlecht gebauten Mietshäusern. Nur wenige Menschen wohnten am Rande der Stadt in prächtigen Villen.

In ihrer Freizeit besuchten die Römer Thermen, gingen ins Theater oder zu Wagenrennen. Beliebt waren auch Gladiatorenkämpfe und Tierhetzen im Kolosseum.

Zu einer römischen Familie gehörten alle Menschen, die in einem Haushalt lebten. Das Oberhaupt der Familie war der Vater. Sklaverei war für die Römer etwas ganz Normales.

Wie organisierten die Römer ihr Zusammenleben mit anderen Kulturen?

Die Germanen lebten in verschiedenen Volkstämmen, die aber die gleiche Sprache sprachen und an die gleichen Götter glaubten.

In der eroberten Provinz Germanien gründeten die Römer neue Städte nach ihrem Vorbild. Dort lebten Römer und Germanen friedlich zusammen. Die einheimischen Handwerker lernten viele neue Techniken von den Römern. Viele Germanen übernahmen die römische Lebensweise und Kultur.

Am Limes, der Grenzbefestigung zwischen der römischen Provinz Germanien und dem freien Germanien, entwickelte sich ein lebhafter Tauschhandel zwischen Römern und Germanen.

Familia
Sämtliche Mitglieder eines Haushaltes gehörten zur römischen Familia, zum Beispiel Sklaven, Freigelassene und die Familie an sich. Oberhaupt der Familie war der Vater. Er hatte das Recht, über alle Angehörigen seiner Familie zu bestimmen.

Germanen
Völkerstämme, die in Norddeutschland, Dänemark und Südschweden lebten. Die Stämme besaßen eine gemeinsame Sprache und glaubten an die gleichen Götter. Sie wurden von adligen Stammesführern angeführt.

Legionäre
Die Macht Roms gründete sich vor allem auf die Berufssoldaten, die Legionäre. Sie waren gut ausgebildet und hervorragend ausgerüstet. In Friedenszeiten wurden die Soldaten zum Beispiel beim Straßenbau eingesetzt. Nach 25 Jahren endete die Dienstzeit und der Legionär bekam ein Stück Land oder Geld zur Altersversorgung.

Limes
Die Römer errichteten an der Grenze zu den Germanen eine Grenzbefestigung, den Limes. Im 2. Jh. n. Chr. hatte dieser eine Länge von ca. 550 km. Der nördliche Teil bestand aus Holzpfählen, der südliche aus einer Steinmauer. Es gab ca. 900 Wachtürme und 120 Kastelle entlang des Limes sowie zahlreiche kontrollierte Übergänge. Dort entwickelte sich ein reger Tauschhandel zwischen Römern und Germanen.

Provinz
Die Römer eroberten viele Gebiete, die weit weg von Rom lagen. Diese Gebiete nannten sie Provinzen. Sie wurden durch römische Vertreter verwaltet. Die Einheimischen übernahmen häufig die Lebensweise der römischen Eroberer. Dies wird Romanisierung genannt.

Römisches Reich

Das Römische Reich entwickelte sich von der um 750 v. Chr. entstandenen Stadt Rom zunächst zu einer Landmacht. Zuvor hatten die Römer das Gebiet des heutigen Italien erobert. Um 133 v. Chr. hatte sich das Römische Reich rund um das Mittelmeer ausgebreitet. Rom war nun eine Seemacht. Die größte Ausdehnung besaß das Römische Reich um 117 n. Chr., da es den gesamten Mittelmeerraum einschließlich Ägyptens sowie Westeuropa mit Teilen Britanniens und Germaniens umfasste. Rom war zur Weltmacht geworden.

Sklaven
Sklaven waren Unfreie, sie gehörten ihrem Besitzer. Sie arbeiteten in vielen Bereichen. Sklaverei war für die Römer damals etwas ganz Normales, um Christi Geburt war ungefähr jeder dritte Einwohner Roms ein Sklave.

Die Grundlegung Europas im Mittelalter

Mittelalter → ist eine Epoche in der europäischen Geschichte → umfasst den Zeitraum zwischen der Antike und der Neuzeit

ca. von 500 n. Chr. bis 1500 n. Chr.

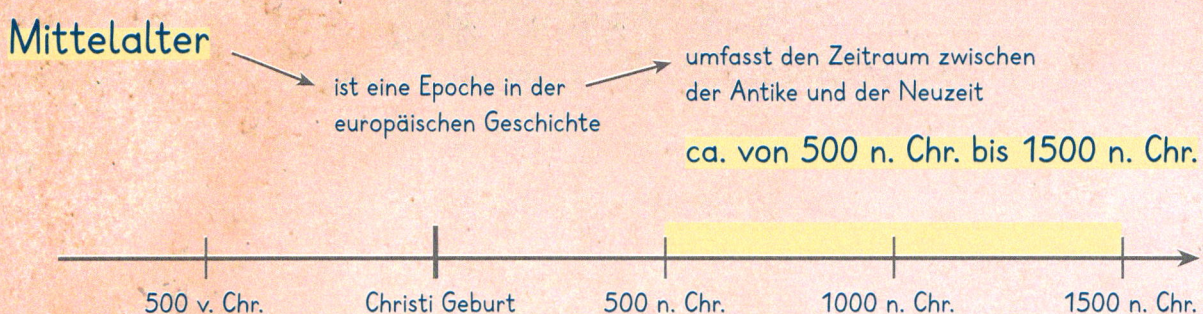

500 v. Chr. — Christi Geburt — 500 n. Chr. — 1000 n. Chr. — 1500 n. Chr.

Grundlegung → für etwas die Grundlage schaffen → etwas, auf dem sich anderes aufbaut bzw. aus dem sich Dinge entwickeln

Im Mittelalter entwickelten sich in vielen Bereichen grundlegende Strukturen heraus, die Europa bis über das Mittelalter hinaus prägten und teilweise bis heute prägen:

wirtschaftliche Strukturen

politische Grundordnung

christliche Religion

Kunst, Kultur und Wissenschaft

Kontakt zu anderen Religionen

Europa → ist ein Kontinent →
- Europa grenzt im Osten an den Kontinent Asien. Die Grenze bildet das Gebirge Ural.
- Ein Land auf dem europäischen Kontinent ist zum Beispiel Deutschland.
- Südlich von Europa liegt der Kontinent Afrika. Getrennt werden beide durch das Mittelmeer.

Zum Ende der Antike zerbrach das Römische Reich in:
das **Ostromische Reich** und das **Weströmische Reich**.

Während das Oströmische Reich noch lange bestehen blieb, zerfiel das Weströmische Reich in verschiedene kleinere Reiche.

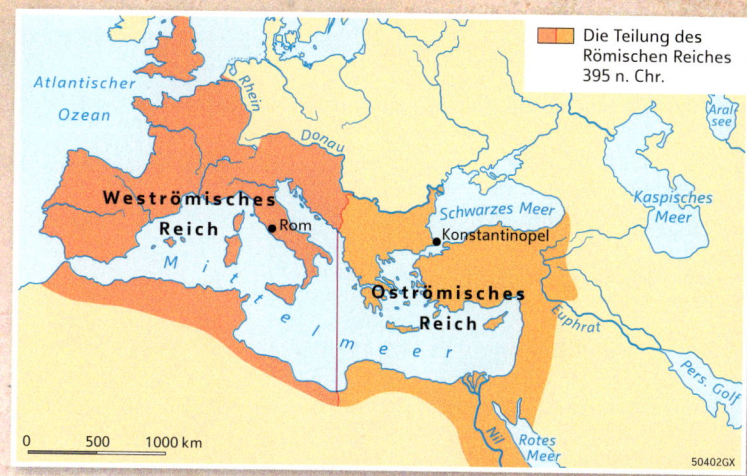

Das Oströmische und das Weströmische Reich nach der Teilung 395 n. Chr.

Ein bedeutendes Reich im frühen Mittelalter war das **Frankenreich**.

Das Frankenreich wurde im 9. Jahrhundert mehrmals geteilt. Dabei entstanden unter anderem das Ostfränkische und das Westfränkische Reich, sie bildeten die Grundlage für das heutige Frankreich und das heutige Deutschland.

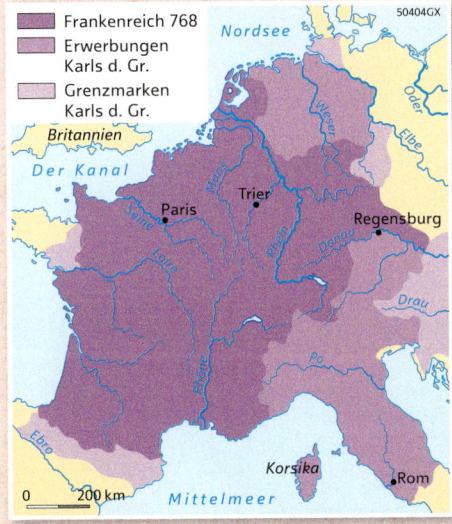

Das Frankenreich in seiner Blütezeit um 810

Das Frankenreich nach der Teilung im Jahr 880

Fragen an das Thema

Was prägte die Zeit nach der Antike?

Wie lebten die Menschen auf dem Land und in der Stadt?

Wie sorgten die Menschen im Mittelalter für ihre Lebensgrundlage?

Wie beeinflusste die Religion die Gesellschaft und das alltägliche Leben?

Wie diente die Religion als Orientierung im Leben?

Wie wurde Herrschaft im Mittelalter begründet und gesichert?

Wie können verschiedene Religionen und Kulturen friedlich zusammenleben?

M1 Der fränkische König Karl der Große wird zum Kaiser gekrönt (Buchmalerei aus dem 15. Jh.)

Leben im Mittelalter

→ Wie lebten die Menschen im Mittelalter?

→ Was waren die Aufgaben von Königen und Kaisern?

→ Wie organisierten Kaufleute den Warenhandel?

M2 Aufseher mit Bauern bei der Landarbeit für ihren Grundherren

M3 Im Hafen einer mittelalterlichen Stadt (Rekonstruktionszeichnung)

Die mittelalterliche Ordnung

M1 Christus teilt den Menschen Aufgaben zu: „Du bete untertänig" (links oben); „Du beschütze" (rechts oben); „Du arbeite" (Mitte unten). (Holzstich von 1492)

> Das Haus Gottes ist dreigeteilt: Die einen beten, die anderen kämpfen, die Dritten arbeiten. Die drei Stände können nicht getrennt werden. Die Dienste des einen sind die Voraussetzungen für die Werke der beiden anderen. Jeder trägt seinen Teil zum Ganzen bei.

M2 Der Bischof von Laon zur Ständeordnung (1016)

T1 • Das Mittelalter und der christliche Glaube

Als Mittelalter wird der Zeitraum ungefähr zwischen 500 n. Chr. und 1500 n. Chr. bezeichnet. In dieser Zeit war der christliche Glaube für die Menschen extrem wichtig. Die religiösen Vorschriften bestimmten das Handeln der Menschen. Sie glaubten auch, dass Gott ihnen von Geburt an ihren Lebensweg vorgegeben hatte.

T2 • Die Ständeordnung

Ab dem 10. Jahrhundert entwickelte sich eine feste Ordnung der Gesellschaft. Diese Ordnung galt als von Gott gewollt. Die Menschen waren darin in drei verschiedene Stände unterteilt. Diese Stände waren:
– die Geistlichen, wie zum Beispiel Bischöfe und Mönche: Sie sollten für die Menschen beten;
– die Adligen, wie zum Beispiel Herzöge und Ritter: Sie hatten die Aufgabe, Land und Bevölkerung zu schützen;
– alle Übrigen, zum Beispiel Bauern, Handwerker oder Händler: Sie versorgten die Menschen mit ihren Waren.
Über alle regierte der König. Er leitete das Land und war für den Schutz der gesamten Gesellschaft zuständig.

Stände
Die Menschen wurden in Gruppen eingeteilt, in sogenannte Stände. Jeder Stand hatte verschiedene Rechte und Aufgaben.

Bischof
oberster Leiter der Kirche in einem größeren Gebiet, in dem er auch Herr über den Landesbesitz ist

M3 Ständeordnung im Mittelalter (heutige Zeichnung)

❶ a) Beschreibe die Personen und deren Aufgaben in M1.
b) Der Künstler hat die Personen in verschiedenen Abständen zu Christus geordnet. Überlege, was das aussagen soll.
🜂 Think – Pair – Share
❷ Gib die Aussagen des Bischofs von Laon in eigenen Worten wieder. (M2)
❸ Welche Bedeutung hatte die Religion? (T1)
❹ Hilfe Wie war die mittelalterliche Ständeordnung aufgebaut? Beschreibe. (T2, M3)
❺ Hilfe Welche Rolle spielte der König im Mittelalter? Erkläre. (T2, M3)
❻ Warum akzeptierten die Menschen die Ständeordnung? Begründe. (M1, T1)

Hilfe zu
❹ Schreibe in ganzen Sätzen: An der Spitze der mittelalterlichen Ordnung stand ...
❺ Schau dir noch einmal genau an, wo der König in der mittelalterlichen Ordnung stand und welche Aufgabe er hatte.

Heute ist ein besonderer Tag. König Heinrich wird den Adligen Bernhard von Ebensbach zum Herzog ernennen. Zu diesem Fest sind nun viele bedeutende Gäste gekommen. Sie sollen Zeugen sein, wie Bernhard das Herzogtum übertragen wird.

Gleich zu Beginn der Feierlichkeiten setzt sich König Heinrich auf seinen Thron. Bernhard kniet vor ihm nieder. Heinrich stellt ihm eine Frage: „Willst du von nun an mein Gefolgsmann sein?" Bernhard antwortet: „Ja, das will ich!" Nun umschließt Heinrich die Hände von Bernhard. Dann wendet sich Bernhard an den König: „Ich verspreche dir, dass ich dir ein treuer Gefolgsmann sein werde. Ich werde dich nicht betrügen und dir immer ein ehrlicher Berater sein." Heinrich antwortet ihm: „So nehme ich dich als Gefolgsmann an."

Zum Schluss gibt Bernhard ein Treueversprechen vor Gott ab. Er sagt: „Ich schwöre bei Gott, meinem Herrn, dem König, treu zu sein und mich um das Land zu kümmern, das ich als Herzogtum erhalten habe." Dann übergibt Heinrich an Bernhard eine Fahne. Sie ist ein Zeichen für das Herzogtum, für das Bernhard von nun an verantwortlich ist.

M1 Bernhard von Ebensbach wird Herzog (Geschichtserzählung mit mittelalterlichen Buchmalereien)

Das Lehnswesen

T1 • Amt und Land gegen Dienste

Im Mittelalter regierte der König sein Reich nicht allein. Es bestand aus mehreren Landesteilen, die zum Beispiel von Herzögen oder Bischöfen regiert wurden. Das Land und das Amt als Landesherr wurden ihnen vom König übertragen. Sie waren von da an die Vasallen des Königs, und er verlangte von ihnen Treue und bestimmte Dienste. Hierzu zählte in Zeiten des Krieges der Dienst als Heerführer. In Friedenszeiten dienten die Vasallen dem König zum Beispiel als Ratgeber. Aber auch der König war seinen Vasallen zur Treue verpflichtet. Gerieten sie beispielsweise in einen Konflikt, musste er ihnen helfen.

Das Land und auch das Amt waren nur eine Leihgabe des Königs. Sie wurden daher Lehen genannt. War ein Vasall dem König nicht treu oder verweigerte er die Dienste, konnte der König dem Vasallen das Lehen wieder wegnehmen und an jemanden anderen vergeben.

Heerführer
der Befehlshaber eines Heeres, das heißt einer großen Anzahl von Soldaten

Lehen
Das Wort „Lehen" ist mit unserem heutigen Wort „leihen" verwandt.

① a) Hilfe Spielt die Szene aus M1 in Gruppen nach. Tauscht mindestens einmal die Rollen.
   b) Wie habt ihr euch in eurer Rolle gefühlt?
② a) Was ist ein Vasall? Erkläre. (T1)
   b) Welche Pflichten hatte ein Vasall, welche der König? Stelle gegenüber. (T1)
   c) Was ist ein Lehen? Erkläre. (T1)

③ Land und Amt als Leihgabe – überlege, welche Vor- und Nachteile das hatte.

Hilfe zu
① a) Achtet auf die einzelnen Schritte: Niederknien, Handumschließen, Treueversprechen, Übergabe eines Zeichens.

T2 • Kronvasallen und Untervasallen

Die Vasallen, die ihr Lehen direkt vom König erhielten, waren die Kronvasallen. Sie teilten ihr Lehen wiederum in kleinere Lehen auf und gaben sie an Untervasallen. Damit wurde der Kronvasall selbst zum Lehnsherrn. Seine Untervasallen konnten zum Beispiel Ritter oder Äbte sein.

Auch bei diesem Lehnsverhältnis schworen sich beide Seiten gegenseitige Treue. Ebenso konnte der Lehnsherr einem untreuen Vasallen das überlassene Land wieder wegnehmen und neu vergeben.

Abt
Leiter eines Klosters

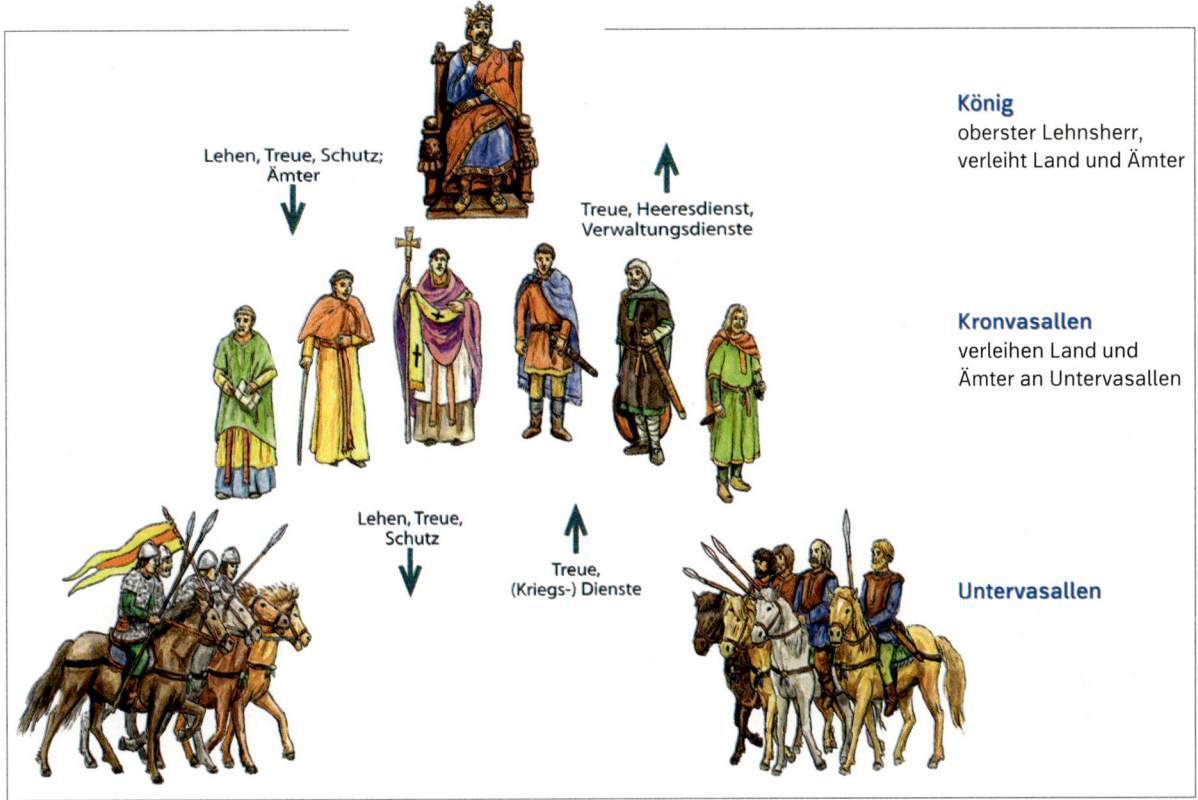

König
oberster Lehnsherr, verleiht Land und Ämter

Kronvasallen
verleihen Land und Ämter an Untervasallen

Untervasallen

M2 Das Lehnswesen

T3 • Das Lehen und die hörigen Bauern

Zu den Lehen gehörten immer auch hörige Bauern, die dort lebten. Sie waren Bestandteil des Lehens und somit Besitz des jeweiligen Herrn. Ihre Aufgabe war es zum Beispiel, das Land des Herrn zu bewirtschaften und den Herrenhof mit Nahrungsmitteln zu versorgen. Denn erst durch diese Versorgung war es dem jeweiligen Herrn möglich, sich um seine Aufgaben als Herzog, Ritter oder Abt zu kümmern.

hörige Bauern
Bauern, die an das Land, das sie bewirtschafteten, gebunden waren. „Hörig" bedeutet „zu einem Stück Land gehören".

❹ a) Was ist der Unterschied zwischen den Kronvasallen und den Untervasallen? (T2)
b) Hilfe Wie funktionierte das Lehnswesen? Erkläre. (T1, T2, M2)
Think – Pair – Share

❺ Die hörigen Bauern waren für das Lehnswesen wichtig. Begründe. (T3)

Hilfe zu
❹ b) Beginne deine Erklärung mit dem König.

M1 Der König mit seinem Gefolge auf einem Umritt durch sein Reich (Rekonstruktionszeichnung)

Der König auf Reisen

T1 • Karl der Große

Einer der bedeutendsten Könige des Mittelalters war Karl der Große. Er lebte von 747 bis 814. In seinem Reich gab es keine Hauptstadt, von der aus er regieren konnte. Daher reiste Karl mit seinem Gefolge umher. Er besuchte dabei seine Vasallen, um zu überprüfen, ob sie die Gebiete, die ihnen übertragen worden waren, gut verwalten.

Das Gefolge Karls des Großen bestand auf seinen Reisen ungefähr aus 150 Personen. Hierzu gehörten Ritter, Schmiede, Köche und viele mehr. Sie alle mussten beim Vasall vor Ort versorgt werden. Da dessen Vorräte bei so vielen Personen schnell aufgebraucht waren, reiste Karl immer wieder weiter. So durchritt er sein Reich von Vasall zu Vasall.

M2 Karl der Große (Bronzestatue)

① Königshalle
② Wohngebäude für Familienmitglieder und hohe Gefolgsleute
③ Unterkünfte für Bedienstete
④ Eingangshalle mit Gerichtssaal
⑤ Pfalzkapelle, kleines Gebäude für Gottesdienste und Gebete
⑥ Therme
⑦ Säulengang mit Innenhof

M3 Karl der Große wohnte auf seinen Reisen auch in seinen Königspfalzen, die er überall in seinem Reich besaß. In der Abbildung ist die Pfalz Aachen zu sehen. (Rekonstruktionszeichnung)

M4 Orte, an denen sich Karl der Große aufgehalten hat

1. a) Wer ist in M1 der König? Woran ist er zu erkennen?
   b) **Hilfe** Überlege, aus welchem Grund der König so auffällig war. (M1, M2)
2. a) Warum musste der König im Mittelalter durch sein Reich reisen? Erkläre. (T1)
   b) Warum waren die Aufenthalte des Königs selten besonders lang? Begründe. (T1)
3. Der König reiste mit einem großen Gefolge. Überlege, welche Vorbereitung auf dem Hof des Vasallen getroffen werden mussten, bevor der König eintraf.
   🌐 *Lerntempoduett*
4. Beschreibe die Königspfalz Aachen. Gehe auch auf die einzelnen Gebäude ein. (M3)
5. a) Nenne Orte, an denen Karl der Große besonders häufig war. (M4)
   b) Welche Pfalz war vermutlich Karls Lieblingspfalz? (M4)
6. Schlage in einem Atlas nach, in welchen heutigen Ländern diese Orte liegen. (M4)
7. Versetze dich in eine Person aus Karls Gefolge. Erzähle von deinen Erlebnissen auf den Umritten. Mache dabei auch deutlich, was du von den Reisen hältst.
   🌐 *Marktplatz*

Hilfe zu
1. b) Bedenke, dass es damals kein Internet, Fernsehen oder Zeitungen gab.

M1 Das Reich Karls des Großen

Karl wird Kaiser

T1 • Der fränkische König Karl unterstützt den Papst

Karl hatte von seinem Vater Pippin im 8. Jahrhundert die Herrschaft über eines der größten Reiche seiner Zeit geerbt: das Frankenreich. Durch Kriege und Eroberungen auf slawischem und germanischem Gebiet gelang es ihm, sein Reich immer weiter zu vergrößern. Da Karl sich selbst als Verteidiger des Christentums sah, zwang er besiegte Völker, den christlichen Glauben anzunehmen.

Diese Haltung als Schutzherr des Christentums führte im Jahr 799 dazu, dass sich auch Papst Leo III. Hilfe suchend an ihn wandte. In Rom war Leo III. von aufständischen Adligen überfallen worden. Ihm gelang aber die Flucht, und er reiste nach Paderborn, wo sich Karl zu diesem Zeitpunkt aufhielt. Da sich das Fränkische Reich über Teile des heutigen Italiens ausdehnte, herrschte Karl somit auch über Rom. Er begleitete den Papst wieder zurück, um diesen zu unterstützen. In Rom gelang es Karl, zwischen den Aufständischen und Papst Leo III. zu vermitteln.

---

slawisch
Die Slawen waren wie die Germanen eine Gruppe von Völkern. Im Mittelalter lebten sie vor allem östlich der Elbe und im Osten Europas.

Papst
Oberhaupt der Christenheit und Bischof von Rom. Das Amt des Papstes ist das höchste Amt der christlichen Kirche.

T2 • Karl wird römischer Kaiser

Durch die Unterstützung Karls konnte Papst Leo III. wieder in sein Amt eingesetzt werden. Aus Dankbarkeit krönte er Karl im Jahr 800 zum Kaiser. Karl wurde damit Nachfolger der antiken römischen Kaiser. So wie die römischen Kaiser über die verschiedenen Völker ihres Reiches geherrscht hatten, wurden nun Karl zum Kaiser und Schutzherrn der christlichen Völker. Karl erhielt durch die Kaiserkrönung den höchsten weltlichen Herrschertitel.

Reich
Als Reich wurde im Mittelalter ein Herrschaftsgebiet verstanden, in dem verschiedene Völker unter einem Herrscher lebten.

> … es [schien] Papst Leo und … dem übrigen christlichen Volk, dass sie jenen Karl, den König der Franken, „Kaiser" nennen müssten. … Da der allmächtige Gott alle diese [Kaiser-]Sitze unter seine Macht gegeben hatte, erschien es ihnen, dass jener mit der Hilfe Gottes und auf Ersuchen des ganzen christlichen Volkes hin jene Würde haben sollte.

Webcode
Filmclip zu Karl dem Großen
WES-100110-7

M2 Zeitgenössische Chronik über die Kaiserkrönung Karls des Großen

M3 Karl der Große wird zum Kaiser gekrönt (Buchmalerei aus dem 15. Jh.)

1. **Hilfe** Betrachte die Karte M1. Formuliere drei Sätze, mit denen du das Reich Karls des Großen beschreibst.
   Think – Pair – Share
2. Beschreibe, wie es Karl gelang, sein Reich zu vergrößern. (T1)
3. Warum erhoffte sich Leo III. von Karl Hilfe? Erkläre. (T1)
4. Erkläre, warum Karl den Titel „Römischer Kaiser" erhielt. (T2, M2)
5. Karl war König und Kaiser. Erkläre den Unterschied. (T1, T2, M3)

Hilfe zu
1. Betrachte zum Beispiel die Größe des Reiches und die dazugehörigen Gebiete oder Völker.

M1 Papst und Kaiser (Buchmalerei um 1300)

Ein Streit um die Macht

T1 • Wer setzt die Bischöfe ein?

Viele Jahrhunderte war es selbstverständlich, dass ein König in seinem Reich Bischöfe mit Land belehnte und mit dem Bischofsamt beauftragte. Damit wurden sie zu wichtigen Vasallen. Diesen Vorgang nennt man Investitur. Mitte des 11. Jahrhunderts wollte Papst Gregor VII. jedoch alles, was die Kirche betraf, allein entscheiden. Er wollte selbst Bischöfe auswählen und damit seinen Einfluss ausweiten.

Im Jahr 1072 kam es darüber in Mailand zu einem Machtkampf. König Heinrich IV. wollte dort einen neuen Bischof einsetzen, den die Bürger der Stadt aber nicht akzeptierten. Der Papst übernahm die Position der Bürger und stellte sich gegen den König. Heinrich wertete diese Haltung des Papstes als Einmischung in seine Regierungsgeschäfte.

T2 • Der Streit verschärft sich

Nach Jahren des Streits griff Papst Gregor VII. im Jahr 1076 schließlich zur höchsten Kirchenstrafe, indem er über Heinrich den Kirchenbann verhängte. Das bedeutete für Heinrich den Ausschluss aus der Kirche. Seine Vasallen meinten, dass niemand König sein könne, der aus der Kirche ausgeschlossen wurde, und stellten sich gegen Heinrich.

Heinrich wurde deshalb eine Frist gesetzt: Innerhalb eines Jahres müsse er sich vom Kirchenbann befreien, sonst würde ein neuer König gewählt. Für Heinrich gab es nur eine Möglichkeit, sich von dem Bann zu befreien. Er musste vor dem Papst Buße leisten.

Investitur
jemanden, zum Beispiel einen Bischof, in ein Amt einsetzen

akzeptieren
mit etwas einverstanden sein

Kirchenbann
Ausschluss aus der Kirche. Dies bedeutete im Mittelalter meist auch, das Amt oder die Arbeit zu verlieren und sogar den Wohnort verlassen zu müssen.

Buße leisten
einen Fehler eingestehen und wiedergutmachen. Meist muss hierbei auch eine Strafe abgeleistet werden. Oft sind es besondere Taten oder Gebete.

T3 • Ein König leistet Buße

Ende Dezember 1076 brach Heinrich zur Burg der Gräfin Mathilde von Tuszien nach Canossa in Italien auf, denn dort hielt sich Papst Gregor zu diesem Zeitpunkt auf. Zunächst war der Papst zu keiner Verständigung bereit. Aber dessen Berater wirkten so auf ihn ein, dass sie sich schließlich auf folgendes Vorgehen einigten: König Heinrich musste barfuß im Büßergewand drei Tage vor der Burg erscheinen und außerdem schriftlich die Unterwerfung unter den Urteilsspruch des Papstes versprechen.

Heinrich IV. handelte entsprechend und lag drei Tage in eisiger Kälte mit ausgebreiteten Armen vor dem Burgtor. Danach hob Papst Gregor den König auf und löste den Kirchenbann.

T4 • Die Lösung des Streits

Heinrichs Herrschaft war nun gesichert, der Streit um die Investitur aber noch nicht gelöst. Erst im Jahr 1122, fast fünfzig Jahre später, konnte dieser Streit von dessen Sohn, Heinrich V., und Papst Kalixt II. beigelegt werden. In Worms einigten sie sich auf einen Vertrag, den sogenannten Wormser Konkordat. Darin legten sie fest, wer Bischöfe in ihre Ämter einsetzen durfte. Erstmals wurde mit diesem Vertrag zwischen weltlichen und geistlichen Herrschaftsaufgaben unterschieden.

Büßergewand
ein grobes, unangenehm zu tragendes Hemd, oft aus Ziegenhaaren. Es wurde direkt auf der Haut getragen.

Konkordat
ein Vertrag zwischen der Kirche und einem Staat

M2 Heinrich bittet die Burgherrin von Canossa und den Abt Hugo von Cluny um Vermittlung beim Papst (Buchmalerei, um 1115)

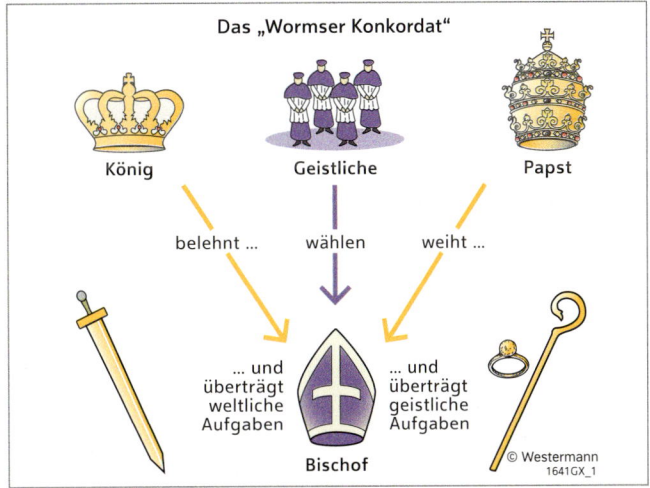

M3 Die Regelungen im Wormser Konkordat von 1122 zur Investitur

❶ Überlege, was M1 über das Verhältnis zwischen Papst und Kaiser aussagen will.

❷ Erkläre, warum sich Papst und König um das Recht der Investitur stritten. (T1)

❸ *Hilfe* Stell dir vor, du begleitest Heinrich auf seinem Weg. Beschreibe in einem Tagebuch den Grund der Reise und die Ereignisse auf Canossa. (T2, T3, M2)

❹ Erkläre die Regelungen des Wormser Konkordats. (T4, M3)
Partnerabfrage

Hilfe zu
❸ Warum musste Heinrich aufbrechen? Was passierte auf der Burg? Gab es Unterstützer?

M1 Aufseher mit Bauern bei ihrer Arbeit auf dem Land des Grundherrn (Buchmalerei aus dem 13. Jahrhundert)

Holz schlagen
Bäume fällen, um Holz zu gewinnen

Hörige
Bauern, die nicht frei waren, sondern an das Land, das sie bewirtschafteten, gebunden waren. „Hörig" bedeutet „zu einem Stück Land gehören". Das Land war das Lehen eines Grundherrn.

Frondienste
Arbeit eines hörigen Bauern auf dem Land seines Grundherrn, wie Pflügen des Ackers oder auch Bauarbeiten

Tagwerke
Maß für die Fläche, die man an einem Tag pflügen konnte

eggen
Erde mit geeignetem Gerät auflockern und zerkleinern, damit dort Pflanzen gut wachsen können

Die Grundherrschaft

T1 • Freie Bauern werden abhängig

Im 6. Jahrhundert lebten die meisten Menschen in Europa noch als freie Bauern, die ihr eigenes Land bewirtschafteten. Jedermann durfte im Wald Holz schlagen und jagen, in den Flüssen und Seen fischen und die Wildnis zu Ackerland machen. Im Krieg mussten sie ihrem König dienen und in den Kampf ziehen.

Doch dreihundert Jahre später hatte die Mehrzahl der Bauern ihren Grundbesitz an einen adeligen Herrn oder an ein Kloster übergeben. Dies konnte verschiedene Ursachen haben. Ein Grund dafür war zum Beispiel, dass nach dem Tod eines Bauern dessen Besitz unter den Söhnen gleichmäßig aufgeteilt wurde. So wurden die Ackerflächen und Höfe immer kleiner. War eine Ernte schlecht, musste sich der Bauer Geld leihen, um neues Saatgetreide kaufen zu können.

Wer zu viele Schulden gemacht hatte, konnte sein Land einem Grundherrn übergeben, der dann die Schulden bezahlte. Der Bauer durfte den Hof als Höriger weiter bewohnen und das Land bewirtschaften. Dafür musste er Abgaben zahlen und bestimmte Arbeiten, die Frondienste, für den Grundherrn leisten.

---

❶ a) Beschreibe das Bild M1.
  b) Hilfe Formuliere Gedankenblasen für die einzelnen Personen.
❷ Nenne die Rechte, die die Menschen im frühen Mittelalter hatten. (T1)
❸ Hilfe Erkläre, wie ein Bauer abhängig von einem Grundherren werden konnte. (T1)
  Lerntempoduett

Hilfe zu
❶ b) Achte auf die Körperhaltung und den Gesichtsausdruck. Wie würdest du dich fühlen?
❸ Wenn ein Bauer starb, … . Die Ackerflächen wurden deshalb immer … . Die Ernte reichte nicht mehr aus, um … .

T2 • Die Pflichten der Bauern

Welche Frondienste der hörige Bauer gegenüber seinem Grundherrn zu leisten hatte, wurde genau festgelegt und schriftlich dokumentiert.

> … [je] zwei Wochen [Feldarbeit] im Herbst, … im Vorfrühling … im Juni … im Herbst zwei Tagwerke … pflügen, das Saatkorn vom Hof empfangen und eggen. Der gleiche Dienst … im Frühjahr …
> In der Heuernte soll jeder Hufenbauer bis zum Mittag mähen, dann steht zweien ein Brot zu, Zukost und ein Sechstel Bier. Er soll darauf das Heu … zusammenrechen und … einen Wagen voll in die Scheune fahren. Weiter soll er zum Haupthof 30 Pfähle bringen, sooft es notwendig ist, den Zaun [zu] erneuern …
> Er soll jährlich zwei Scheffel Roggen vom Haupthofe empfangen und mahlen und verbacken. Von 24 Broten erhält er eines, wenn er sie abliefert.

Hufenbauer
höriger Bauer

Hufe
ein bäuerlicher Hof mit Ackerland, der im Mittelalter ausreichte, um eine Familie zu ernähren. Ein Hufenland war im Durchschnitt 7–10 Hektar groß. Ein Hektar sind 100 m x 100 m.

Scheffel
ein Maß, um ein Volumen zu messen, wie zum Beispiel Liter. Ein Scheffel war jedoch je nach Region unterschiedlich groß.

M2 Verzeichnis eines Gutshofs um 900 über die Verpflichtungen der Hörigen

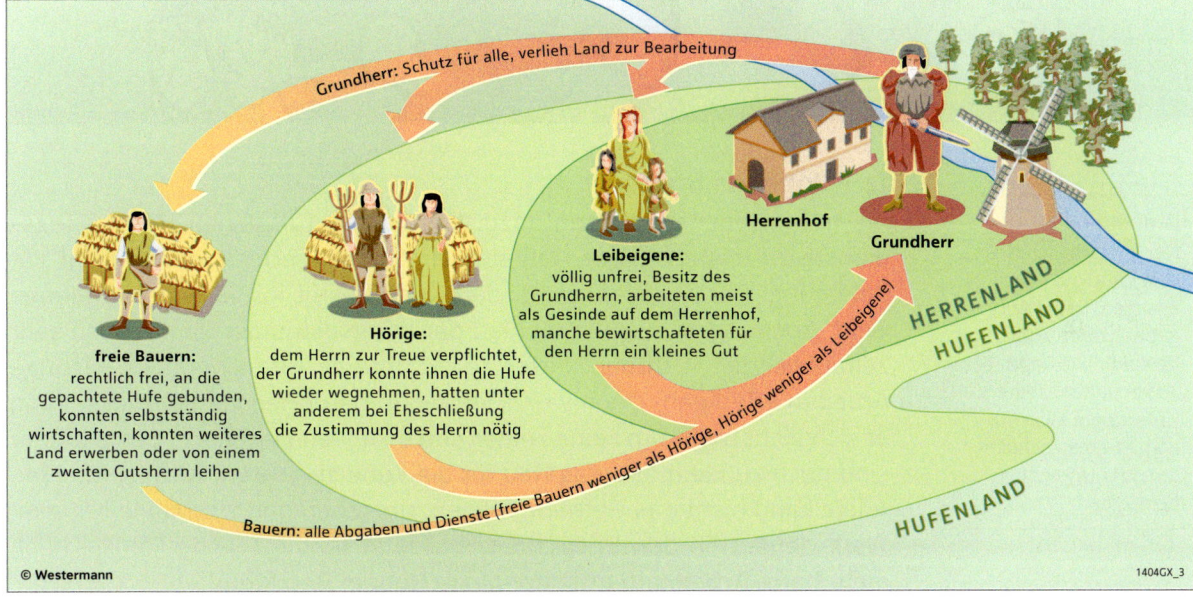

M3 Die Grundherrschaft

❹ a) Nenne verschiedene Tätigkeiten, die die Bauern als Frondienste verrichteten. (T2, M2)
b) Warum waren einige Dienste zeitlich festgelegt? Erkläre. (T2, M2)
c) **Hilfe** Überlege, was die zeitliche Festlegung für die Bauern bedeutete. (T2, M2)
🐝 *Bienenkorb*

❺ Erkläre die einzelnen Formen der Abhängigkeit vom Grundherrn: frei, hörig, leibeigen. (M3)

Hilfe zu
❹ c) Denke zum Beispiel an:
Arbeit auf dem eigenen Feld – Ernährung der Familie usw.

Eine Geschichtserzählung

T1 • Johann – der freie Bauer

freie Bauern
Bauern, die eigenes Land besaßen und dadurch nicht von einem Grundherrn abhängig waren. Diese Bauern waren frei.

Johann ist ein freier Bauer. Er besitzt ein Stück Land mit einem Hof, auf dem er mit seiner Familie lebt. Vom Grafen Eric von Hagedorn hat Johann zudem noch ein weiteres Stück Land gepachtet. Als Pacht zahlt er regelmäßig eine bestimmte Menge an Abgaben. Aber rechtlich ist Johann frei. Das bedeutet ihm sehr viel. Denn er musste zum Beispiel den Grundherrn nicht um Erlaubnis fragen, als er damals seine Adele heiraten wollte. Außerdem kann er, wann immer er will, sein Pachtland an Eric zurückgeben. Darüber hinaus kann er auch sein eigenes Land verkaufen und woanders hinziehen.

T2 • Johanns Sorgen

Grundherr
Der Grundherr hatte sein Land als Lehen erhalten. Seine Aufgaben waren zum Beispiel, das Land zu verwalten, seine Untertanen zu schützen, Streit zu schlichten oder Unrecht zu bestrafen.

Als freier Bauer ist Johann dazu verpflichtet, für seinen Herrn Kriegsdienste zu leisten. Diese Aufgabe wird für ihn jedoch immer mehr zur Belastung. Die Ausrüstung für den Krieg kostet ihn eine große Menge Geld. Aber was viel schlimmer ist, der Kriegsdienst ist für ihn auch sehr zeitaufwendig. Während dieser Zeit könnte er auf seinem Hof wichtige Arbeiten erledigen. Denn wenn Johann in den Krieg ziehen muss, kann er sich nicht mehr um seine Felder und sein Vieh kümmern. Seine Kinder sind noch zu klein, um das Heu für die Kühe zu ernten. Auch seine Frau Adele kann nicht das Getreide mähen, dreschen und zur Mühle bringen. Wenn Johann in den Krieg zieht, bedeutet dies für seine Familie noch mehr harte Arbeit und trotz der Mühe Hunger und Elend.

T3 • Eric von Hagedorns Angebot

Der Grundherr Eric von Hagedorn kennt die Sorgen der Bauern in seiner Grafschaft gut. Oft genug hatten sie ihn auf verschiedenen Kriegszügen begleitet.

Eines Tages macht Eric von Hagedorn Johann ein Angebot: Er würde Johann von seinen Kriegsdiensten befreien. Weil Eric dafür aber mehr bewaffnete Männer einstellen und versorgen müsste, soll Johann ihm als Ausgleich sein gesamtes Land überlassen. Johann könnte weiterhin auf seinem Hof leben, wäre dann aber ein höriger Bauer auf Erics Land.

Johann muss sich dieses Angebot erst einmal durch den Kopf gehen lassen. Nie wieder in den Krieg ziehen, das ist ein schöner Gedanke. Er könnte sich das Geld für die Ausrüstung sparen. Er würde keine Sorge mehr haben, dass er im Krieg schwer verletzt oder gar getötet werden könnte. Er würde sich das gesamte Jahr über um seine Felder und sein Vieh kümmern können. Außerdem ist Eric als Grundherr verpflichtet, seine Hörigen in Notzeiten zu unterstützen.

Doch was ist die Kehrseite des Angebots? Johann und Adele müssten hohe Abgaben leisten. Dazu kämen verschiedene Dienste: So müsste Adele für Eric Brot backen, Stoffe weben oder Kleidung nähen. Johann müsste zusätzliche Feldarbeiten für Eric von Hagedorn erledigen. Und das gerade dann, wenn er eigentlich auf seinen Feldern selbst genug zu pflügen, säen oder ernten hätte. Außerdem müsste er für Eric Holz im Wald schlagen, Straßen ausbessern oder Zäune reparieren. – Dies wird keine einfache Entscheidung, denkt Johann.

hörige Bauern
Bauern, die nicht frei waren, sondern an das Land, das sie bewirtschafteten gebunden waren. „Hörig" bedeutet „zu einem Stück Land gehören". Das Land war das Lehen eines Grundherren.

Abgaben
Hörige Bauern mussten zum Beispiel einen bestimmten Teil ihrer Ernte und ihres Viehs an den Grundherrn abgeben.

1. Johann ist ein freier Bauer. Erkläre. (T1)
2. Warum hat Johann Sorgen? Erkläre. (T2)
3. [Hilfe] Welches Angebot macht der Grundherr Eric von Hagedorn? (T3)
4. [Hilfe] Welche Vor- und welche Nachteile hätte das Leben als höriger Bauer? (T3)
   Partnerpuzzle
5. [Hilfe] Schreibe mit einem Partner einen Dialog, in dem Johann und seine Frau Adele über das Angebot Erics beraten.

Hilfe zu
3. Denke an die Verpflichtung, die Johann als freier Bauer hatte.
4. Ihr könnt die Vor- und Nachteile in einer Tabelle gegenüberstellen.

Das Leben als höriger Bauer

Vorteile	Nachteile
- keine Kriegsdienste	

5. Nutzt eure Ergebnisse aus Aufgabe 4.

M1 Mittelalterliches Bauernhaus (heutige Zeichnung)

Leben auf dem Land

T1 • Die Bauernhäuser

Die meisten Menschen waren im Mittelalter Bauern. Sie lebten in Dörfern und wohnten in Häusern, die sie selbst aus Holz, Stroh und Lehm gebaut hatten. Geschlafen wurde meist auf Stroh, das auf dem Lehmfußboden ausgebreitet war. Toiletten gab es nicht. Wasser wurde aus Bächen oder Brunnen geholt. Mensch und Vieh lebten unter einem Dach.

T2 • Über die Not der Bauern

Das wichtigste Nahrungsmittel war das Getreide. Die einfachen Bauern aßen grobes Brot oder Getreidebrei. Rüben, Kohl und Zwiebeln wurden zu Suppen zubereitet. Fleisch, Eier und Käse wurden von den einfachen Leuten nur selten gegessen, denn vor allem die hörigen Bauern mussten einen Teil ihres Geflügels, des Jungviehs, der Eier sowie des Käses als Abgaben ihrem Grundherrn überlassen.

In guten Erntejahren hatten die Bauern gerade genug Nahrung zum Überleben. Wenn jedoch durch Trockenheit oder Unwetter die Ernte ausblieb, mussten die Menschen hungern.

❶ Hilfe Beschreibe das Bauernhaus in M1.
❷ Wie lebten die Bauern in ihren Häusern? (T1)
❸ Hilfe Wie ernährten sich die Menschen? (T2)
  Stühletausch
❹ Weshalb kam es im Mittelalter oft zu Hungersnöten? Erkläre. (T2)

Hilfe zu
❶ Was siehst du in den einzelnen Räumen? Beschreibe einen Raum nach dem anderen.
❸ Die einfachen Bauern aßen meist ... . Typisches Gemüse war ... . Daraus bereiteten sie ... . Sehr selten aßen sie ..., weil ... .

T3 • Die Arbeit der Bauern

Die Bauernfamilien stellten fast alles, was sie zum Leben brauchten, selbst her. Ihre Arbeiten hingen dabei von den Jahreszeiten ab. Denn zu verschiedenen Jahreszeiten waren unterschiedliche Arbeiten nötig.

Tätigkeiten der Bauern

- Getreide mähen und Schafe scheren
- Heu ernten
- dem Grundherrn bei der Jagd helfen
- Schweine zur Mast in den Wald treiben
- Weintrauben ernten
- pflügen und säen

M2 Tätigkeiten der Bauern über das Jahr – eine Auswahl (Darstellungen von 1513/15)

⑤ a) Warum war die Arbeit der Bauern von der Jahreszeit abhängig? Erkläre. (T3)
b) **Hilfe** Ordne die Bilder den Tätigkeiten aus der Randspalte zu. (M2)
⑥ **Hilfe** Der elfjährige Hannes lebt in einem mittelalterlichen Dorf. Erzähle, wie du heute lebst. Stelle dabei dein Leben seinem gegenüber.

Hilfe zu
⑤ b) März: pflügen und säen
Juni: ...
⑥ Folgende Fragen helfen dir dabei:
- Wo lebst du? (Haus, Wohnung; Stadt, Land)
- Hast du Haustiere? Wo leben sie?
- Woher bekommst du deine Lebensmittel?

M1 Tätigkeiten in der bäuerlichen Gemeinschaft (Buchmalerei, 15. Jahrhundert)

Leben in der Dorfgemeinschaft

T1 • Die Dorfgemeinde

Die Dörfer im Mittelalter lagen weit auseinander. Befahrbare Wege oder Brücken gab es damals nur wenige. Selten hatten die Dörfer mehr als 150 Einwohner. Alle Bewohner waren gemeinsam für das Wohl ihres Dorfes verantwortlich. Viele Arbeiten wurden zusammen organisiert und ausgeführt. Gemeinsam besserten die Bauern die Dorfstraße aus oder rodeten Wälder, um neue Ackerflächen zu gewinnen.

Zu jedem Dorf gehörte die Allmende. Dies waren Wälder, Wiesen und Gewässer, die von allen Dorfbewohnern gemeinsam genutzt werden konnten. Dort durfte auch der ärmste Bauer sein Vieh hintreiben, Holz schlagen, jagen und fischen. Über die Verwendung der Allmende beriet und wachte der Rat der Dorfgemeinde, denn kein Einzelner sollte Wald- oder Weideflächen zu seinem Vorteil nutzen und damit der Gemeinde schaden.

rodeten
Bäume und Sträucher entfernen

Allmende
Landflächen und Gewässer, die die Dorfgemeinde nutzen darf

---

❶ a) Beschreibe die Tätigkeiten der Bauern in M1 genau.
   b) Hilfe Welchen Zweck hatten diese Tätigkeiten?

❷ a) Beschreibe, was im Mittelalter zur Allmende gehörte. (T1)
   b) Erkläre die Bedeutung der Allmende für die Dorfgemeinschaft.

❸ Begründe, warum die Dorfgemeinschaft sehr wichtig für das Leben des einzelnen Bauern war. (T1)
   Partnerabfrage

Hilfe zu
❶ b) *Ein Bauer gräbt den Boden um, damit … .*
   Mit einer Sense schneidet der Bauer …, um …

T2 • Fortschritte in der Landwirtschaft

Die Felder, die zu einem Dorf gehörten, waren in Parzellen aufgeteilt. Je eine Parzelle gehörte zu einem Hof. Aber die Bauern sprachen auch hierbei ab, was gesät werden sollte. Wann es Zeit zum Pflügen oder Ernten war, legten sie ebenfalls gemeinsam fest.

Lange Zeit hatten die Bauern nur eines von zwei Feldern bestellt. Auf dem ersten Feld säten sie ein Sommergetreide oder ein Wintergetreide aus. Das zweite Feld lag brach. Dadurch konnte sich der Boden erholen. Auf dieses Feld trieben die Bauern ihr Vieh, um es mit dem Kot der Tiere zu düngen. Im folgenden Jahr wechselten die Bauern die Felder. Diese Form der Landwirtschaft nennt man Zweifelderwirtschaft.

Im 11. Jahrhundert verbreitete sich in ganz Europa die Dreifelderwirtschaft. Dabei wurde auf dem ersten Feld Sommergetreide und auf dem zweiten Feld Wintergetreide gesät. Das dritte Feld lag brach und wurde als Weide genutzt. Im Jahr darauf wurde die Nutzung der Felder gewechselt. Durch die Methode der Dreifelderwirtschaft konnten die Bauern mehr Getreide auf der gleichen Fläche ernten.

Parzellen
abgemessenes Stück Land

pflügen
den Boden auflockern, damit die Pflanzen gesät werden können

Wintergetreide/Sommergetreide
Wintergetreide wird vor dem Winter gesät, Sommergetreide erst nach dem Winter

brachliegen
Ein Feld liegt brach, wenn es nicht bepflanzt ist.

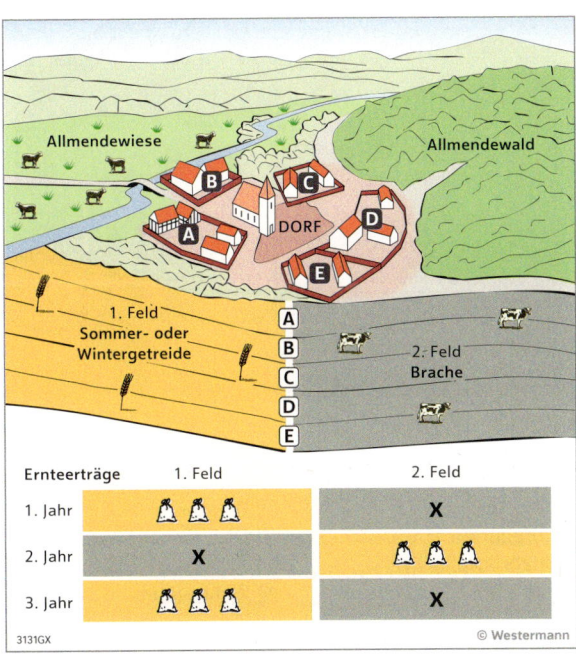

M2 Zweifelderwirtschaft

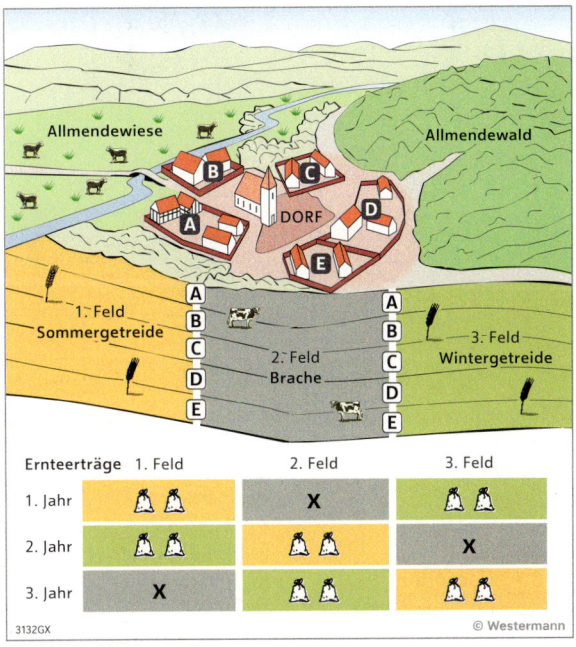

M3 Dreifelderwirtschaft

④ Überlege, weshalb die Bauern Aussaat und Ernte miteinander absprachen. (T2)

⑤ a) Beschreibe die Zweifelderwirtschaft. (T2, M2)
b) Beschreibe die Dreifelderwirtschaft. (T2, M3)
c) Stellt beide Formen gegenüber.
🧩 *Partnerpuzzle*

⑥ **Hilfe** Du findest eine Anstellung bei einem Bauern. Im Dorf willst du die Bewohner von den Vorteilen der Dreifelderwirtschaft überzeugen. Schreibe diese Ansprache.

Hilfe zu
⑥ Denke an den unterschiedlichen Ertrag. Was bedeutet das für die Bauern?

M1 Querschnitt einer mittelalterlichen Burg (Rekonstruktionszeichnung)

① Burggraben
② Burgmauer
③ Wehrgänge
④ Zinnen mit Schießscharten
⑤ Herrenhaus
⑥ Küche, Vorratsräume
⑦ Rittersaal
⑧ Schlafräume
⑨ Toilettenerker
⑩ Bergfried
⑪ Viehstall
⑫ Burggarten
⑬ Zugbrücke
⑭ Kapelle
⑮ Schmiede
⑯ Burgtor mit Fallgitter
⑰ Gesindehaus mit Pferdestall
⑱ Ziehbrunnen

Zinnen mit Schießscharten
Mauer auf dem Wehrgang. Die Zinne war mannshoch und bot Schutz. Durch die Lücke zwischen zwei Zinnen (Schießscharte) konnte der Schütze schießen.

Das Leben auf Burgen

T1 • Wohnen auf der Burg

Eine Burg diente im Mittelalter meist einem Ritter als Wohnort. Hier lebte er mit seiner Familie und seinem Gefolge. Von der Burg aus verwaltete er als Grundherr sein Lehen. Hier wurden auch die Abgaben seiner hörigen Bauern gelagert.

In Kriegszeiten diente die Burg dem Ritter als Stützpunkt und den Bauern als Zufluchtsort. Zur Absicherung der Burg hatte der Ritter eine bestimmte Anzahl an bewaffneten Männern.

T2 • Aufbau einer Burg

Burgen wurden an bevorzugten Standorten gebaut, meist auf hohen Bergen oder umgeben von Wasser. Um eine Burg herum wurde eine starke Verteidigungsmauer mit Türmen errichtet, die oft zusätzlich von einem Wassergraben umgeben war. Dies sollte die Burg vor Angreifern sichern.

Wenn es Feinden gelungen war, in das Innere der Burg zu kommen, gab es dort einen besonders starken Turm. Er war nur über Leitern zu erreichen. Dieser Turm wurde Bergfried genannt. Er war im Fall einer Belagerung die letzte Zuflucht für die Bewohner der Burg. Hier befanden sich auch die Waffenkammer und Vorratsräume.

M2 Verteidigung einer Burg (Buchmalerei, 14. Jahrhundert)

> Gleichgültig, ob eine Burg auf einem Berg oder in der Ebene steht, so ist sie auf jeden Fall doch nicht für Behaglichkeit, sondern zur Wehr erbaut, mit Gräben und Wall umgeben, innen von bedrückender Enge, zusammengepfercht mit Vieh- und Pferdeställen, Dunkelkammern vollgepfropft mit schweren Büchsen, Pech, Schwefel und allen übrigen Waffen und Kriegsgerät. Überall stinkt das Schießpulver, und der Duft der Hunde und ihres Unrates ist auch nicht lieblicher, wie ich meine. Reiter kommen und gehen, darunter auch Räuber, Diebe …
>
> Und welch ein Lärm! Da blöken die Schafe, brüllt das Rind, bellen die Hunde, auf dem Feld schreien die Arbeiter, die Wagen knarren, und bei uns zu Hause hört man auch die Wölfe heulen.
>
> Jeden Tag kümmert und sorgt man sich um den folgenden, immer in Unruhe.

Büchsen
Als Büchsen bezeichnete man am Ende des Mittelalters schwere Eisenkanonen. Sie schossen mit großen Stein- oder Eisenkugeln und konnten Burgmauern zerstören.

M3 Ritter Ulrich von Hutten über das Burgleben (bearbeitet)

---

1 a) Beschreibe die Burg in M1.
b) Wer lebte auf einer Burg? Stelle Vermutungen an.

2 Hilfe Informiere dich über Burgen in deiner Umgebung. Erstelle eine Wandzeitung.
Galeriegang

3 a) Hilfe Welche Funktion hatte eine Burg? Beschreibe. (T1)
b) Warum lebte ein Ritter nicht in einem vornehmen Landhaus, sondern in einer Burg? Begründe. (T1)

4 Hilfe Wie erlebte der Ritter Ulrich von Hutten den Alltag auf seiner Burg? (M3)
Lerntempoduett

5 Ein Ritter möchte sich eine sichere Burg bauen. Erkläre ihm, worauf er achten muss. (M1, M2, T2)

6 Hilfe Versetze dich in einen Bauern, der bei einem Überfall Schutz auf der Burg seines Herrn sucht. Erzähle von deinen Erlebnissen in der Burg.

Hilfe zu

2 Du kannst zum Beispiel in der Schulbibliothek oder Stadtbücherei recherchieren oder das Internet nutzen.

3 a) Drei verschiedene Bereiche werden im Text genannt.

4 Gehe auf verschiedene Aspekte ein: Platz – Gerüche – Lärm – Sorgen.

6 Denke an Dinge wie: Wasserversorgung – Hygiene – Lebensmittel – Übernachtung – deinen Tagesablauf – Verteidigung – und vieles mehr.

M1 Nonnen bei der Krankenpflege

M2 Mönche beim Klosterbau

M3 Nonne beim Schreiben

M4 Mönch beim Unterrichten

Leben im Kloster

T1 • Ein Leben für Gott

Im Mittelalter war bei den meisten Menschen der christliche Glaube stark ausgeprägt. Für manche war der Glaube sogar so wichtig, dass sie ihr ganzes Leben Gott widmen wollten. Dafür gingen diese Frauen und Männer in Klöster und wurden Nonnen bzw. Mönche. Sie verpflichteten sich dazu, in Armut, Ehelosigkeit und Gehorsam zu leben.

❶ Hilfe Was siehst du in M1 – M4? Beschreibe.

❷ Warum gingen im Mittelalter Menschen ins Kloster? Erkläre. (T1)

Hilfe zu

❶ Achte zum Beispiel auf die Kleidung und die Tätigkeiten der dargestellten Personen.

T2 • „Bete und arbeite"

Der Tagesablauf im Kloster war streng nach dem Leitsatz „Bete und arbeite" organisiert. Schon früh am Morgen wurde gebetet. Ihre Arbeit verrichteten die Nonnen und Mönche in den klostereigenen Werkstätten und auf ihren Feldern.

Zudem kümmerten sich die Nonnen und Mönche um die Armen und Kranken. Sie versorgten Hungernde mit Mahlzeiten und pflegten Kranke in den klostereigenen Krankenhäusern, den Spitälern. Aber auch Reisende fanden im Kloster eine Unterkunft.

Die Klöster waren auch Orte des Wissens. Hier wurden zum Beispiel Heilpflanzen gezüchtet und Arzneien hergestellt. Ihr Wissen hielten die Nonnen und Mönche in Büchern fest. So konnte es an spätere Generationen weitergegeben werden.

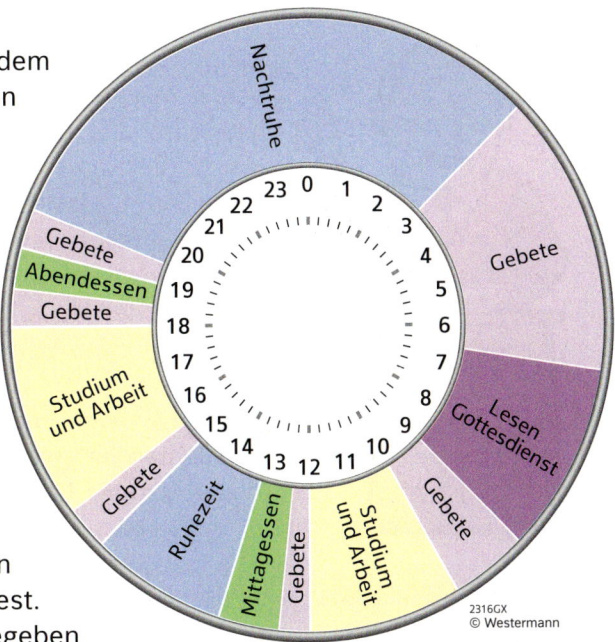

M5 Tagesablauf im Kloster

- Das Kloster soll so angelegt sein, dass sich alles Nötige innerhalb des Klosters befindet: Wasser, Mühle, Garten, Werkstätten.
- Alle Gäste sollen wie Christus aufgenommen werden, besonders Glaubensgenossen und Pilger.
- Für Arme soll immer Kleidung bereitliegen. ...
- Die Sorge für die Kranken muss vor und über allem stehen: Man soll ihnen so dienen, als wären sie wirklich Christus. ... Die kranken Brüder sollen einen eigenen Raum haben und einen eigenen Pfleger, der Gott fürchtet und ihnen sorgfältig und eifrig dient. Man biete den Kranken, sooft es ihnen guttut, ein Bad an. ...

M6 Aus den Klosterregeln Benedikts von Nursia, Norditalien (bearbeitet)

M7 Mönch bei der Getreideernte

❸ Welche Aufgaben hatten Nonnen und Mönche? Liste auf. (M1 – M4, M7, T2)
  Lerntempoduett

❹ Was bedeutet der Satz „Bete und arbeite"? Erkläre mit eigenen Worten. (T2)
  Placemat

❺ Hilfe Beschreibe den Tagesablauf in einem mittelalterlichen Kloster mithilfe von M5.

❻ Nenne drei Dinge, die dir beim Tagesablauf im Kloster besonders auffallen. (M5)

❼ Welche Klosterregeln nennt Benedikt von Nursia? Zähle auf. (M6)

❽ Hilfe Versetze dich in eine Nonne oder einen Mönch. Berichte einem Reisenden von deinem Leben im Kloster.
  Kugellager

Hilfe zu
❺ Beginne mit den Gebeten nach der Nachtruhe. Gehe auch auf die Uhrzeiten ein.
❽ Gehe dabei auf deinen Tagesablauf ein. Beschreibe verschiedene Tätigkeiten, die du ausübst. Erkläre vielleicht auch ein paar Klosterregeln.

Die Gründung unserer Stadt Tenneburg vor 750 Jahren verdanken wir dem damaligen Stadtherrn Herzog Albrecht. Kaufleute erhofften sich gute Geschäfte in der Nähe seiner Burg. Sie wollten dort edle Stoffe, feinste Glaswaren oder Gewürze verkaufen. Herzog Albrecht gab ihnen nicht nur das Recht, ihre Waren auf seinem Markt anzubieten, sondern erlaubte ihnen auch, sich dort niederzulassen.

Um die Anwohner und ihre Waren vor Räubern zu schützen, ließ Albrecht um den Marktort mit seinen Wohn- und Geschäftshäusern eine Mauer bauen. Die Menschen konnten sich nun sicher fühlen. So entstand unsere Stadt.

Immer neue Händler und Handwerker siedelten sich an. Sie verkauften hier ihre Waren und machten Tenneburg immer interessanter für neue Einwohner. Und die Bauern aus der Umgebung versorgten die Stadt mit ihren Produkten. ...

M1 So könnte heute die Rede eines Bürgermeisters zum 750-jährigen Jubiläum seiner Stadt lauten.

Städtegründungen im Mittelalter

T1 • Städte als neue Lebensräume

Die wichtigsten Lebensräume der Menschen im Mittelalter waren die Dörfer auf dem Land. Ab dem 10. Jahrhundert wurden viele Städte gegründet, die zu einem immer wichtigeren Lebensraum wurden.

Die adligen Landesherren erkannten, dass sie mit Stadtgründungen die Wirtschaft ihres Landes stärken konnten. Auf diese Weise wollten sie ihre Einnahmen erhöhen, denn sie bekamen als Stadtherren zum Beispiel Mieten für Grundstücke und Steuern von den Stadtbewohnern.

Für Kaufleute und Handwerker war die Stadt ebenso von Vorteil. Hier konnten sie ständige Käufer für ihre Waren finden. Außerdem brauchten sie Sicherheit für ihre Lagerhäuser. Die fanden sie in den Städten, denn diese waren von Mauern umgeben.

Auch für viele Dorfbewohner war die Stadt interessant, denn die Stadtbewohner waren frei. Wenn also Hörige ein Jahr und einen Tag in einer Stadt verbracht hatten, ohne vom Grundherrn zurückgefordert zu werden, waren sie frei und damit rechtmäßige Bewohner der Stadt.

Steuern
Abgaben in Form von Geld an den Stadtherrn

Hörige
Bauern, die nicht frei waren, sondern an das Land, das sie bewirtschafteten, gebunden waren. „Hörig" bedeutet „zu einem Stück Land gehören". Das Land war Besitz eines Grundherrn.

❶ *Hilfe* Was erfährst du über die Gründung der Stadt Tenneburg? Liste auf. (M1)
❷ Erkläre, warum im Mittelalter viele neue Städte entstanden. (T1)
❸ Welche Vorteile brachte eine Stadt den Stadtherren, Kaufleuten und Handwerkern? Zähle auf. (T1)
  Lerntempoduett
❹ *Hilfe* Versetze dich in einen Stadtbewohner und überzeuge einen Verwandten auf dem Land vom Leben in der Stadt.

Hilfe zu
❶ Beantworte die Fragen: Wer? Wo? Was? Wie? Warum? Wann?
❹ Schreibe einen Brief oder Dialog.

M2 Mittelalterliche Städtegründungen in Rheinland-Pfalz (Auswahl)

5 Hilfe Wo entstanden im Mittelalter viele Städte? Beschreibe mithilfe von M2.

6 Die Endungen vieler Städtenamen geben dir Auskunft darüber, an welchen Plätzen die Städte errichtet wurden, zum Beispiel -burg, -berg, -hafen, -brück, -furt. Werte dazu M2 aus:
a) Suche fünf Städte, deren Namen den Gründungsort verraten.
b) Finde heraus, an welchen Plätzen sehr häufig Städte gegründet wurden.

7 Hilfe Erforscht eure Region:
a) Wann wurde deine Stadt oder eine Stadt in deiner Nähe gegründet?
b) Woher hat diese Stadt ihren Namen?

Hilfe zu
5 Betrachte zunächst die Bilder in M2 und vergleiche dann mit der Karte.
7 Du kannst dich zum Beispiel bei der Stadtverwaltung, in der Stadtbücherei oder auch im Internet informieren.

Textquellen auswerten

Textquellen sind zahlreich überliefert. Dazu gehören Bücher, Briefe, Zeitungen, Urkunden, Tagebücher, Verträge oder Reiseberichte. Sie enthalten viele Informationen über die Vergangenheit. Häufig ist es jedoch schwierig, alte Texte zu untersuchen. Sie müssen zunächst verstanden werden. Außerdem ist wichtig, sich kritisch mit einer Schriftquelle auseinanderzusetzen. Es muss geprüft werden, wer den Text verfasst hat und an wen er gerichtet ist. Wichtig ist herauszufinden, ob die Darstellungen den Tatsachen entsprechen oder der Verfasser etwas vortäuschen möchte.

Wir
Die Urkunden im Mittelalter begannen häufig mit „Wir", obwohl nur ein Herrscher die Urkunde verfassen ließ. Die Herrscher sprachen von sich selbst im Plural und wurden auch von anderen im Plural angesprochen. So wurde ihre besondere Stellung hervorgehoben.

Heide
Region in der Nähe von Celle

> Im Namen des Herrn. Amen. Wir, Otto, von Gottes Gnaden Herzog zu Braunschweig und Lüneburg, wünschen allen, an welche dieses Schreiben gelangt, Segen in Gott, der wahres Wohlergehen für alle schafft. Damit nicht, was in der Zeit verhandelt wird, gleichzeitig mit der Zeit vergehe, wird es durch schriftliche Bezeugung verewigt.
>
> Daher sollen das jetzt lebende und die künftigen Geschlechter wissen, dass wir nach reiflicher Überlegung und vorsorglicher Beratung mit unsern Getreuen unsere Bürger, welche in unsere neue Stadt Celle ziehen, dort Häuser bauen und wohnen wollen, neben allen Vorrechten für ein Jahrzehnt völlige Abgabenfreiheit gewähren.
>
> Außerdem erlassen wir auf ewige Zeiten unseren Bürgern jegliche Abgabe von Schweinen und den Grundzins, den wir in unserer alten Stadt Celle gehabt haben, … und [geben] unseren oben genannten Bürgern … alle Weiden, welche an die genannte Stadt grenzen, zur Weide für ihr Vieh oder ihre Schweine … .
>
> Außerdem bestimmen wir, dass ein jeder, welches Standes er sei, der aus der Heide oder sonst woher in unsere neue Stadt Celle zieht, um dort zu verbleiben, frei sein soll, wenn er nicht Jahr und Tag zurückgefordert wird.
>
> Zum Zeugnis alles dieses geben wir diesen Brief und bekräftigen seine Echtheit durch Anhängen unseres Siegels. Gegeben im Jahr des Herrn 1292 am heiligen Pfingsttage.

M1 Urkunde zur Verlegung der Stadt Celle vom 25. Mai 1292 (sprachlich vereinfacht)

Ergänzung: Im Mittelalter war die Stadt Celle ein wichtiger Handelsplatz, weil sie an der Handelsstraße zwischen Braunschweig und Bremen und an dem Fluss Aller lag. Als der Fluss verschlammte und nicht mehr von Schiffen befahren werden konnte, wurden die Waren 3 Kilometer entfernt umgeladen. Dort siedelten sich Menschen an und bauten Lagerhäuser. Herzog Otto wollte, dass sich mehr Menschen dort niederließen, weil der Handel Reichtum brachte.

1. Schritt: **Den Inhalt verstehen**
- Lies die Textquelle aufmerksam durch.
- Hinweis: Punkte … bedeuten, dass hier Wörter aus der Originalquelle ausgelassen wurden. Wörter in eckigen Klammern [ ] sind eingefügt worden, damit der Text besser verständlich ist. Wörter in runden Klammern ( ) sind Erklärungen von schwierigen Begriffen.
- Lies den Text ein zweites Mal.
- Notiere, was du verstanden hast.
  Tipp: Nutze die W-Fragen (wer, wann, wo, was, wie, warum).
- Markiere Wörter, die du nicht verstehst, und kläre ihre Bedeutung.

2. Schritt: **Die Quelle untersuchen**
- Bestimme, um welche Art von Quelle es sich handelt (Urkunde, Bericht, Brief, Tagebuch, Zeitungsartikel usw.).
- Nenne das Datum oder den Zeitpunkt, wann die Quelle entstanden ist.
- Beschreibe, was du über den Verfasser der Quelle weißt.
- Ermittle, an wen sich der Text richtet.
- Beschreibe, wovon der Text handelt.

- So kann dein Text lauten:
  Bei der Quelle handelt es sich um … .
  Die Quelle handelt davon, dass … .
  Herzog Otto verspricht … . Er bestätigt … .
  Die Menschen dürfen … . Sie können sogar … .

3. Schritt: **Die Quelle einordnen**
- Untersuche, ob bestimmte Interessen oder Einstellungen des Verfassers deutlich werden.
  Der Verfasser … möchte erreichen, dass … .
  Er ist daran interessiert, weil … .
  Die Bevölkerung hat Vorteile, weil … .
  Herzog Otto verspricht den Menschen, dass … .
- Bewerte, ob dir die Textquelle glaubwürdig erscheint.
  Mir erscheint die Quelle glaubwürdig, weil … .
  Ich erkenne an dem Siegel, dass … .
  Heute kann ich überprüfen … .

1. Schritt: Den Inhalt verstehen

Das habe ich verstanden:
Wer?
Wann?
Wo?
Was?
Wie?
Warum?

Diese Wörter muss ich klären:

2. Schritt: Die Quelle untersuchen

Quellenart:
Zeitpunkt der Entstehung:
Verfasser:
Adressat:
Inhalt / Thema:

zusätzliche Informationen:

M2 Notizzettel zur Quellenauswertung

M3 Urkunde zur Verlegung der Stadt Celle vom 25. Mai 1292 (Foto der historischen Urkunde)

  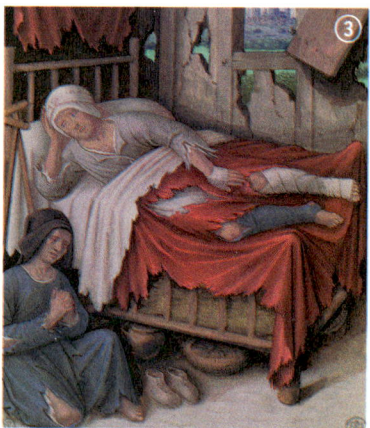

M1 Menschen in der mittelalterlichen Stadt (französische Buchmalerei, 1505 – 1510)

Menschen in der Stadt

T1 • Die Oberschicht

Die mittelalterliche Stadt stand unter der Führung eines adligen oder geistlichen Stadtherrn. Er sorgte für die Sicherheit der Stadtbewohner. Die Spitze der Gesellschaft bildeten die sogenannten Patrizier. Sie waren meist reiche Kaufleute und hatten durch ihr Geld großen Einfluss in der Stadt.

T2 • Die Mittelschicht

Den größten Teil der Stadtbewohner bildete die Mittelschicht. Das waren kleinere Händler und Handwerker. Hierzu gehörten ebenfalls die Angestellten der Stadt wie zum Beispiel die Stadtschreiber. Eine weitere Gruppe waren die Ackerbürger. Sie wohnten in der Stadt, betrieben aber in der näheren Umgebung Landwirtschaft.

T3 • Die Unterschicht

Zum unteren Teil der städtischen Gesellschaft gehörten Menschen, deren Beruf als unehrenhaft angesehen war, wie Henker oder Totengräber. Des Weiteren zählten hierzu jene Personen, die nur ein geringes Einkommen hatten. Das waren Handwerksgesellen, Knechte oder Mägde. Sie hatten kein eigenes Heim, sondern lebten bei ihren Arbeitgebern. Unter ihnen standen die Bettler, die um Geld betteln mussten, weil sie zum Beispiel wegen einer Krankheit nicht arbeiten konnten.

❶ **Hilfe** Welche unterschiedlichen Personen sind in M1 dargestellt? Beschreibe.

❷ Welche verschiedenen Gruppen gab es in einer mittelalterlichen Stadt? Arbeitet in 3er-Gruppen. (T1, T2, T3)
Gruppenpuzzle

❸ Ordne die Personen aus M1 der Ober-, Mittel- und Unterschicht zu. Begründe.
Bienenkorb

Hilfe zu
❶ Achte auf Kleidung und Tätigkeiten.

T4 • Die jüdische Bevölkerung

In der christlich geprägten Gesellschaft des Mittelalters waren die Juden eine religiöse Minderheit. Sie lebten in fast allen mittelalterlichen Städten und gehörten allen sozialen Gruppen an.

In den Städten wohnten die Juden von sich aus meist in eigenen Stadtvierteln. Dies erleichterte ihnen die Ausübung ihrer Religion. Wegen ihrer anderen Kultur wurden sie aber auch häufig von den christlichen Stadtbewohnern ausgegrenzt. So mussten sie in manchen Städten einen auffälligen spitzen Hut tragen, damit man sie sofort erkennen konnte.

M2 Jüdischer Stadtbewohner (Buchmalerei)

M3 Aufbau der städtischen Gesellschaft im Mittelalter

T5 • Das Bürgerrecht

Die Einwohner einer Stadt unterteilten sich nicht nur in verschiedene soziale Gruppen, sie hatten auch unterschiedliche Rechte. Ein wesentliches Recht in der Stadt war das Bürgerrecht. Es erlaubte den Bürgern zum Beispiel, in der Stadt ein Grundstück zu kaufen oder vor dem Stadtgericht zu klagen. Dieses Recht erhielten nur all jene, die genug Geld hatten, um Steuern zu zahlen. Das waren die städtische Ober- und Mittelschicht.

❹ Die Juden waren in der mittelalterlichen Stadt eine Sondergruppe. Erkläre. (T4, M2)

❺ Gib den Aufbau der städtischen Gesellschaft mit eigenen Worten wieder. (M3)
   Partnervortrag

❻ a) Was war das Bürgerrecht? (T5)
   b) Wie konnte man das Bürgerrecht erhalten? (T5)
   c) „Die Stadt machte frei, aber nicht gleich." Begründe diese Aussage. (T5)

❼ **Hilfe** Suche dir eine Person aus M1 aus. Versetze dich in sie hinein. Erzähle über dein Leben.

Hilfe zu
❼ Mache dir zuerst Notizen über: Name, Alter, Familie, Beruf, soziale Gruppe usw.
So kannst du beginnen: Sei gegrüßt! Mein Name ist ... und ich wohne in ... . Dort lebe ich seit ... . Ich arbeite als ... .

M1 Schuhmacherwerkstatt mit Verkauf (Holzschnitt um 1560)

Handwerker und Zünfte

T1 • Die Handwerker

In den Städten lebten sehr viele Handwerker. Die Handwerksmeister arbeiteten allein oder mit ihren Gesellen und Lehrlingen in ihren Werkstätten. Diese befanden sich im Wohnhaus des Meisters. Meist wohnten die Handwerker eines Berufes in der gleichen Straße. Deshalb hatten viele Straßen Namen wie „Bäckerstraße" oder „Schustergasse".

T2 • Die Zünfte

Die Handwerksmeister schlossen sich je nach Berufsgruppe zu Zünften zusammen. Nur wer in der Zunft war, durfte in der Stadt seinem Handwerk nachgehen. Die Zunftmitglieder erstellten Regeln für ihr jeweiliges Handwerk. Diese Regeln legten die Qualität des verarbeiteten Materials und die Preise der Waren fest. Außerdem gab es Vorschriften über die Löhne der Gesellen und die Ausbildung der Lehrlinge. Darüber hinaus wurde in der Zunft geregelt, wie viele Meister in der Stadt arbeiten durften. Damit wurde sichergestellt, dass jeder Handwerker genug Kunden hatte und somit ausreichend verdiente.

Geselle
Handwerker, der seine Ausbildung abgeschlossen hat

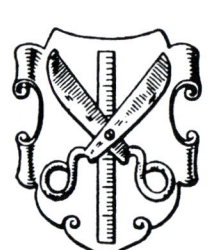

M2 Zunftzeichen der Schneider

❶ a) Hilfe Beschreibe das Geschehen in M1.
b) Wie würdest du heute Schuhe kaufen? Nenne Unterschiede. (M1)
❷ Wo arbeiteten und wohnten die Handwerker im Mittelalter? (M1, T1)
❸ a) Was war eine Zunft? (T2)
b) Hilfe Der zwölfjährige Karl lebt in einem mittelalterlichen Dorf. Er bittet dich, ihm den Zweck der Zünfte zu erklären. (T2, M2)

Hilfe zu
❶ a) Beschreibe von rechts nach links. Achte auf die Tätigkeiten der Personen.
❸ b) Schreibe einen Brief. Beginne so:
Mein lieber Karl,
du hast mich gebeten, dir etwas über die Zünfte zu erzählen. Eine Zunft ist … . Die Aufgaben einer Zunft sind … . Ein solcher Zusammenschluss hat manche Vorteile … .

> Kein Meister soll größer oder kleiner backen, als ... der Rat das Gewicht festgesetzt hat. Wer dagegen verstößt, soll eine Strafe bezahlen. Wer von außerhalb in die Stadt kommt und Brot verkaufen will, darf dies nur, wenn ... der Rat es ihm erlaubt hat. ... Keiner soll am Sonntag ... backen ... Die Meister sollen am Markttag und sonntags um 8.00 Uhr umhergehen und die Backöfen besichtigen. Und wer nicht ausgebacken hat, der soll eine Strafe bezahlen.

M3 Aus der Ordnung der Bäckerzunft der Stadt Düren von 1544

M4 Mittelalterliches Brotmaß, öffentlich sichtbar am Freiburger Münster

Rat
Gruppe gewählter Bürger, die die Stadt regieren und zum Beispiel die Steuern der Bürger verwalten

T3 • Lehrlinge und Gesellen

Im Mittelalter suchten sich Jungen bereits im Alter zwischen 10 und 14 Jahren eine Lehrstelle. Sie zogen dann bei ihrem Meister ins Haus ein. Der Meister übernahm die Rechte und Pflichten des Vaters, seine Frau die der Mutter. Der Lehrling erhielt während seiner Ausbildungszeit Essen und Unterkunft. Dafür musste die Familie des Lehrlings monatlich ein Lehrgeld zahlen.

Wenn der Lehrling nach 4 bis 6 Jahren ausgebildet war, legte er eine Gesellenprüfung ab. Im Anschluss daran ging er wie viele andere Lehrlinge für mehrere Jahre auf die Walz. Das bedeutete, dass er auf Wanderschaft ging, um bei anderen Meistern in anderen Städten Berufserfahrung zu sammeln. Danach suchte er sich eine feste Anstellung.

Webcode
Filmclip über die Walz in heutiger Zeit
WES-100110-8

> ... Was ich bei diesem Meister während ... meiner Lehrzeit ausgestanden habe ... wie ich von drei oder vier Uhr morgens bis abends neun oder zehn, bisweilen auch bis elf oder zwölf Uhr ... in einem fort arbeiten musste, wie ich geplagt wurde mit Wassertragen, mit Hauskehren ... mit Hin- und Herlaufen ... in und außerhalb der Stadt ... mit Schuldeneintreiben ... Wie ich mitunter noch härtere Schläge ... Hunger, Durst bis zum Äußersten zu ertragen hatte ... das würde kaum in einem großen Buche zu beschreiben sein. Wir mussten ... auf das Sorgfältigste Wolken, Sterne ... Blitze, Hagel ... sticken ...

M5 Erinnerungen des Schneiders Johannes Butzbach 1494–1498

4 a) Welche Vorschriften machte die Zunftordnung in M3? Zähle auf.
b) Erkläre das Brotmaß in M4 mithilfe der Zunftordnung M3.

5 Werte den Text T3 aus:
a) Berichte über die Lehrlinge.
b) Berichte über die Gesellen.
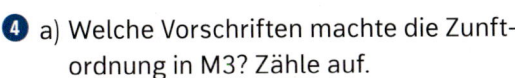 *Partnervortrag*

6 Werte die Quelle M5 aus. Berichte über die Arbeitsbedingungen des Schneiderlehrlings Johannes Butzbach.
Lerntempoduett

7 Versetze dich in die Lage von Johannes Butzbach. Schreibe einen Brief an deinen Meister und bitte ihn um eine Verbesserung deiner Arbeits- und Lebensbedingungen.

M1 Im Hafen einer mittelalterlichen Hansestadt (Rekonstruktionszeichnung)

Die Hanse

T1 • Ein Schutz- und Handelsbund

Auch im Mittelalter war der Handel mit anderen Ländern wichtig für die Menschen. Rohstoffe und Fertigwaren wurden zwischen verschiedenen Regionen, aber auch mit fernen Ländern gehandelt. Der Transport vieler Waren war aufwendig und gefährlich. Zum Beispiel überfielen Piraten und Räuber die Händler auf dem See- und dem Landweg. Um sich vor Überfällen schützen zu können, schlossen sich im 12. Jahrhundert viele Händler zu einem Bund zusammen: der Hanse. Der Bund bot Schutz, sodass der Handel sicherer wurde.

Der sichere Handel führte in den Städten dazu, dass die Wirtschaft aufblühte. Gute Geschäfte bei Händlern und Handwerkern sicherten den Städten hohe Steuereinnahmen. Das trug wiederum zu einem wachsenden Reichtum der Städte bei. Daher schlossen sich bald auch viele Städte der Hanse an. Bis zum 16. Jahrhundert gehörten zur Hanse etwa 200 Städte. Diese enge Verbindung zwischen den Städten und die gegenseitige Unterstützung führten zu einem noch wirksameren Schutz.

Rohstoff
Material aus der Natur, das von Menschen weiterverarbeitet wird

❶ Wähle dir eine Person in M1. Beschreibe die Szene aus ihrer Sicht in Ich-Form.
  Marktplatz
❷ Erkläre, warum sich Händler zu einem Bund zusammenschlossen. (T1)
❸ Begründe, warum die Hanse kein reiner Handelsbund war. (T1)
❹ Erkläre, wie der sichere Handel zum Reichtum der Städte beitrug. (T1)
  Lerntempoduett

T2 • Handelsviertel

Die Hanse errichtete in bedeutenden Handelsstädten eigene Niederlassungen, sogenannte Kontore. Das waren selbstständige Stadtviertel mit Hafen, Kirchen, Speichern und Wohnräumen für die Hansekaufleute. In den Kontoren legte die Hanse sogar eigene Rechts- und Handelsbestimmungen fest. Kontore der Hanse gab es in London, Brügge, Bergen und Nowgorod.

M2 Das Handelsnetz der Hanse

T3 • Die Macht der Hanse

Die immer größer werdende Macht der Hanse schuf auch Gegner. Zu ihnen gehörte der dänische König Waldemar IV. Die Kontrolle von Nord- und Ostsee durch die Hanse lief seinen eigenen Interessen entgegen. 1362 griff er mit seinen Schiffen die Hansestadt Wisby auf der Insel Gotland an und besiegte die Stadt. Fünf Jahre später begann die Hanse mit ihren Schiffen einen Gegenangriff und siegte über den dänischen König. In dem dann ausgehandelten Friedensvertrag ließ die Hanse festlegen, dass kein dänischer König ohne Zustimmung der Hanse bestimmt werden durfte.

5 Erkläre den Begriff Handelskontor. (T2)

6 Hilfe Stell dir vor, du bist ein Händler aus Lüneburg und willst Leder in Riga kaufen. Wähle eine Transportroute und begründe deine Entscheidung. (M2)

7 Erkläre, warum der dänische König Waldemar ein Gegner der Hanse war. (T3)

8 Schildere, wie der Konflikt zwischen Dänemark und der Hanse verlief. (T3)

Hilfe zu

6 Schiff: 100 km/Tag, 200 t Ladung, 20 Seeleute
Fuhrwerk: 25 km/Tag, 2 t Ladung, 1 Fuhrmann und Bewachung

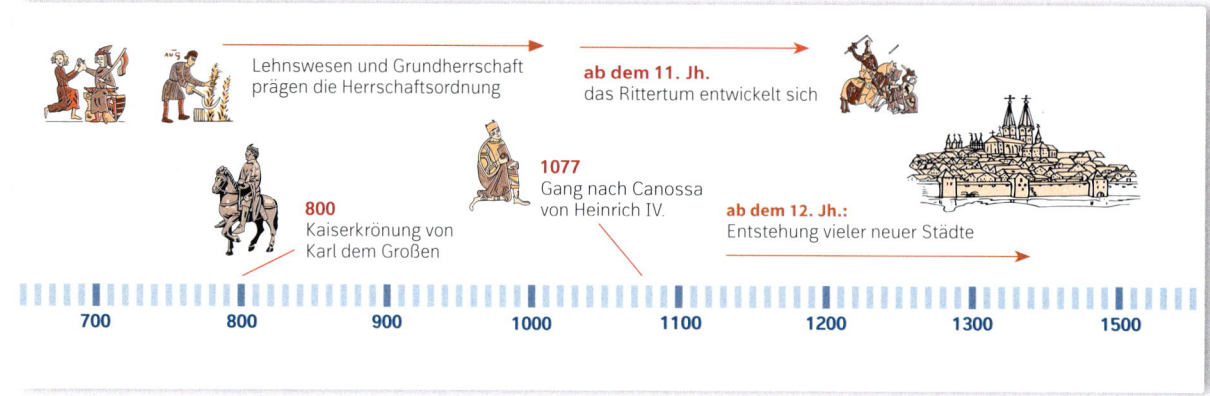

Leben im Mittelalter

Wie lebten die Menschen im Mittelalter?

Die meisten Menschen lebten im Mittelalter als Bauern. Ihre Arbeit war hart und ihre Ernährung einfach. Bei Missernten drohte ihnen eine Hungersnot.

Als freie oder hörige Bauern pachteten die Bauern das Land, das sie bewirtschafteten, von ihrem Grundherren. Dafür mussten sie für ihn Frondienste leisten und Abgaben zahlen. Der Grundherr wiederum hatte sein Land von einem mächtigen Landesherren als Lehen erhalten. Diesem war er zu Treue und Kriegsdiensten verpflichtet. Im Krieg war außerdem die Aufgabe des Grundherrn, seine Bauern zu beschützen.

Was sind die Aufgaben von einem König und Kaiser?

Ein König stand an oberster Stelle in seinem Reich und wurde von den wichtigsten Fürsten im Land gewählt. Er sorgte für den Schutz der Menschen. Da er aber sein Reich nicht allein regieren konnte, übergab er Teile des Reiches als Lehen an Kronvasallen. Sie regierten zum Beispiel als Herzöge einzelne Herzogtümer. Die Kronvasallen übergaben ebenfalls kleine Landesteile und Ämter an Untervasallen.

Ein Kaiser war der Schutzherr aller Christen. Eine Kaiserkrönung konnte nur vom Papst vorgenommen werden. Karl der Große erhielt die Kaiserkrone, weil er den Papst im Kampf gegen dessen Feinde unterstützt hatte.

Wie organisierten Kaufleuteden Handel?

Das Leben in der Stadt bot ihren Bewohnern durch die Stadtmauer und häufig auch Wassergräben Schutz. Dies nutzte in besonderer Weise den Kaufleuten, denn so konnten sie ihre Waren sicher in der Stadt lagern. Der Transport der Waren über Land oder über Wasser blieb aber gefährlich. Um Angriffen von Piraten oder Räubern zu entgehen, gründeten Händler im 12. Jahrhundert die Hanse. Dieser Bund sollte Warentransporte sicherer machen. Durch diesen erfolgreichen Schutz blühte der Handel in den Städten auf, die dadurch zu mehr Steuereinnahmen gelangten. Viele Städte traten selbst der Hanse bei, um an deren Erfolg teilzuhaben.

Dreifelderwirtschaft
Durch die Dreifelderwirtschaft konnten die Bauern ihre Erträge steigern. Das Feld wurde in drei Teile aufgeteilt. Auf einem Teil wurde Wintergetreide und auf dem zweiten Sommergetreide angebaut. Der dritte Teil blieb unbepflanzt. So konnte zwei Mal im Jahr geerntet werden.

Grundherr
Zu den Grundherren gehörten zum Beispiel Äbte und Ritter. Sie ließen ihr Land von hörigen Bauern bewirtschaften. Von den Bauern forderten sie Dienste und erhielten Abgaben in Form von Lebensmitteln und anderen Gütern. Der Grundherr musste dafür für die Sicherheit der Bauern sorgen, das Land verwalten und Gericht halten.

Höriger
Ein Höriger war ein Bauer, der zum Land eines Grundherrn gehörte und dieses Land für den Grundherrn bewirtschaftete. Der Hörige musste an den Grundherrn bestimmte Abgaben und Diensten leisten. Im Gegenzug hatte der Hörige ein Recht auf Schutz durch seinen Grundherrn.

Investitur
Als Investitur wird die Einsetzung eines Geistlichen in sein Amt als Bischof oder Abt bezeichnet. Bis zum 11. Jahhundert war dies Recht des Königs. Mit dem Konkordat von Worms 1122 wurde dieses Recht zwischen Papst und König geteilt. Der Papst übertrug die geistlichen Aufgaben, die mit dem Kirchenamt zusammenhingen, und der König die weltlichen. Gewählt wurde der Bischof oder Abt von Geistlichen.

Lehnswesen
Da der König sein Reich nicht allein verwalten konnte, übergab er Teile des Landes an Vasallen, die für ihn die Verwaltung vornahmen. Das abgegebene Land und das dazugehörige Amt wurden als Lehen bezeichnet. Wenn ein Vasall seinem König untreu wurde, konnte der König dem Vasallen das Lehen wieder wegnehmen und es neu vergeben.

Ständeordnung
In der Ständeordnung wurde die Gesellschaft in 3 Gruppen unterschieden. Diese Gruppen werden als Stände bezeichnet. Den ersten Stand bildeten die Geistlichen, ihre Aufgabe war es zu beten. Die Adligen stellten den zweiten Stand dar. Sie sollten die Menschen beschützen. Dem dritten Stand gehörten alle übrigen Menschen an, zum Beispiel die Bauern, Handwerker und Händler. Ihre Aufgabe war es zu arbeiten.

Reisekönigtum
Der König hatte keine Hauptstadt, von der aus er regierte. Stattdessen reiste er mit seinem Gefolge durch sein Reich. Auf seinen Reisen hielt er sich bei seinen Vasallen auf, die er so kontrollieren konnte. Der König besaß auch Pfalzen, auf denen er von Zeit zu Zeit wohnte.

Zunft
Eine Zunft war ein Zusammenschluss von Handwerkern desselben Handwerks. Sie gaben sich eine sogenannte Zunftordnung, in der zum Beispiel Materialien und Preise für alle gleich festgelegt waren.

M1 Versammlung von Gelehrten: Mauren und Christen (historische Darstellung, Museum der drei Kulturen in Cordoba)

Begegnung fremder Kulturen

→ Welche Möglichkeiten eröffnen friedliche Begegnungen?

→ Warum führen Begegnungen manchmal zu Gewalt?

→ Wie förderte der Handel die Begegnungen?

M2 Ausschreitungen gegen Juden bei Würzburg 1336 (Buchmalerei, 1489–1550)

M3 Eine Handelskarawane (Ausschnitt aus einem Atlas, um 1375)

M1 Die Ausbreitung des Islam im 7. und 8. Jahrhundert

Die Ausbreitung des Islam nach Europa

T1 • Die Entstehung eines islamischen Reiches

Die islamische Religion entstand Anfang des 7. Jahrhunderts. Sie wurde durch Mohammed begründet, der um 570 in der arabischen Stadt Mekka geboren wurde. Kern der Lehre Mohammeds ist der Glaube an den einen Gott. Seine Anhänger nannten sich Muslime. Nach seinem Tod im Jahr 632 wurden seine Glaubensgrundsätze im Koran, der heiligen Schrift der Muslime, zusammengefasst.

Im Verlauf des 7. Jahrhunderts nahmen viele Herrscher auf der arabischen Halbinsel die islamische Religion an. Nach Kriegszügen verlangten sie von den besiegten Völkern, ebenfalls den muslimischen Glauben zu übernehmen. So entstand ein großes Reich mit der gemeinsamen Religion Islam.

Bei vielen Eroberungen wurden die Araber von den Mauren unterstützt. Bis ins 8. Jahrhundert eroberten sie Nordafrika und fast die gesamte spanische Halbinsel. So entstand dort das Reich der Mauren.

Kalif
bedeutet so viel wie „Vertreter" und meinte ursprünglich die Nachfolger des Propheten Mohammed nach dessen Tod. Das Wort entwickelte sich dann zum Herrschertitel.

Omaijaden
erste Herrscherfamilie, die knapp 100 Jahre lang den Kalifen stellte

Mauren
Völker in Nordafrika, die im 7. Jahrhundert von den Arabern vom islamischen Glauben überzeugt wurden

❶ a) Beschreibe M1.
b) Hilfe Wie erfolgte die Eroberung?
c) Vermutet, welche Folgen sich daraus für das Zusammenleben der Menschen ergaben.
❷ Hilfe Beschreibe die Ausbreitung des Islam. (T1, M1)

Hilfe zu
❶ b) Beachte das Symbol mit den Jahreszahlen 711 und 732 in der Karte.
❷ Folgende Etappen solltest du nennen:
– Anfang des 7. Jahrhunderts
– Verlauf des 7. Jahrhunderts
– 8. Jahrhundert

T2 • Leben unter maurischer Herrschaft

Wie der Islam waren das Christentum und das Judentum eine Schriftreligion. Deshalb ließen die muslimischen Eroberer Juden und Christen im Unterschied zu Angehörigen anderer Religionen die Wahl: Sie hatten die Möglichkeit, zum islamischen Glauben überzutreten. Dann erhielten sie volles Bürgerrecht. Sie durften aber auch ihren Glauben weiter ausüben, mussten dann allerdings eine Kopfsteuer bezahlen. Juden und Christen war es nur gestattet, in bestimmten Stadtteilen zu leben. Ihre Kleidung musste sich von der der Muslime unterscheiden. Dennoch bedeutete dies für die jüdische Bevölkerung eine Besserstellung, da sie von ihren vorherigen Herrschern stark unterdrückt worden war.

> Lass das Land, welches Gott dir als Beute gewährt hat, in den Händen seiner Bewohner, und auferlege ihnen, nach Maßgabe ihrer Möglichkeit die Kopfsteuer ... Sie sollen das Land bebauen, denn sie verstehen mehr davon und sind uns darin überlegen. Keiner, weder du noch die Muslime bei dir, darf sie als Beute betrachten und sie verteilen, weil zwischen dir und ihnen Friede geschlossen wurde. ... Auferlege ihnen ... die Kopfsteuer, aber mache sie nicht zu Sklaven.

M2 Der Rechtsgelehrte Abu Yusuf (731–798) zur Stellung von Nichtmuslimen

Schriftreligion
Islam, Christentum und Judentum gelten laut Koran als Religionen der Schrift bzw. des Buches. Ihre Anhänger glauben nur an einen Gott und an eine heilige Schrift, die als Wort Gottes gilt.

Kopfsteuer
wurde von zahlungsfähigen Männern gezahlt. Frauen, Kinder und Bettler waren davon befreit.

Rechtsgelehrter
deutete religiöse Texte, wie den Koran, und leitete davon Rechte und Pflichten der Menschen ab

Webcode
Filmclip über die Alhambra
WES-100110-9

M3 Die Alhambra in Granada im heutigen Spanien war bis 1492 Sitz der maurischen Herrscher.

3. **Hilfe** Stelle die Auswirkungen der Eroberung für die Christen und Juden zusammen. (T2)
4. Wie sollen nach der Meinung des Rechtsgelehrten die Bewohner der eroberten Gebiete behandelt werden? (M2)
5. Welche möglichen Konsequenzen hatte die Forderung: „... aber mache sie nicht zu Sklaven"? Tauscht euch aus. (M2)

Hilfe zu
3. Schreibe in ganzen Sätzen. Folgende Formulierungshilfen kannst du nutzen:
   – Die in den eroberten Gebieten lebenden Christen und Juden hatten die Möglichkeit, ...
   – Sie durften ... .
   – Es war ihnen jedoch nur gestattet, ...

M1 Versammlung von Gelehrten, Mauren und Christen (Gemälde von Dionisio Baixeras, 1885)

Arabische Einflüsse bereichern Europa

T1 • Fortschritte in den Wissenschaften

Durch ihre Eroberungen im Mittelmeerraum und in Asien gelangten die Araber an die Schriften antiker Wissenschaftler. Sie übersetzten diese Werke ins Arabische, setzten die Forschungen fort und entwickelten Neues. Vor allem in der Medizin waren arabische Ärzte in dieser Zeit führend. Sie benutzten bei Operationen genaue chirurgische Instrumente, auch betäubende Mittel setzten sie bereits zur Narkose ein.

Aufgrund ihrer vielfältigen Handelsbeziehungen kamen sie auf dem Gebiet der Geografie zu neuen Erkenntnissen. Sie entwickelten das System der Breitengrade und Instrumente zur Orientierung.

In Spanien gründeten die Mauren zahlreiche Bibliotheken, Schulen und Universitäten. Hier hatten viele Gelehrte verschiedener Religionen die Möglichkeit, sich auszutauschen. Auf diese Weise erreichten die Kenntnisse der Araber auch andere europäische Länder.

chirurgische Instrumente
spezielle Geräte, die für Operationen genutzt werden; beispielsweise scharfe Messer, Scheren oder Pinzetten

Narkose
Betäubung des Patienten, um sein Schmerzempfinden während einer Behandlung abzuschalten

❶ a) Hilfe Beschreibe M1.
b) Hilfe Welche Stimmung herrscht auf dieser Versammlung?
❷ Nenne die von den arabischen Wissenschaftlern entwickelten Neuerungen. (T1)
❸ Erkläre, warum die arabischen Wissenschaften führend waren. (T1)

Hilfe zu
❶ a) Beachte die Kleidung. Woran kannst du Mauren und Christen erkennen?
b) Gehe zunächst auf die Szene in der Bildmitte ein. Beachte dann aber auch die Personen und ihre Tätigkeiten an den Bildrändern.

T2 • Neues auf dem Speisezettel

Durch die Araber gelangten zahlreiche bisher unbekannte Nutzpflanzen nach Europa. Dazu zählten der Mandelbaum, der Granatapfel, Orangen, Zitronen und Pfirsiche. Auch weitere landwirtschaftliche Erzeugnisse wie Spargel, Reis und Rohrzucker wurden durch die Araber in Europa bekannt. Um die Felder zu bewässern, entwickelten die Mauren ein verzweigtes System von Gräben und Kanälen mit Wasserrädern.

Auch in der Architektur sind noch heute im Süden Spaniens zahlreiche arabische Einflüsse erkennbar.

> Eine große Zahl von Nutzpflanzen ist erst seit islamischer Zeit auf der Halbinsel heimisch, von den Mauren bevorzugte Gemüsesorten finden sich heute auf dem iberischen Speisezettel. Typische spanische Süßspeisen, Konfekt und Gebäck (turrones, polverones, etc.), nicht selten auf Mandelbasis, haben ihr ursprüngliches Rezept in arabischen Kochbüchern.

Halbinsel
Hier ist die Iberische Halbinsel gemeint, also das heutige Spanien und Portugal.

iberisch
meint hier spanisch und portugiesisch

Andalusien
Region in Spanien

Cordoba
Name einer Stadt und Region in Andalusien

M2 Der Historiker Raimund Allebrand über Einflüsse der Mauren bis heute

M3 Mandelbaumplantage bei Almeria in Andalusien

M4 Wassermühle mit Wasserrad bei Cordoba

M5 Maurischer Baustil in Cordoba

④ **Hilfe** Beschreibe die Neuerungen, die die Araber eingeführt hatten. (T2, M2)

⑤ Wo sind die Spuren der Araber noch heute zu erkennen? (T2, M2–M5)

⑥ **Hilfe** Bewerte den Einfluss der Mauren für das Leben der Menschen im damaligen Spanien.

⑦ Recherchiere die Zubereitung von Turrones oder Pulverones. Berichte in der Klasse.

Hilfe zu

④ Zu folgenden Oberbegriffen solltest du Beispiele finden: Nutzpflanzen, Bewässerung, Architektur.

⑥ Schreibe in ganzen Sätzen.
Ich denke, dass sich das Leben der Menschen durch die maurischen Einflüsse ... veränderte, weil ... .

Andere taten sich in Scharen zusammen und gingen in die Häuser, wo sie die Familienväter mit Frauen und Kindern und dem ganzen Gesinde herausrissen und entweder mit den Schwertern durchbohrten oder von den Dächern herabstürzten, dass sie den Hals brachen. ... Als endlich auf diese Weise die Ordnung in der Stadt hergestellt war, legten sie die Waffen nieder, wuschen sich die Hände, zogen reine Kleider an und gingen dann demütig und zerknirschten Herzens, unter Seufzen und Weinen, mit bloßen Füßen, an den ehrwürdigen Orten umher, welche der Erlöser durch seine Gegenwart heiligen und verherrlichen mochte, und küssten sie in größter Andacht.

M1 Wilhelm von Tyrus, ein christlicher Geschichtsschreiber, über die Eroberung Jerusalems

Die Franken (Bezeichnung für die europäischen Kreuzritter) nahmen ... [die Stadt Jerusalem] tatsächlich von der Nordseite ... Die Einwohner wurden ans Schwert geliefert, und die Franken blieben eine Woche in der Stadt, während derer sie die Einwohner ermordeten. ... dagegen töteten die Franken mehr als siebzigtausend Muslime ...
Aus dem Felsendom raubten die Franken mehr als 40 Silberleuchter ... und andere unermessliche Beute.

M2 Ibn Al Athir, ein muslimischer Historiker des Mittelalters, über die Eroberung Jerusalems

Die Kreuzzüge

T1 • Aufruf zum Krieg im Zeichen des Kreuzes

Jahrhundertelang war Jerusalem eine heilige Stadt für Juden, Christen und Muslime zugleich. Viele Christen pilgerten in das „Heilige Land", um die Stätten, an denen Jesus gewirkt hatte, zu ehren. Im 11. Jahrhundert eroberten die Seldschuken Jerusalem und schränkten Pilgerfahrten stark ein. Das war der Anlass für den Papst, im Jahr 1095 zu einem Kreuzzug aufzurufen.

Gesinde
hier: Dienstboten, Menschen, die im Haus angestellt waren

pilgern
gläubiger Mensch reist, meist zu Fuß, zu einem heiligen Ort. Auf dem Weg beschäftigt er sich gedanklich mit seinem Glauben.

„Heiliges Land"
Gebiet um Jerusalem, das unter anderem für Juden, Christen und Muslime von religiöser Bedeutung ist

Seldschuken
alttürkisches Volk muslimischen Glaubens

> Von Jerusalem ... kommt schlimme Nachricht zu uns. Die Seldschuken, ein fremdländisches und gottloses Volk, sind in das Land der Christen eingedrungen und haben es mit Schwert, durch Plünderungen und Brandstiftungen verwüstet. ... Geht hin zum heiligen Grabe, nehmt das Land den verruchten Heiden ab und macht es zu eurem eigenen – jenes Land, von dem die Schrift sagt, dass Milch und Honig dort fließt. Beschreitet den Weg, der zur Vergebung eurer Sünden führt, des unvergänglichen Ruhmes seid ihr gewiss.

M3 Aufruf des Papstes Urban II., von einem Teilnehmer später aufgeschrieben

❶ a) Wählt eine Quelle aus und erklärt den Inhalt. (M1, M2)
b) **Hilfe** Vergleicht beide Quellen miteinander.

❷ Beschreibt die Situation in Jerusalem vor den Kreuzzügen. (T1)

❸ Arbeite aus M3 heraus, was der Papst den Teilnehmern des Kreuzzuges verspricht.

T2 • Die Eroberung Jerusalems

Viele Menschen folgten dem Aufruf des Papstes. Neben den Versprechungen des Papstes waren vor allem die Hoffnung auf große Kriegsbeute und Abenteuerlust Gründe für die Teilnahme. 1096 brach ein Ritterheer auf. Der Weg gestaltete sich äußerst schwierig. Hunger, Durst und Krankheiten führten zu zahlreichen Todesfällen. Das Heer erreichte nach drei Jahren Jerusalem. Nach fünfwöchiger Belagerung gelang es den Rittern, die Stadt einzunehmen.

verrucht
gemein, gewissenlos, ohne Skrupel

Heiden
Ungläubige

Webcode
Filmclip über die Kreuzzüge
WES-100110-11

M4 Die Erstürmung Jerusalems (Holzstich, um 1860)

T3 • Die weitere Entwicklung

Bis 1270 versuchten die Christen in insgesamt sieben Kreuzzügen, das Heilige Land dauerhaft in Besitz zu nehmen. Zu diesem Zweck errichteten sie Kreuzfahrerstaaten, die sie mit mächtigen Burgen absicherten. Dennoch eroberten die Muslime bereits 1187 Jerusalem zurück. Bis 1300 wurden alle Kreuzfahrerstaaten durch muslimische Truppen eingenommen.

④ **Hilfe** Schildere den ersten Kreuzzug. (T2)
⑤ **Hilfe** Vergleiche die Aussage von M4 mit den Quellen M1 und M2.
⑥ Beschreibe den weiteren Verlauf der Kreuzzüge. (T3)
⑦ Sowohl Bibel als auch Koran verbieten das Töten von Menschen. Hältst du unter diesem Aspekt einen Krieg im Namen der Religion für gerechtfertigt? Nimm Stellung.

Hilfe zu
④ Folgende Punkte solltest du beachten: Reaktionen auf den Aufruf des Papstes, Gründe für die Teilnahme, Schwierigkeiten des Marsches, Ergebnis.
⑤ Folgende Formulierungshilfen kannst du nutzen: *In den Quellen werden folgende Personengruppen genannt: ... . Diese sind auf dem Bild ... zu erkennen. ...*

M1 Der Silberschatz von Lingenfeld – der 1349 vergrabene Besitz eines jüdischen Geldverleihers aus Speyer (heutiges Foto)

Juden im mittelalterlichen Deutschland

T1 • Umworben und geachtet

Schon im frühen Mittelalter ließen sich im überwiegend christlich geprägten Europa viele Juden als Kaufleute nieder. Sie taten dies vor allem in Städten, die an Handelswegen lagen. In vielen deutschen Städten entstanden jüdische Wohngebiete. Neben dem Handel übten die Juden eine Vielzahl von Berufen aus. In ihren Gemeinden lebten viele Gelehrte. Jüdische Ärzte genossen ein hohes Ansehen. Aufgrund ihrer Berufe hatten viele Juden ein gutes Einkommen und zahlten recht hohe Steuern. Deshalb förderten viele Stadtherren die Ansiedlung von Juden in ihren Städten und räumten ihnen häufig besondere Rechte ein.

Gemeinden
Gemeinschaft der jüdischen Einwohner einer Stadt

> Als ich aus dem Dorfe Speyer eine Stadt machte, glaubte ich den Glanz unseres Ortes tausendfach zu vergrößern, wenn ich Juden dort ansiedelte. ... Ich erteilte ihnen ... das Recht, Gold und Silber zu tauschen und alles zu kaufen und zu verkaufen, was ihnen beliebt.

M2 Bischof Rüdiger von Speyer schreibt 1084 über die Ansiedlung von Juden

❶ a) Beschreibe M1.
b) Formuliere drei Fragen zu M1.
❷ a) Nenne Orte, an denen sich Juden ansiedelten. (T1)
b) Zeige auf, welche Berufe viele Juden ausübten. (T1)

❸ **Hilfe** Erkläre die Überschrift von T1. (T1, M2)

Hilfe zu
❸ Du kannst folgende Formulierungshilfen nutzen: Weil die jüdischen Bürger ... und ... , förderten ... . Außerdem ... .

T2 • Jüdisches Leben in der mittelalterlichen Stadt

So wie die Handwerker eines Berufszweiges in einer Gasse zusammenwohnten, lebten auch die jüdischen Bewohner der Stadt dicht beieinander. Die jüdischen Häuser bildeten oft ein eigenes Viertel. Dieses lag häufig im Zentrum der Stadt, meist in der Nähe des Marktplatzes. Die Gassen des jüdischen Viertels liefen zur Synagoge zusammen. Sie bildete das Zentrum des Viertels. Die jüdischen Viertel waren oft durch ein Tor oder eine Pforte von der übrigen Stadt abgegrenzt. Vor allem an jüdischen Feiertagen schloss man sich von der übrigen Stadt ab.

Die jüdische Gemeinde verwaltete sich weitgehend selbst. Die Gemeindemitglieder wählten einen eigenen Rat mit einem Gemeindevorsteher an der Spitze. Dieser war auch für die eigene Rechtsprechung zuständig.

Wie ihre christlichen Nachbarn besaßen die jüdischen Bewohner, die genügend Einkommen hatten und Steuern zahlten, das Bürgerrecht. Deshalb mussten sie auch die gleichen Pflichten wie christliche Bürger erfüllen. Sie waren für die Bewachung eines Teils der Stadtmauer verantwortlich und trugen im Angriffsfall zur Verteidigung der Stadt bei.

Synagoge
Gotteshaus des jüdischen Glaubens. Jüdische Gemeinden treffen sich dort zum gemeinsamen Beten, Feiern und Sprechen.

koscher
bedeutet: rein, erlaubt. Im jüdischen Glauben wird das Wort vor allem mit Bezug auf Essen benutzt, das im Sinne der strengen Essensvorschriften erlaubt ist.

Wohlfahrt
Einrichtung, in der sich um Not leidende, bedürftige Menschen gekümmert wird

M3 Eine jüdische Gemeinde des 13./14. Jahrhunderts (heutige Rekonstruktionszeichnung)

❹ Beschreibe die Wohnverhältnisse der jüdischen Bürger in der mittelalterlichen Stadt. (T2)

❺ **Hilfe** Vergleiche das Leben der christlichen und jüdischen Bürger. (T2)

❻ Du bist ein Stadtführer. Führe einen Besucher durch ein jüdisches Viertel. (T2, M3)

❼ Die Städte Mainz, Speyer und Worms haben sich bereits im Mittelalter als SchUM-Städte zusammengeschlossen. Recherchiere über sie und stelle dein Ergebnis der Klasse vor.

Hilfe zu
❺ Gehe auf Rechte und Pflichten ein.

M1 Ausschreitungen gegen Juden 1336 im Bistums Würzburg (Buchmalerei aus der Bischofschronik des Lorenz Fries 1489–1550)

Von Nachbarn zu Feinden

T1 • Eine neue Frömmigkeit

Während im frühen Mittelalter Christen und Juden weitgehend friedlich nebeneinandergelebt hatten, änderte sich dies ab dem 11. Jahrhundert. Mit Kirchenreformen wurde durchgesetzt, dass christliche Glaubensgrundsätze immer mehr das Leben der Gläubigen bestimmten. Die neue Frömmigkeit führte zu einer Ablehnung von Andersgläubigen. Dazu kam eine Angst vor dem Fremden. Infolgedessen wurden auch jüdische Bürger zunehmend ausgegrenzt; vor allem wegen ihrer anderen Bräuche, ihrer fremden Schrift und der fremden Sprache im Gottesdienst.

Chronik
schriftliche Sammlung, in der bedeutende Ereignisse in zeitlicher Reihenfolge festgehalten werden

Frömmigkeit
ausgeprägter Glaube, der sich auch in der Gestaltung des Alltags zeigt

Verleumdung
erniedrigende Behauptung über jemanden, in dem Wissen, dass diese nicht der Wahrheit entspricht

> In die größte Bedrängnis gerieten die Juden durch das einfache Volk, das zunehmend tiefer vom christlichen Glauben erfasst wurde und nun die Juden für die einzigen verbliebenen Gegner des allgemein übernommenen Glaubens hielt … Da die Juden Städter waren und lesen und schreiben konnten, sah die große Menge des Volkes in ihrer Zurückweisung des christlichen Glaubens die böswillige Verleumdung [des christlichen Glaubens] …

M2 Ein Historiker über die Einstellung der christlichen Bürger gegenüber Juden

❶ Finde für die Szene in M1 drei treffende Adjektive.
❷ Beschreibe die Veränderungen in der Einstellung gegenüber den Juden. (T1)
❸ **Hilfe** Arbeite aus M2 heraus, warum sich die Einstellung zu den Juden änderte.

Hilfe zu
❸ Formulierungshilfen: Das einfache Volk wurde immer stärker … . Deshalb beschuldigten sie die Juden … . Das Misstrauen gegenüber Juden wurde damit begründet, dass … .

T2 • Verstärkte Ausgrenzung

Ein wachsendes Misstrauen gegen jüdische Nachbarn führte in vielen Städten zu einer Ab- und Ausgrenzung. Ab dem 12. Jahrhundert setzte sich durch, dass nur noch Christen in die Handwerkszünfte aufgenommen wurden. Jüdische Handwerker konnten so nur in den jüdischen Vierteln für jüdische Kunden arbeiten.

Ab Mitte des 14. Jahrhunderts verloren die jüdischen Stadtbewohner ihr Bürgerrecht und damit zum Beispiel die unbeschränkte Aufenthaltserlaubnis. In manchen Städten wurden zudem besondere Bekleidungsregeln für Juden erlassen.

T3 • Angriffe auf Leib und Leben

Die Ablehnung der Juden durch ihre christlichen Mitbürger führte teilweise zu offener Gewalt. So zogen Teilnehmer des ersten Kreuzzuges im Jahr 1096 durch rheinische Städte und ermordeten jüdische Einwohner. Sie betrachteten die Juden als Feinde des Christentums. Bei einem solchen Pogrom verloren in Mainz und Worms 2000 jüdische Bewohner ihr Leben.

Derartige Gewaltaktionen traten im weiteren Verlauf des Mittelalters häufiger auf. Immer neue Vorwürfe wurden erdacht, um diese Taten zu begründen. So wurden die Juden beschuldigt, Hostien zu stehlen oder christliche Kinder zu fangen, um aus ihrem Blut Brot zu backen.

Nach dem Ausbruch der Pest in Europa nahmen im 14. Jahrhundert die Ausschreitungen gegen die Juden nochmals zu. Dabei wurde böswillig behauptet, Juden hätten Brunnen vergiftet und auf diese Weise die Krankheit ausgelöst. In Erfurt beispielsweise wurden am 21. März 1349 fast alle jüdischen Bürger der Stadt getötet. Einige ehemalige Ratsherren hatten Bürger der Stadt zu diesen Übergriffen angestiftet. Sie hofften, infolge der Unruhen während des Pogroms, den Stadtrat stürzen und wieder an die Macht gelangen zu können.

M3 Jüdin aus Worms mit dem „Judenfleck". Dieser musste außerhalb des jüdischen Wohnviertels getragen werden. (Buchmalerei aus dem 16. Jh.)

Pogrom
gewalttätige Handlungen gegen bestimmte Bevölkerungsgruppen

Hostien
Gebäck für den christlichen Gottesdienstes. Dort wird es an die Gläubigen verteilt und gemeinsam gegessen. Es soll daran erinnern, dass Jesus beim letzten Abendmahl Brot mit seinen Anhängern geteilt hat.

Ritual
feierliche, oft religiöse Handlung, die in bestimmten Situationen nach einem bestimmten Muster erfolgt

M4 Darstellung eines angeblichen Ritualmordes von Juden an einem Jungen am 23. März 1475 in Trient in Italien (Illustration auf einem zeitgenössischen Flugblatt)

---

4. **Hilfe** Zeige auf, wie sich die zunehmende Ausgrenzung der jüdischen Bürger zeigt. (T2, M3)
5. Beschreibe, wozu es im Zusammenhang mit dem ersten Kreuzzug kam. (T3)
6. Nenne die Begründungen für die zunehmende Gewalt. (T3, M4)
7. Beurteile einen der angeführten Gründe für die Gewalt gegen Juden. (T3, M4)

Hilfe zu
4. Folgende Oberbegriffe kannst du verwenden: Zünfte, Bürgerrecht, Kleidung.

Man sieht weder einen Vogel in der Luft noch irgendein Tier auf der Erde. Wenn man angestrengt nach allen Richtungen Ausschau hält, um den Weg für die Durchquerung zu finden, sucht man vergeblich; die einzigen Wegzeiger sind die ausgedörrten Knochen der Toten.

M1 Ein chinesischer Mönch über die Taklamakan-Wüste (Bericht aus dem Jahr 414)

M2 Eine Handelskarawane auf der Seidenstraße (aus einem Atlas, um 1375)

Karawane
meist Händler, die aus Sicherheitsgründen oder wegen eines gemeinsamen Ziels zusammen in einer Gruppe reisen

Serer
bedeutet übersetzt Seidenleute und war die römische Bezeichnung für die Chinesen

Begegnungen durch Handel

T1 • Die Seidenstraße – Brücke zwischen Asien und Europa

Im antiken Rom war das Interesse an einem bestimmten Bekleidungsstoff besonders groß – der Seide. Gewänder aus Seide waren sehr leicht, glänzend und doch reißfest. Über die Herstellung der Seide wussten die Römer so gut wie nichts, nur dass sie aus dem weit entfernten Land der Serer, dem heutigen China, kam. Das machte sie so teuer, dass nur die reichsten Römerinnen Kleidung aus Seide tragen konnten.

Bereits seit dem 2. Jahrhundert vor unserer Zeitrechnung gab es intensive Handelsverbindungen zwischen China und Europa. Auf der Seidenstraße wurden neben Seide auch Gewürze, Porzellan und Tee von China nach Europa transportiert. Umgekehrt gelangten Edelmetalle, aber auch Wolle und Sklaven nach China.

Man darf sich die Seidenstraße aber nicht als heutigen Verkehrsweg vorstellen, vielmehr war es ein Netz von Handelswegen, das oft nur aus schmalen Trampelpfaden bestand. Von ihrem Ausgangspunkt in China zog sie sich über sechstausend Kilometer bis zum Mittelmeer.

M3 Die Seidenstraße

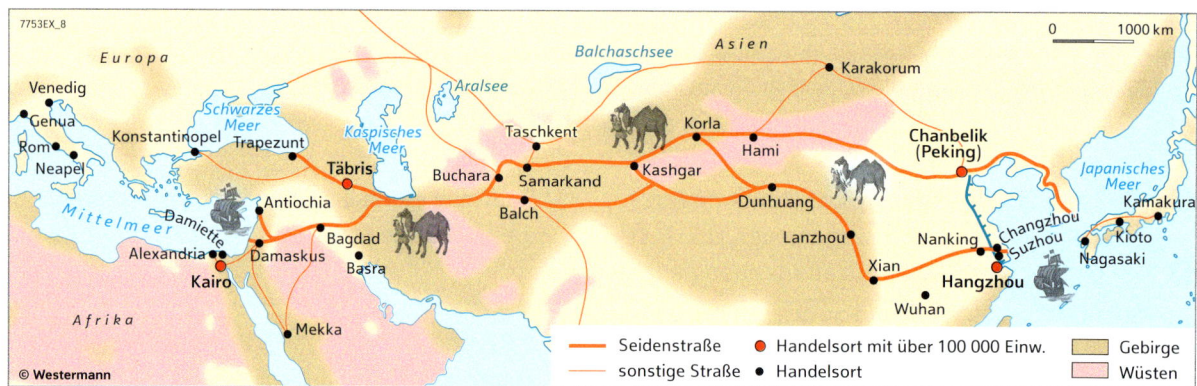

T2 • Route der Extreme

Beim Transport der Waren auf der Seidenstraße mussten steile Gebirgspässe überwunden werden. Die zu durchquerenden Wüstengebiete waren geprägt von extremer Hitze im Sommer und eisiger Kälte im Winter. Nahrungs- und Wassermangel waren ständige Begleiter, mit Überfällen von Wegelagerern musste jederzeit gerechnet werden. Der Transport der kostbaren Waren war nur möglich, weil man sich auf die genügsamen und widerstandsfähigen Trampeltiere verlassen konnte.

Der gefährliche und anstrengende Weg erforderte genaue Ortskenntnisse. Deshalb legten die Händler nicht die gesamte Strecke zurück, sondern brachten ihre Waren nur zu Zwischenstationen – den Karawansereien. Hier verkauften sie ihre Waren an andere Händler, die dann den Weitertransport übernahmen. Am Mittelmeer angelangt, wurden die Waren auf Schiffe verladen, um dann zu europäischen Häfenstädten wie Genua oder Venedig verschifft zu werden.

Auf der Seidenstraße wurden aber nicht nur Waren transportiert. Über sie gelangten auch chinesische Erfindungen wie das Papier, das Schießpulver oder Geldscheine nach Europa. Ab dem 16. Jahrhundert löste der sich entwickelnde Seehandel den Warentransport auf dem Landweg mehr und mehr ab.

Gebirgspass
Durchgang durch ein Gebirge; auf dem am leichtesten begehbaren Weg durch die Berggipfel

Wegelagerer
Diebe, die beispielsweise an Handelswegen versteckt auf ihre Opfer warteten, um sie zu überfallen

Trampeltier
Kamelart

M4 Trampeltierkarawane kirgisischer Händler auf der Route der Seidenstraße (Foto, 1971)

M5 Ruinen einer Karawanserei an der Seidenstraße im heutigen Afghanistan (heutiges Foto)

❶ Stellt einen Zusammenhang zwischen M1 und M2 her.
   Partnerpuzzle
❷ Hilfe Stelle die Ware vor, die im antiken Rom sehr begehrt war. (T1)
❸ Hilfe Entwirf ein Schema zum Warenaustausch zwischen Europa und China.
❹ Die Überschrift von T2 lautet Route der Extreme. Erkläre. (T2, M1–M4)
❺ Beschreibe die Aufgabe der Karawansereien. (T2, M5)
❻ Nenne die Funktionen der Seidenstraße, die über den Warentransport hinausgingen. (T2)

Hilfe zu
❷ Nenne Eigenschaften, Herkunft, Transport und Wert.
❸ Europa ⟷ China

Ein Projekt

Internetrecherchen zur Seidenstraße

Häufig ist zu hören, dass wir von einer „Informationsflut" überrollt werden. Gemeint ist damit, dass wir zu allen Themen umfangreiche Informationen erhalten können. Es gibt viele Möglichkeiten, sich diese zu beschaffen. Büchereien verfügen über zahllose Bücher sowie über andere Medien wie CDs oder DVDs und Online-Angebote. Zudem können wir über das Internet zu jeder Zeit auf Daten aus der ganzen Welt zugreifen. Auch deshalb ist das Internet zu einer der wichtigsten Informationsquellen geworden. Dennoch ist es manchmal gar nicht so einfach, gut informiert zu sein.

Wenn ihr ein Thema erarbeiten wollt und richtige Informationen sucht, um eine Präsentation zu erstellen, ein Referat zu halten oder an einer Diskussion teilnehmen zu können, müsst ihr vorher recherchieren. Recherchieren bedeutet nicht nur Informationen zu sammeln, sondern diese auch zu überprüfen: Sind die Informationen aktuell? Sind die Angaben nachvollziehbar? Wer hat die Daten veröffentlicht? Ist die Quelle glaubwürdig? Werden Experten benannt?

Schritt 1: Die Internetrecherche vorbereiten
- Formuliert das Thema, zu dem ihr Informationen sucht.
- Erstellt eine Stichwortliste zu eurem Thema.

Thema 1: Wie werden Seidenstoffe hergestellt?

Seide ist ein Stoff, mit dem schon in frühen Zeiten Herrscher und reiche Bürger ihren Wohlstand zeigten. Seidenstoffe waren sehr teuer, weil sie aus dem weit entfernten China stammten. Wie wurden sie dort hergestellt?

Chinesische Seidenweberei
(Darstellung aus dem 19. Jahrhundert)

Thema 2: Welche Ideen gelangten von Ost nach West?

Handelswege sind wichtige Möglichkeiten des Austausches. Es werden aber nicht nur Waren verbreitet, sondern auch Wissen, Glaubensvorstellungen oder Ideen. Welches Wissen gelangte von China nach Europa?

Papierherstellung in China
(Darstellung aus dem 18. Jahrhundert)

Schritt 2: **Informationen im Internet suchen**
- Gebt die Begriffe aus der Stichwortliste nacheinander oder auch mehrere gleichzeitig in die Suchmaschine ein.
- Überprüft, ob ihr Informationen zu eurem Thema auf offiziellen Seiten von Einrichtungen wie Museen, Städten, Zeitungsverlagen findet.
- Vergewissert euch, dass die Seiten aktuell sind, indem ihr die Daten überprüft.
- Ordnet die Informationen.

Schritt 3: **Die Informationen auswerten**
- Vergleicht die Informationen, die ihr gefunden habt.
- Wählt die Informationen aus, die ihr benötigt, um eure Projektfrage zu beantworten.
- Gebt immer die Internetseite (URL-Adresse) an, von der die Informationen stammen.

In den Kästen findet ihr Vorschläge für interessante Recherchethemen. Wählt eines aus oder überlegt euch ein eigenes, zu dem ihr eine Internetrecherche durchführen möchtet. Plant gemeinsam, in welcher Form ihr eure Ergebnisse präsentieren wollt.

Thema 3: **Welche Ideen gelangten von West nach Ost?**
Der Austausch von Ideen erfolgte auch von West nach Ost. Religionen wie der Buddhismus und der Islam verbreiteten sich zum Beispiel ebenfalls über die Seidenstraße von ihren Ursprungsgebieten nach China.

Die Niujie-Moschee ist die älteste und größte Moschee in Peking. Sie wurde 996 errichtet und in späteren Jahrhunderten mehrfach erweitert.

Thema 4: **Was ist eigentlich die „Neue Seidenstraße"?**
Heute nimmt die chinesische Regierung die Idee der alten Seidenstraße auf, um eine „Neue Seidenstraße" zu schaffen. Ziel ist es, ein großes Handelsnetzwerk zwischen Asien, Afrika und Europa zu errichten.

Güterzüge verbinden China mit Duisburg – Festakt im Duisburger Hafen für die „Neue Seidenstraße" (2013)

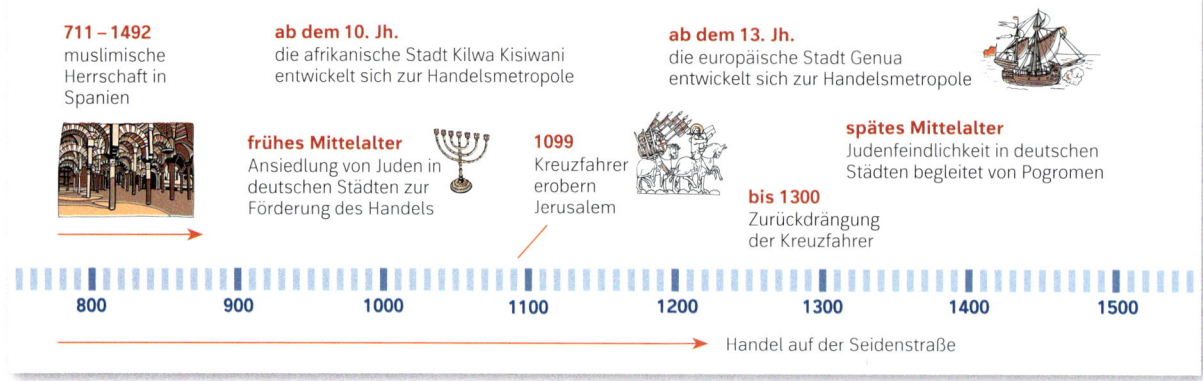

Begegnung fremder Kulturen

Welche Möglichkeiten eröffnen friedliche Begegnungen?

Ab dem 7. Jahrhundert entstand ein großes islamisches Reich, das sich bis in den Südwesten Europas ausdehnte. Gemeinsam mit den Arabern eroberten die Mauren große Teile Spaniens. Durch sie gelangten viele neue Erkenntnisse nach Europa, aber auch in Europa bisher unbekannte Pflanzen wurden durch die Araber angebaut.

Bereits im frühen Mittelalter siedelten sich im Gebiet des heutigen Deutschlands Juden an. Zu jener Zeit wurde ihre Ansiedlung von den Herrschenden gefördert. Vor allem durch ihre weitreichenden Handelskontakte trugen die jüdischen Bürger zum Wohlstand ihrer Städte bei.

Warum führen Begegnungen manchmal zu Gewalt?

Ab dem 11. Jahrhundert bestimmte das Christentum immer stärker das Leben der Menschen in Deutschland und Europa. Andersgläubigen begegnete man zunehmend mit Misstrauen und lehnte sie ab. Diese Entwicklung führte in Deutschland nicht nur zur Ausgrenzung, sondern teilweise auch zu offener Gewalt gegen jüdische Bürger.

Im Jahr 1095 rief der Papst dazu auf, die heilige Stadt Jerusalem für die Christen zu erobern und die dort lebenden Muslime zu vertreiben. Daraufhin zogen Kreuzritter in das Heilige Land, eroberten Jerusalem und errichteten christliche Kreuzfahrerstaaten. Insgesamt gab es sieben Kreuzzüge. Bis 1300 wurden alle christlichen Eroberungen aber wieder von arabischen Heeren eingenommen.

Wie förderte der Handel Begegnungen?

Die meisten Menschen konnten im Mittelalter nicht in ferne Länder reisen. Über Kaufleute gelangten aber Waren von dort zu ihnen. Diese Waren wurden meist auf dem Landweg, wie zum Beispiel über die sogenannte Seidenstraße, zu Hafenstädten gebracht und dort für den Weitertransport auf Schiffe verladen. So wurden die Hafenstädte reich und mächtig. Neben den Waren gelangten auch Geschichten und Erfindungen aus der Ferne zu den Menschen.

Ausgrenzung
Ab dem 11. Jahrhundert bestimmte das Christentum immer stärker das Leben der Menschen in Europa. Das führte zu größerem Misstrauen gegenüber Menschen mit anderem Glauben. Diese wurden immer mehr aus dem gesellschaftlichen Leben ausgeschlossen, gegenseitige Begegnungen wurden erschwert.

Austausch
Begegnungen unterschiedlicher Völker führten immer auch zum gegenseitigen Austausch. Man lernte voneinander und übernahm unbekannte Dinge von den anderen. So führte dieser Austausch zu einer Weiterentwicklung.

Heiliges Land
Für die Christen war das Gebiet des heutigen Israels bedeutend, weil dort Jesus gelebt und das Christentum begründet haben soll. Sie verehren es deshalb als Heiliges Land. Zentrum dieses Gebietes ist Jerusalem. Die Stadt wurde im Lauf der Jahrhunderte von Juden, Christen und Muslimen besiedelt. In Jerusalem befinden sich heilige Stätten aller drei Religionen.

Judenviertel
Um das Jahr 1000 siedelten sich verstärkt jüdische Kaufmannsfamilien in deutschen Städten an. Oft wurden sie von den Herrschern angeworben. Die jüdischen Bürger wohnten meist in kleinen Straßen dicht beieinander und bildeten so ein eigenes Viertel. Im Zentrum des Viertels befand sich die Synagoge.

Kreuzzüge

Im 11. Jahrhundert rief der Papst dazu auf, das Heilige Land von den angeblich Un-gläubigen zu befreien. Diesem Aufruf folgend zogen Ritter aus Europa in das Heilige Land. Mit Gewalt eroberten sie in insgesamt sieben Kreuzzügen zahlreiche Gebiete und errichteten dort Kreuzfahrerstaaten. Diese Staaten waren aber nicht dauerhaft, denn bis zum Jahr 1300 konnten alle durch arabische Heere zurückerobert werden.

Mauren
Die Mauren waren ursprünglich in Nordafrika beheimatet. Sie nahmen an der islamischen Eroberung Spaniens teil und errichteten dort ein Reich, das über sieben Jahrhunderte bestand. Durch die Mauren gelangten viele bisher unbekannte Dinge nach Europa.

Pogrom
Die christlichen Bürger standen ihren jüdischen Mitbürgern oft ablehnend und feindselig gegenüber. Immer wieder entlud sich diese Ablehnung in gewaltsamen Ausschreitungen gegenüber den Juden.

Die Frühe Neuzeit – Zeit des beschleunigten Wandels

Frühe Neuzeit → ist ein Zeitabschnitt innerhalb der Epoche Neuzeit

Die Frühe Neuzeit umfasst die Zeit nach dem Mittelalter bis zum Ende des 18. Jahrhunderts.

ca. von 1500 v. Chr. bis 1789

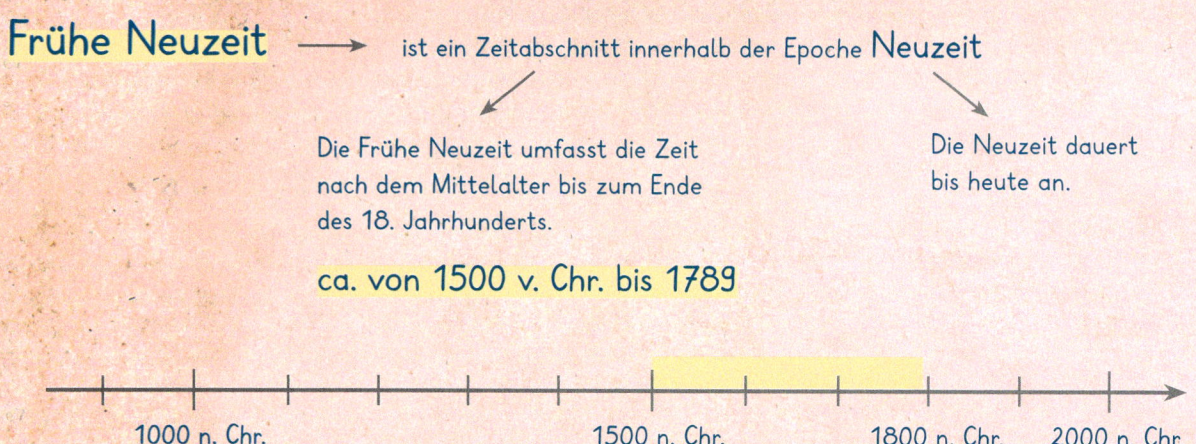

beschleunigter Wandel → Wandel bedeutet Veränderung

Wandel bestimmt das Leben der Menschen. Er ist immer da. In der Frühen Neuzeit kam es es jedoch in relativ kurzer Zeit in sehr vielen Bereichen zu umfassenden Veränderungen.

Die Frühe Neuzeit ist unter anderem für die Kunstepoche Renaissance bekannt. In dieser Zeit interessierten sich viele Künstler, Gelehrte oder auch Architekten für die Leistungen der Antike in Kultur und Wissenschaft. Vieles aus dem Zeitalter der Antike wurde neu entdeckt und wiederbelebt. Der Begriff „Renaissance" verweist darauf, denn er bedeutet Wiedergeburt.

Antike

Der Gott des Weines (Statue aus dem 2. Jahrhundert n. Chr.)

Renaissance

Der Gott des Weines (Statue von Michelangelo, 1496)

Antike

Tempelruine bei Salerno (Italien), erbaut im 5. Jahrhundert v. Chr.

Renaissance

Villa Rotonda bei Vicenza (Italien), erbaut im 16. Jahrhundert

Fragen an das Thema

Was änderte sich in der Frühen Neuzeit?

Was war der Schlüssel zum Fortschritt?

Welche Bedeutung hatte die Bildung beim Wandel in der Frühen Neuzeit?

Wie veränderte sich der Blick auf bestehende Herrschaftsstrukturen?

Wie veränderte sich die Wirtschaft durch die Entdeckung neuer Regionen der Erde?

Welche Rolle spielte der Glaube bei der Durchsetzung politischer oder wirtschaftlicher Interessen?

Wer konnte die Welt besser erklären: die Religion oder die Wissenschaft?

M1 Die Ankunft von Christoph Kolumbus in Amerika 1492 (Darstellung von 1590)

Die Zeit der Entdeckungen

→ Warum erforschten die Europäer unbekannte Gebiete der Erde?

→ Welche Auswirkungen hatten wichtige Erfindungen?

→ Welche Folgen hatte die Endeckung neuer Gebiete?

M2 In einer Buchdruckerwerkstatt (kolorierter Kupferstich, um 1500)

M3 Europäische Eroberer zwingen die Bevölkerung neu entdeckter Gebiete zur Arbeit.

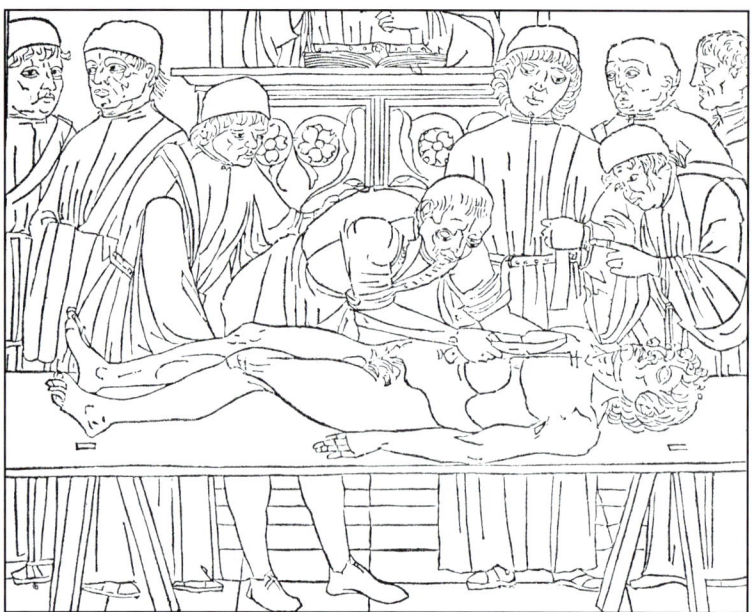

M1 Öffnung einer Leiche (Holzschnitt von 1493)

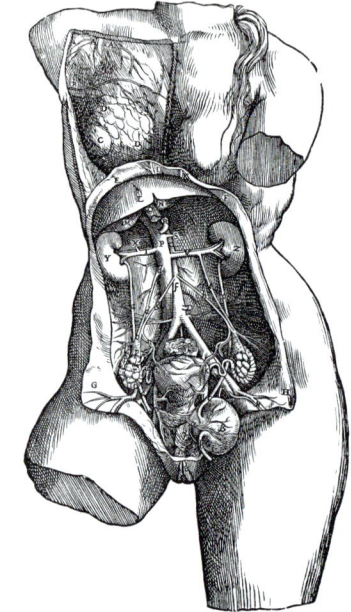

M2 Aus einem Medizinbuch (1543)

Eine neue Zeit beginnt

T1 • Wissenschaft und Künste

Im Mittelalter war die christliche Bibel das wichtigste Lehrbuch. Sie galt als das Wort Gottes. Wer eine andere Meinung als die Bibel vertrat, musste mit schwersten Bestrafungen rechnen.

Um 1500 brach eine neue Zeit an. Viele Wissenschaftler begannen, die Natur zu erforschen und Experimente durchzuführen. Neues Wissen ermöglichte es ihnen zum Beispiel, bessere Maschinen zu entwickeln. Ärzte öffneten Leichen und entdeckten das Aussehen der inneren Organe. Auf diese Weise erkannten sie Ursachen von Krankheiten. Auch der Schiffskompass wurde zu dieser Zeit erfunden, sodass sich Seefahrer in unbekannten Gebieten und auf offener See zurechtfinden konnten. In ganz Europa entstanden Universitäten. Hier wurden wie im Mittelalter die Fächer Jura und Theologie gelehrt. Neu hinzu kam jetzt die Forschung in Naturwissenschaften, Astronomie und Medizin.

Weil sich das Denken der Menschen damals so grundlegend änderte, bezeichnet man die Zeit um das Jahr 1500 als Beginn der Neuzeit.

Jura
die Wissenschaft über die Gesetze und die Rechtsprechung

Theologie
die Wissenschaft einer Religion, ihrer Geschichte und ihrer Vorschriften

Astronomie
die Wissenschaft, die sich mit Planeten, Sternen und anderen Phänomenen des Weltalls beschäftigt

❶ a) Arbeitet zu zweit: Beschreibt euch gegenseitig M1 bzw. M2.
   b) Überlegt, was diese Bilder über die Wissenschaft der damaligen Zeit aussagen.

❷ Erkläre, was sich um 1500 im Bereich der Wissenschaft und Forschung änderte. (T1)

❸ a) Welche Fortschritte gab es? (T1, M1, M2)
   b) Warum waren sie so bedeutend? Erkläre anhand eines Beispiels. (T1)
   🌐 *Bienenkorb*

❹ Begründe, warum man in der Zeit um 1500 den Beginn einer neuen Epoche sieht. (T1)
   🌐 *Think – Pair – Share*

T2 • Das Bürgertum in den Städten

Das neue Denken der Frühen Neuzeit war darauf ausgerichet, dass der Mensch seine Fähigkeiten und Kräfte frei entfalten kann und die Welt aktiv gestalten soll. Dies wird als Humanismus bezeichnet. Von diesen Gedanken fühlte sich das gebildete Bürgertum in den Städten besonders angesprochen und entwickelte ein neues, starkes Selbstbewusstsein.

Bereits gegen Ende des Mittelalters hatten die wohlhabenden Bürger in den Städten nach politischer Mitbestimmung gestrebt. Es hatten sich Stadträte gebildet, die die städtische Politik bestimmten. Zu den Ratsherren gehörten beispielsweise Kaufleute und Handwerker.

Wohlhabende Bürger zeigten ihren Einfluss und ihren Wohlstand durch eine aufwendige Haushaltsführung, die mit der des Adels vergleichbar war. Ihre Häuser waren prunkvoll verziert und die Wohnräume mit teuren Möbeln ausgestattet. Statt hölzerner Teller und Schüsseln gab es verziertes Geschirr aus Zinn, das auf Wandregalen zur Schau gestellt wurde.

Der Einfluss des Bürgertums wirkte sich auch auf die Bildung aus. Die alten, kirchlichen Lateinschulen verloren an Bedeutung. In den städtischen Schulen wurden Lesen und Schreiben in der jeweiligen Landessprache sowie Rechnen unterrichtet. So sollten die Kinder aus dem Bürgertum auf die Arbeit im elterlichen Unternehmen vorbereitet werden.

human
lateinisch humanus = menschlich

Humanismus
Weltanschauung, bei der der Mensch im Mittelpunkt steht. Jeder Mensch sollte die Möglichkeit zu Bildung und Entwicklung haben. Durch Bildung sollten die Menschen ihre Talente erkennen und bestmöglich entwickeln.

Zunftmeister
gewähltes Oberhaupt einer Zunft

M3 Bild der Familie von Hans Rudolf Faesch aus Basel. Er war Goldschmiedemeister, Zunftmeister und Mitglied des Stadtrates. (Gemälde, 1559)

❺ a) Gib den Grundgedanken des Humanismus wieder. (T2)
b) Beschreibe die Auswirkungen des Humanismus auf das Leben des Bürgertums. (T2)

❻ Erkläre, wie sich das Selbstbewusstsein des Bürgertums im Alltag zeigte. (T2)

❼ Beschreibe die Veränderungen im Schulwesen. (T2)

❽ Formuliert Sprechblasen zur Tischszene in M3 oder entwickelt ein szenisches Spiel. Bringt jeweils das humanistische Denken der Familienmitglieder zum Ausdruck.

M1 Mönch beim Abschreiben eines Buches (Mitte des 15. Jahrhunderts)

M2 In einer Buchdruckerwerkstatt um 1500

Erfindungen verändern die Welt

T1 • Die Erfindung des Buchdrucks

Im 15. Jahrhundert gab es nur wenige Bücher. Diese schrieben Mönche oder Nonnen in Klöstern von Hand ab. Jedes Buch war ein Einzelstück und sehr wertvoll, weil die Herstellung oft viele Jahre dauerte. Die Abschrift der Bibel war eine Lebensaufgabe.

Das änderte sich um 1450. Johannes Gutenberg erfand den Buchdruck. Nun konnte man Bücher schnell und in großer Zahl herstellen. Johannes Gutenberg wollte die Menschen mit seiner neuen Erfindung beeindrucken. Deshalb druckte er die Bibel. Ihre Herstellung dauerte zwei Jahre. Die Gutenberg-Bibel umfasste zwei Bände und hatte insgesamt 1282 Seiten. Es wurden 180 Stück gedruckt. Davon sind heute noch 49 Bücher erhalten.

Durch den Buchdruck konnte man nun auch Flugblätter zu aktuellen Themen anfertigen und weit verbreiten. Sie waren für einen günstigen Preis auch für einfache Leute zu kaufen. Immer mehr Menschen wollten nun das Lesen lernen, um die neuen Schriften lesen zu können.

❶ a) **Hilfe** Beschreibe die Herstellung eines Buches in einem Kloster. (M1)
   b) Welche Unterschiede zwischen der Druckerwerkstatt und der Schreibstube fallen dir auf? (M1, M2)
   🌐 *Placemat*

❷ Erkläre, warum ein Mönch für die Abschrift der Bibel fast sein ganzes Leben lang brauchte. (T1)

❸ a) Wie viel Zeit benötigte Gutenberg für den Druck der Bibel? (T1)
   b) Wie viele Exemplare stellte er her? (T1)

❹ Warum war die Erfindung des Buchdrucks so bedeutend? Nenne drei Gründe. (T1)

Hilfe zu
❶ a) Der Mönch in der Bildmitte sitzt an einem Schreibpult und …

a) Der Text wird aus einzelnen gegossenen Buchstaben in Rahmen zusammengesetzt.

b) Die gedruckte Seite wird vom Rahmen gelöst.

c) Die Buchstaben für den Druck werden gegossen.

d) Der im Rahmen gesetzte Text wird mit Druckertinte eingeschwärzt.

e) Das Papier, das bedruckt werden soll, wird auf den gesetzten Text gelegt.

f) Der Textrahmen mit dem Papier wird in die Presse gelegt und gepresst, das heißt, der Text wird auf das Blatt gedruckt.

M3 Das Verfahren des Buchdrucks nach Johannes Gutenberg

5) a) Hilfe Ordne die Aussagen a – f den Arbeitsschritten 1 – 6 zu. (M3)
b) Hilfe Erkläre anhand der Bilder in M3 den Buchdruck mit eigenen Worten.
   Partnervortrag
6) Vergleiche die Herstellung eines Buches in einer Druckerwerkstatt und in einer Schreibstube im Kloster. (M1, M2, M3, T1)
   Think – Pair – Share

Hilfe zu
5) a) Du kannst eine Tabelle anlegen:

Arbeitsschritt	1	2	3	4	5	6
Aussage	c					

b) Arbeitet zu zweit: Zuerst erklärt Schüler A. Während Schüler B zuhört, achtet er auf Fehler und berichtigt am Ende. Danach wechselt ihr.

beurteilen

Wenn wichtige Ereignisse aus der Geschichte untersucht werden, sollen diese oft auch beurteilt werden. Das bedeutet beispielsweise, dass du sagen sollst, warum eine Erfindung oder etwas, das passiert ist, wichtig war. Es kann aber auch sein, dass du erklären musst, warum das Verhalten von Menschen damals gut oder schlecht war. Wichtig ist, dass du nicht nur sagst, ob etwas gut oder schlecht war, sondern auch begründest, warum du zu diesem Urteil kommst. Dein Urteil sollte aber immer sachlich sein, du sollst also nicht deine Meinung aufschreiben.

Schritt 1: **Den Inhalt wiedergeben**
- Worum geht es?

Schritt 2: **Die Vor- und Nachteile damals beschreiben**
- Was war gut und schlecht für die Menschen damals?

Schritt 3: **Vergleichen und entscheiden**
- Gab es mehr Vor- oder Nachteile für die Menschen damals?
- War es insgesamt eher gut oder schlecht für die Menschen?

M1 Die erste gedruckte Bibel von Johannes Gutenberg aus dem Jahr 1455. Sie wurde von Hand mit farbigen Verzierungen versehen. (heutiges Foto)

Beurteile die Erfindung des Buchdrucks.

Schritt 1: **Den Inhalt wiedergeben**
Im ersten Schritt musst du überlegen, worum es genau geht. In der Aufgabe oben geht es um die Erfindung des Buchdrucks. Also schreibst du in deinen eigenen Worten auf, was du in dem Text und auf den Bildern auf den Seiten 206/207 darüber erfahren hast.
• Wie wurden Bücher vor der Erfindung des Buchdrucks gemacht?
• Wie wurden die Bücher seit der Erfindung des Buchdrucks hergestellt?
So kannst du den Inhalt in deinen eigenen Worten wiedergeben:
Bevor der Buchdruck erfunden wurde, gab es nicht so viele … .
Sie wurden in Klöstern … . Das dauerte oft …, weil … . Nachdem der Buchdruck erfunden war, … .

Bevor …
Nachdem …
Als …
Nach …

Schritt 2: **Die Vor- und Nachteile damals beschreiben**
Im zweiten Schritt beschreibst du, was die Erfindung damals bei den Menschen verändert hat. Du schreibst also die guten und die schlechten Eigenschaften der Erfindung auf. Dazu schreibst du auch auf, für wen es gut oder schlecht war.
• Welche Vorteile gab es durch den Buchdruck? Für wen?
• Welche Nachteile gab es durch den Buchdruck? Für wen?
So kannst du die Vor- und Nachteile für die Menschen beschreiben:
Durch die Erfindung des Buchdrucks war es leichter, … . Wegen der Erfindung des Buchdrucks … . Ein Vorteil war … . Das war gut für … .
Ein Nachteil war … . Das war schlecht für … .

Durch …
Deshalb …
Wegen …
Da …
Es war gut, dass …
Es war schlecht, dass …
Es war gut, weil …
Es war schlecht, da …

Schritt 3: **Vergleichen und entscheiden**
Im dritten Schritt vergleichst du die Vor- und Nachteile aus Schritt zwei. Du schreibst also die wichtigsten Vor- und Nachteile auf und sagst dann, welche Folgen die Erfindung hatte.
• Welche Folgen hatte die Erfindung des Buchdrucks für die Menschen damals?
• War die Erfindung insgesamt gut oder schlecht für die Menschen?
Fasse die Folgen kurz zusammen. Schreibe auf, ob die Erfindung des Buchdrucks eher gut oder schlecht für die Menschen war.
Die Menschen konnten … . Durch die Erfindung des Buchdrucks war es leichter, … . Wegen der Erfindung des Buchdrucks … . Deshalb war die Erfindung des Buchdrucks … für die Menschen. Für manche Menschen war es gut, weil … . Für andere Menschen war es schlecht, weil … .

Tipp
Bevor du einen Text schreibst, kannst du die Vor- und Nachteile in einer Tabelle sammeln. So hast du einen besseren Überblick.

Vorteile	Nachteile

Die Buchmalereien dieser Doppelseite stammen aus einer Gutenberg-Bibel.

Die Erde ist eine flache, runde Scheibe mit Bergen, Bäumen und dergleichen. Sie ist ganz umgeben von Wasser. Wenn es Tag wird, steigt die Sonne aus dem Meer empor. Am Mittag steht sie am höchsten, genau über der Erde. Wenn es Abend wird, steigt sie im Westen wieder hinab ins Meer. Wenn Mond und Sterne die Erde beleuchten, geht die Sonne unter der Erde entlang. Dort brennt ein gewaltiges Feuer, aus dem die Sonne ihre Glut nimmt, damit sie am folgenden Tag die Erde wieder erwärmen kann.

M1 Das Weltbild des griechischen Gelehrten Thales von Milet, der von 624–546 v. Chr. lebte

Das Weltbild im Wandel

T1 • Das Bild von der Erde verändert sich

Auch die Vorstellungen über die Form der Erde änderten sich. Um 600 v. Chr. beschrieb der griechische Naturforscher Thales von Milet die Erde als Scheibe, die von den Gestirnen umkreist wird.

M2 Die Erde als Scheibe (Darstellung aus dem 19. Jahrhundert)

geo
Das griechische Wort „ge" bedeutet Erde.

Planetensystem
Ein Planetensystem bilden alle Planeten, die sich um ein gemeinsames Zentrum drehen.

Um 150 n. Chr. beschrieb der Grieche Ptolemäus das geozentrische Weltbild. Er war der Ansicht, dass die Erde eine Kugel sei. Außerdem meinte er, dass die Erde das Zentrum unseres Planetensystems wäre und dass alle Planeten und auch die Sonne um die Erde kreisen würden. Den Beweis für die Kugelform der Erde lieferte der Seefahrer Ferdinand Magellan 1400 Jahre später. Er umsegelte von 1519 bis 1522 die Erde.

T2 • Die Erde – ein Planet unter vielen

Im 16. Jahrhundert widerlegte der Forscher Nikolaus Kopernikus das geozentrische Weltbild. Durch <u>astronomische</u> Berechnungen hatte er festgestellt, dass der Mittelpunkt unseres Planetensystems die Sonne ist. Außerdem hatte er erkannt, dass die Erde um die Sonne kreist und sich um die eigene Achse dreht.

Die Lehre von Nikolaus Kopernikus wird als <u>heliozentrisches</u> Weltbild bezeichnet. Den Beweis hierfür lieferte der italienische Gelehrte Galileo Galilei um 1600 mithilfe eines neuartigen Fernrohrs.

astronomisch
bezieht sich auf die Astronomie, also auf das Erforschen der Himmelskörper

helio
Das griechische Wort „helios" bedeutet Sonne.

M3 Das Weltbild des Ptolemäus

M4 Das Weltbild des Kopernikus

❶ Fertige anhand von M1 eine Skizze an, die das Weltbild des Thales darstellt.
❷ Überlege, warum Thales annahm, dass unter der Erde ein Feuer brennen würde. (M1)
❸ a) Welcher Gelehrte war der Meinung, dass die Erde eine Kugel ist? Wann war das? (T1)
   b) Wie und wann wurde die Kugelform der Erde bewiesen? (T1)
❹ Nenne zwei Erkenntnisse des Forschers Nikolaus Kopernikus. (T2)
❺ **Hilfe** Stelle die Aussagen von Thales, Ptolemäus und Kopernikus gegenüber.

Hilfe zu
❺ Ihr könnt zu dritt arbeiten: Teilt die drei Gelehrten unter euch auf. Füllt zunächst die Tabelle für euren Gelehrten aus. Tauscht anschließend eure Ergebnisse untereinander aus und ergänzt eure Tabellen.

Aussagen zur ...	Thales	Ptolemäus	Kopernikus
... Form der Erde			
... Position der Sonne			
... Position der Erde			

Historische Karten vergleichen

Vorstellungen ändern sich

Karten verraten uns, welche Teile der Welt den Menschen früher bekannt waren und wie die Menschen die Welt sahen. Wenn wir Karten vergleichen, können wir feststellen, welche Erdteile neu entdeckt wurden. Die Karten zeigen uns, wie sich die Sicht auf die Welt verändert hat. Sie sagen aber auch etwas darüber, wie sich die Kunst, eine Karte zu zeichnen, verändert hat.

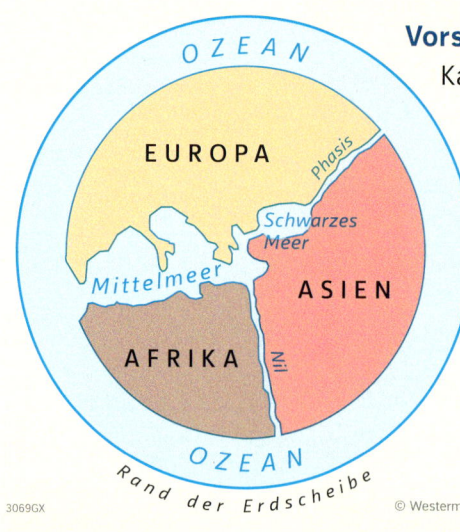

M1 Weltkarte des Griechen Anaximandros aus dem 6. Jahrhundert v. Chr. (vereinfacht)

M2 Die Weltkarte von Francesco Rosselli aus dem Jahr 1508

Die Weltkarte des Anaximandros

Anaximandros war ein griechischer Gelehrter. Er soll die erste Erdkarte entworfen haben. Sie zeigt die Gebiete, die damals bekannt waren. Das Land ist von einem Ozean umgeben. Der Name Phasis bezieht sich auf den Fluss Rioni, der durch das heutige Georgien fließt.

Die Weltkarte des Francesco Rosselli

Francesco Rosselli lebte und arbeitete hauptsächlich in der Stadt Florenz in Italien. Er versuchte, die Kugelform der Erde durch eine ovale Abbildung darzustellen. Der Kontinent südlich von Afrika ist Fantasie. Kein Mensch hatte bis dahin die Antarktis gesehen.

1. Schritt: **Historische Karten beschreiben**
- Nenne das Thema der Karten.
  Die Karte … hat das Thema … .
- Bestimme, welches Gebiet die Karten zeigen (Kontinent, Land, Stadt).
  Die Karte … zeigt das Gebiet … .
- Zeige auf, wann die Karten angefertigt wurden.
  Die Karte M1 wurde … .
  Karte M2 stammt aus dem Jahr … .
- Stelle fest, wo beide Karten angefertigt wurden.
  Die Karte M1 wurde wahrscheinlich in …, während die Karte M2 aus … .

2. Schritt: **Den Inhalt historischer Karten erfassen**
Sammle zunächst Stichpunkte. Du kannst eine Tabelle anlegen, in der du die Ergebnisse gegenüberstellst.

Fragen an die Karten	M1	M2
Wer hat die Karte erstellt?		
Aus welchem Jahr stammt die Karte?		
Wo wurde die Karte angefertigt?		
Was zeigt sie?		
Welche Gebiete fehlen?		
Was ist auffällig?		

3. Schritt: **Ergebnisse zusammenfassen und auswerten**
- Fasse deine Ergebnisse aus Schritt 1 und 2 in einem kurzen Text zusammen.
- Ergänze, wie sich die Darstellung der Erde verändert hat.
  In M1 erkenne ich … .
  In M2 hingegen … .
  Beide Karten zeigen kein vollständiges … .
  Aber in M2 … . In M1 … .
- Beurteile, in welcher Karte die Kontinente genauer dargestellt sind.
  Beide Karten haben gemeinsam … .
  Unterschiedlich ist … .
  Besonders in M… fällt auf, dass … .
  Wenn ich beide Karten vergleiche, dann … .

M3 Seeungeheuer aus einer Islandkarte von 1590.
Die Karten der Frühen Neuzeit waren sehr häufig mit Schiffen, Seeungeheuern und anderem geschmückt.

April 1480:
Pfefferernte auf den Gewürzinseln: Der Pfefferbauer verkauft die Ernte an Händler. Sie transportieren die Ware auf kleinen Booten immer an der Küste entlang.

August 1480:
Im Hafen von Malakka muss Zoll gezahlt werden. Erst dann wird die Schiffsladung an den nächsten Schiffsbesitzer mit Gewinn weiterverkauft.

März 1481:
Nach einem halben Jahr kommt die Ladung in Calicut in Indien an. Hier muss wieder Zoll gezahlt, die Ware verkauft und auf die nächsten Schiffe verladen werden. Dann Weiterfahrt zu den Häfen an der Küste des Indischen Ozeans. In jedem Hafen wiederholt sich das bekannte Verfahren. Und jeder Verkäufer erhöht den Preis, damit er Gewinn macht.

Mai 1481:
Ankunft in Aden nach gefährlicher Fahrt über den Indischen Ozean mit schweren Stürmen. Bei einem Piratenüberfall ging ein Schiff verloren. Von Aden geht es nach Dschidda. Dort werden die Waren Sack für Sack auf Kamele verladen. Die Karavanen bringen die Waren durch die Wüsten nach Kairo und Alexandria. Auch hierbei geht ein Teil der kostbaren Fracht an Räuber verloren.

Januar 1482:
In Alexandria sind hohe Zölle an den Sultan von Ägypten fällig. Nur Schiffe aus Venedig haben die Erlaubnis, die Waren nach Europa zu verfrachten.

März 1482:
Die begehrten Waren werden in Venedig an die europäischen Fernhändler verkauft – natürlich mit gutem Gewinn.

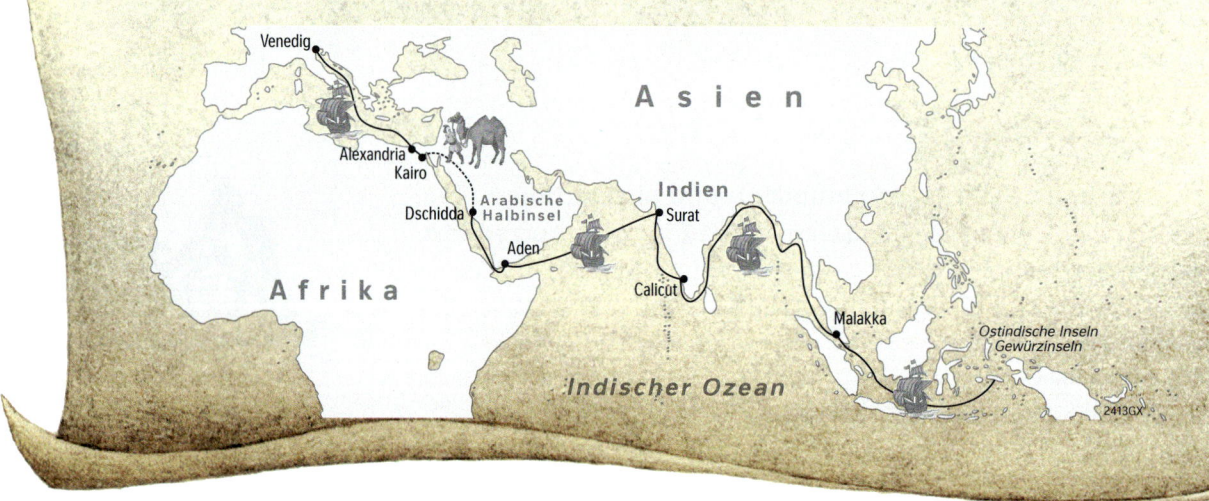

M1 Der lange Weg der indischen Handelswaren

Christoph Kolumbus – Kurs West nach Indien

T1 • Der Handel mit indischen Waren

Um 1500 waren Produkte wie Duftstoffe, Seide oder Gewürze, wie zum Beispiel Pfeffer, Ingwer und Muskat, sehr teure Luxusartikel. Diese konnten sich nur reiche Bürger oder Adlige leisten. Die Waren aus Indien wurden von Händler zu Händler verkauft, bis sie in Europa angeboten werden konnten. Weil jeder Kaufmann dabei Gewinn machen wollte, wurde der Preis unvorstellbar hoch. Der Preis für einen Sack Pfeffer war in Europa so hoch, dass man damit sogar ein Haus kaufen konnte.

Indien
Am Beginn der Neuzeit wurde von den Europäern das gesamte südliche Asien als Indien bezeichnet.

T2 • Christoph Kolumbus entdeckt Amerika

Im 15. Jahrhundert durften nur die Kaufleute aus Venedig Waren vom Orient nach Europa bringen. Für dieses Vorrecht hatten sie mit den dortigen Herrschern Verträge geschlossen und viel Geld dafür gezahlt. Die Kaufleute aus Venedig bestimmten nun die Preise für diese Waren, was zu einem enormen Preisanstieg führte. In Spanien und Portugal dachte man deshalb darüber nach, andere Wege zu finden, um in Indien direkt an die begehrten Handelswaren zu gelangen.

Im Auftrag des spanischen Königspaars wollte der Seefahrer Christoph Kolumbus einen neuen Seeweg nach Indien finden. Mit drei Schiffen segelte er nach Westen. Nach mehreren Wochen landete er auf einer Insel, die er San Salvador nannte. Die dortigen Einwohner bezeichnete er als Indianer. Dass er einen unbekannten Kontinent, nämlich Amerika, entdeckt hatte, hat er nie erfahren.

M2 Christoph Kolumbus

San Salvador
bedeutet Heiliger Erlöser

M3 Die Ankunft von Kolumbus in Amerika 1492 (kolorierter Kupferstich von 1590)

1. Liste die Stationen auf, die der Pfeffer von den Gewürzinseln bis nach Europa nahm. (M1)
2. Hilfe Wie lange dauerte der Transport des Pfeffers? (M1)
3. Erkläre, warum der Preis des Pfeffers in Europa so hoch war. (T1)
4. Beschreibe, welche Gefahren beim Handel bis nach Europa bestanden. (M1)
5. Warum unterstützte das Königspaar von Spanien Kolumbus Entdeckungsfahrt? (T2)
6. a) Was hat Kolumbus entdeckt?
   b) Was glaubte er entdeckt zu haben? (T2)
7. Hilfe Begründe, wieso Kolumbus glaubte, dass sein Plan gelingen würde.

Hilfe zu
2. Schaue im Bericht M1 nach dem Beginn und dem Ende der Handelsreise.
7. Bedenke, welches Bild von der Erde sich zu Beginn der Neuzeit durchgesetzt hatte.

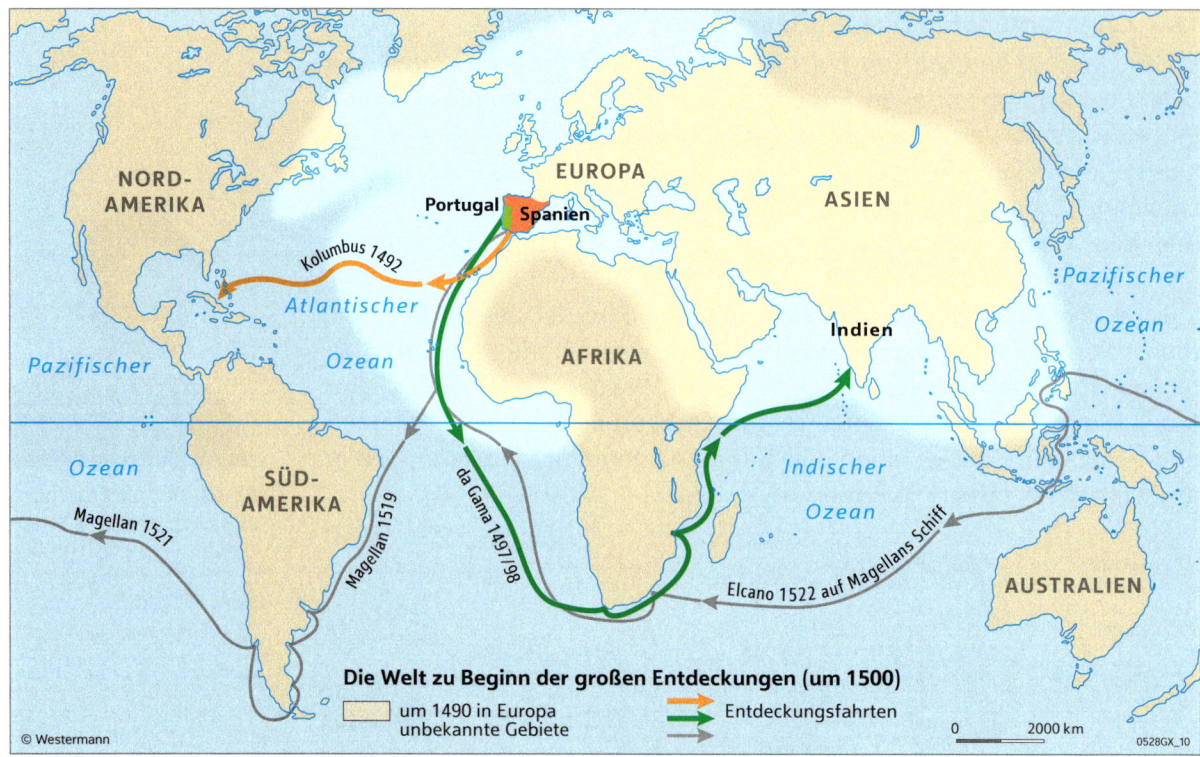

M1 Die wichtigsten Entdeckungsreisen zu Beginn der Neuzeit

Vasco da Gama – Kurs Süd-Ost nach Indien

T1 • Vasco da Gama entdeckt den Seeweg nach Indien

Im Jahre 1492 hatte Christoph Kolumbus im Auftrag des spanischen Königspaares den Seeweg nach Indien in Richtung Westen gesucht. Dabei hatte er den bis dahin unbekannten Kontinent Amerika entdeckt.

Der Portugiese Vasco da Gama wollte auf einer anderen Route nach Indien gelangen. Im Jahr 1497 segelte er im Auftrag des portugiesischen Königs mit einer kleinen Flotte Richtung Süden. Er gelangte zur Südspitze Afrikas und umrundete diese. Dann fuhr er mit einigen Zwischenstopps entlang der Ostküste Afrikas bis nach Malindi. Von dort wagte er den Weg über die offene See. Er überquerte den Indischen Ozean Richtung Nordosten. Am 21. Mai 1498 legte er im Hafen des indischen Calicut an.

M2 Vasco da Gama

❶ Kolumbus wollte einen Seeweg nach Indien finden. War seine Reise erfolgreich? Begründe. (M1)

❷ a) Wem gelang es, den Seeweg nach Indien zu entdecken? (M1, T1)
b) Beschreibe mit eigenen Worten die Entdeckungsroute. (M1, T1)
🐝 *Bienenkorb*

❸ **Hilfe** Stelle die Entdeckungsfahrten von Christoph Kolumbus und Vasco da Gama gegenüber. (M1, T1)
👥 *Think – Pair – Share*

Hilfe zu
❸ Mögliche Themen: Ziel, Durchführung, Ergebnis, Zeit, historische Leistung.

8. 7. 1497:
Unsere vier Schiffe mit 150 Mann Besatzung verlassen den Hafen von Lissabon mit Kurs Süd-West.

30. 7. 1497:
Kapverdische Inseln erreicht. Müssen Wasser und Lebensmittel ergänzen.

4. 11. 1497:
Endlich wieder Land in Sicht. Sankt-Helena-Bucht. Gehen an Land. Müssen Wasser und Lebensmittel aufnehmen. Schon 16 Tote durch Skorbut. Mannschaft braucht dringend Ruhe. Schiffe müssen repariert werden.

24. 12. 1497:
Weihnachten in Natal. Gehen an Land und tauschen bei Einheimischen Glasperlen gegen frisches Fleisch ein.

30. 1. 1498:
Große Ortschaft in Sicht: Kilimane. Müssen vor Anker gehen, weil Vorräte und Wasser knapp werden. Der Skorbut wütet wieder in unseren Reihen, sieben Tote.

4. 3. 1498:
Mozambique ist erreicht. Nehmen wieder Wasser auf. Es kommt zum Streit mit den Einheimischen. Lasse Warnschüsse aus unseren Bordkanonen abgeben.

7. 4. 1498:
Mombasa. Haltung der Einwohner feindlich. Nächtlicher Überfall kann abgewehrt werden.

17. 4. 1498:
Malindi. Sultan ist sehr freundlich. Gibt uns nach einigem Zögern einen Lotsen: einen Inder! Welch ein Glück!

21. 5. 1498:
Klarer Morgen. Land in Sicht! Der Inder meldet: „Wir sind da!" Wir lenken unsere Schiffe in den Hafen von Calicut.

M3 So oder so ähnlich könnten die Notizen von Vasco da Gama in seinem Logbuch gewesen sein.

T2 • Entdeckte Länder werden erobert

Nach den Fahrten von Kolumbus und da Gama gründeten die Spanier in Mittel- und Südamerika sowie die Portugiesen an den Küsten Afrikas und Indiens Handelsniederlassungen. Auf weiteren Entdeckungsreisen wählten die Spanier den Weg nach Westen über den Atlantik. Die Portugiesen segelten um Afrika nach Osten Richtung Indien. Spanier und Portugiesen beanspruchten die entdeckten Gebiete jeweils für sich.

Skorbut
Krankheit durch zu wenig Vitamin C

T3 • Die erste Weltumsegelung

Von 1519 bis 1522 umsegelten einige spanische Schiffe unter dem Befehl des Portugiesen Ferdinand Magellan die Erde. Magellan fand in einem Kampf mit Einheimischen auf den Philippinen im April 1521 den Tod. Seine Flotte kehrte im September 1522 nach Spanien zurück.

M4 Ferdinand Magellan

④ [Hilfe] Ermittle wichtige Informationen über die Flotte von Vasco da Gama. (M3)

⑤ Suche im Atlas fünf Orte aus M3, die Vasco da Gama an der Küste Afrikas ansteuerte.
Partnerarbeit

⑥ Was meinte man mit dem „spanischen Weg" und dem „portugiesischen Weg" bei den Entdeckungsreisen? Erkläre. (T2)

⑦ [Hilfe] Berichte von der Entdeckungsfahrt von Ferdinand Magellan. (T3, M1)

Hilfe zu
④ Suche nach Angaben zu Schiffen, Besatzung, Reisedauer und Gefahren.
⑦ Nutze Verben wie: segeln, überqueren, durchfahren, umrunden, passieren.

M1 Ruinen der Inkastadt Machu Picchu

M2 Terrassenfelder der Inka

M3 Befestigte Straße aus der Inkazeit

M4 Lage des Inkareiches in Südamerika

Die Zeit der Entdeckungen

Das Reich der Inka

T1 • Die Hochkultur der Inka

Ab dem 12. Jahrhundert hatte sich das Reich der Inka im Westen Südamerikas zu einer Hochkultur entwickelt. Seine Hauptstadt hieß Cuzco. Eine gut organisierte Verwaltung und ein ausgebautes Straßennetz sicherten die Verbindung und den Zusammenhalt dieses großen Reiches. Die Baumeister der Inkas legten an den Berghängen Terrassen mit Bewässerungskanälen an. Das Rad, Wagen oder Reittiere kannte man nicht. Lasten wurden von Menschen oder Tieren befördert.

T2 • Gesellschaft im Inkareich

Der Inka war König und wurde als Stellvertreter des Sonnengottes angesehen. Im Inkareich gab es kein Privateigentum, denn alles gehörte dem Inka. Die Menschen mussten für ihn arbeiten. Dafür sicherte der Inka durch seine Beamten die Versorgung der Menschen mit Nahrung und Kleidung. Kranke und Alte wurden ebenfalls versorgt.

Eine Schrift gab es nicht. Zahlen- und Mengenangaben wurden in Knotenschnüren dargestellt. Es gab auch kein Geld. Ware wurde gegen Ware getauscht. Gold war das Symbol für den Sonnengott. Es wurde nur zur Herstellung von Schmuck und Kultgegenständen verwendet.

Merkmale einer Hochkultur
- gute Verwaltung
- große Städte
- funktionierende Versorgung mit Nahrung für alle
- verschiedene Berufe
- hoher Entwicklungsstand

Kultgegenstände
heilige Gegenstände, die für religiöse Handlungen, zum Beispiel für einen Gottesdienst, genutzt werden

M5 Bauern bei der Arbeit für den Inka

M6 Der Inka und ein Beamter

M7 Knotenschnüre zur Darstellung von Zahlen

Webcode
Filmclip über
das Gold der Inka
WES-100110-11

1. Beschreibe, was du auf den Bildern M1–M3 über die Inkas erfährst.
2. Welche heutigen Staaten liegen im Gebiet des früheren Inkareichs? (M4, Atlas)
3. Berichte über das Inkareich. (T1)
4. Beschreibe die Stellung des Inka. (T2)
5. Erkläre, welche Rolle Geld und Gold im Inkareich spielten. (T2)
6. a) Beschreibe M5 und M6.
   b) Erkläre, was sich dort ereignet. (T2)
7. **Hilfe** Begründe, warum das Inkareich eine Hochkultur war.
   Placemat

Hilfe zu
7 Beachte die Erklärung in der Randspalte.

M1 Der Inkakönig Atahualpa wird festgenommen. (Kupferstich aus dem 16. Jahrhundert)

Vernichtung einer Hochkultur

T1 • Die Ermordung des Inka Atahualpa

Im Jahr 1529 erhielt der Spanier Francisco Pizarro von Kaiser Karl V. den Befehl, Gebiete in Südamerika zu unterwerfen. 1532 begann er mit 180 Mann und zirka 40 Pferden die Eroberung des Inkareiches. Die Spanier waren mit leichten und schweren Feuerwaffen, Armbrüsten und Lanzen bewaffnet. Bei dem Ort Cajamarca traf Pizarros Heer auf den Inkakönig Atahualpa und dessen Gefolge. Die Inkakrieger waren zu Fuß und nur mit Pfeil und Bogen, Speeren und Keulen ausgerüstet. Die Spanier nahmen Atahualpa gefangen und töteten 6000 Inka. Spanier starben dabei nicht. Der Inkakönig ließ als Lösegeld seine Gefängniszelle ca. zwei Meter hoch mit Gold füllen. Trotzdem wurde er von den Spaniern ermordet.

1. Beschreibe, wie das Heer des spanischen Eroberers Pizarro ausgerüstet war. (M1)
2. Erkläre, warum die Inkakrieger den Spaniern unterlegen waren. (T1)
3. Versetze dich in eine Person aus M1 und berichte über das, was dort geschehen ist. Entscheide zunächst, ob du aus Sicht eines Inka oder eines Spaniers schreiben möchtest.

[Der Mönch Vicente de Valverde sagte:]
„Der Papst hat Macht über alle Herrscher der Welt. Er hat dem spanischen Kaiser den Auftrag erteilt, die Indianer zu unterwerfen und zu bekehren. Francisco Pizarro ist jetzt gekommen, diesen Befehl zu erfüllen. Ich fordere dich, Atahualpa, auf, eurem Irrglauben abzuschwören und das Christentum anzunehmen. Ihr sollt anerkennen, dass Ihr dem spanischen König steuerpflichtig seid."

[Der Inka Atahualpa antwortete:]
„Ich werde keinem zinspflichtig sein, denn ich bin der größte Fürst der Erde. Wie kann der Papst Länder verschenken, die ihm nicht gehören? Meinen Glauben werde ich nicht ablegen. Euer Gott ist von den Menschen getötet worden. Mein Gott" – dabei zeigte er auf die Sonne – „lebt im Himmel und blickt auf seine Kinder herab."

M2 Aus einem zeitgenössischen Bericht des Fray Celso Garcia (sprachlich vereinfacht)

T2 • Die Zerstörung des Inkareiches

Im Jahr 1533 eroberten die Spanier Cuzco, die Hauptstadt des Inkareiches. Die Stadt bot den Spaniern einen beeindruckenden Anblick. Sie hatte ein geplantes Straßennetz, viele Tempel, großartige Paläste und einige Festungen. In Cuzco lebten zu jener Zeit ungefähr 200 000 Menschen in ca. 20 000 aus Stein erbauten Häusern. Mit der Ermordung Atahualpas und der Eroberung Cuzcos begann der Niedergang des Inkareiches. 1572 wurde der letzte Inkakönig von den Spaniern hingerichtet. Damit hatte das Inkareich aufgehört zu existieren.

bekehren
Wenn man jemanden bekehrt, dann möchte man, dass er seinen Glauben aufgibt und eine neue Religion annimmt.

M3 Cuzco – Hauptstadt des Inkareichs (Kupferstich aus dem 16. Jahrhundert)

4 a) Hilfe Arbeite aus der Textquelle M2 die Absichten des Papstes und Pizarros sowie die Antwort Atahualpas heraus. (M2)
b) Schreibe das Gespräch aus M2 mit deinen eigenen Worten auf.

5 Atahualpa zahlte das verlangte Lösegeld und wurde trotzdem ermordet. Beurteile das Verhalten der Spanier.

6 Hilfe Erstelle eine Zeittafel zur Eroberung des Inkareiches. (T1, T2)

Hilfe zu
4 Der Papst will, dass ... . Pizarro soll ... . Atahualpa soll ... . Er will weder ... noch ... .
6 Notiere vier Jahreszahlen mit jeweils einem Ereignis: 1529 – ...

M1 Spanische Eroberer treiben die einheimische Bevölkerung, die Azteken, zur Arbeit an. (Ausschnitt aus einer Wandmalerei aus dem Regierungspalast in Mexiko City von Diego Rivera, entstanden 1929–1945)

Die Folgen der Eroberungen

T1 • Die Eroberung der Azteken

Ähnlich wie Francisco Pizarro hatte der Spanier Hernando Cortes von 1519 bis 1522 im heutigen Mexiko das Reich der Azteken erobert und deren Hochkultur vernichtet. Auch Cortes war mit einer verhältnismäßig kleinen Streitmacht aufgebrochen und verfügte über einige Kanonen. Er wurde bei seinem Kampf gegen die Azteken zusätzlich von einem Volk unterstützt, das mit den Azteken verfeindet war.

① Hilfe Beschreibe die mexikanische Wandmalerei in M1.
② Berichte, wie Hernando Cortes das Aztekenreich eroberte. (T1)

Hilfe zu
① Woran erkennst du die Spanier und die Azteken? Wie verhalten sich die Spanier? Was tun die Azteken?

T2 • Die Ausbeutung Mittel- und Südamerikas

Die Spanier dehnten ihre Herrschaft auf ganz Mittel- und Südamerika aus. Sie machten diese Gebiete zu Kolonien. Zunächst raubten sie die indigenen Völker aus und machten sie zu Zwangsarbeitern. Das heißt, sie zwangen sie beispielsweise dazu, in Bergwerken wertvolle Bodenschätze abzubauen oder auf den Feldern heimische Früchte anzupflanzen und zu ernten. Erze und landwirtschaftliche Erzeugnisse wurden dann nach Europa geschafft und dort zu hohen Preisen verkauft. Diese Ausbeutung anderer Völker nennt man Kolonialismus.

Kolonie
ein Gebiet, das von einem anderen weit entfernten Staat beherrscht und meist ausgenutzt wird

indigene Völker
Als indigene Völker werden die Ureinwohner eines Landes bezeichnet. In Amerika sind damit alle Menschen gemeint, deren Vorfahren schon vor den Eroberern dort gelebt haben.

> Die Spanier schleppten die verheirateten Männer zum Goldgraben fort und die Frauen blieben auf den Farmen zurück, um dort die Feldarbeit zu verrichten. Sie mussten die Erde mit Pfählen, die im Feuer gehärtet waren, aufbrechen. So kam es, dass die Geburten fast aufhörten. Die neugeborenen Kinder konnten sich nicht entwickeln, weil die Mütter, von Anstrengungen und Hunger erschöpft, keine Nahrung für sie hatten. Aus diesem Grunde starben zum Beispiel auf der Insel Kuba 7000 Kinder im Laufe von drei Monaten; einige Mütter erwürgten vor Verzweiflung ihre Kinder.
>
> So starben die Männer in den Goldminen, die Frauen auf den Farmen vor Erschöpfung. Weite Gebiete, einst von Menschen mit hoher Kultur bewohnt, sind heute entvölkert.

M2 Brief des Bischofs Las Casas an Kaiser Karl V. um 1530 (sprachlich vereinfacht)

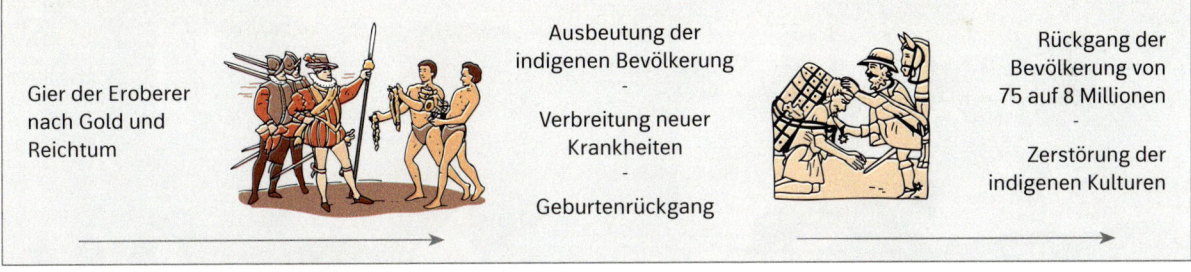

M3 Folgen der Eroberungen für die Ureinwohner

❸ *Hilfe* Beschreibe, wie die Eroberer die indigene Bevölkerung ausbeuteten. (T2)

❹ Erkläre, welche Vorteile die Eroberer von der Ausbeutung hatten. (T2)

❺ a) *Hilfe* Arbeite die wichtigsten Aussagen aus der Quelle M2 heraus.
b) *Hilfe* Auf wessen Seite stand der Bischof Las Casas? Begründe.

❻ Erkläre Ursachen und Folgen der Eroberungen mithilfe von M3.

Hilfe zu
❸ Die Spanier zwangen die Einheimischen … .
Die indigenen Völker mussten … .
Die Spanier brachten … .

❺ a) Kläre die Arbeitsbedingungen von Männern und Frauen. Finde heraus, woran Männer, Frauen und Kinder starben.
b) Achte auf bestimmte Wörter, wie zum Beispiel „schleppten" oder „erschöpft", und suche weitere heraus.

Textquellen vergleichen

Unterschiedliche Sichtweisen erkennen

Wenn du dich mit einem Freund streitest, stellt sich häufig heraus, dass jeder eine Situation anders bewertet. So ist es oft auch bei historischen Ereignissen. Die beteiligten Personen haben häufig einen anderen Blick auf ein Ereignis. Man sagt, jeder hat seine eigene Perspektive.

Textquellen unterschiedlicher Verfasser können also verschiedene Sichtweisen aufweisen. Um ein Ereignis oder eine Entwicklung beurteilen zu können, müssen wir daher die jeweilige Perspektive erkennen. Das gelingt, indem wir unterschiedliche Quellen vergleichen.

Die Motive der Europäer

Den Entdeckern, wie zum Beispiel Kolumbus oder da Gama, folgten die Eroberer. Sie sollten im Auftrag ihrer Könige neue Länder erobern und diese zu Kolonien machen. Dabei hofften sie auf schnellen Reichtum und Gold im Überfluss. Die Eroberer beuteten die Ureinwohner als billige Arbeitskräfte oder Sklaven aus. Außerdem wollten Spanier und Portugiesen die Ureinwohner missionieren, das heißt zu Christen machen.

M1 Versklavte Indigene, die ihre Arbeit nicht schaffen, werden bestraft. (Buchillustration von 1594)

Da die Indianer nach allgemeiner Aussage sprechenden Tieren gleichen, ein träges Volk ohne Veranlagung zum Guten [sind], kann [man] sie rechtmäßigerweise in Dienstbarkeit versetzen … [Man verfügt über sie], weil die völlige Freiheit ihnen schadet.

M2 Beichtvater des spanischen Königs Karl V. in einem Bericht im Jahr 1512 (sprachlich vereinfacht)

Warum unterdrückt ihr sie und beutet sie aus, ohne ihnen Nahrung zu geben und sie zu pflegen, wenn sie krank sind, sodass sie von der übermäßigen Arbeit, die ihr ihnen zumutet, sterben …? Sind dies nicht Menschen? Haben sie keine vernünftige Seele? Seid ihr nicht verpflichtet, sie zu lieben wie euch selbst?

M3 Der spanische Mönch Antonio de Montesinos in einer Predigt im Jahr 1511 (sprachlich vereinfacht)

1. Schritt: Textquellen verstehen
- Untersuche die beiden Textquellen mithilfe der Methodenseite „Textquellen auswerten" auf Seite 172/173.

2. Schritt: Perspektiven in Textquellen erfassen
- Beschreibe, welche Perspektiven du in den Textquellen erkennen kannst.
  Tipp: Sammle zunächst Stichpunkte. Lege dann eine Tabelle an, in der du die Ergebnisse gegenüberstellst.

Fragen an die Quellen	M1	M2
Wer hat die Quelle verfasst?		
Worum geht es in der Quelle?		
Wie werden die Ureinwohner beschrieben?		
Was ist noch auffällig?		

3. Schritt: Die Ergebnisse zusammenfassen und auswerten
- Fasse deine Ergebnisse aus Schritt 1 und 2 in einem kurzen Text zusammen.
  Die Quelle M1 zeigt die Sichtweise … . In M2 hingegen erkenne ich … .
  Beide Textquellen beschreiben, wie … . In M1 zeigt sich der Blick der Spanier … .
  Das erkenne ich an … . Die Ureinwohner werden als … bezeichnet.
  In M2 hingegen wird die Situation der Ureinwohner … .
  Die Ureinwohner werden auch als … .
- Überlege, ob sich aus dem Inhalt der Textquellen mögliche Konfliktsituationen erkennen lassen.
  Ich vermute, … . Ich frage mich, … . Ich könnte mir vorstellen, dass … .
  Wahrscheinlich … .
- Notiere, was du noch wissen möchtest. Welche Fragen sind offen geblieben?

Indianer
Das Wort Indianer ist eine Ableitung des spanisches Wortes Indio. Weil Kolumbus glaubte, in Indien gelandet zu sein, bezeichnete er die Einwohner der entdeckten Gebiete als Indios. Dies ist das spanische Wort für Inder.

Gewürznelken

Muskatnüsse

> Auf den Marktplätzen Europas zu Beginn der Neuzeit wog man sie buchstäblich in Gold auf: Zimtstangen aus Tidor, Gewürznelken aus Ambon, Pfeffer von der Malabar-Küste und Muskatnüsse vom Banda-Archipel. Es waren Raritäten aus einer anderen, schier unerreichbar scheinenden Welt. Weit mehr als Zutaten für … Speisen schätzte man die exotischen Gewürze, die Korn für Korn in den Apotheken abgezählt wurden, als Arznei und Wundermittel.

M1 Zeitungsartikel zur 400-Jahr-Feier der Vereinigten Ostindischen Kompanie, einer niederländischen Handelsgesellschaft (2002)

Archipel
Inselgruppe

Rarität
etwas Seltenes

Luxuswaren
teure Waren wie Gewürze, Duftstoffe, Seide oder Pelze

Fertigwaren
Waren, die in einem Arbeitsprozess hergestellt werden, wie zum Beispiel Messer, Glasperlen oder Töpfe

Mutterland
Staat, der andere Gebiete zu seinen Kolonien macht. Die Kolonien werden vom Mutterland beherrscht und sind von ihm abhängig.

🎦 Webcode
Filmclip über die Handelsmacht Niederlande
WES-100110-12

Der Beginn des weltweiten Überseehandels

T1 • Neue Seemächte entstehen

Die Entdeckung Amerikas und des Seewegs nach Indien weckte auch bei anderen Staaten das Interesse für die neuen Schiffsrouten und die Gebiete in Übersee. Spanien und Portugal blieben nicht die einzigen Seemächte.

Im 16. und 17. Jahrhundert holten die Niederlande, England und Frankreich schnell auf. In diesen Ländern waren es vor allem Kaufleute, die an Entdeckungsfahrten nach Amerika, Afrika und Asien interessiert waren. Dort wollten sie Stützpunkte und Handelskontore gründen, um Rohstoffe und Luxuswaren einzukaufen sowie europäische Fertigwaren zu verkaufen. Um die Überseefahrten organisieren und bezahlen zu können, schlossen sich die Kaufleute in Handelsgesellschaften zusammen. Viele Menschen unterstützten die Handelsfahrten der Gesellschaften mit ihrem Geld. Dafür wollten sie später am Gewinn beteiligt werden.

Den Kaufleuten gelang es, ein weltweites Netz von Handelskolonien zu errichten. Sie lagen zunächst nur an den Küsten. Eroberungen größerer Gebiete fanden kaum statt. Der Umgang mit der jeweils einheimischen Bevölkerung war sehr unterschiedlich. So gab es mancherorts einen gleichberechtigten Warenaustausch mit den einheimischen Händlern. Andernorts bestimmten die Europäer die Preise und beuteten die Gebiete aus. In einigen Fällen kam es auch zu Kriegen und gar zum Völkermord.

T2 • Seemächte werden zu Kolonialmächten

Lange war der Überseehandel Englands, Frankreichs und der Niederlande eine Angelegenheit der Kaufleute. Dies änderte sich besonders im 18. Jahrhundert. Die wachsende Bedeutung des Überseehandels wurde nun auch für die Könige bzw. Regierungen dieser Staaten interessant. Einzelne Handelsstützpunkte und Küstengebiete waren nicht mehr ausreichend. Vielmehr sollten die Gebiete in Übersee unterworfen, zu Kolonien gemacht und ausgebeutet werden. Ziel war es, das Mutterland mit noch mehr Rohstoffen und Luxusgütern zu versorgen. Vor allem aber sollte mit dem Gold und Silber aus den Kolonien die Staatskasse gefüllt werden.

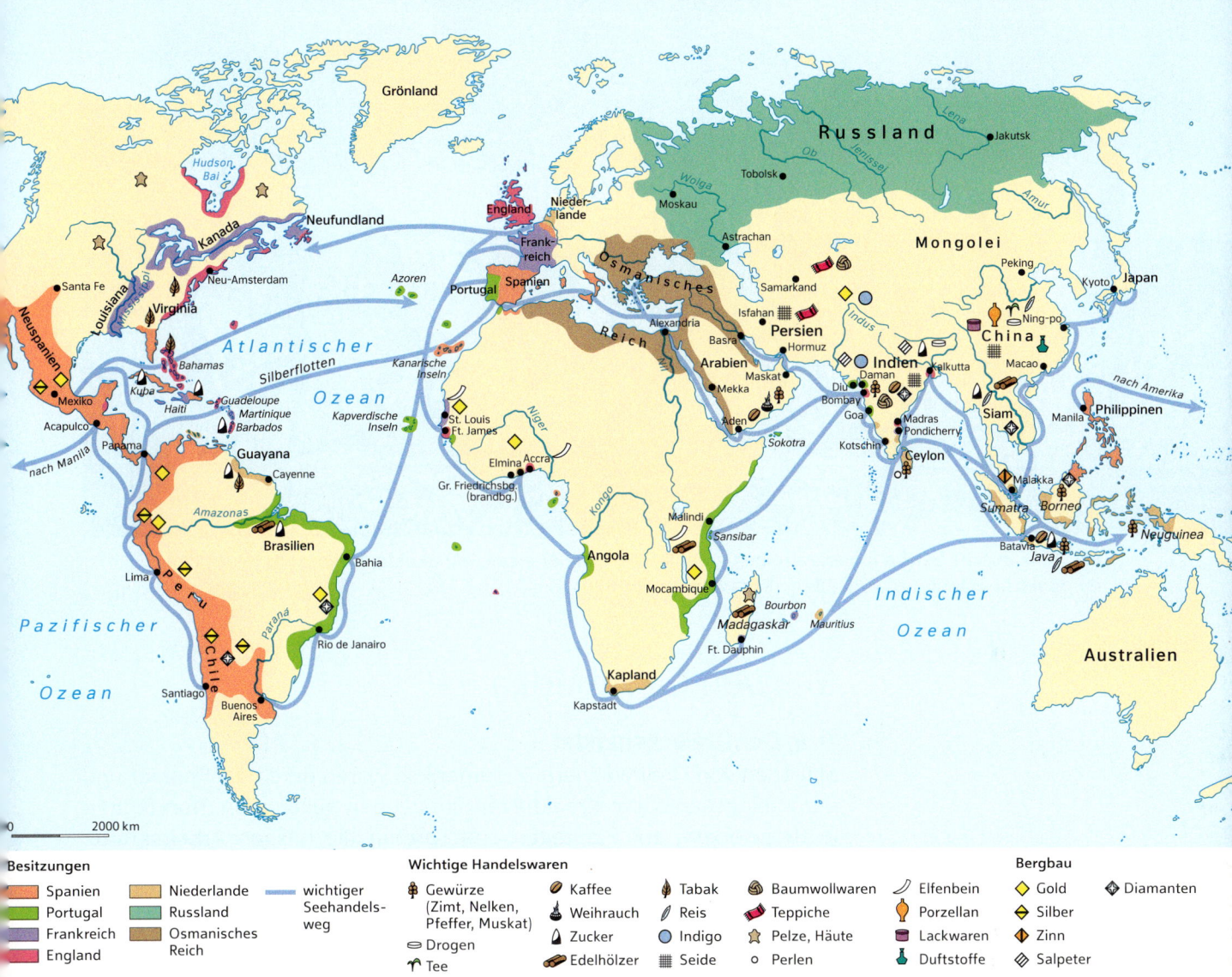

M2 Überseehandel und koloniale Besitzungen um 1700

❶ Überlege, warum Gewürze in Gold aufgewogen wurden. (M1)
🐝 *Bienenkorb*

❷ a) Nenne die drei neuen Seemächte. (T1)
b) Erkläre, wie diese Länder ihren Überseehandel aufbauten. (T1)

❸ Hilfe Stelle das Vorgehen der neuen Seemächte dem der Spanier und Portugiesen gegenüber.

❹ Fertige eine Tabelle zu Spanien, Portugal, England, Frankreich und den Niederlanden an. Notiere jeweils drei Besitzungen und drei wichtige Handelswaren. (M2)

❺ Bestimme die Namen der heutigen Länder, aus denen damals die Waren kamen.

❻ Zeige auf, wie sich der Überseehandel der neuen Seemächte änderte. (T2)

❼ Kiwis aus Neuseeland, Fleisch aus Argentinien, Elektrogeräte aus China – unsere Einkaufsmöglichkeiten sind heute vom weltweiten Handel geprägt.
a) Überprüft die Herkunft von jeweils fünf Produkten bei euch zu Hause.
b) Kopiert eine leere Weltkarte auf DIN-A3 und tragt eure Ergebnisse als Punkte ein.
c) Nehmt Stellung zu eurem Einkaufsverhalten.

Hilfe zu
❸ Nutze T1 und die Seiten 214–217 und 220–223.

M1 Afrikanische Sklavenhändler treiben gefangene Afrikaner an die Westküste Afrikas, um sie dort an europäische Händler zu verkaufen. (Darstellung um 1870)

Sklaven für Amerika

T1 • Der Dreieckshandel

Millionen von Ureinwohnern Südamerikas waren durch die Spanier und durch eingeschleppte Krankheiten ums Leben gekommen. Nun fehlten in Bergwerken, auf Plantagen und Farmen die billigen Arbeitskräfte. Deshalb verschleppten europäische Sklavenhändler Afrikaner als Sklaven über den Atlantik. Die Bedingungen auf den Sklavenschiffen waren so schlimm, dass jeder Zweite die Reise nicht überlebte.

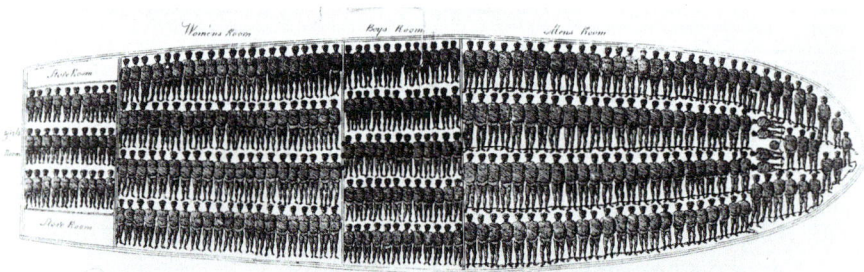

M2 Darstellung eines Sklaventransportschiffs (Kupferstich, 18. Jahrhundert)

❶ Welche Gedanken und Gefühle könnten die gefangenen Männer, Frauen und Kinder gehabt haben? Formuliere aus der Sicht einer Person in M1.
  Marktplatz

❷ Erkläre, warum Afrikaner als Sklaven nach Amerika gebracht wurden. (T1)

❸ **Hilfe** Beschreibe, wie die Sklaven auf dem Transport behandelt wurden. (T1, M1, M2)

Hilfe zu
❸ Auf dem Bild M1 sieht man eine Gruppe von afrikanischen Männern, Frauen und Kinder. Die Männer tragen … . Die Sklavenhändler … .

> Hier in Afrika wurden Menschen nun einmal als Waren angesehen. Sie wurden gegen Waren aus Europa eingetauscht. Also kam es hauptsächlich darauf an, solche Artikel zu wählen, nach denen die Schwarzen am meisten verlangten. Schießgewehre aller Art und Schießpulver nahmen die erste Stelle ein. Fast ebenso begehrt waren Tabak und Stoffe aus Baumwolle, Leinen und Seide. Den Rest der Ladung füllten Kleinigkeiten wie kleine Spiegel, Messer aller Art, bunte Korallen, Nähnadeln und Zwirn sowie feines Geschirr, Feuersteine, Fischangeln und dergleichen.

M3 Der deutsche Sklavenhändler Joachim Nettelbeck (1772)

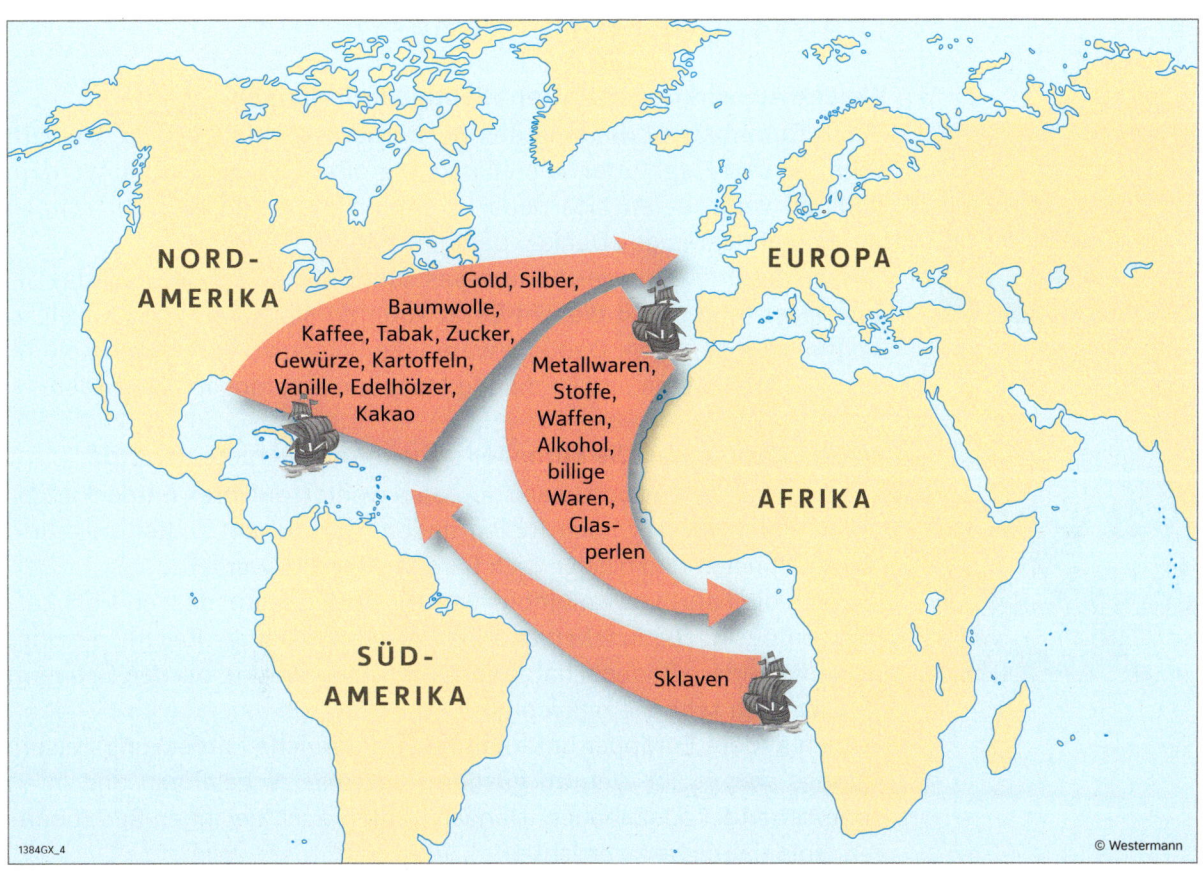

M4 Der Dreieckshandel

④ Werte die Quelle M3 aus:
  a) Als was wurden Menschen in Afrika angesehen?
  b) Welche Waren brachte der Händler Nettelbeck aus Europa mit?
  c) Wer waren seine Handelspartner?
  Lerntempoduett

⑤ **Hilfe** Wie funktionierte der Dreieckshandel zwischen Europa, Afrika und Amerika? Beschreibe. (M4)

Hilfe zu
⑤ Die Europäer brachten billige Waren … . In Afrika … . In Amerika … .

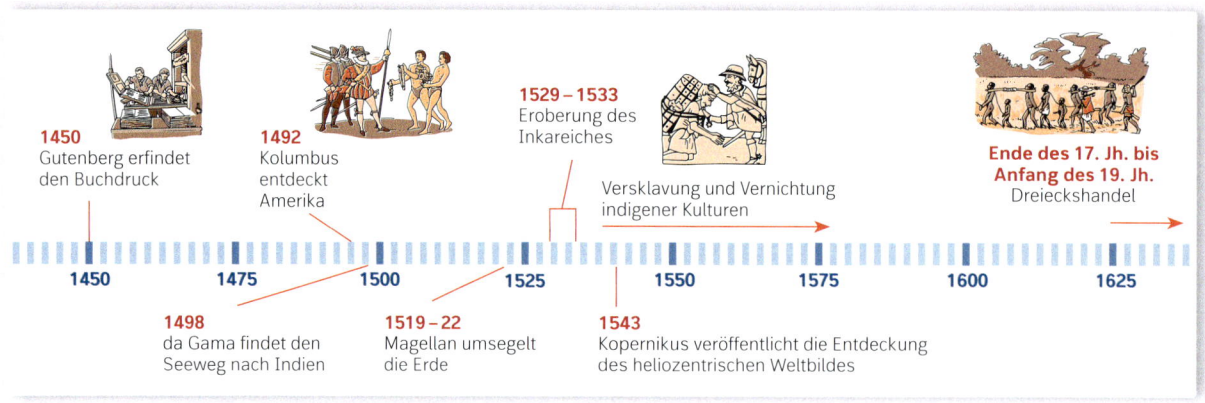

| 1450 Gutenberg erfindet den Buchdruck | 1492 Kolumbus entdeckt Amerika | 1529–1533 Eroberung des Inkareiches | | Ende des 17. Jh. bis Anfang des 19. Jh. Dreieckshandel |

Versklavung und Vernichtung indigener Kulturen

1498 da Gama findet den Seeweg nach Indien
1519–22 Magellan umsegelt die Erde
1543 Kopernikus veröffentlicht die Entdeckung des heliozentrischen Weltbildes

Die Zeit der Entdeckungen

Welche Auswirkungen hatten wichtige Erfindungen?

Durch Gutenbergs Erfindung des Buchdrucks konnten Bücher, kleinere Schriften und Flugblätter schnell und in großer Zahl hergestellt werden. Dadurch verbreiteten sich neue Erkenntnisse und Ideen sehr schnell und beeinflussten das Denken der Menschen.

Nach der Erfindung des Kompasses konnten die Seefahrer auf das offene Meer fahren. Mit diesem Gerät konnten sie feststellen, in welche Richtung sie segelten. Dadurch waren die Reisen von Christoph Kolumbus, Vasco da Gama und Ferdinand Magellan erst möglich geworden.

Warum erforschten die Europäer unbekannte Gebiete der Erde?

Christoph Kolumbus und Vasco da Gama wollten auf ihren Entdeckungsreisen einen Seeweg nach Indien finden. Auf diesem sollten begehrte Waren schneller und billiger nach Europa gebracht werden.

Durch die Fahrt von Kolumbus wurden Amerika und dessen Hochkulturen entdeckt. Die Azteken und Inkas waren mächtige Reiche, die über Gold und andere Bodenschätze verfügten. Dies weckte bei den Spaniern die Gier nach schnellem Reichtum.

Auch andere Europäer unternahmen erfolgreiche Entdeckungsreisen. Anfangs war es ihr Ziel, an güstige Rohstoffe zu gelangen und ihren Überseehandel auszubauen. Danach folgten auch bei ihnen Bestrebungen, Kolonialreiche zu errichten.

Welche Folgen hatte die Entdeckung neuer Gebiete?

In Mittel- und Südamerika wurden große Gebiete von den Spaniern erobert. Sie vernichteten die dortigen Hochkulturen, unter anderem die der Inkas und Azteken. Sie beuteten das Land aus und versklavten die indigene Bevölkerung. Die Indigenen wurden zur Arbeit in der Landwirtschaft und in Bergwerken gezwungen. Hier waren die Arbeitsbedingungen so schlecht, dass ein großer Teil der einheimischen Bevölkerung starb. Deshalb wurden Menschen aus Afrika versklavt und als billige Arbeitskräfte nach Amerika verschleppt.

Buchdruck

Um 1450 erfand Johannes Gutenberg den Buchdruck. Sein erstes großes Druckwerk war die Bibel. Dank Gutenbergs Erfindung konnten nun Bücher schneller und in großer Zahl hergestellt werden. Neben Büchern wurden auch Flugblätter zu aktuellen Themen vervielfältigt und verbreitet. Diese konnten auch von einfachen Leuten gekauft werden. Immer mehr Menschen wollten nun das Lesen lernen, um die neuen Schriften lesen zu können.

Dreieckshandel

Der Dreieckshandel entwickelte sich Ende des 17. Jahrhunderts zwischen Europa, Afrika und Amerika. Die Europäer brachten billige Waren nach Afrika und kauften dafür Schwarzafrikaner als Sklaven ein. Diese wurden in die amerikanischen Kolonien gebracht und dort an Grundbesitzer verkauft. Von den amerikanischen Kolonien wurden Kaffee, Kakao, Gewürze, Zucker oder Baumwolle nach Europa verkauft.

geozentrisches Weltbild

Im alten geozentrischen Weltbild ist die Erde Mittelpunkt des Weltalls. Sonne, Mond und alle Planeten drehen sich um die Erde. Die Gestalt der Erde in diesem Weltbild beschrieb der Grieche Thales von Milet um 600 v. Chr. als eine große Scheibe. Schon um 150 n. Chr. lehrte der griechisch-römische Forscher Ptolemäus, dass die Erde eine Kugel ist. Er betrachtet sie ebenfalls als den Mittelpunkt des Weltalls.

heliozentrisches Weltbild

Im 16. Jahrhundert, zu Beginn der Neuzeit, beschrieb der Astronom Nikolaus Kopernikus das heliozentrische Weltbild, nach dem die Sonne im Zentrum steht und die Erde, wie auch die anderen Planeten, um die Sonne kreist. Den Beweis lieferte um 1600 der Astronom und Physiker Galileo Galilei.

Hochkultur

In einer Hochkultur gibt es große Städte, ein Verkehrsnetz und eine funktionierende Verwaltung. Die Menschen üben verschiedene Berufe aus und werden mit allen lebenswichtigen Dingen versorgt. Hochkulturen entwickelten in Mittel- und Südamerika zum Beispiel die Azteken in Mexiko und die Inkas in Peru.

Inka

Inka hieß der Herrscher des Inkareichs. Das Volk verehrte ihn als Gottkönig. Die Menschen gehorchten ihm bedingungslos. Dafür konnten sie sich darauf verlassen, dass der Inka für sie sorgte. 1532 begann der Spanier Franzisco Pizarro mit der Eroberung des Inkareiches. 1572 wurde der letzte Inka ermordet. Das war das Ende dieser Hochkultur.

Kolonialismus

Von Kolonialismus spricht man, wenn ein Staat fremde Gebiete besetzt, die Bevölkerung unterwirft, zur Zwangsarbeit versklavt und das Land ausbeutet.

M1 Katholische und protestantische Soldaten kämpfen gegeneinander im Dreißigjährigen Krieg. (Kolorierter Kupferstich, 1630)

Reformation und Glaubenskriege

→ Was bedeutet Reformation?

→ Wodurch entstand der protestantische Glaube?

→ Warum bekämpften sich Christen gegenseitig?

M2 Die Kirche verkauft Urkunden zur Vergebung von Sünden. (Holzschnitt, um 1524)

M3 Durch die Reformation spaltete sich die Kirche in zwei Richtungen: die protestantische und die katholische. (Flugblatt, 1529)

① Er will uns werden zu schwer. Die Flasch' ist uns worden leer.

② Fahrt mich mit gutem Fleiß, dass mir nicht zerbrech das Eis.

③ Wir wollen dich fahren wohl, denn du bist geschwollen und voll.

④ Liebe Schwestern, gebt uns zu trinken. In dem Eis wollen wir versinken.

M1 Betrunkene Nonnen und Mönche überqueren nach einer Feier einen zugefrorenen See. (Holzschnitt, um 1450)

Missstände in der Kirche

T1 • Geistliche sind keine Vorbilder mehr

Zu Beginn der Neuzeit um 1500 war Europa überwiegend christlich. Die Regeln der Kirche bestimmten das Leben der Menschen. Gottesfürchtig zu sein, bedeutete für sie, nicht zu lügen oder zu stehlen und bescheiden nach den Geboten der Bibel zu leben. Vor allem die Geistlichen sollten nach den christlichen Regeln leben und den Menschen ein Vorbild sein. Doch viele Priester, Mönche und Nonnen ließen es sich lieber gut gehen und achteten auf ihren eigenen Vorteil. Die geistlichen Bischöfe lebten wie weltliche Fürsten. Sie führten einen großen Hofstaat und verschwendeten mit vielen Festen das Geld der Kirche.

An der Spitze der Kirche stand der Papst, der in Rom lebte. Dort führte er ein Leben, das von Macht und Reichtum geprägt war.

> Unsummen verschlang ... [Papst Leos] Hofstaat aus 683 Menschen, vom Erzbischof bis zum Elefantenwärter, vom Hoforchester zum Hofpoeten und zum Hofnarren. Dauernd mussten Komödien aufgeführt werden, und der Vatikan war zum ständigen Hoftheater geworden ...

M2 Über die Hofhaltung Papst Leos X. (1513–1521)

Missstände
Missstände entstehen zum Beispiel, wenn Menschen sich nicht an Regeln halten. Viele Angehörige der Kirche haben sich nicht an die Regeln der Kirche gehalten.

Geistliche
Menschen, die religiös ausgebildet sind und für die Kirche arbeiten

Bischof
oberer Leiter der Kirche in einem größeren Gebiet, in dem er auch Herr über den Landesbesitz ist

weltliche Fürsten
Adlige, die über ein bestimmtes Gebiet herrschen und nicht der Kirche angehören

❶ a) Wer wird in M1 abgebildet?
b) Wie werden die Personen dargestellt? Beschreibe.
c) Überlege, was der Zeichner kritisiert.

❷ Beschreibe Missstände in der Kirche. (T1, M2)
 Stühletausch

❸ Gegen welche Regeln der Kirche verstieß Papst Leo? (M2, T1)

T2 • Der Ablasshandel

Als äußeres Zeichen seiner Macht ließ der Papst ab 1506 in Rom die größte und prächtigste Kirche seiner Zeit bauen: den Petersdom. Doch für diesen Bau benötigte er viel Geld. Hierfür machte sich der Papst das Bedürfnis der Menschen nach Vergebung ihrer Sünden zunutze. Die Menschen fürchteten sich davor, dass sie nach ihrem Tod in die Hölle kommen würden. Sie glaubten, dass ihnen die Sünden vergeben werden, wenn sie sie gestehen und bereuen. Nur dadurch könnten sie nach ihrem Tod der Hölle entgehen.

Diese Ängste vor der Hölle nutzte der Papst für sich aus. Er beauftragte Geistliche, in Städte und Dörfer zu reisen und dort „Ablassbriefe" zu verkaufen. Mit dem Kauf eines solchen Briefes wurde den Menschen bescheinigt, dass ihre Sünden vergeben waren. Viele Menschen waren zunächst erfreut, dass sie sich von ihren Sünden freikaufen konnten und auf diese Weise keine echte Reue und Buße mehr zeigen mussten.

Den Gewinn aus diesem Ablasshandel erhielt zur Hälfte der Papst in Rom und den Rest erhielt der Bischof, der in seinem Gebiet den Handel organisierte. Um den Gewinn noch zu steigern, wurde der Ablasshandel immer weiter ausgedehnt. Den Menschen wurden sogar Ablassbriefe verkauft, damit Sünden ihrer verstorbenen Angehörigen vergeben wurden. Doch der Ablasshandel und das verschwenderische Leben vieler Geistlicher führte zu immer stärkerer Kritik an der Kirche.

M3 Der Petersdom und Petersplatz in Rom (Darstellung aus dem 17. Jahrhundert)

Hofstaat
alle Adligen oder Geistlichen, die an einem Hof leben

Erzbischof
verwaltet ein größeres Gebiet, das wiederum auf verschiedene Bischöfe aufgeteilt ist

Vatikan
Amtssitz des Papstes

Hölle
im christlichen Glauben der Ort, an den Sünder nach ihrem Tod kommen. Dort erleiden sie Schmerzen für ihre Sünden.

Reue
Man versteht, etwas Falsches getan zu haben, ist traurig darüber und will es nicht wieder tun.

Buße
Man macht eine Sünde wieder gut, indem man etwas Gutes tut. Meist waren es besondere Gebete.

M4 Papst und Ablasshandel in der katholischen Kirche (Holzschnitt, um 1524)

❹ Warum entwickelte der Papst den Ablasshandel? Nenne Gründe. (T2, M3)
❺ [Hilfe] Erkläre den Ablasshandel. (T2)
❻ [Hilfe] Schreibe einen Dialog zu M4 zwischen einem Geistlichen und einem Gläubigen beim Verkauf von Ablassbriefen.
❼ Warum wurde die Kirche kritisiert? Erkläre.

Hilfe zu
❺ Denke auch daran, warum die Menschen Ablassbriefe kauften.
❻ Geistlicher: „Oh, du armer Sünder, wenn du deine Sünden bereust ..."
Gläubiger: „Hochwürden, ich bereue wirklich meine Sünden. Was kann ich tun?"

Flugblätter auswerten

Mit der Erfindung des Buchdruckes wurde es möglich, gedruckte Texte oder Bilder einfach herzustellen und zu verbreiten. Flugblätter wurden so zu einem wichtigen Medium, denn mit ihnen konnten große Teile der Bevölkerung erreicht werden. Auf ihnen wurden zum Beispiel politische Ereignisse oder gesellschaftliche Missstände angesprochen und kritisiert.

Im Unterschied zu den Flugblättern, die wir heute kennen, wurden die Flugblätter zur Zeit der Reformation nicht immer kostenlos verteilt, sondern mussten meist gekauft werden. Ein Flugblatt kostete ungefähr so viel wie ein Handwerker in der Stunde verdiente.

Da viele Menschen nicht lesen konnten, waren die Flugblätter so gestaltet, dass die Informationen hauptsächlich in Bildern dargestellt wurden. Die Menschen von damals konnten die Symbole und Andeutungen, die in den Bildern gemacht wurden, gut verstehen. Uns fällt das heute manchmal schwer. Wir müssen die Flugblätter deshalb zunächst genau betrachten und verwendete Symbole entschlüsseln, bevor wir ihre Bedeutung erfassen können.

Symbole
ein Wort, das nicht nur wörtlich verstanden wird, sondern einen tieferen Sinn hat; zum Beispiel steht ein Herz für die Liebe oder eine Waage für Gerechtigkeit

Altar
eine Art Tisch in christlichen Kirchen für bestimmte Handlungen während des Gottesdienstes

selig werden
von den Sünden erlöst werden, um nach dem Tod in den Himmel zu steigen

1. christliches Kreuz vor dem Altar
2. Mönch verliest die Anordnungen zum Ablass
3. Urkunde mit Bestimmungen zum Ablasshandel
4. Kanzel: Von hier predigt in der Kirche der Geistliche.
5. Sanduhr: Sie soll daran erinnern, dass alles sterblich ist und vergeht.
6. Wappen des Papstes
7. Familienwappen des regierenden Papstes
8. Mönch organisiert den Kauf der Ablassbriefe und ermahnt das Volk
9. Geldtruhe für die Ablassgelder
10. Kaufmann, der die Ablassbriefe an die Gläubigen verkauft

M1 „Ohne Ablass von Rom kann man wohl selig werden durch die göttliche heilige Schrift." (Flugblatt von 1520, gestaltet von Heinrich Vogtherr dem Älteren)

1. Schritt: Die Entstehung des Flugblattes erforschen
- Benenne, wann das Flugblatt entstanden ist.
  Das Flugblatt wurde ... .
- Nenne den Künstler, der es gestaltet hat.
  Gestaltet hat es ... .
- Überprüfe, wie der Titel des Flugblattes lautet.
  Der Titel des Flugblattes lautet „ ... ".
- Beschreibe, auf welche Situation oder welches Ereignis sich das Flugblatt bezieht.
  Das Flugblatt bezieht sich auf ... .

2. Schritt: Das Flugblatt untersuchen
- Beschreibe das Flugblatt genau.
  Leitfragen:
  - Wie ist das Bild aufgebaut?
  - Was befindet sich im Vordergrund, was befindet sich im Hintergrund?
  - Werden Personen dargestellt?
  - Sind bekannte Persönlichkeiten zu erkennen?
  - Gibt es auffällige Gegenstände?
  - Werden Tiere dargestellt? Welche Bedeutung haben sie?
  - Gibt es Texte, die das Bild ergänzen?

  Das Bild zeigt ... . In der Mitte des Bildes erkennt man ... .
  Unmittelbar darunter befindet sich ... . Links davon befindet sich ... .
  Er ... . Neben ihm steht eine ... .
  Rechts erkennt man ... . Vorne rechts im Bild sitzt ... . Er ... .
  Im Hintergrund hängen ... .
- Flugblätter wurden sehr unterschiedlich gestaltet. Manchmal fällt auf, dass Personen oder Ereignisse übertrieben oder stark verändert dargestellt wurden. Dann solltest du folgenden Arbeitsschritt vornehmen und die Ergebnisse bei deiner Auswertung berücksichtigen. Überprüfe, ob die Art der Darstellung der Wirklichkeit entspricht oder ob etwas unrealistisch oder übertrieben dargestellt ist.
- Untersuche die Einzelheiten.
  Es ist auffällig, dass ... . Besonders fällt auf, dass ... . Hervorzuheben ist ... .

realistisch
wirklichkeitsgetreu
wie in Wirklichkeit
genau
entspricht der Wirklichkeit

übertrieben
unrealistisch
nicht real
überzogen
verändert
verfremdet

3. Schritt: Das Flugblatt deuten
- Erkläre, was die einzelnen Teile des Bildes bedeuten.
  steht für ... / symbolisiert ... / verweist auf ... / stellt einen Bezug her zu ... / gibt einen Hinweis auf ... / verkörpert ...
- Stelle einen Zusammenhang zwischen dem, was dargestellt wurde, und dem Titel des Flugblattes her.
  Das Bild zeigt ... . Auch der Titel des Flugblattes bezieht sich auf ... .
- Erläutere, welche Absicht der Künstler mit dem Flugblatt verfolgte.
  Der Künstler hatte die Absicht, ... Man erkennt dies daran, dass ... .
  Er wollte darstellen ... .

M1 Der Geistliche Martin Luther verbrennt Kirchenbücher und Papstschriften. (Holzschnitt aus dem 17. Jh.)

M2 Martin Luther

Martin Luther – ein Kritiker der Kirche

T1 • Luther kritisiert die Missstände

Martin Luther lebte als Mönch in Wittenberg. An der Universität lehrte er christliche Theologie. Auch in Wittenberg kauften die Menschen Ablassbriefe. 1517 reagierte Luther auf diesen Missstand. Er veröffentlichte 95 Thesen und forderte darin eine Erneuerung der Kirche. Er wollte zum Beispiel, dass der Ablasshandel beendet wird. Zudem war er dafür, dass im Gottesdienst nicht mehr Latein, sondern nur noch Deutsch gesprochen wird. Darüber hinaus sollte nur die Bibel als Grundlage des Glaubens dienen und nicht die Schriften des Papstes. Mit diesen Thesen stellte sich Luther eindeutig gegen die Kirche. Schnell fand seine Lehre viele Anhänger und es begann ein Prozess der Erneuerung: die Reformation.

Für den Papst und die katholische Kirche war Luther ein Verräter. Im Jahr 1521 verhängte der Papst die schwerste Kirchenstrafe: den Kirchenbann. Damit wurde Luther aus der Kirche ausgeschlossen und durfte auch seinen Beruf als Mönch und Professor nicht mehr ausüben.

christliche Theologie
die Lehre von Gott. Theologen erforschen die Bibel und lehren, was in ihr steht.

Thesen
Aussagen, die die eigene Meinung bzw. Überzeugung ausdrücken.

① **Hilfe** Beschreibe das Geschehen in M1 aus Sicht eines Augenzeugen.
② Nenne drei Punkte, die Luther in der Kirche verändern wollte.
③ Das Bild M2 weist auf eine wesentliche Grundlage von Luthers neuer Lehre hin. Erkläre. (T1)
④ Vermute, warum der Kirchenbann die schwerste Kirchenstrafe war. (T1)
   Lerntempoduett

Hilfe zu
① Gestern Abend war ich dabei, als Luther … . Vor unseren Augen verbrannte er … .

T2 • Luther wird angeklagt

Wenige Monate nachdem der Kirchenbann verkündet worden war, wurde Luther im Frühjahr 1521 zum Reichstag nach Worms bestellt. Dort sollte er vor den versammelten Fürsten, dem Kaiser und dem Gesandten des Papstes seine Thesen für falsch erklären und zurücknehmen. Doch Luther berief sich auf die Bibel und verteidigte seine Kritik.

Reichstag
Versammlung des Kaisers, der Fürsten und anderer. Dort wurde über politische Fragen und Gesetze beraten und entschieden.

Reichsacht
vom Kaiser erlassene Strafe. Alle Menschen im Reich durften den Bestraften verletzen oder dem König ausliefern. Niemand durfte ihn beschützen.

Junker
meist junger Adliger ohne eigenes Herrschaftsgebiet

M3 Martin Luther ② auf dem Reichstag in Worms (Holzschnitt, 1557)

T3 • Luther muss sich verstecken

Weil sich Luther weigerte, seine Thesen zurückzunehmen, verhängte der Kaiser über ihn die Reichsacht. Damit wurde Luther für „vogelfrei" erklärt. Das bedeutete, dass ihn jeder ungestraft töten durfte.

Um Luther zu schützen, ließ der Kurfürst Friedrich von Sachsen Luther zum Schein entführen. Friedrich war ein Anhänger Luthers und versteckte ihn auf der Wartburg bei Eisenach. Dort lebte Luther ein Jahr lang unter falschem Namen als Junker Jörg. Während dieser Zeit übersetzte er das Neue Testament der Bibel in die deutsche Sprache.

> Wenn ich nicht mit Zeugnissen der Schrift (Textstellen in der Bibel) oder mit offenbaren Vernunftgründen besiegt werde, so bleibe ich und mein Gewissen gefangen in Gottes Wort … Widerrufen kann und will ich nicht, weil es weder sicher noch geraten ist, etwas gegen sein Gewissen zu tun. Gott helfe mir, Amen.

M4 Aus Luthers Antwort an den Kaiser

❺ Stellt die Szene in M3 in einem Standbild dar und beschreibt die Gedanken der beteiligten Personen. (T2, M3)

❻ **Hilfe** Entwickelt ein Streitgespräch zwischen dem päpstlichen Gesandten als Ankläger und Luther. (T2, M3, M4)
Partnerpuzzle

Hilfe zu
❻ Sammelt zuerst Argumente aus Sicht des Gesandten ① und Luthers ②.
Anklage: Der Papst macht keine Fehler, Papst ist Stellvertreter Gottes auf Erden …
Luther: Die Bibel ist Gottes Wort und daher fehlerlos, eigenes Gewissen ist der Maßstab …

M1 „Zweierlei Predigt" (Flugblatt aus dem Jahr 1529 von Georg Pencz)

Die Reformation breitet sich aus

T1 • Luthers Ideen spalten die Kirche

Kirchenbann und Reichsacht konnten die Weitergabe von Luthers Lehren nicht verhindern. Immer mehr Menschen verbreiteten seine Schriften in den Städten und Dörfern. Es kam zur Spaltung der Christen in zwei Konfessionsgemeinschaften: die katholische, die dem Papst unterstand, und in die protestantische, die der Lehre Luthers folgte.

Die protestantischen Gottesdienste wurden nicht mehr in lateinischer, sondern in deutscher Sprache abgehalten. Protestantische Kirchengemeinden wählten sich ihre Priester selbst, und im Mittelpunkt des Gottesdienstes sollte nur noch die Bibel selbst stehen.

Auch zahlreiche Landesherren schlossen sich der protestantischen Lehre an. Sie enteigneten katholischen Besitz und verwalteten ihn selbst. Die Einnahmen daraus nutzten sie, um den neuen protestantischen Priestern feste Gehälter zu bezahlen. Außerdem richteten sie Schulen und Krankenhäuser neu ein, die bisher nur von der katholischen Kirche geleitet wurden. Lesen und Schreiben wurden nun in deutscher Sprache unterrichtet, nicht mehr in Latein.

Konfession
Untergruppe innerhalb einer Religion

Landesherr
Herrscher über ein Gebiet, in dem er das Gesetz und das Recht des Königs durchsetzen musste. Landesherren gehörten zum Adel oder hatten ein hohes Kirchenamt inne.

❶ a) Beschreibe das Bild M1.
 b) Hilfe Vergleiche die beiden verschiedenen Gottesdienste miteinander.
 c) Erkläre den Titel des Flugblatts.
  Think – Pair – Share
❷ Nenne Veränderungen im Gottesdienst. (T1)
❸ Beschreibe, was sich in protestantischen Landesteilen änderte. (T1)

Hilfe zu
❶ b) Achte besonders auf die Gegenstände, die die Menschen in den Händen halten, und auf die Prediger.

T2 • Die Bauern lehnen sich auf

Zur Zeit der Reformation waren die meisten Menschen Bauern. Für ihren Grundherrn mussten sie hart arbeiten und hohe Abgaben leisten. Aber auch der Kirche mussten sie ein Zehntel ihrer Ernte abgeben. Außerdem schränkten die Grundherren alte Rechte der Bauern immer mehr ein. Holz, das bisher im gemeinsamen Wald eines Dorfes gefällt wurde, musste nun bezahlt werden. Auch Vieh durfte nicht mehr ohne Bezahlung auf den Wiesen um das Dorf herum weiden.

Grundherr
meistens ein Adliger, der sein Land an Bauern verpachtete. Die Bauern bewirtschafteten das Land, leisteten Abgaben und verrichteten Dienste für den Grundherrn. Er musste sie dafür beschützen.

leibeigen
Als leibeigen galten Menschen, die Eigentum ihres Herrn waren. Ohne seine Erlaubnis durften sie zum Beispiel nicht wegziehen oder heiraten.

Pachtzins
Teil der Ernte, den die Bauern für das gepachtete Land an ihren Grundherrn abgeben mussten

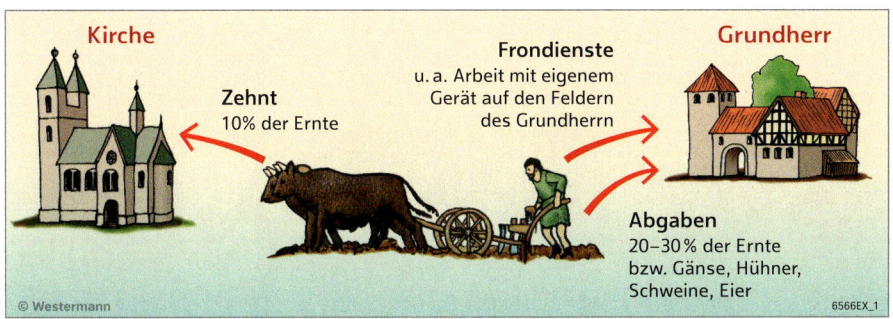

M2 Abgaben und Dienste der Bauern

Die Bauern wurden immer unzufriedener. Durch Luthers Lehre und seinen Widerstand gegen den Papst fühlten sich die Bauern gestärkt. In Memmingen stellten die Bauern ihren Grundherren zwölf Forderungen.

1. Die Gemeinde soll ihren Pfarrer selbst wählen und abwählen können.
2. Wir wollen die Abgaben für Getreide, aber nicht mehr für Vieh an die Kirche leisten.
3. Wir wollen nicht mehr leibeigen, sondern frei sein.
4. Wir wollen frei jagen und fischen können.
5. Jeder soll den Gemeindewald frei nutzen können.
6. Die Dienste für den Herrn sollen auf das alte Maß beschränkt werden.
7. Die Dienste und Abgaben dürfen nicht erhöht werden.
8. Der Pachtzins für Feld und Land soll von unparteiischen (neutralen) Leuten gerecht festgelegt werden.
9. Strafen sollen ohne Ansehen der Person gerecht sein.
10. Die [Grundherren] sollen den Gemeinden Wald, Wasser und Weiden zur Nutzung zurückgeben.
11. Abgaben bei einem Todesfall sollen abgeschafft werden.
12. Nur die Forderungen sollen anerkannt werden, die dem Wort Gottes entsprechen.

M3 Die zwölf Forderungen der Memminger Bauern von 1525 (sprachlich vereinfacht)

4 Beschreibe die Abgaben und Dienste der Bauern. (M2, T2)
 Lerntempoduett

5 Erkläre, warum die Bauern immer unzufriedener wurden. (T2)

6 a) Lies M3 und kläre Verständnisprobleme mit einem Partner.
b) Wähle eine Forderung aus M3, die dir besonders wichtig erscheint. Begründe deine Entscheidung.

M1 Bauern plündern das Kloster Weißenau bei Ravensburg (Zeichnung um 1525)

Der Bauernkrieg

T1 • Luther und die Bauern

Weil die Grundherren nicht auf die Forderungen der Bauern eingingen, schlossen sich immer mehr Bauern zu Gruppen zusammen und kämpften gegen die Fürsten. In diesem Konflikt stellte sich Luther zunächst auf die Seite der Bauern. Doch als die Bauern auch Klöster überfielen und sich dabei auf die Bibel beriefen, stellte sich Luther gegen sie.

plündern
Menschen nutzen eine unruhige Situation aus, um allein oder in einer Gruppe zu stehlen.

Eigentlich verdanken wir den Aufruhr euch, ihr Fürsten. Als weltliche Herren tut ihr nichts anderes, als zu schinden. Ihr müsst anders werden. Ich kann euch nur raten, meine Herren, einigt euch mit den Bauern im Guten.

M2 Luther in einer Schrift an die Fürsten (1520)

Sie richten Aufruhr an. Sie berauben und plündern Klöster und Schlösser, die nicht ihnen gehören. Dadurch machen sie sich zu Straßenräubern und Mördern. ... Darum soll die Aufrührer niederwerfen, wer es ... [kann], denn es gibt nichts Teuflischeres als einen aufrührerischen Menschen. Sie nennen sich christliche Brüder und sind doch eigentlich die größten Gotteslästerer seines heiligen Namens.

M3 Luther in einer Schrift gegen die aufrührerischen Bauern (1525)

T2 • Die Niederlage der Bauern

Im April 1525 weitete sich der Aufstand zu einem Krieg aus. Die Bauern bewaffneten sich mit Sensen, Mistgabeln und Äxten, aber auch mit Messern und Schwertern. In Thüringen kam es am 15. Mai 1525 zur entscheidenden Schlacht. Unter der Führung des Pastors Thomas Müntzer stellten sich über 8000 aufständische Bauern dem Heer der Fürsten entgegen. Die besser ausgebildeten und bewaffneten Soldaten der Fürsten schlugen die Bauern vernichtend. Über 5000 Bauern verloren in dieser Schlacht ihr Leben. Der Anführer Thomas Müntzer wurde gefangen genommen und nach einem Todesurteil hingerichtet.

Aufruhr
Menschen tun sich zusammen, um gegen Regeln oder Herrscher vorzugehen. Es kann auch zu Gewalt kommen.

schinden
jemandem Leid zufügen, jemanden quälen

T3 • Die Folgen für die Bauern

Nach den verlorenen Schlachten der Bauern bildeten die Fürsten an vielen Orten Strafgerichte. Die Bauern mussten ihre Waffen abgeben und ihren Herren Treue schwören. Sie mussten versprechen, sich nie mehr gegen ihre Grundherren zu stellen. Außerdem wurden sie dazu verurteilt, den entstandenen Schaden zu ersetzen. Die Männer mussten die zerstörten Klöster, Burgen und Schlösser wieder aufbauen. Gemeinden, die die Bauern unterstützt hatten, mussten hohe Strafen zahlen. Anführer wurden öffentlich gefoltert und hingerichtet.

M4 Hinrichtung im 16. Jahrhundert (Ausschnitt aus einem Holzschnitt, um 1520)

❶ Beschreibe das Geschehen in M1.
  Bienenkorb
❷ Warum änderte Luther seine Haltung gegenüber den Bauern? Begründe. (T1)
❸ Vergleiche die unterschiedlichen Haltungen Luthers in M2 und M3.
  Partnervortrag
❹ Nenne Gründe, warum die Bauern chancenlos gegen die Fürsten waren (T2).

❺ **Hilfe** Zwei überlebende Bauern diskutieren über den verlorenen Aufstand. (T2, T3, M4) Schreibe dieses Streitgespräch.

Hilfe zu
❺ Pro: immer mehr Abgaben; Luther hat doch gesagt, nur die Bibel ...
Kontra: es ist verboten, sich gegen seine Herren zu erheben; wir sind chancenlos ...

Eine Geschichtserzählung

Vor der Schlacht

„Wie hatte es so weit kommen können?", dachte Karl Retters. „Wie kann es sein, dass ich, ein einfacher Bauer aus dem thüringischen Dorf Toba, nun einem Heer schwer bewaffneter Landsknechte und Ritter gegenüberstehe? Ich habe doch nur meinen Bundschuh am Fuß und eine Mistgabel als Waffe."

Vor gut einem Jahr hatte es begonnen, so erinnerte er sich. Auch zu ihnen nach Toba war die Nachricht gekommen, dass sich Bauern in Franken gegen ihre Grundherren erhoben hatten. Auf dem Dorfplatz hatten er und die anderen Bauern sich versammelt. Auch sie wollten ihre alten Rechte wiederbekommen, um frei jagen und fischen zu können. Zudem sollten die Dienste für den Grundherrn verringert werden. Ja, das war es: Sie wollten eigentlich nur genug zum Überleben haben. Überall wurde diskutiert. Ein Aufstand gegen die Herren? Das hatte es noch nie gegeben. Als sie aber hörten, dass sich auch Bauern aus den Nachbardörfern dem Aufstand anschlossen, hielten sie es nicht mehr aus. Nur mit Ackerwerkzeug bewaffnet, zogen sie zu den Burgen der Grundherren.

Und nun stand er hier bei Frankenhausen mit einer unüberschaubaren Menge anderer Bauern. Er blickte von einem Berg dem anrückenden Heer der Landesherren entgegen. Ihr Anführer, der Prediger Thomas Müntzer, hatte ihnen noch am Morgen Mut gemacht: Sie sollten keine Angst haben, er würde jede Kugel in seinem Mantel abfangen. Gott sei auf ihrer Seite und die Fürsten würden in der Hölle schmoren.

Karl Retters blickte noch einmal hoch zu der Fahne des Bundschuhs. Wie sehr war ihm dieses Zeichen ans Herz gewachsen! Was konnte stärker die Entschlossenheit der Bauern zeigen? Selbst mit diesem einfach geschnürten Schuh wagten sie es, einem Ritter in Rüstung entgegenzutreten? Dann hörte er erste Schüsse und den Donner der Kanonen ...

Landsknechte
Landsknechte gehörten zu keinem bestimmten Herrn. Sie kämpften für den, der sie bezahlte. Ihre Waffen waren meist Schwert und Pike, und sie kämpften zu Fuß.

Bundschuh
Im Gegensatz zu den Rittern trugen die Bauern Bundschuhe. Der Riemen wurde um Knöchel und Unterschenkel gewickelt, also gebunden.

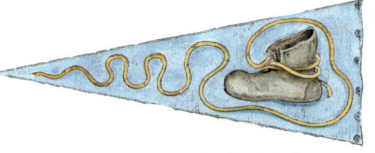

M1 Bundschuhfahne der aufständischen Bauern (Rekonstruktionszeichnung)

❶ **Hilfe** Beschreibe die Stimmung von Karl Retters vor der Schlacht.
❷ **Hilfe** Wähle eine Person aus dem Bild ① oder ②. Schildere die Szene aus deren Sicht.
❸ **Hilfe** „Wir wollten doch nur genug zum Überleben haben. War das denn zu viel?" Prüfe, ob dies tatsächlich die Grundforderung der Bauern war.
❹ Zieht Karl Retters tatsächlich in die Schlacht? Überlege dir Argumente, die dafür und dagegen sprechen.
  Placemate
❺ Der Bundschuh als Symbol der Bauern: Was hältst du von dieser Wahl? Begründe deine Meinung.
❻ **Hilfe** Entwirf ein eigenes Symbol für die aufständischen Bauern.

Hilfe zu
❶ Folgende Adjektive können dir helfen:
unsicher, verzweifelt, ängstlich, trotzig, mutig, wütend, traurig.
❷ Wähle eine Person, deren Gesicht zu erkennen ist. Achte auch auf die Kleidung, Gegenstände und die Bewegung der Person. Was könnte das Ziel der Gruppe sein?
❸ Vergleiche mit den Forderungen der Bauern aus Memmingen. Siehe dazu Seite 241.
❻ Überlege, was du mit deinem Symbol ausdrücken willst.

M1 Eine Gruppe von Landesherren übergibt in Augsburg 1530 dem Kaiser eine Erklärung. (Gemälde, um 1600)

Glaubensstreit als Kampf um Einfluss

T1 • Mehr Macht für die Landesherren

Für die Landesherren mit protestantischem Glauben bedeutete der Glaubenswechsel eine größere Unabhängigkeit vom katholischen Kaiser Karl V. Schon auf dem Reichstag in Speyer 1526 trafen die deutschen Landesherren einen weitreichenden Beschluss: Jeder Landesherr sollte die Konfession für den eigenen Herrschaftsbereich frei wählen können. Da die protestantische Kirche kein Oberhaupt wie den Papst hatte, wurden die Landesherren durch diesen Beschluss in ihrem Territorium auch zum geistlichen Oberhaupt der neuen Landeskirchen. Alle kirchlichen Angelegenheiten wurden in einer Verwaltung zusammengefasst.

Die Religionszugehörigkeit des Landesherrn bestimmte auch die Religion seiner Untertanen. Damit wuchs dessen Einfluss auf den einzelnen Menschen. Gleichzeitig wurde so auch der Einfluss des Kaisers und der katholischen Kirche in diesen Landesteilen immer schwächer. Durch die neue Stellung wurden die Macht und die Selbstständigkeit der Landesherren in ihren Territorien weiter gestärkt.

Territorium
anderes Wort für Gebiet oder Land. Gemeint ist hier das Gebiet, über das der Landesherr herrscht.

Untertan
Jede Person, die einem Herrscher untergeordnet ist. Ein Untertan ist seinem Herrscher zu Gehorsam verpflichtet.

❶ a) Beschreibe die Menschen, die in M1 im Vordergrund abgebildet sind.
b) **Hilfe** Überlege, welche Funktionen und Ämter diese Personen hatten.
c) Was erfährst Du durch die Gedankenblasen über die Personen?

❷ Welcher Beschluss wurde in Speyer gefasst? (T1)

❸ Erkläre, warum der Beschluss des Reichstags von 1526 für die Landesherren einen Zugewinn an Macht bedeutete. (T1)

Hilfe zu
❶ b) Achte auf die Kleidung und auf Gegenstände, die die Menschen festhalten.

T2 • Kaiser Karl kämpft um die Kircheneinheit

Mit allen Mitteln versuchte Kaiser Karl V. die Einheit der Kirche wieder herzustellen und zu sichern. Auf einem weiteren Reichstag in Speyer 1530 versuchten die katholischen Fürsten die freie Konfessionswahl rückgängig zu machen. Dem widersprachen die protestantischen Landesherren. Sie überreichten dem Kaiser in Augsburg ihr Bekenntnis: Sie erklärten, dass Glaubens- und Gewissensfragen nicht von der Mehrheit bestimmt werden können. Schließlich versuchte der Kaiser auch mit militärischen Mitteln, sein Ziel durchzusetzen, scheiterte aber auch damit.

Nach vielen Jahren mit Glaubenskriegen einigten sich der Kaiser und die Landesherren 1555 in Augsburg auf einen Friedensvertrag. In diesem sogenannten Augsburger Religionsfrieden wurde festgelegt, dass der Landesherr seine Konfession frei wählen darf. Die Untertanen mussten die Konfession ihres Landesherren annehmen oder auswandern. Nur in den freien Reichsstädten konnte jeder Bürger seine Religion frei wählen. Damit wurde die religiöse Spaltung Deutschlands endgültig besiegelt. Karl V. war gescheitert und trat 1556 als Kaiser zurück.

Bekenntnis
Mit dem Bekenntnis formulierten die protestantischen Landesherren öffentlich, woran sie glaubten.

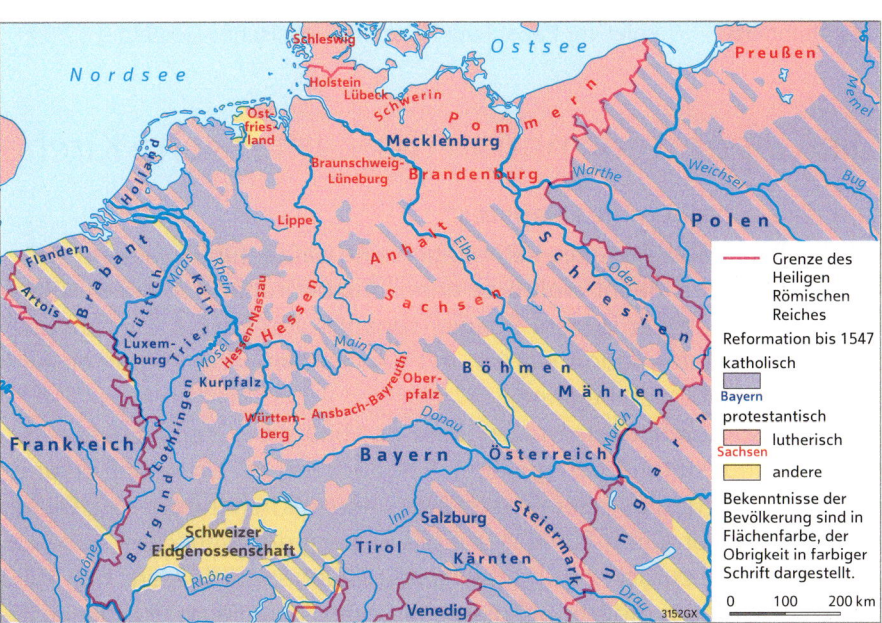

M2 Konfessionen der Untertanen und der Landesherren

❹ Erstelle eine Zeitleiste zum Konflikt zwischen den Landesherren und Kaiser Karl V. (T1, T2)

❺ Beschreibe, wie der Konflikt zwischen Kaiser Karl V. und den protestantischen Landesfürsten verlaufen ist. (T2)

❼ a) Nenne die Bestimmungen des Augsburger Religionsfriedens. (T2)
b) Wessen Hoffnungen aus M1 sind erfüllt worden? Begründe. (M1, T2, M2)

❼ Karl V. hatte das Ziel, die Einheit der Kirche wiederherzustellen. Betrachte M2. Formuliere einen Ratschlag an ihn.

❽ Hilfe Beschreibe die Konsequenzen des Religionsfriedens für die Untertanen. (T2, M2)

Hilfe zu
❽ Was bedeutete es, die Religion wechseln oder auswandern zu müssen?

M1 Der junge Adlige Ignatius von Loyola als Offizier (Gemälde aus dem 17. Jahrhundert)

M2 Der Kirchengelehrte und Priester Ignatius von Loyola kniet vor Papst Paul III. (zeitgenössisches Gemälde)

Die Gegenreformation der katholische Kirche

T1 • Die „Soldaten des Papstes"

Für den Papst bedeutete die Reformation eine Gefahr für die Einheit seiner Kirche. Mit aller Macht wollte er deren Ausbreitung verhindern. Einen Unterstützer fand er in dem Spanier Ignatius von Loyola. Dessen Antwort auf die Reformation war es, mit verschiedenen Maßnahmen eine Gegenreformation zu beginnen.

Um diese durchzusetzen, gründete er 1539 die „Gesellschaft Jesu", später auch Jesuitenorden genannt. Ein Jahr nach der Gründung erkannte Papst Paul III. diese Gemeinschaft als neuen Kirchenorden an. Dieser Orden sollte vor allem Einfluss auf die Bildung der Menschen nehmen, um sie wieder zurück zum katholischen Glauben zu führen. Um 1600 hatte der Orden hunderte Schulen gegründet. Eine Folge war die Festigung des katholischen Glaubens in gemischten Glaubensgebieten.

Wegen der fast militärischen Führung wurden die Jesuiten schon bald als „Soldaten des Papstes" bezeichnet.

1. Bild M1 und M2 zeigen den gleichen Mann zu verschiedenen Zeiten. Tauscht euch über mögliche Aufgaben dieses Menschen aus.
   Bienenkorb
2. a) Nenne das Ziel des Jesuitenordens. (T1)
   b) Hilfe Beurteile die Maßnahmen des Jesuitenordens. (T1)
3. Diskutiert über die Bezeichnung „Soldaten des Papstes" für einen Kirchenorden.

Hilfe zu
2 b) Mögliche Aspekte:
   - Wie erfolgreich waren die Jesuiten?
   - In welchem Bereich nahmen sie Einfluss?

T2 • Die Inquisition

Neben der Einflussnahme auf die Schulbildung nutzte die Gegenreformation auch Mittel der Gewalt. Dies war die Aufgabe der Inquisition. Sie war eine besondere Gruppe innerhalb der katholischen Kirche. Sie ging verstärkt mit Gewalt gegen „Ungläubige" und „Ketzer" vor. Die Inquisitoren, die durch das Land zogen, unterstanden direkt dem Papst. Sie sprachen in Schauprozessen auf öffentlichen Plätzen das Urteil gegen Menschen, die beschuldigt wurden, Ketzer zu sein. Nach langen Verhören mit Foltermethoden gestanden die allermeisten Angeklagten und wurden in der Regel zum Tod verurteilt.

T3 • Das Konzil von Trient

Die katholische Kirche wollte die Reformation nicht nur mit einem Kampf gegen äußere Gegner eindämmen. Auch durch einen Prozess der Erneuerung innerhalb der Kirche sollten die Menschen wieder für den katholischen Glauben zurückgewonnen werden. 1545 berief der Papst hohe Bischöfe, Kardinäle und Äbte zu einem Konzil nach Trient ein. 18 Jahre lang berieten die Geistlichen bei dieser Kirchenversammlung über mögliche Neuerungen. Als Ergebnis des Konzils wurde der Ablasshandel verboten. Auch die Ausbildung der Geistlichen sollte verbessert werden. Es wurde aber ebenfalls festgeschrieben, dass nur die katholische Kirche mit dem Papst an ihrer Spitze berechtigt sei, die Bibel auszulegen. Die Kirchensprache sollte weiterhin Latein bleiben.

Inquisition
Die Inquisition bestand aus Menschen, die im Auftrag der katholischen Kirche angebliche Ungläubige aufspürten, anklagten, verhörten und verurteilten.

Ketzer
Menschen, die in den Augen der Kirche die christliche Lehre und ihre Botschaften anzweifelten oder leugneten

Konzil
Versammlung einer Kirche, bei der die hohen geistlichen Würdenträger zusammenkommen. Dort beraten und besprechen sie offene Glaubensfragen.

M3 Vollstreckung von Urteilen der Inquisition (Holzstich 19. Jahrhundert)

M4 Das Konzil von Trient (Kupferstich 1565)

❹ a) Nenne die Maßnahmen der Inquisition.
b) Beurteile die Inquisition als Mittel, um den katholischen Glauben zu stärken. (T2)

❺ a) Beschreibe das Bild M3.
b) Vermute, warum solche Prozesse und Urteilsvollstreckungen in der Öffentlichkeit gezeigt wurden.

❻ Hilfe Vergleiche die Maßnahmen des Konzils von Trient mit den Forderungen Luthers. (T3, M4; T1 auf Seite 238)

Hilfe zu
❻ Begriffe, die dir helfen können: Ablass, Sprache im Gottesdienst, Bibel.

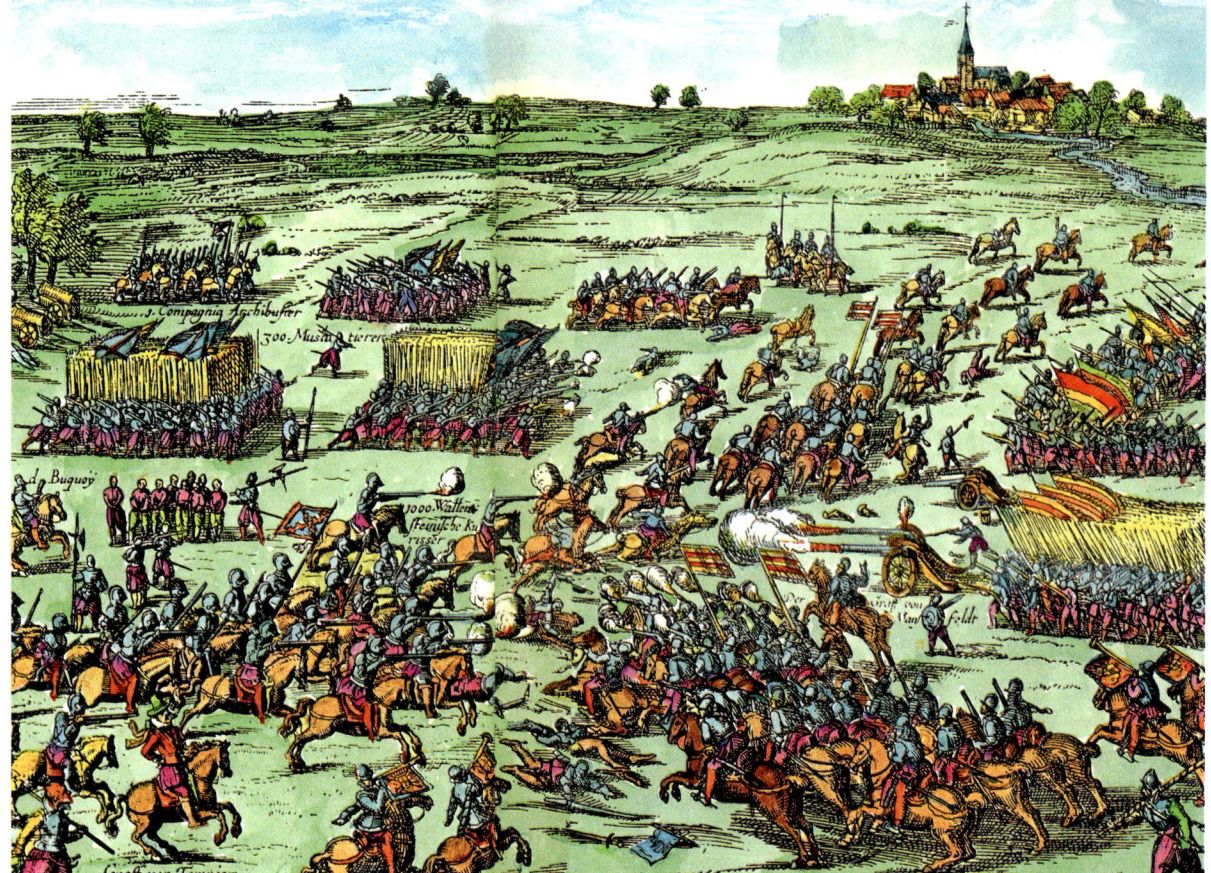

M1 Protestantische Truppen kämpfen am 10. Juni 1619 gegen katholische Soldaten in Böhmen. (Stich, um 1630)

Der Dreißigjährige Krieg

T1 • Der Beginn des Krieges

Seit 1555 galt im Deutschen Reich per Gesetz, dass die Fürsten ihre Konfession frei wählen konnten. Ihre Untertanen mussten dieser Konfession auch angehören oder auswandern. Trotz der Religionsfreiheit der Fürsten kam es immer wieder zu Konflikten. Während der katholische Kaiser seine Macht im Reich ausbauen wollte, forderten die protestantischen Fürsten mehr Unabhängigkeit in ihren Gebieten. Schließlich bildeten beide Seiten Militärbündnisse. Die protestantische Seite schloss sich 1608 zur Union, die katholische 1609 zur Liga zusammen.

1618 eskalierten die Konflikte in Prag, der Hauptstadt Böhmens. Als der Kaiser die Rechte der dortigen Protestanten einschränken wollte, lehnten sich böhmische Adlige auf. Der Kaiser ließ daraufhin Truppen einmarschieren. Viele böhmische Adlige wurden hingerichtet oder flüchteten in andere protestantische Länder. Ihr Besitz wurde auf kaisertreue Katholiken verteilt.

eskalieren
Ein Problem oder Streit verschärft sich zunehmend und wird somit immer schlimmer.

❶ Beschreibe das Bild M1.
   🍯 *Bienenkorb*

❷ Erkläre, wie es zum Krieg zwischen Protestanten und Katholiken gekommen war. (T1)

❸ Verfasse aus Sicht eines böhmischen Adligen einen Protestbrief an den katholischen Kaiser, in dem du dich über das Vorgehen in Prag beschwerst.

T2 • Der Schrecken des Krieges

Was als Glaubenskrieg begann, steigerte sich bald zu einem europäischen Krieg um Macht. Immer mehr Staaten griffen in den Krieg ein, mit der Begründung, ihre Glaubensbrüder zu unterstützen. Als aber neben Schweden und Dänemark auch das katholische Frankreich auf der Seite der Protestanten in den Krieg eintrat, wurde deutlich: Einzig der Kampf um Macht war der Grund für den Krieg.

Unter dem Krieg litten am meisten die Bauern in den Dörfern. Ohne Schutz waren sie den Heeren ausgeliefert. Die Soldaten plünderten alles, was für sie nützlich sein konnte. Äcker wurden verwüstet, Nahrungsmittel knapp. Die Bewohner wurden häufig ermordet. Krankheiten und Seuchen forderten zusätzlich zahllose Opfer.

Glaubensbrüder
Hier sind Menschen gemeint, die derselben Konfession angehören, also Protestanten oder Katholiken.

M2 Plünderung eines Bauernhauses (Gemälde, um 1630)

T3 • Der Westfälische Frieden

Immer deutlicher zeigte sich, dass keiner der Kriegsgegner einen Sieg erringen konnte. Nach dreißig Jahren Krieg war das Land verwüstet, viele Dörfer und Städte waren zerstört. Im Jahr 1641 nahmen Kaiser Ferdinand III., der schwedische und der französische König Friedensverhandlungen auf. Nach sieben Jahren wurde schließlich in den westfälischen Städten Münster und Osnabrück ein Friedensvertrag unterzeichnet. Durch diesen Vertrag erhielten die Fürsten in ihren Gebieten mehr Selbstständigkeit. Der Kaiser konnte ohne ihre Zustimmung keine Entscheidung für das Deutsche Reich treffen. Frankreich und Schweden gewannen durch den Vertrag deutsche Gebiete.

❹ Hilfe Weise nach, dass aus dem Religionskrieg ein Krieg um Macht wurde. (T2)
❺ Zeige auf, warum besonders die bäuerliche Bevölkerung gelitten hat. (T2, M2)
❻ Wer waren die Gewinner und Verlierer des Krieges? Begründe. (T3)
  Placemate

Hilfe zu
❹ Überlege, was das Besondere an dem Kriegseintritt Frankreichs war. Du könntest deine Überlegungen so beginnen: Zu Beginn des Dreißigjährigen Krieges standen sich der katholische Kaiser und die … feindlich gegenüber. Im Gegensatz dazu … .

vermuten

Manchmal findest du zu einem Thema nicht alle Informationen, die du brauchst. Es gibt also eine offene Frage. Um die Frage zu beantworten, musst du vermuten, also eine mögliche Antwort finden. Dafür musst du zunächst die vorhandenen Informationen sammeln. Auf der Grundlage dieser Informationen kannst du dann Überlegungen anstellen, wie die Frage beantwortet werden kann.

Der Operator *vermuten* ist besonders wichtig im Geschichtsunterricht, denn so arbeitet ein Historiker: Es gibt eine offene Frage oder ein Problem, und er stellt Vermutungen dazu an. Im nächsten Schritt überprüft er anhand von Materialien und Quellen, ob seine Vermutung stimmen kann oder ob er sie verändern muss.

1. Schritt: **Frage formulieren**
- Wie lautet die offene Frage?

2. Schritt: **Vorhandene Informationen sammeln**
- Welche Informationen gibt es im verfügbaren Material?

3. Schritt: **Überlegungen anstellen**
- Welche Schlussfolgerungen lassen die Informationen zu?

4. Schritt: **Frage in einem zusammenhängenden Text beantworten**
- Wie kann die Frage beantwortet werden?

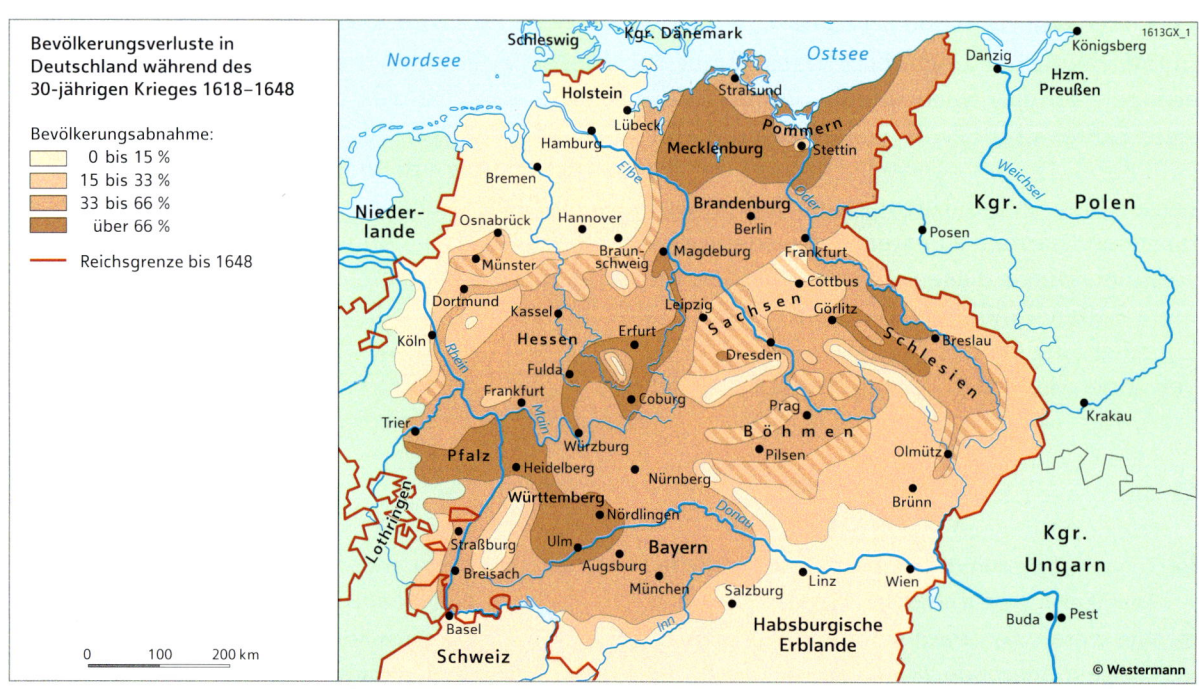

M1 Bevölkerungsverluste im Dreißigjährigen Krieg

Vermute, welche Folgen der 30 Jahre dauernde Krieg für die Menschen hatte.

1. Schritt: **Frage formulieren**
- Zunächst formulierst du die Frage, die bereits in der Aufgabenstellung steckt. Schreibe so:
Welche Folgen hatte der 30-jährige Krieg für die Menschen?

2. Schritt: **Vorhandene Informationen sammeln**
- Im zweiten Schritt sammelst du alle Informationen, die dir bei der Beantwortung der Frage helfen können.
- Schau dir dafür die Materialien auf Seite 251 an: die Texte T2 und T3 und das Bild M2. Untersuche auch die Karte auf Seite 252.

3. Schritt: **Überlegungen anstellen**
- Nachdem du alle Informationen aus den Materialien und Texten gesammelt hast, stellst du auf dieser Grundlage Überlegungen an.
- Schreibe deine Überlegungen zu den Folgen jeweils neben die Information in die Tabelle.
- So könnte deine Tabelle aussehen:

Tipp
Achte bei deinen Überlegungen darauf, dass sie sich immer auf die vorhandenen Informationen beziehen. Sie müssen logisch und nachvollziehbar sein.

Schritt 2: Informationen	Schritt 3: Überlegungen zu Folgen
- Besitz wurde geplündert	- Menschen wurden arm - ...
- Felder wurden zerstört	- Felder konnten nicht genutzt werden - es gab keine ... - ...
- viele Tote durch Mord, Krankheiten (hohe Bevölkerungsverluste)	- wenige Menschen für den Wiederaufbau der Städte und Dörfer da - ...
- Städte und Dörfer wurden zerstört	- Handwerker und Kaufleute ... - ...
- Ländergrenzen wurden verändert, zum Beispiel ...	- ...

Tipp
Schreibe die Informationen in die linke Spalte einer Tabelle und notiere deine Überlegungen, die daraus folgen, in die rechte Spalte daneben.

4. Schritt: **Frage in einem zusammenhängenden Text beantworten**
- Nun hast du die Information und deine Überlegungen zu den Folgen übersichtlich notiert.
- Beantworte die Frage abschließend im Fließtext. Schreibe so:
Die Frage lautet: Welche Folgen ...? Ich vermute, dass das Plündern des Besitzes zur Folge hatte, dass die Menschen nach dem Krieg sehr arm waren. Nachdem viele Felder zerstört wurden, konnten ... . Wahrscheinlich hatten die Menschen deshalb sehr wenig Nahrung. ... . Es gab viele Tote durch ... . Deshalb gab es nur wenige Menschen für ... . Außerdem wurden die Städte und Dörfer ...

vermuten
Ich vermute, dass ...
Wahrscheinlich ...
Es ist wahrscheinlich, dass ...
Vermutlich ...
Die Bevölkerung...

folgern
Deshalb ...
Daher ...
Das hatte zur Folge, dass ...
Schließlich ...

begründen
weil ...
denn ...
Aus diesem Grund ...

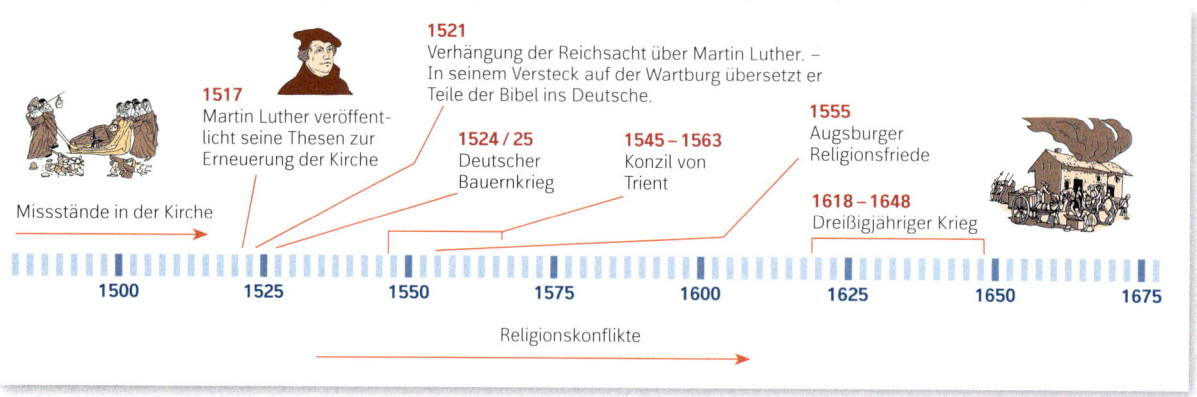

Reformation und Glaubenskriege

Wodurch entstand der protestantische Glaube?

Zu Beginn der Neuzeit um 1500 führten viele Geistliche ein ausschweifendes Leben und der Papst in Rom hielt sich einen aufwendigen Hofstaat. Als der Papst Ablassbriefe verkaufen ließ, um den Bau des Petersdoms zu finanzieren, wurde die Kritik an der Kirche immer lauter.

Martin Luther veröffentlichte seine Kritik im Jahr 1517. Immer mehr Menschen folgten seiner Meinung und gründeten eine neue christliche Glaubensrichtung: die protestantische Kirche. 1521 sollte Luther auf dem Reichstag in Worms vor dem Kaiser und Vertretern der Kirche seine Kritik widerrufen. In seiner Verteidigungsrede berief er sich auf die Bibel und weigerte sich, die Kritik zurückzunehmen.

Was bedeutet Reformation?

Martin Luther und andere Kritiker der Kirche forderten vor allem eine Erneuerung der Kirche, das heißt eine Reform. Die Menschen sollten sich nicht mehr nach den Regeln des Papstes oder anderer hoher Geistlicher richten. Stattdessen sollten allein die Bibel für alle Christen das Maß aller Dinge sein. Außerdem sollten Gottesdienste nicht mehr auf Latein, sondern nur noch auf Deutsch gehalten werden. Eine weitere Forderung war, dass die Gemeinden ihren Priester selbst wählen.

Warum bekämpften sich Christen gegenseitig?

Auch Landesfürsten traten der neuen protestantischen Kirche bei. Sie er-hofften sich dadurch mehr Unabhängigkeit vom katholischen Kaiser. Dieser sah dadurch seine Macht eingeschränkt und griff in religiöse Auseinandersetzungen auch mit militärischer Gewalt ein. 1555 einigten sich Fürsten und Kaiser im Augsburger Religionsfrieden auf ein friedliches Nebeneinander. Ein neuerlicher Konflikt war 1618 in Böhmen der Beginn des Dreißigjährigen Krieges. Dieser entwickelte sich zu einem Krieg zwischen verschiedenen europäischen Staaten auf deutschem Gebiet. Diesem Krieg fiel ein Drittel der Bevölkerung zum Opfer. Der Dreißigjährige Krieg endete 1648 mit dem Westfälischen Frieden.

Ablassbrief

Mit dem Kauf eines Ablassbriefes konnten sich Christen die Vergebung ihrer Sünden erkaufen. So lautete die Botschaft der Kirche. Tatsächlich wurde mit dem Verkauf der Ablassbriefe zum Großteil der Bau des Petersdoms in Rom finanziert. Für Martin Luther war der Handel mit den Ablassbriefen ein Kern seiner Kritik. Er meinte, dass ein echtes Bereuen von Sünden nicht mit Geld erkauft werden kann.

Bauernkrieg

Durch Luthers Kritik an der Kirche fühlten sich viele Bauern ermutigt, mehr Rechte von ihren Grundherren zu fordern. Diese Forderungen umfassten teilweise religiöse Fragen, aber auch konkrete Punkte zur Verbesserung ihrer Lebenssituation. Als die Grundherren nicht darauf eingingen, bewaffneten sich viele Bauern und zogen in den Krieg. Am Ende wurden sie vernichtend geschlagen. Die überlebenden Bauern mussten harte Strafen akzeptieren.

Dreißigjähriger Krieg

Von 1618 bis 1648 bekämpften sich auf deutschem Gebiet mehrere europäische Mächte. Zu Beginn war der Anlass für den Krieg ein religiöser Streit zwischen protestantischen Landesfürsten und dem katholischen Kaiser. Dann entwickelte sich der Krieg zu einem Kampf zwischen verschiedenen europäischen Staaten um Gebiete und Macht. Besonders die ländliche Bevölkerung litt unter den durchziehenden Soldaten, die Nahrungsmittel plünderten und die Äcker und Dörfer verwüsteten. Häufig wurden die Dorfbewohner ermordet.

Gegenreformation

Mit verschiedenen Maßnahmen wollte die katholische Kirche die Ausbreitung der Reformation verhindern. So sollte der Jesuitenorden Einfluss auf die Bildung der Menschen nehmen und sie zum katholischen Glauben zurückführen. Durch die Inquisition wurde aber auch Gewalt ausgeübt und Menschen hingerichtet, die beschuldigt wurden, „Ungläubige" zu sein.

Reformation

Reformation wird der Prozess genannt, in dem die Kirche erneuert wurde. Die alte Kirche unter der Führung des Papstes ließ Kritiker wie Martin Luther anklagen und verfolgen. Trotz dieser Verfolgung fand die neue Lehre immer mehr Anhänger in allen Bevölkerungsgruppen. Durch die Reformation spaltete sich die Kirche in zwei Konfessionen: die katholische mit dem Papst als Oberhaupt und die neue protestantische nach der Lehre Luthers.

Westfälischer Frieden

Als immer deutlicher wurde, dass der Dreißigjährige Krieg für keine Seite zu gewinnen war, vereinbarten der Kaiser und die beteiligten Könige Friedensverhandlungen. Diese Verhandlungen in den westfälischen Städten Münster und Osnabrück zogen sich über mehrere Jahre hin. Währenddessen wurde der Krieg fortgeführt. Erst nach sieben Jahren Verhandlungen wurde 1648 der Friedensvertrag unterzeichnet. Im Ergebnis verlor der Kaiser an Einfluss und die Landesfürsten erhielten mehr Rechte. Außerdem wurden den Königreichen Frankreich und Schweden Gebiete auf deutschem Boden zugesprochen.

M1 Das Schloss des französischen Königs Ludwig XIV. in Versailles (Gemälde aus dem Jahr 1722)

Die Zeit des Absolutismus

→ Wie herrschten Könige mit absoluter Macht?

→ Wie lebten die Menschen zur Zeit des Absolutismus?

→ Wie veränderte Bildung das Zusammenleben der Menschen?

M2 Suppenküche in einem Elendsviertel in Paris

M3 Ein Gelehrter erklärt das Sonnensystem (Gemälde, um 1768)

M1 Das Ölgemälde von 1701 zeigt König Ludwig XIV. von Frankreich. Es befindet sich heute im Museum Louvre in Paris und ist 2,77 m hoch und 1,94 m breit.

M2 Medaille von 1674 mit Ludwig XIV. als Sonne

Die Herrschaft Ludwigs XIV.

T1 • Der Sonnenkönig

Ludwig XIV. regierte von 1661 bis 1715 als König von Frankreich. Er nannte sich „Sonnenkönig" und soll von sich gesagt haben: „Der Staat bin ich." Damit meinte er, dass er allein alle wichtigen Entscheidungen traf. Nur wenige hohe Politiker waren seine Berater. Ludwig XIV. glaubte, dass er als König seine Macht direkt von Gott erhalten habe. Er wollte sein Handeln nur vor Gott verantworten und fühlte sich an keine Gesetze gebunden. Diese Herrschaftsform nennt man Absolutismus.

T2 • Der absolutistische Staat

Um seine absolutistische Herrschaft zu sichern, setzte Ludwig XIV. Beamte ein und stellte ein immer einsatzbereites Heer auf. Außerdem konnte er über die Steuereinnahmen frei verfügen.

Ludwig XIV. wollte seine Macht aller Welt zeigen. Daher ließ er im Ort Versailles in der Nähe von Paris eine große Schlossanlage errichten. Es war das prächtigste Schloss der damaligen Zeit. Über 22 000 Arbeiter und Soldaten bauten fast 30 Jahre lang daran. Schließlich wohnten und arbeiteten dort 20 000 Menschen, darunter die meisten Adligen Frankreichs. Für sie gehörte es sich, am Hofleben in Versailles teilzunehmen und in der Nähe des Königs zu sein. So trug der Adel zum Glanz des Königs bei und konnte gleichzeitig vom König kontrolliert werden.

M3 Die Stützen der absolutistischen Herrschaft

Hofhaltung
Haushalt eines Fürstenhofs; unter diesem Begriff werden unter anderem alle Kosten für Personen, die vor Ort für den Fürsten arbeiteten, und alle Ausgaben, für Essen, Kleidung, Feste etc., zusammengefasst.

M4 Das Schloss von Versailles (Gemälde aus dem Jahr 1722)

❶ a) Wie ist Ludwig XIV. dargestellt? (M1)
b) Wie wirkt das Bild auf dich? Bedenke dabei auch die Größe des Bildes.
c) Warum ließ sich Ludwig XIV. so malen? Vermute.
🌐 *Bienenkorb*

❷ Nenne Merkmale des Absolutismus. (T1)

❸ „Der Staat bin ich." Erkläre, was Ludwig XIV. damit ausdrücken wollte. (T1)
🌐 *Placemat*

❹ Beschreibe, wie Ludwig seine absolutistische Macht sicherte und zeigte. (T2, M3)

❺ Erkläre die Aussage: Das Schloss von Versailles ist ein Zeichen des Absolutismus. (T2, M4)

> Mein lieber Colbert, Ihr wisst, wie teuer das Schloss und die Hofhaltung in Versailles sind. Aber diese Ausgaben müssen sein! Sie zeigen der ganzen Welt Unseren Ruhm als Frankreichs Sonnenkönig. Aber Wir benötigen noch mehr Geld, denn je voller Unsere Kassen sind, desto größer wird Unser Ruhm in Europa und der Welt sein.

> Eure Majestät! Da bin ich ganz Eurer Meinung. Jedoch weiß ich nicht, wie wir derzeit noch mehr Geld erwirtschaften können, um die Staatskasse weiter aufzufüllen. Denn auch die Steuern können wir nicht noch weiter erhöhen.

> Wenn Steuererhöhungen nicht möglich sind, muss es anders gehen. Colbert! Ihr seid der Sohn eines Kaufmanns! Ihr müsst doch wissen, wie man Geld erwirtschaften und die Kassen füllen kann! Entwickelt ein Programm, das Unseren Reichtum vermehrt!

Wir / Unser
Herrscher wurden im Plural angesprochen und sprachen auch von sich selbst im Plural, um ihre besondere Stellung hervorzuheben.

M1 Ludwig XIV. und sein Finanzminister Colbert (Radierung aus dem 19. Jh.)

Die Wirtschaft zur Zeit Ludwigs XIV.

T1 • Hohe Staatsausgaben

Durch den Bau von Schlössern oder auch die aufwendige Hofhaltung von Ludwig XIV. stiegen die Staatsausgaben von Jahr zu Jahr. In dieser Situation entwickelte der Finanzminister des Königs Jean Baptiste Colbert ein neues Wirtschaftsprogramm. Mit dessen Hilfe sollten die Einnahmen des Staates gezielt gesteigert werden.

T2 • Ein neues Wirtschaftssystem für Frankreich

Colbert entwickelte ein Wirtschaftssystem, das nach kaufmännischen Grundsätzen funktionieren sollte. So sollten Rohstoffe billig eingekauft, Fertigwaren kostengünstig hergestellt und diese anschließend teurer verkauft werden.

Hierfür gab es verschiedene staatliche Fördermaßnahmen. Zum einen wurden günstige Rohstoffe mit der eigenen Schiffsflotte aus den Kolonien eingeführt. Zum anderen förderte der Staat die Errichtung moderner Manufakturen, in denen die Rohstoffe kostengünstig verarbeitet wurden. Dies gelang dadurch, dass sich die Arbeiter auf einen Produktionsschritt spezialisierten und die Waren arbeitsteilig und in Massen produzierten. Die Fertigwaren wurden dann teuer ins Ausland verkauft.

Des Weiteren gab es von staatlicher Seite Einschränkungen. Zum Beispiel wurden ausländische Waren mit hohen Zöllen belegt und dadurch verteuert. Auf diese Weise sollten die Franzosen mehr französische Waren kaufen, damit die Gelder an inländische Produzenten und Händler gingen. Das wiederum hatte zum Ziel, dass die Geschäftsleute in Frankreich höhere Gewinne erzielten, was in der Folge zu höheren Steuereinnahmen für den Staat führen sollte. Dieses Wirtschaftssystem heißt Merkantilismus.

Manufaktur
Großbetrieb, in dem von Hand Produkte angefertigt wurden. Die Arbeiter waren meist auf einen Produktionsschritt spezialisiert. So konnten viele und hochwertige Waren hergestellt werden.

Zölle
finanzielle Abgabe für eingeführte oder ausgeführte Waren

Merkantilismus
von lat.: Mercator = Kaufmann; der Staat wirtschaftet nach kaufmännischen Regeln

M2 Der Merkantilismus in Frankreich im 18. Jahrhundert

❶ a) Spielt die Szene in M1 mit verteilten Rollen.
b) Warum soll der Staat nach dem Willen des Königs viel Geld einnehmen?
❷ Nenne die Ursachen für den Anstieg der Staatsausgaben in Frankreich. (T1)
❸ Erkläre das Grundprinzip des Merkantilismus. (T2)
❹ Werte M2 aus, indem du neun Grundsätze des Merkantilismus formulierst.
  Partnervortrag

M1 Die französische Gesellschaft vor der Revolution (heutige Zeichnung)

Die Ständegesellschaft in Frankreich

T1 • Leben in einer festen Ordnung
Wie überall in Europa gehörten auch in Frankreich zur Zeit Ludwigs XIV. die Menschen drei unterschiedlichen Ständen an. Dadurch hatte jeder Mensch seinen festen Platz in der Gesellschaft. Die königliche Familie thronte über dieser Ständeordnung. Die Menschen glaubten, dass diese Ordnung von Gott vorgegeben war.

T2 • Der erste und zweite Stand
Der Klerus, also Priester, Bischöfe und Äbte, bildeten den ersten Stand. In den ersten Stand gelangte ein Mann nur, wenn er Geistlicher wurde. Die Geistlichen waren die Vertreter der Kirche. Sie waren überzeugt davon, dass Gott selbst den König mit der Regierung beauftragt hat. Somit bedeutete Kritik am König auch Kritik an Gott.

Die Adligen bildeten den zweiten Stand. Die meisten von ihnen wohnten am Hof von Ludwig XIV. Sie hofften dort, seine Aufmerksamkeit zu erlangen und an Einfluss zu gewinnen. Wer Ludwig gefiel, erhielt gut bezahlte Ämter bei Hofe. So wurden die Adligen vom König abhängig.

Klerus und Adel besaßen viele Vorrechte. Diese nannte man Privilegien. So zahlten sie keine Steuern, besaßen das alleinige Recht zu jagen und nur sie konnten hohe und gut bezahlte Stellen bekommen.

❶ Stelle die Gesellschaftsordnung in Frankreich mithilfe von M1 dar:
  a) Liste auf, wer welchem Stand angehört.
  b) Beschreibe, wie die Gesellschaft aufgebaut war.
  Think – Pair - Share

❷ Warum wurden die Menschen in Stände eingeteilt? Erkläre. (T1)

❸ **Hilfe** Begründe, warum der erste Stand so großen Einfluss besaß. (T2)

❹ Erläutere, wie der König den zweiten Stand von sich abhängig machte. (T2)

Hilfe zu
❸ Warum waren sie wichtig für den König? Begründe mit: denn, weil, deshalb, aus diesem Grund.

T3 • Der dritte Stand

Dem dritten Stand gehörten vor allem Bauern an. Nur wenige von ihnen besaßen eigenes Land. Die meisten bekamen Land von Adligen, für das sie Pacht zahlten und Dienste verrichteten. Bei Missernten blieb ihnen wenig, denn auch dann verlangten die Adligen die Abgaben in voller Höhe. Auch Handwerker und Arbeiter in der Stadt verdienten nur wenig. Sogar Kinder mussten Geld verdienen, da die Lebensmittel sehr teuer waren.

Alle Angehörigen des dritten Standes zahlten Steuern an den Staat. Mit dem Steuersystem in Frankreich waren vor allem Kaufleute, Händler, Ärzte oder Rechtsanwälte sehr unzufrieden. Sie mussten hohe Steuern zahlen, hatten aber trotz ihrer guten Ausbildung keine Aussichten, im Staatsdienst aufzusteigen. Der erste und zweite Stand dagegen war von Steuern befreit und erhielt zudem gut bezahlte Stellen im Staat.

> [Es ist] die unterste Schicht des Volkes, die durch ihre Arbeit, durch ihren Handel, ihre Abgaben den König und sein ganzes Reich bezahlt. Sie stellt Soldaten, Arbeiter … Tagelöhner. Es ist nichts Ungewöhnliches, wenn man bei einer Steuereintreibung nach Verkauf der Hauseinrichtung auch noch die Türen aushängt und die Balken abmontiert.

M3 Minister Vauban über die Belastung des dritten Standes (1689)

M2 Verteilung von Grundbesitz und Steuern in Frankreich im 18. Jahrhundert

- 1. und 2. Stand
- 3. Stand

M4 Das Austernfrühstück (Gemälde von 1735)

M5 Suppenküche in einem Elendsviertel

5 Berichte über das Leben der Menschen aus dem dritten Stand. (T3)

6 **Hilfe** Beurteile die Verteilung des Grundbesitzes zwischen den Ständen. (M2)

7 Erkläre, warum auch wohlhabende und gut ausgebildete Bürger unzufrieden waren. (T3)

8 a) Gib M3 mit eigenen Worten wieder.
b) Wie steht Vauban zum dritten Stand?

9 a) Beschreibe M4 oder M5.
b) Vergleicht die beiden Darstellungen.
Partnervortrag

Hilfe zu
6 1) Gib den Inhalt wieder.
   2) Vergleiche die Verteilung.
   3) Beurteile, ob die Verteilung fair war.

Karikaturen analysieren

Karikaturen sind Zeichnungen, die Personen und politische oder gesellschaftliche Ereignisse übertrieben darstellen. Sie können dazu dienen, politische Entscheidungen zu kritisieren, gesellschaftliche Probleme aufzuzeigen oder sich über verantwortliche Personen lustig zu machen. Karikaturen waren besonders für Menschen, die nicht lesen und schreiben konnten, eine wichtige Informationsquelle. Karikaturen liefern jedoch keine sachlichen Informationen, sondern üben Kritik an bestehenden Problemen.

Karikaturen der Französischen Revolution

In der Zeit der Französischen Revolution wurden Karikaturen genutzt, um die Ideen der Revolution zu verbreiten. Viele Abbildungen bezogen sich auf die schlechte Lage des dritten Standes oder auf Forderungen wie Freiheit, Gleichheit und Brüderlichkeit. Die Künstler, die meist unbekannt blieben, gingen beim Gestalten der Karikaturen davon aus, dass die Betrachter auch kleine Anspielungen verstanden. Wir müssen diese Bilder deshalb heute sorgfältig entschlüsseln.

Fronarbeit
zusätzlich zu den Abgaben, die die Bauern leisteten, mussten sie Arbeiten für den Grundherrn verrichten. Dies wird Fronarbeit genannt.

M1 Karikatur aus dem Jahr 1789. – Die Wörter auf dem Stein lauten übersetzt: Abgaben, Steuern, Fronarbeit.

1. Schritt: **Die Karikatur beschreiben**
- Kläre, ob die Karikatur einen Titel hat und aus welchem Jahr sie stammt.
  Die Karikatur hat den Titel ... und stammt aus dem Jahr ... .
- Nenne den Künstler, der die Karikatur geschaffen hat.
  Der Zeichner ... .
- Beschreibe, welche Personen, Gegenstände oder Tiere dargestellt werden.
  Auf dem Bild sind ... Personen zu sehen. Zwei Personen ... . Eine Person ... .
- Stelle dar, was besonders auffällig oder ungewöhnlich ist; zum Beispiel der Gesichtsausdruck oder die Körperhaltung.
  Ungewöhnlich finde ich ... . Auffällig ist ... .
- Benenne, was der Zeichner übertrieben darstellt.
  Auffällig dargestellt ist, dass ... .
- Beschreibe, ob Zeichen, Symbole oder besondere Farben verwendet werden.
  An der Kleidung der drei Personen erkennt man ... . Der Adlige trägt ... . Den Geistlichen erkennt man ... . Die Kleidung des ... .
- Prüfe, ob ein Text in der Karikatur verwendet wird.
  Auf dem Stein ... . Der Text lautet übersetzt ... .

2. Schritt: **Die Karikatur einordnen**
- Erkläre, welches Ereignis oder welches Problem die Karikatur darstellt.
  In der Karikatur wird dargestellt, ...
- Überprüfe, wofür die verwendeten Symbole, Zeichen oder Farben stehen.
  An der Kleidung der Personen erkennt man, zu welchem Stand sie gehören: ... . Der Geistliche trägt ... . Der Adlige hat ... bei sich. Der Vertreter des dritten Standes ... . Seine Hände ... .
- Erläutere, in welchem Zusammenhang die Zeichnung und der Text stehen.
  Die Wörter ... auf dem Stein bedeuten, dass ... . Sie weisen darauf hin, dass ... .

3. Schritt: **Die Karikatur deuten**
- Erkläre, in welchem geschichtlichen Zusammenhang die Karikatur zu sehen ist.
  Die Karikatur stammt aus der Zeit ... .
- Erläutere, was der Zeichner mit der Karikatur aussagen oder kritisieren will.
  In der Karikatur wird ... kritisiert. Der Zeichner betont ... . Hervorgehoben wird ... .
- Beurteile die Aussage der Karikatur
  Der Zeichner will mit der Karikatur auf die Situation ... hinweisen. Er vertritt die Meinung ... . Er nennt folgende Gründe ... .

> **Habe Mut, dich deines eigenen Verstandes zu bedienen!**
>
> — Immanuel Kant

M1 Das Motto der Aufklärung von Immanuel Kant

Die Aufklärung

T1 • Ein neues Denken

Die absolutistischen Herrscher des 17. und 18. Jahrhunderts verstanden sich als von Gott eingesetzt. Ihre Untertanen mussten dies als gläubige Christen hinnehmen. Deshalb konnten die absolutistischen Herrscher ohne Einmischung regieren. Viele Menschen waren damit unzufrieden.

In dieser Zeit entwickelten viele Gelehrte in Europa neue Vorstellungen darüber, wie die Regierung eines Staates aussehen sollte und welche Rechte jeder einzelne Mensch besitzt. In ihren Schriften zweifelten sie die absolutistische Herrschaft an. Diese neue Denkrichtung wird als Aufklärung bezeichnet.

Zu den führenden Denkern der Aufklärung gehörten der Deutsche Immanuel Kant, die Franzosen Charles de Montesquieu und Jean-Jacques Rousseau sowie der Engländer John Locke.

Gelehrte
Menschen, die sich in ihrem Fachgebiet viel Wissen angeeignet haben

Joch
Hier ist gemeint, dass Menschen unter einer schweren Last leiden.

> Die Vernunft lehrt alle Menschen, dass wir alle gleich und unabhängig sind, dass dabei keiner dem andern in Bezug auf sein Leben, seine Gesundheit, seine Freiheit und sein Eigentum schaden soll.

M2 John Locke über die Rechte aller Menschen (sprachlich vereinfacht)

> Solange ein Volk gezwungen wird zu gehorchen und gehorcht, so tut es wohl; sobald es aber das Joch abwerfen kann und es abwirft, so tut es besser.

M3 Jean-Jacques Rousseau über das Volk (sprachlich vereinfacht)

❶ a) Gib M1 mit eigenen Worten wieder.
  b) Diskutiert, warum Kant eurer Meinung nach von Mut sprach.
❷ Zeige auf, welche neuen Überlegungen sich während der Aufklärung entwickelten. (T1)
❸ a) Welche Ansicht über die Menschen vertrat John Locke? (M2)
  b) Wie sollten nach John Locke die Menschen miteinander umgehen? (M2)
  c) Inwiefern kritisierte John Locke damit die Gesellschaft seiner Zeit? Erkläre. (M2)

❹ Beschreibe die Einstellung Rousseaus zur absolutistischen Herrschaft. (M3)
❺ **Hilfe** Erkläre, warum die Gedanken der Aufklärung für die absolutistische Herrschaftsweise gefährlich werden konnten. (M1, T1, M2, M3)
  Think – Pair - Share

Hilfe zu
⑤ Stelle die jeweiligen Vorstellungen von Herrschaft und Rechten gegenüber.

T2 • Aufklärung und Bildung

In Deutschland wurden die Ideen der Aufklärung sogar von einzelnen Fürsten unterstützt. Sie richteten Schulen ein, in denen Lesen, Schreiben, Rechnen und Sachfächer unterrichtet wurden. Überall in Europa entstanden Akademien, in denen geforscht und gelehrt wurde, zum Beispiel über Naturerscheinungen. Da Bücher noch immer sehr teuer waren, bildeten sich in den Städten Lesegemeinschaften von Bürgern.

Akademie
Ort, der von Gelehrten, Wissenschaftlern, Dichtern oder Künstlern gegründet wird. Dort wird unterrichtet, gelernt und es werden Forschungen angestellt.

M4 Ein Gelehrter erklärt das Sonnensystem (Gemälde, um 1768)

T3 • Aufklärung und Naturwissenschaften

Die aufgeklärten Wissenschaftler hielten sich streng an die Regel des Franzosen René Descartes. Er sagte, etwas ist erst wahr, wenn es durch Beobachtung oder Vernunft bewiesen ist. Alle Dinge in der Natur wurden kritisch untersucht. Man machte Experimente, um Vermutungen zu prüfen. So wurden herrschende Vorstellungen häufig als falsch erkannt. Auf diese Weise wurden wichtige Erfindungen und Entdeckungen möglich.

Entdeckungen	Erfindungen
1618 Blutkreislauf	1643 Quecksilberbarometer
1666 Schwerkraft	1718 Quecksilberthermometer
1766 Wasserstoff	1735 Gussstahl
1771 Sauerstoff	1752 Blitzableiter

M5 Entdeckungen und Erfindungen aus der Zeit der Aufklärung

6 Berichte über die Entwicklung
   a) von Schulen und Akademien (T2)
   b) der Naturwissenschaften. (T3, M4, M5)

7 Recherchiere zu einer Entdeckung bzw. Erfindung aus M5 und stelle sie vor.
   Galeriegang

erläutern

Beim Erläutern sollst du ein Thema verständlich machen. Das tust du, indem du Informationen sammelst und miteinander in Verbindung setzt. Anhand von Unterpunkten und Beispielen erklärst du sie genauer. Wenn du eine Theorie, einen Ablauf, eine Übersicht oder Ähnliches erläuterst, musst du zunächst das vorliegende Material sichten. So sammelst du Informationen. Das Material kann aus Texten, Schaubildern oder Tabellen bestehen. Die Informationen und Beispiele formulierst du geordnet in einem Fließtext aus.

1. Schritt: Informationen sammeln und ordnen
- Welche Informationen über das Thema findest du?

Hinweise für Schaubilder:
- Gibt es Symbole oder Zeichen (Pfeile etc.)? Was bedeuten sie?
- Gibt es Überschriften, Bildunterschriften, Legenden und was bedeuten sie?
- Werden unterschiedliche Farben verwendet? Welche Bedeutung haben sie?

Tipp
Bei Schaubildern kann es wichtig sein, welche Teile nebeneinander und untereinander stehen. Beim Erläutern solltest du
- von links nach rechts,
- von oben nach unten oder von unten nach oben vorgehen.

2. Schritt: Das Thema in seinen einzelnen Teilen verdeutlichen
- Aus welchen Unterthemen besteht das Thema?
- Finde Punkte, die du genauer erklären kannst.

3. Schritt: Fließtext ausformulieren
- Nenne zunächst das Thema deiner Erläuterung.
- Formuliere die von dir zusammengetragenen Informationen in einer sinnvollen Reihenfolge aus. Achte auf Zusammenhänge.
- Formuliere eine Zusammenfassung der wichtigsten Punkte.

In jedem Staat gibt es drei Arten von Gewalten: die gesetzgebende Gewalt, die ausführende Gewalt und die richterliche Gewalt. Wenn die gesetzgebende Gewalt mit der ausführenden in einer Person vereinigt ist, dann gibt es keine Freiheit, weil man fürchten kann, derselbe Herrscher werde tyrannische Gesetze geben, um sie tyrannisch auszuführen. Alles wäre verloren, wenn ein und derselbe Mensch diese drei Gewalten ausübte, die gesetzgebende, die ausführende und die richterliche Gewalt.

M1 Über die Gewaltenteilung – ein Auszug aus dem Buch „Vom Geist der Gesetze" von Charles de Montesquieu (1748; sprachlich vereinfacht)

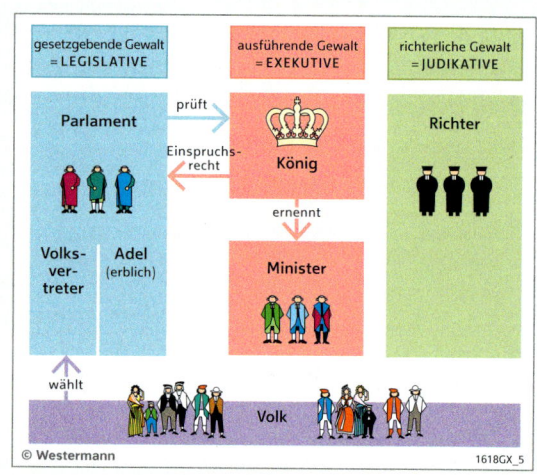

M2 Strukturskizze der Gewaltenteilung nach Montesquieu

Erläutere die Gewaltenteilung nach Montesquieu.

1. Schritt: **Informationen sammeln und ordnen**
- Zunächst verschaffst du dir eine Übersicht über das vorliegende Material (Quelle M1, Schaubild M2).
- Mach dir Notizen zu den einzelnen Teilen des Schaubildes und schreibe die Informationen aus der Quelle dazu.

Tipp
Du kannst deine Notizen in einer Mindmap, einem Cluster oder ähnlichem festhalten.

2. Schritt: **Das Thema in seinen einzelnen Teilen verdeutlichen**
Im zweiten Schritt solltest du die einzelnen Unterpunkte des Themas genauer untersuchen.
- Überlege, welche Unterpunkte genauer erklärt werden können.
- Im Fall der Gewaltenteilung sind die Unterpunkte:
  die einzelnen Gewalten, wer sie besitzt und was diejenigen tun.
- Schreibe alles geordnet auf deinen Notizzettel.

Gewaltenteilung nach Montesquieu

gesetzgebende Gewalt (Legislative)	ausführende Gewalt (Exekutive)	richterliche Gewalt (Judikative)
Wer? - Parlament (Volksvertreter, Adel)	Wer? - König	Wer? - ...
Tätigkeit? - prüft ...	Tätigkeit? - ernennt ...	Tätigkeit? - ...

- drei Gewalten stehen nebeneinander >>> keine ist höhergestellt
- drei Farben - getrennt voneinander
- >>> Trennung wichtig - ...

---

3. Schritt: **Einen Fließtext ausformulieren**
- Nachdem du alle Informationen gesammelt und Beispiele gefunden hast, musst du alles in einer sinnvollen Reihenfolge ausformulieren.
- Beginne mit der Nennung des Themas. Schreibe so:
  Das Thema ist die Gewaltenteilung nach Montesquieu. Man kann sehen, dass es drei Gewalten gibt: die gesetzgebende, die ... .
  Das Schaubild M2 zeigt, wer ... .
- Formuliere die Informationen und Tätigkeiten in einer sinnvollen Reihenfolge aus. So kannst du schreiben:
  Die gesetzgebende Gewalt heißt Legislative. Das Parlament besitzt diese Gewalt. Es wird vom Volk gewählt. Die Tätigkeit des Parlaments besteht darin, Gesetze zu beschließen und den König ... . Die ausführende Gewalt heißt ... .
- Beende deinen Text mit einer Zusammenfassung:
  Die drei Gewalten stehen nebeneinander, es ist keine höhergestellt. Sie sind voneinander getrennt und somit nicht in der Hand eines einzelnen. Das ist wichtig, weil ... . Nur der König und das Parlament kontrollieren ... .

M1 Auszug aus einem Brief König Friedrichs II. von Preußen

> Meine Hauptbeschäftigung besteht darin, in den Ländern, zu deren Beherrscher mich der Zufall gemacht hat, die Unwissenheit und Vorurteile zu bekämpfen, die Köpfe aufzuklären, die Sitten zu bilden und die Menschen glücklich zu machen.

Die aufgeklärte Herrschaft Friedrichs II.

T1 • Friedrich II – ein aufgeklärter König

Friedrich II. regierte Brandenburg-Preußen von 1740 bis 1786. Er wollte nach den Grundsätzen der Aufklärung regieren und gleichzeitig Brandenburg-Preußen zu einem mächtigen Staat in Europa machen.

Einerseits handelte Friedrich II. aufgeklärt, indem er für alle Menschen die Religionsfreiheit garantierte. Dadurch förderte er die Einwanderung von Menschen, die in ihrer Heimat wegen ihrer Religion verfolgt wurden. So gewann er wichtige Arbeitskräfte für die Wirtschaft. Friedrich führte zahlreiche Neuerungen ein. Er ließ Gesetze in verständlicher Form abfassen und schaffte die Folter weitestgehend ab. Ein sumpfiges Gebiet nordöstlich von Berlin ließ er trockenlegen und siedelte dort Bauern an. Er förderte den Anbau von Kartoffeln, um Hungersnöte zu verhindern.

Andererseits verfolgte Friedrich II. ganz klar seine Machtinteressen. So hielt er an der alten Ständeordnung fest. Nur Adlige konnten Offiziere in der Armee und hohe Staatsbeamte werden. Die Bürger besaßen keine politischen Mitspracherechte, und Bauern waren oft noch Leibeigene. Mehrfach führte Friedrich II. Kriege, um sein Land zu vergrößern. So ließ er zum Beispiel die österreichische Provinz Schlesien besetzen. Österreich versuchte in drei Kriegen vergeblich, Brandenburg-Preußen zu besiegen und Schlesien zurückzugewinnen.

Kartoffeln
Die Kartoffel wurde von den spanischen Eroberern von Südamerika nach Europa gebracht. Sie wächst auf nährstoffarmen Böden und garantiert eine bessere Ernte als Getreide.

Leibeigene
Als leibeigen galten Menschen, die Eigentum ihres Herrn waren. Ohne seine Erlaubnis durften sie zum Beispiel nicht wegziehen oder heiraten.

darben
in Armut leben, Not leiden

M2 Brandenburg-Preußen zur Zeit Friedrichs II.

① Die Staatseinnahmen gehören nicht dem Herrscher. Dieses Geld wird nur dann rechtmäßig verwendet, wenn es dem Wohl und der Unterstützung des Volkes dient.

② Der Herrscher ist nicht zu seinem hohen Rang erhoben ... damit er in Verweichlichung dahinlebe, sich vom Mark des Volkes mäste und glücklich sei, während alles darbt. Der Herrscher ist der erste Diener seines Staates.

③ Ich habe mich entschlossen, niemals in den Lauf des gerichtlichen Verfahrens einzugreifen; denn in den Gerichtshöfen sollen die Gesetze sprechen und der Herrscher schweigen.

④ Die Anpflanzung der ... Kartoffeln ... ist ernstlich anbefohlen. Übrigens darf es beim bloßen Bekanntwerden der Instruktion (Anweisung) nicht bleiben, sondern ... [man muss] Anfang Mai prüfen, ob auch Fleiß bei der Anpflanzung gebraucht worden ist.

⑤ Verteidigungskriege sind berechtigt ..., sobald ... die Fürsten ... Gewalt abwehren müssen. Auch Angriffskriege gibt's ...: Es sind vorbeugende Kriege, wie sie Fürsten dann unternehmen, wenn die Übermacht Österreichs die Welt zu verschlingen droht.

M3 Aussagen Friedrichs II.

❶ Nenne die Ziele Friedrichs II. (M1)
❷ Arbeite aus T1 Beispiele für die Politik Friedrichs II. heraus:
  a) aufgeklärte Politik,
  b) nicht aufgeklärte Politik.
  🔵 *Partnervortrag*
❸ Begründe, welche Aussagen Friedrichs II. den Ideen der Aufklärung entsprechen. (M3)
  🔵 *Marktplatz*
❹ a) Werte die Karte M2 aus.
  b) Beurteile Friedrichs Aussage über Angriffskriege. (M3 ⑤, M2)
❺ Hilfe Stelle die Herrschaftsvorstellungen Friedrichs II. und Ludwigs XIV. gegenüber.
  🔵 *Venn-Diagramm*
❻ Diskutiert, ob Friedrich II. zu Recht als aufgeklärter Herrscher bezeichnet wird.

Hilfe zu
⑤ Mögliche Vergleichspunkte: Begründung der Herrschaft, Rollenverständnis als Herrscher, Gewaltenteilung, Verwendung der Staatsfinanzen, politische Ziele, Militär und Krieg.

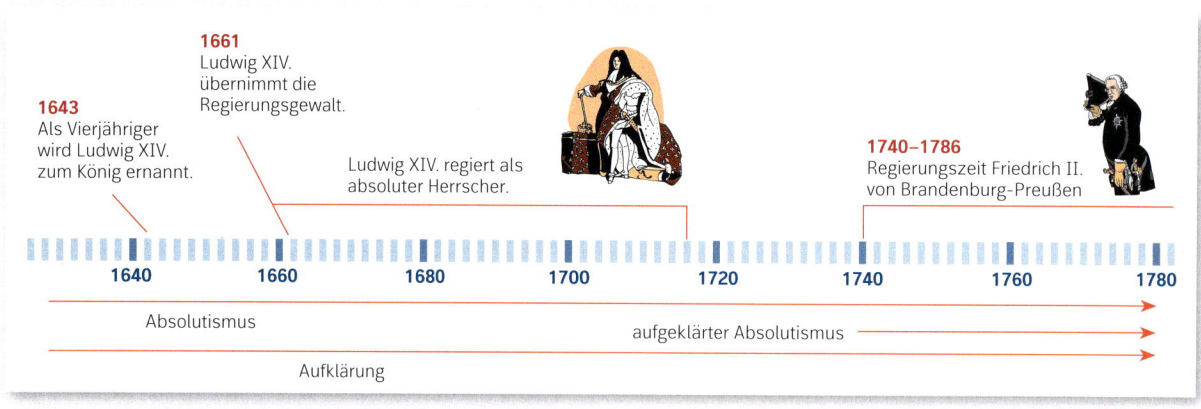

Die Zeit des Absolutismus

Wie herrschten Könige mit absoluter Macht?

Die Menschen damals glaubten, dass der König von Gott eingesetzt sei. Kritik am König galt damit als Vergehen gegenüber Gott. Diese Vorstellung verschaffte dem König große Macht. Absolut war seine Macht, wenn er die drei Staatsgewalten Legislative, Exekutive und Judikative in seiner Hand vereinte. Damit besaß er uneingeschränkte Macht. Gesichert wurde diese Macht durch ein stehendes Heer, das er auch gegen das Volk einsetzen konnte, durch Beamte, die seine Befehle im ganzen Land durchsetzten, und dadurch, dass er allein über die Verwendung der Steuereinnahmen entscheiden konnte.

Wie lebten die Menschen zur Zeit des Absolutismus?

Die Menschen im absolutistischen Frankreich lebten in einer festen Ständeordnung. Der Klerus bildete den ersten Stand. Dem zweiten Stand gehörten alle Adligen an. Der dritte Stand bestand aus der übrigen Bevölkerung, wie zum Beispiel Bauern, Handwerkern, Kaufleuten oder Anwälten. Der Klerus und die Adligen besaßen das Privileg, keine Steuern zahlen zu müssen. Steuern wurden allein vom dritten Stand erhoben. Dies empfanden viele Angehörige des dritten Standes als ungerecht.

Wie veränderte Bildung das Zusammenleben der Menschen?

Im 18. Jahrhundert entwickelten Gelehrte in Europa neue Ideen über die Rechte jedes Menschen und eine gerechte Regierung. Sie forderten das Recht auf Leben und Freiheit sowie die Gleichheit aller Menschen. In der Lenkung eines Staates sollten die Staatsgewalten Legislative, Exekutive und Judikative aufgeteilt sein, um einen Machtmissbrauch zu verhindern. Mit diesen Ideen der Aufklärung wurde die absolutistische Königsherrschaft infrage gestellt.

Das Motto der Aufklärung „Habe Mut, dich deines eigenen Verstandes zu bedienen!" wirkte sich auch auf die Wissenschaft aus. Überall in Europa wurde zum Beispiel über Naturerscheinungen geforscht. Es entstanden die modernen Wissenschaftszweige der Physik, Chemie und Biologie.

Absolutismus

Im Absolutismus herrschte ein Fürst oder König absolut. Er besaß allein die gesamte Macht im Staat. Er verstand sich als „Herrscher von Gottes Gnaden", also als von Gott eingesetzt, und durfte deshalb nicht kritisiert werden. König Ludwig XIV. von Frankreich gilt als wichtigster Vertreter dieser Herrschaftsform.

Aufklärung

Die Aufklärung war ein Zeitraum im 17. und 18. Jahrhundert, in dem sich die Gelehrten auf die Vernunft beriefen. Sie sprachen sich auch dafür aus, die absolutistische Herrschaft einzuschränken. Die Aufklärung war damit eine Voraussetzung für die Französische Revolution.

Aufgeklärter Absolutismus

In dieser Herrschaftsform berücksichtigt der König die Ideen der Aufklärung bei der Ausübung seiner Herrschaft. So führte König Friedrich II. von Preußen in seinem Staat die Religionsfreiheit sowie die Unabhängigkeit der Judikative ein. Er verstand sich als ersten Diener seines Staates.

Ständegesellschaft

Im absolutistischen Frankreich lebten die Menschen in einer festen Ständegesellschaft. Dem ersten Stand gehörten die Geistlichen an, dem zweiten Stand der Adel. Den dritten Stand bildeten Bauern, Handwerker, Tagelöhner und wohlhabende Bürger. Der König und seine Familie standen über den Ständen.

Gewaltenteilung

Mitte des 18. Jahrhunderts schrieb Charles Louis de Montesquieu, dass es in jedem Staat eine gesetzgebende Gewalt, eine ausführende Gewalt und eine richterliche Gewalt gibt. Wenn diese drei Gewalten wie im Absolutismus in einer Hand vereint sind, kann diese Macht missbraucht werden. Montesquieu forderte daher, die drei Gewalten aufzuteilen.

Manufaktur

Manufakturen waren handwerkliche Großbetriebe, in denen die Arbeiter nach dem Prinzip der Arbeitsteilung Waren herstellten. Die Arbeiter waren jeweils auf einen bestimmten Arbeitsschritt spezialisiert. So konnten die Waren schneller und billiger hergestellt werden.

Merkantilismus

Der Merkantilismus gilt als die Wirtschaftsform des 18. Jahrhunderts. Durch Importe billiger Rohstoffe, die im Land zu Fertigwaren verarbeitet und mit hohem Gewinn verkauft wurden, sollte das Steueraufkommen vergrößert und die Staatskasse gefüllt werden. Staatliche Fördermaßnahmen sollten diesen Effekt verstärken.

Das „Lange 19. Jahrhundert" – Zeit der Umbrüche

das „Lange 19. Jahrhundert" → ist ein Zeitabschnitt innerhalb der Epoche **Neuzeit**

Als „Langes 19. Jahrhundert" wird ein Zeitabschnitt bezeichnet, der am Ende des 18. Jahrhunderts begann und bis zum Beginn des 20. Jahrhunderts dauerte.

Die Neuzeit folgt dem Mittelalter und dauert bis heute an.

von 1789 bis 1914

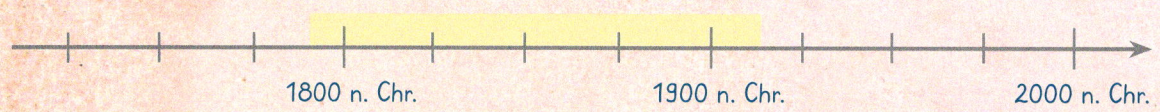

Umbrüche → meint grundlegende **Veränderungen** in **politischen Bereichen**

Viele Umbrüche im sogenannten Langen 19. Jahrhundert wurden durch **Revolutionen** ausgelöst.

Manche Umbrüche waren die Folge von Veränderung in anderen Bereichen.

die Französische Revolution von 1789

die Deutsche Revolution von 1848/49

die Industrialisierung

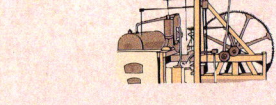

Als Revolution wird eine grundlegende Veränderung der Gesellschaft oder der Herrschaftsordnung bezeichnet, die sehr plötzlich passiert.

Wissenschaftlicher und technischer Fortschritt führten zum Beispiel zu vielfältigen Veränderungen in der Wirtschaft. Diese hatten wiederum einen Wandel in der Gesellschaft zur Folge.

Im Zuge der Aufklärung verlor die Kirche an Bedeutung, wenn es darum ging, die bestehenden Gesellschafts- und Herrschaftsstrukturen zu begründen. Dass ein Herrscher „von Gottes Gnaden" bestimmt sei, entsprach nicht mehr der Denkweise aller Menschen.

Wie aber sollte zeitgemäße Herrschaft aussehen? Wie sollte ein Staat geführt werden? Welche Gesellschaftsordnung wäre für alle Menschen vorteilhaft? Über solche und ähnliche Fragen dachten im 19. Jahrhundert viele Menschen nach. Es entwickelten sich verschiedene politische Denkrichtungen.

Ich bin ein Anhänger des Liberalismus. „Liberal" bedeutet „frei". Beim Liberalismus geht es also um Freiheit, und zwar um die Freiheit der Menschen im Staat. Deshalb treten wir zum Beispiel für die Meinungsfreiheit, die Versammlungsfreiheit und die Pressefreiheit ein. Die Herrschenden sollen sich in möglichst wenig einmischen.

Ich kämpfe für den Sozialismus. „Socialis" meint „kameradschaftlich". Wir Sozialisten wollen die Ungleichheit abschaffen. Wir haben also das Ziel, dass niemand arm, aber auch niemand reich sein soll. Allen soll es gleich gut gehen. Zudem sollen alle Bürger des Staates an der Herrschaft beteiligt sein und nicht nur einige wenige. Wenn nötig, werden wir dafür in einer Revolution kämpfen und den Reichen ihren Besitz nehmen und die Herrschenden entmachten.

Ich trete für den Nationalismus ein. Mit „Nation" sind alle Menschen der gleichen Herkunft gemeint. Wir verfolgen das Ziel, dass jede Nation ihren eigenen Staat gründen kann, einen sogenannten Nationalstaat. So sollen zum Beispiel alle Deutschen in einem gemeinsamen Staat leben und nicht in vielen verschiedenen. Wir fordern außerdem mehr politische Mitbestimmung der Bürger, zum Beispiel durch Wahlen.

Ich vertrete den Konservativismus. „Konservieren" heißt „erhalten" oder „bewahren". Uns Konservativen geht es darum, die traditionellen Herrschaftsstrukturen zu schützen, damit sie bestehen bleiben. Veränderungen durch Reformen und gar durch eine Revolution lehnen wir ab. Alles soll so bleiben, wie es seit jeher ist.

Fragen an das Thema

Auf welchen Ideen beruhte die Bildung eines Staates?

Welche Folgen hatte es für eine Gesellschaft, wenn sich neue Schichten herausbildeten?

Wie wirkten sich Veränderungen in der Wirtschaft auf die Gesellschaft aus?

Warum kam es zu Revolutionen? Waren sie unvermeidlich?

Bedeuteten neue Erfindungen immer Fortschritt?

Welche neuen Ideen von Herrschafts- und Gesellschaftsstrukturen entwickelten sich?

Wie änderte sich die Bedeutung der Religion? Wie wirkte sich das auf Herrschaft und Gesellschaft aus?

M1 Sturm auf die Bastille am 14. Juli 1789 (Kupferstich, um 1790)

Die Französische Revolution

→ Warum gab es in Frankreich eine Revolution?

→ Was geschah während der Revolution?

→ Welche Ergebnisse brachte die Revolution?

M2 Hinrichtung König Ludwigs XVI. (1793)

M3 Mit gleichem Maß gemessen (1795)

M1 Versammlung von Vertretern aus allen drei Ständen bei König Ludwig XVI. am 5. Mai 1789 (Zeichnung von 1789)

Der Beginn der Französischen Revolution

T1 • Der König in Geldnot

König Ludwig XVI. regierte seit 1774. Er hatte wie seine Vorgänger hohe Schulden gemacht und brauchte dringend Geld. Sein Finanzminister schlug daraufhin vor, die Steuergesetze neu zu regeln. Deshalb berief Ludwig XVI. eine Ratsversammlung aller drei Stände ein, die sogenannte Generalständeversammlung. Sie sollte beschließen, dass die Steuerfreiheit für den ersten und zweiten Stand abgeschafft wird.

T2 • Eine Versammlung aller Stände

In die Ratsversammlung der Generalstände entsandten der erste und zweite Stand jeweils 300 Vertreter, der dritte Stand 600 Vertreter. Damit hatten 23,5 Millionen Franzosen des dritten Standes ebenso viele Vertreter wie die 0,5 Millionen Angehörigen des ersten und zweiten Standes.

In der Sitzung der Generalstände am 5. Mai 1789 berichtete der Finanzminister über sein Programm, um die Staatsschulden zu senken. Die Vertreter der Stände sollten über das Programm abstimmen. Eine Aussprache darüber innerhalb der Versammlung war nicht vorgesehen.

Revolution
eine grundlegende Veränderung der Gesellschaft oder der politischen Verhältnisse, die relativ plötzlich passiert. Eine Revolution kann mit Gewalt oder gewaltlos erfolgen.

general-
meint hier generell, alle betreffend, allgemein

T3 • Der Ballhausschwur

Die Vertreter des dritten Standes waren nicht damit einverstanden, wie die Sitzung der Generalstände verlaufen war. Ihnen ging es nicht um die Staatsschulden, sondern sie verlangten mehr Rechte. Aus Protest bildeten sie eine eigene Versammlung und nannten sich Nationalversammlung. Sie sahen sich als einzig rechtmäßige Vertreter der französischen Nation. Am 17. Juni 1789 trafen sie sich in einem Ballhaus, einer Art Turnhalle. Auch einige Geistliche und Adlige schlossen sich ihnen an. Gemeinsam legten sie feierlich den Ballhausschwur ab.

> Wir schwören, uns niemals als Nationalversammlung zu trennen und uns überall zu versammeln, wo die Umstände es notwendig machen werden, so lange, bis die Verfassung des Königreiches geschaffen und auf feste Grundlagen gestellt ist.

M2 Auszug aus dem Ballhausschwur vom 20. Juni 1789

Nation
eine große Gruppe von Menschen, die aufgrund von Gemeinsamkeiten als eine Einheit gelten. Gemeinsamkeiten können Sprache, Religion oder auch Feste sein, die sie feiern.

Verfassung
In einer Verfassung sind Rechte und Gesetze festgeschrieben, die das Zusammenleben in einem Staat regeln.

M3 Der Ballhausschwur (Ausschnitt aus einem Gemälde von 1791)

❶ a) Was erwarteten der König und die drei Stände von der Versammlung? (M1)
b) Welche Bevölkerungsgruppen waren nicht bei der Versammlung vertreten?

❷ Erkläre, warum Ludwig XVI. die Generalstände einberufen ließ. (T1)

❸ War die Zahl der Ständevertreter gerecht? Begründe deine Meinung. (T2)
  Bienenkorb

❹ a) Warum erklärte sich ein Teil der Abgeordneten zur Nationalversammlung? (T3)
b) Beschreibe ihr Ziel. (M2)

❺ Vermute, welche Folgen der Ballhausschwur für die absolutistische Herrschaft des Königs haben könnte. (M2)
  Think – Pair – Share

❻ a) Hilfe Beschreibe das Bild M3.
b) Fertige eine einfache Kopie des Bildes an und schreibe in Sprechblasen, was die Personen gesagt haben könnten.

Hilfe zu
❻ a) Im Vordergrund … . In der Mitte … . Links … . Rechts … . Die Kleidung … .

Eine Geschichtserzählung

T1 • Eine angespannte Stimmung

Ich erinnere mich genau an diese denkwürdigen drei Wochen in Paris im Sommer 1789. Am Vormittag des 27. Juni riss mein Nachbar ganz aufgeregt die Tür zu meinem Geschäft auf und rief: „Der König hat die Nationalversammlung anerkannt!" Ich konnte das nicht so recht glauben und entgegnete: „Warum lässt er dann aber Paris von Soldaten einkesseln? Bestimmt will er uns nur täuschen!" So wie ich dachten viele Pariser Bürger. Wir fühlten uns bedroht, wollten uns verteidigen. Das ging aber nur, wenn wir eine Bürgerwehr organisierten. Und so kam es, dass sich Tausende Bürger von Paris zur Nationalgarde zusammenschlossen.

In den folgenden Wochen konnte ich spüren, wie der Zorn der Leute in den Straßen von Paris ständig zunahm. Es machte uns wütend, dass unsere Stadt immer noch von Soldaten eingeschlossen war und der König uns so unter Druck setzen wollte. Am 14. Juli nahm ich an einer der vielen Protestversammlungen teil. Die Stimmung kochte: „Wir wollen das nicht hinnehmen", tönte es, „wir müssen uns wehren. Wir brauchen Waffen!" Wir wussten, dass im Waffenlager der Armee hier ganz in der Nähe viele Waffen lagerten und dass es nur schlecht bewacht war. Das Waffenlager zu stürmen, war ein Kinderspiel und der Erfolg war unvorstellbar. Wir konnten rund 30 000 Gewehre, Munition und sogar eine schwere Kanone erbeuten. Nun waren wir bewaffnet!

T2 • Der Sturm auf die Bastille

Da ertönte aus der Menge der Schlachtruf: „Stürmt die Bastille!" Ja, gegen diese Festung des Königs mitten in Paris, die als Gefängnis diente, richtete sich nun unser Zorn. Sie war schon immer das Zeichen für die verhasste Herrschaft des Königs. Und es gab viele Gerüchte. Angeblich säßen in der Bastille Gegner des Königs im Kerker. Also zogen wir Richtung Bastille. Immer mehr Bürger schlossen sich uns an. Auch Soldaten des Königs, die auf unserer Seite kämpfen wollten. Sie hatten Kanonen dabei.

An der Bastille angekommen nahmen wir die Festung unter Beschuss. Sie wurde von nur hundert Soldaten verteidigt. Wir kämpften erbittert einige Stunden lang. Schließlich gaben die Verteidiger der Bastille auf, nachdem man ihnen freien Abzug zugesichert hatte. Es waren nur einfache Soldaten, die eigentlich eher auf der Seite des Volkes als der des Königs standen. Sie ließen die Zugbrücken herab, öffneten uns die Tore und zogen aus der Festung ab. Und dann geschah etwas Brutales, das ich nie vergessen werde: Einige Bürger ergriffen wie im Blutrausch den Festungskommandanten, enthaupteten ihn und steckten seinen Kopf unter dem Jubel vieler Bürger auf eine lange Stange.

In der Bastille fanden wir jedoch keine Gegner des Königs, sondern nur einige Diebe und Räuber. Aber das war egal. Wichtig war nur: Wir hatten die Bastille erobert. Das verhasste Zeichen der Königsherrschaft gehörte nun dem Volk! Und der König? Er schreibt an diesem Tag in sein Tagebuch: „RIEN" – Nichts.

Bürgerwehr
Menschen einer Stadt schließen sich zusammen und bewaffnen sich, um die Bürger zu beschützen.

M1 Sturm auf die Bastille am 14. Juli 1789 (zeitgenössischer Stich, koloriert)

❶ a) Beschreibe die Stimmung in der Pariser Bevölkerung. (T1)
b) Erkläre den Grund dafür. (T1)
❷ Wie wollten die Pariser sich gegen die Soldaten des Königs wehren? (T1)
❸ Erkläre, warum die Menschen die Bastille erstürmten. (T2)
❹ a) Hilfe Verfasse einen Bericht für eine Monatszeitschrift über die drei Wochen im Sommer 1789. (T1, T2)
 Stühletausch
b) Hilfe Schreibe für die Zeitschrift einen Kommentar zur Tötung des Festungskommandanten. (T2)
 Marktplatz
❺ Der 14. Juli ist noch heute französischer Nationalfeiertag. Vermute, warum.
 Placemat
❻ a) Benenne die verschiedenen Personengruppen aus M1.
b) Begründe, welche Personen man bei der Bestürmung nicht erwartet hätte.

Hilfe zu
❹ a) Beantworte die W-Fragen.
b) Überlege dir vor dem Schreiben, ob der Kommentar die Tötung kritisieren oder unterstützen soll. Bedenke zum Beispiel folgende Punkte: Mord, Wortbruch, unvermeidbares Todesopfer.

Zeichen des Adels
① Degen
② Rüstungen
③ Wappen
④ Orden

Zeichen des Klerus
⑤ Bischofsmütze
⑥ schwarzer Kragen

M1 Bauern zerschlagen Zeichen der alten Ordnung (1790)

Die Revolution breitet sich aus

T1 • Die Revolution auf dem Land

Nach dem Sturm auf die Bastille setzte die Landbevölkerung die Revolution fort: Sie zahlten keine Steuern und Abgaben mehr und griffen die Schlösser ihrer Herren an. Dabei vernichteten sie die Urkunden, auf denen ihre Abgaben- und Dienstpflichten notiert waren. Viele Adlige wurden bei diesen Unruhen getötet. Daher flohen viele von ihnen ins Ausland.

Um die Aufstände zu beenden, beschloss die Nationalversammlung im August 1789 auf Antrag des ersten und zweiten Standes, dass alle Privilegien des Adels und der Geistlichen abgeschafft werden:
- Alle müssen in Zukunft Steuern zahlen.
- Die Bauern müssen nicht mehr den zehnten Teil ihrer Ernte an die Kirche abliefern.
- Die Bauern sind frei von ihren Grundherren.
- Die Grundherren sind nicht mehr die Richter über die Bauern.
- Auch Bauern dürfen nun jagen.

❶ a) Hilfe Beschreibe den Vorgang in M1.
b) Erkläre, was der Zeichner mit dem Bild ausdrücken wollte.

❷ Berichte von den Aufständen auf dem Land. (T1)

❸ Wem nutzte die Abschaffung der Privilegien am meisten? Erkläre. (T1)

❹ Warum beantragten die ersten beiden Stände die Aufhebung ihrer Vorrechte? (T1)
🐝 *Bienenkorb*

Hilfe zu
❶ a) Welchem Stand gehören die vier Männer an? Was tun sie? Warum tun sie das?

T2 • Die Frauen greifen in die Revolution ein

Im Jahr 1789 mussten viele Menschen hungern. Es gab zu wenig Brot, und die Lebensmittelpreise waren stark gestiegen. Angeführt von Pariser Marktfrauen zogen deshalb am 5. Oktober 1789 etwa 7000 Menschen von Paris nach Versailles. Dort tagte die Nationalversammlung und wohnte die Königsfamilie. Eine Abordnung wurde schließlich zur Nationalversammlung vorgelassen. Sie rang den Abgeordneten eine Reihe von Zusagen ab.

Abordnung
Einzelpersonen, die die Meinungen und Forderungen einer größeren Gruppe vertreten

Sous
Münzeinheit

Pfund
Maßeinheit, 1 Pfund = 500 g

Nationalgarde
Truppe von Freiwilligen und Soldaten, die sich zum Schutz der Bevölkerung zusammentun. Sie gehören nicht zum eigentlichen Militär.

M2 Der Marsch der Pariser Frauen nach Versailles (Kupferstich, um 1790)

> Trotz der Angst ... haben die ... Mitglieder der Nationalversammlung ... einzelne Zugeständnisse gemacht, da sie merkten, dass die Frauen wild entschlossen waren, nicht ohne Ergebnis wieder zu gehen. ...
> 1. ein erneutes Verbot der Kornausfuhr;
> 2. das Versprechen, das Brot billig und selbst für die Ärmsten erschwinglich [zu machen];
> 3. die Zusage, Fleisch nur noch für 8 Sous pro Pfund zu verkaufen ...

M3 Zusagen der Nationalversammlung an die Frauen vom 5. Oktober 1789

T3 • Der König beugt sich dem Druck

Wenig später zogen die Frauen vor das Königsschloss und zwangen mithilfe der Nationalgarde den König, die Beschlüsse der Nationalversammlung zu unterzeichnen. Anschließend musste der König mit seiner Familie nach Paris umziehen. Das Getreide aus den königlichen Speichern wurde an das Volk von Paris herausgegeben. Kurz darauf zog auch die Nationalversammlung nach Paris um.

5 Berichte aus Sicht einer Person in M2 über deine Erlebnisse. (M2, T2)

6 Beurteile, ob die Frauen mit ihrer Aktion erfolgreich waren. (M3)

7 Vermute, warum der König und seine Familie gezwungen wurden, nach Paris umzuziehen. (T3)

Lerntempoduett

① Frau, die in den Farben Frankreichs gekleidet ist, ② Auge der Vernunft, ③ Engel des Gesetzes

M1 Die Erklärung der Menschen- und Bürgerrechte vom 26. August 1789 (Gemälde von 1789)

Die Menschenrechte

Menschenrechte
Rechte, die für jeden Menschen auf der Welt gelten: beispielsweise Gleichheit, Freiheit und Recht auf Leben

Bürgerrechte
Rechte, die nur für die Bürger eines Landes gelten: beispielsweise Wahlrecht oder Pressefreiheit

T1 • Die Erklärung der Menschen- und Bürgerrechte

Bereits vor Beginn der Französischen Revolution hatten Gelehrte die Idee entwickelt, dass alle Menschen gleich sind und die gleichen Freiheiten und Rechte besitzen. Diese Rechte waren erstmals 1776 in der Unabhängigkeitserklärung der USA festgeschrieben worden. Nun beschloss die Nationalversammlung am 26. August 1789 die Menschen- und Bürgerrechte auch für Frankreich. Sie sollten am Beginn der neuen Verfassung stehen.

❶ a) Beschreibe mit eigenen Worten die Bildelemente ①–③ in M1.
  b) Was sollte mit diesen symbolischen Darstellungen ausgedrückt werden?
❷ Begründe, welches Recht aus M1 dir persönlich am wichtigsten erscheint. (M1)
  🌐 *Marktplatz*

❸ a) Hilfe Erkläre, warum Artikel 3 dem Absolutismus widerspricht. (M1)
  🌐 *Placemat*

Hilfe zu
❸ Hierzu kannst du noch einmal auf den Seiten 258/259 und 266/267 nachschlagen.

T2 • Die Menschen- und Bürgerrechte im Grundgesetz

In Europa und vielen anderen Staaten der Welt sind die Menschen- und Bürgerrechte heute in den Verfassungen verankert. Sie haben einen großen Einfluss darauf, wie das Verhältnis zwischen Staat und Bürgern gestaltet ist. Im Grundgesetz für die Bundesrepublik Deutschland, erkennt man gut, wie viele Ideen aus der Erklärung der Menschenrechte von 1789 übernommen worden sind.

> **Artikel 1**
> (1) Die Würde des Menschen ist unantastbar. Sie zu achten und zu schützen ist Verpflichtung aller staatlichen Gewalt.
> (2) Das deutsche Volk bekennt sich darum zu unverletzlichen und unveräußerlichen Menschenrechten als Grundlage jeder menschlichen Gemeinschaft. …
>
> **Artikel 2**
> (1) Jeder hat das Recht auf freie Entfaltung seiner Persönlichkeit, soweit er nicht Rechte anderer verletzt …
> (2) Jeder hat das Recht auf Leben und körperliche Unversehrtheit. Die Freiheit der Person ist unverletzlich. …
>
> **Artikel 3**
> (1) Alle Menschen sind vor dem Gesetz gleich.
> (2) Männer und Frauen sind gleichberechtigt. …
> (3) Niemand darf wegen seines Geschlechtes, seiner Abstammung, seiner Rasse, seiner Sprache, seiner Heimat und Herkunft, seines Glaubens, seiner religiösen oder politischen Anschauungen benachteiligt oder bevorzugt werden. Niemand darf wegen seiner Behinderung benachteiligt werden.
>
> **Artikel 4**
> (1) Die Freiheit des Glaubens, des Gewissens und die Freiheit des religiösen und weltanschaulichen Bekenntnisses sind unverletzlich.
>
> **Artikel 5**
> (1) Jeder hat das Recht, seine Meinung in Wort, Schrift und Bild frei zu äußern und zu verbreiten und sich aus allgemein zugänglichen Quellen ungehindert zu unterrichten.

M2 Auszug aus dem Grundgesetz der Bundesrepublik Deutschland von 1949

Grundgesetz
Das Grundgesetz ist die aktuelle Verfassung der Bundesrepublik Deutschland. Hier sind Rechte und Gesetze festgeschrieben, die das Zusammenleben der Menschen hierzulande regeln.

unveräußerlich
Die Menschenrechte sind unveräußerlich, das heißt, man kann sie unter keinen Umständen verändern, ersetzen oder abschaffen.

---

④ **Hilfe** Nenne Artikel aus M1, die du in M2 wiederfindest.
🔄 *Lerntempoduett*

⑤ Berichte über Beispiele aus der Gegenwart, in denen Menschenrechte verletzt werden.
🔄 *Galeriegang*

Hilfe zu
④ Du kannst eine Tabelle anlegen, in die du die zusammengehörigen Artikel einträgst.

Erklärung von 1789	Grundgesetz 1949
Art. 1	Art. 2, Art. 3

M1 Der König schwört 1791 der neuen Verfassung Frankreichs die Treue (zeitgenössische Darstellung)

M2 Der König im Käfig der Verfassung (zeitgenössische Karikatur)

Eine Verfassung für Frankreich

T1 • Weg zur Verfassung

Bereits 40 Jahre vor der Revolution hatte der französische Gelehrte Charles de Montesquieu dargestellt, dass es in einem Staat drei Gewalten gibt: die gesetzgebende Gewalt, die ausführende Gewalt und die richterliche Gewalt. Er forderte, dass diese drei Gewalten voneinander getrennt sein müssen. Das heißt, dass sie nicht von ein und derselben Person ausgeübt werden sollen. Nur dadurch könne verhindert werden, dass diese Gewalten missbraucht würden.

T2 • Eine neue staatliche Ordnung

Nach zweijähriger Beratung beschloss die Nationalversammlung am 3. September 1791 eine Verfassung für Frankreich. In dieser wurden die Forderungen von Montesquieu umgesetzt und die Gewaltenteilung eingeführt. Damit war Frankreich eine konstitutionelle Monarchie. Darunter versteht man eine Königsherrschaft, die durch eine Verfassung eingeschränkt ist. Dies war das Ende des Absolutismus in Frankreich.

Die Macht des Königs wurde durch die Verfassung verringert. Er konnte nicht mehr allein entscheiden, sondern musste sich an die Inhalte der Verfassung halten. Er war nur noch Teil der ausführenden Gewalt, der Exekutive. Als deren Oberhaupt konnte er aber Einspruch gegen Beschlüsse der Nationalversammlung einlegen. Sie hatte die gesetzgebende Gewalt inne. Sein Einspruch hatte jedoch nur aufschiebende Wirkung und konnte die Beschlüsse nicht dauerhaft verhindern.

Ein weiterer Artikel der Verfassung besagte, dass der König sogar abgesetzt werden konnte, wenn er das Land ohne Erlaubnis der Nationalversammlung verlassen oder Hochverrat begehen würde. Als Hochverrat bezeichnet man ein Verbrechen gegen die bestehende Verfassung.

---

konstitutionell ist abgeleitet vom Wort Konstitution, welches Verfassung bedeutet

konstitutionelle Monarchie Herrschaftsform, in der es zwar einen König gibt, aber auch eine Verfassung. Der König muss sich also an die Rechte und Gesetze der Verfassung halten.

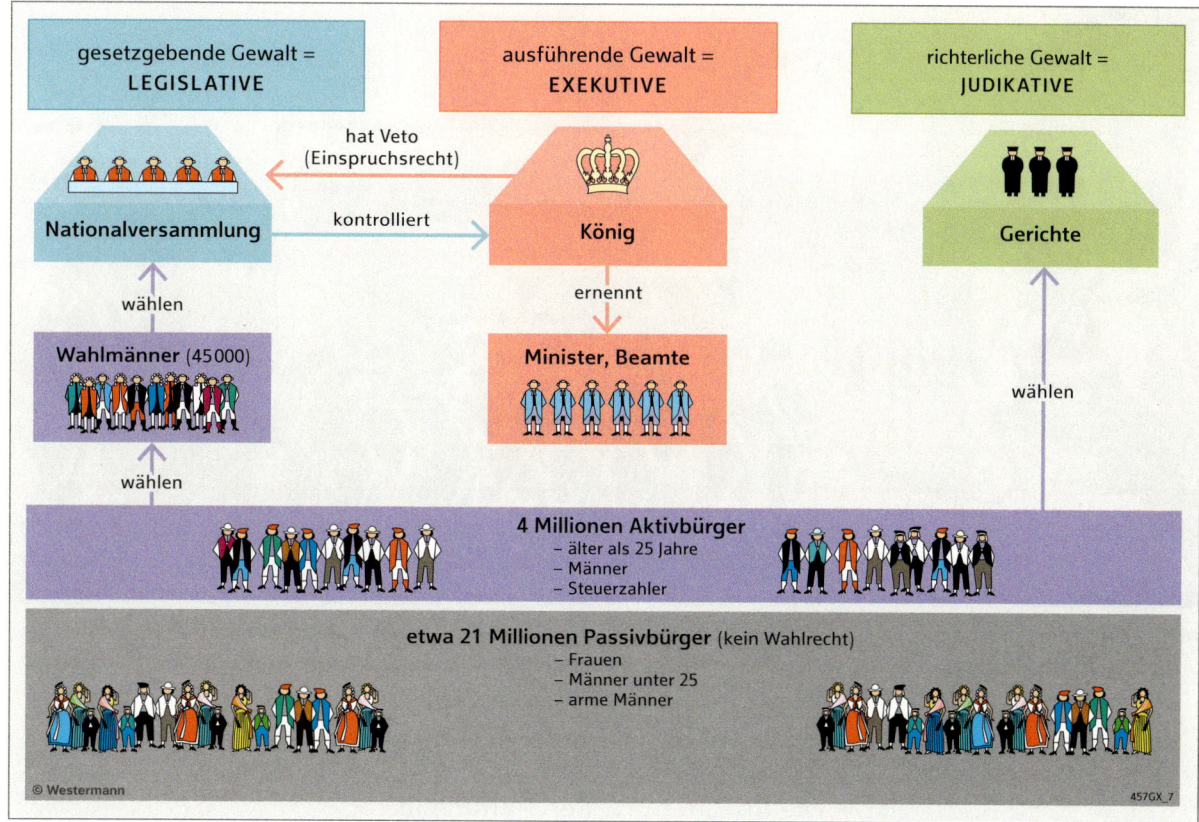

M3 Die französische Verfassung von 1791

1 a) Beschreibe, was in M1 dargestellt wird.
b) Der Zeichner von M2 bezieht sich auf das gleiche Ereignis. Vermute, was er mit seiner Karikatur ausdrücken wollte.
  Think – Pair – Share

2 a) Nenne die drei Gewalten, die es nach Montesquieu in einem Staat gibt. (T1)
b) Hilfe Wiederhole ihre Aufgaben.

3 Erkläre mit eigenen Worten den Begriff „konstitutionelle Monarchie". (T2)

4 Werte das Schaubild M3 aus.
a) Erkläre, wie gesetzgebende und ausführende Gewalt gebildet wurden.
b) Nenne die Rechte des Königs.
c) Nenne Personen, die kein Wahlrecht besaßen.
d) Was hältst du von der Einteilung in Aktivbürger und Passivbürger? Begründe deine Meinung.

5 Überprüfe, ob deine Vermutungen aus Aufgabe 1b) zutreffend sind.

6 Hilfe Vergleiche die absolutistische Herrschaft Ludwigs XIV. mit der konstitutionellen Herrschaft Ludwigs XVI.

7 Nenne die Voraussetzungen, unter denen der König abgesetzt werden konnte. (T2)

Hilfe zu

2 b) Du kannst Seite 268/269 zu Hilfe nehmen. Folgende Formulierungen können dir helfen: Die gesetzgebende Gewalt soll … . Die ausführende Gewalt hat die Aufgabe … . Die richterliche Gewalt muss … .

6 Stelle erst beide in einer Tabelle gegenüber.

	Ludwig XIV.	Ludwig XVI.
Legislative	x	
Exekutive		
Judikative		

Fasse anschließend deine Ergebnisse in ganzen Sätzen zusammen.

M1 Hinrichtung Ludwigs XVI. (aus einem zeitgenössischen Bilderbogen, einer frühen Form der Zeitung)

Frankreich wird Republik

T1 • Die Abschaffung der Monarchie

Nach dem Fluchtversuch des Königs und dem Krieg gegen Österreich und Preußen forderten viele Franzosen die Abschaffung der Monarchie. Am 21. September 1792 beschloss die Nationalversammlung die Absetzung des Königs und erklärte Frankreich zur Republik.

Viele Franzosen waren aber noch Anhänger des Königs und einer konstitutionellen Monarchie, wie sie die Verfassung von 1791 vorsah. Sie nannten sich Girondisten und wurden hauptsächlich von den reicheren Geschäftsleuten aus Paris unterstützt. Ihre politischen Gegner waren die Jakobiner. Sie wollten Frankreich in eine Republik, das heißt in einen Staat ohne König, umwandeln. Die Jakobiner wurden von Handwerkern, Arbeitern und Tagelöhnern unterstützt.

Zunächst hatten die Anhänger der konstitutionellen Monarchie, die Girondisten, den größten Einfluss. Weil es aber überall im Land an Lebensmitteln mangelte und diese deshalb sehr teuer wurden, wuchs die Unzufriedenheit der Bevölkerung. Deshalb gewannen die Jakobiner schnell großen politischen Einfluss.

---

❶ a) Beschreibe M1.
b) Stelle Fragen zum dargestellten Ereignis.

❷ a) Hilfe Stelle die Ziele von Girondisten und Jakobinern gegenüber. (T1)
b) Nenne die Gruppen, die die Girondisten bzw. die Jakobiner unterstützten. (T1)

❸ Fasse die politische Lage in Frankreich mit eigenen Worten zusammen. (T1)
Partnervortrag

Hilfe zu
❷ a) Du kannst eine Tabelle nutzen.

T2 • Die Hinrichtung Ludwigs XVI.

Im November 1792 begann vor dem Konvent, so hieß die neu gewählte Nationalversammlung seit 1792, der Prozess gegen Ludwig XVI. Die Anklage lautete Verrat am Vaterland. Nach dem Fluchtversuch des Königs hatte man in seinem Schloss Beweise für geheime Verbindungen mit den Feinden gefunden. Nach sechswöchiger Verhandlung verurteilten die Abgeordneten mit knapper Mehrheit Ludwig XVI. zum Tode. Er wurde am 21. Januar 1793 mit der Guillotine hingerichtet. Seine Frau Marie Antoinette starb im Oktober 1793 ebenfalls durch die Guillotine.

Guillotine
Hinrichtungsgerät, mit dem der Verurteilte durch eine schnell herabfallende Klinge geköpft wird

> Die Stufen, die zum Schafott führten, waren äußerst steil. Der König musste sich auf meinen Arm stützen. Aber wie erstaunt war ich, als ich oben sah, dass er … mit einem einzigen Blick fünfzehn oder zwanzig Trommler, die ihm gegenüberstanden, zum Schweigen brachte und … die für immer denkwürdigen Worte deutlich aussprach: „Ich sterbe unschuldig an den Verbrechen, die man mir vorwirft. Ich vergebe den Urhebern meines Todes und bitte Gott, das Blut, das sie vergießen werden, möge niemals über Frankreich kommen."

☐ Webcode
Filmclip zum Schicksal der französischen Königin Marie Antoinette
WES-100110-13

M2 Bericht des Abbé Edgeworth über die Hinrichtung Ludwigs XVI.

T3 • Eine neue Verfassung für Frankreich

Nachdem der König abgesetzt und die Republik ausgerufen war, wurde innerhalb von neun Monaten vom Konvent eine neue Verfassung ausgearbeitet. Sie wurde am 24. Juni 1793 veröffentlicht.

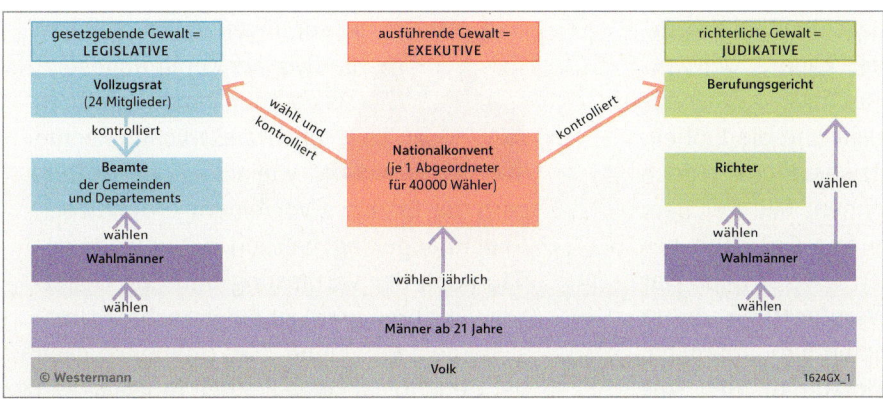

M3 Die französische Verfassung von 1793

④ Wofür wurde der König angeklagt? Erkläre. (T2)

⑤ Diskutiert, ob der Konvent nach der Verfassung von 1791 das Recht hatte, den König zu verurteilen.
   Lerntempoduett

⑥ Hilfe Vergleiche die Verfassung von 1793 mit der von 1791. (M3; Seite 287, M3)

Hilfe zu
⑥ Prüfe folgende Punkte: Gewaltenteilung, Regierende, Wahlberechtigte.

bewerten

Beim Bewerten gehst du zunächst genau wie beim Beurteilen vor. Du wägst ab, inwiefern zum Beispiel Aussagen oder Maßnahmen bestätigt oder widerlegt werden können. Hierfür formulierst du Argumente, die du aus vorliegendem Material und deinen eigenen Vorstellungen erarbeitest. Der Unterschied zum Beurteilen liegt darin, dass du dein Urteil nicht nur sachlich begründest, sondern darüber hinaus ein Werturteil abgibst. Das tust du, indem du deine eigene Sicht begründest. Du sagst, warum du etwas zum Beispiel gerecht oder ungerecht findest.

1. Schritt: Das Thema erfassen
- Was soll bewertet werden?

2. Schritt: Argumente sammeln
- Welche Fakten, Beispiele oder Belege kannst du als sachliche Argumente heranziehen?
- Wie ist deine eigene Meinung? Wie begründest du sie?

3. Schritt: Eigene Position und Bewertung formulieren
- Formuliere auf Grundlage der von dir zusammengetragenen Informationen und deiner eigenen Meinung eine Bewertung.
- Begründe deine Bewertung.

Tyrann
rücksichtsloser Herrscher, der seine Macht ausnutzt

Konvent
Gemeint ist hier der Nationalkonvent, also das französische Parlament ab September 1792.

Ich versuche den Beweis zu bringen, dass der König verurteilt werden kann … Wir wollen die Republik, die Unabhängigkeit und die Einheit, entzweien uns jedoch und schonen einen Tyrannen! Mit welchem Recht beruft er sich, um den Gesetzen gemäß abgeurteilt zu werden … wo es doch klar ist, dass er die einzige Verpflichtung, die er uns gegenüber übernommen hat … nämlich, uns zu beschützen, verletzt hat? Den Anspruch zu erheben, nach Gesetzen, die er mit Füßen getreten hat, gerichtet zu werden? Das wäre mir aber ein letzter Akt der Tyrannei … Alles, was ich gesagt habe, läuft folglich darauf hinaus, dass Ludwig XVI. wie ein auswärtiger Feind gerichtet werden muss. …

M1 Aus der Rede des Abgeordneten Louis-Antoine-Lèon de Saint-Just am 13. November 1792

Als Ludwig noch König war, war er unverletzlich. Seitdem Ludwig als König abgesetzt ist, stehen ihm die gleichen unveräußerlichen Rechte wie allen anderen Bürgern zu. Er muss vor einem ordentlichen Gericht angeklagt werden. … Nur wenn genau nach der Verfassung und den Gesetzen verfahren wird, ist ein gerechtes Urteil sichergestellt. Ohne die Unabhängigkeit der Gerichte ist keine Freiheit möglich.
Die Abgeordneten des Konvents sind keine Richter, deshalb dürfen sie nicht über Ludwigs Schicksal entscheiden … Sie wollen Ludwig weder die Rechte des Bürgers noch die Vorrechte des Königs zugestehen. Das ist ein Widerspruch.

M2 Aus der Rede des Verteidigers Ludwigs XVI., Romain de Sèze, am 26. Dezember 1792

Bewerte die Verurteilung des Königs durch den Konvent.

1. Schritt: Das Thema erfassen
- Lies die Textquellen und mache dir Notizen. (W-Fragen)
- Benenne das Thema.

2. Schritt: Argumente sammeln
- In den Textquellen wird unterschiedlich argumentiert, inwiefern eine Verurteilung Ludwig XVI. durch den Konvent rechtmäßig ist oder nicht. Notiere die unterschiedlichen Standpunkte in einer Tabelle.
- Ergänze die Tabelle um deinen eigenen Blickwinkel.
- Um die Verurteilung des Königs durch den Konvent bewerten zu können, musst du verschiedene Punkte berücksichtigen, beispielsweise:
  - Gerechtigkeit: Saint-Just und de Séze gehen darauf ein, warum es gerecht bzw. ungerecht ist, den König ohne Gerichtsprozess zu verurteilen. Wäge ab, welche Argumente deiner Ansicht nach am stärksten sind, und formuliere deinen Standpunkt.
  - Rechtmäßigkeit nach dem Gesetz: Schaue dir das Schema der Verfassung Frankreichs auf Seite 287 an.
    War das Urteil nach dem Gesetz rechtmäßig?

Schreibe auf und begründe. So könnte deine Tabelle aussehen:

Blickwinkel	Urteil gerechtfertigt	Urteil nicht gerechtfertigt
Saint-Just	- König hat nicht das Recht, nach Gesetz, weil ... - Er hat seine Pflicht ...	-
Séze	-	- König hat als normaler Bürger ... - Urteil ist ...
ich		

3. Schritt: Eigene Position und Bewertung formulieren
- Bevor du deine Bewertung ausformulierst, solltest du folgende Fragen für dich beantworten: Was ist deine Meinung zu dem Thema? Wie begründest du deinen Standpunkt?

Benenne das Thema:
Es geht um die Verurteilung Ludwig XVI. Er wurde ... .
Erläutere die verschiedenen Aussagen zu dem Thema.
Saint-Just, ein Abgeordneter des ... ist der Meinung, dass ... . Er sagt... .
Des Weiteren ... . Er begründet ... .
Séze, der Verteidiger des Königs, sagt ... . Seiner Meinung nach ... . Schließlich ... .
Fasse zusammen, wie du selbst die Verurteilung Ludwig XVI. bewertest.
Meiner Meinung nach hat der König ... . Besonders ... . Andererseits finde ich die Verurteilung ..., denn ... . Insgesamt denke ich, dass ..., weil ... . Aus heutiger Sicht betrachtet ...

Meiner Meinung nach ...
Ich denke, dass...
Außerdem ...
Des Weiteren ...
Auch ...
Zum einen ... zum anderen ...
Ebenso ...
Besonders ..
Andererseits ...
Insgesamt ...
Zusammenfassend ...
Schließlich ...

... Von außen umzingeln euch alle Tyrannen, im Innern verschwören sich alle Freunde der Tyrannen, und sie werden sich so lange verschwören, als der Verrat noch eine Hoffnung haben wird. Man muss die inneren und äußeren Feinde der Republik ersticken oder mit der Republik gemeinsam untergehen. Und deshalb ist in der gegenwärtigen Lage der Grundsatz unserer Politik der: das Volk durch die Vernunft und unsere Feinde durch Schrecken zu leiten. ... Der Schrecken ist nichts anderes als die schnelle, strenge und unbeugsame Justiz ...

M1 Aus einer Rede von Maximilien de Robespierre am 5. Februar 1794

Justiz
die Umsetzung der Gesetze und Rechte durch staatliche Behörden, wie zum Beispiel Gerichte

Sansculotten
deutsch: ohne Kniebundhose. So nannten sich die Arbeiter, da sie im Gegensatz zu Adligen und reichen Bürgern keine Kniebundhosen, sondern lange Hosen trugen. Diese waren für ihre Arbeit praktischer.

Terror
das Verbreiten von Angst und Schrecken durch Gewalttaten

Bespitzelungen
Die Menschen belauschten sich gegenseitig und verrieten Gegner der Revolution an die Jakobiner.

Die Herrschaft der Jakobiner

T1 • Die Jakobiner übernehmen die Macht

Im Jahre 1793 bekämpften sich auf dem Land immer noch die Anhänger des hingerichteten Königs und Anhänger der Republik. Und auch von außen wurde die junge Republik weiterhin von absolutistischen Monarchen bedroht.

Wie die Jahre zuvor war die wirtschaftliche Lage sehr schwierig. Die Preise für Waren des täglichen Lebens, besonders die für Lebensmittel, stiegen. Viele Menschen hungerten. Die Regierung konnte nicht helfen, weil die Staatskasse leer war.

Eine starke Gruppe in der Gesellschaft waren die Handwerker, Arbeiter und Tagelöhner. Sie nannten sich Sansculotten. Mit ihrer Hilfe übernahmen die Jakobiner die Macht. Sie ordneten zunächst Festpreise für Lebensmittel an, um weitere Preisanstiege zu verhindern. Den Bauern auf dem Land wurde der Boden, den sie bebauten, geschenkt.

T2 • Angst und Schrecken

Die Jakobiner mit ihrem Anführer Maximilien de Robespierre wollten die Gegner der Revolution mit Terror bekämpfen. Wer nicht für die Jakobiner war, galt als Feind. Es gab Bespitzelungen und unzählige Verhaftungen. Verdächtige wurden vor Revolutionsgerichte gestellt. Dort waren keine Verteidiger oder Zeugen zugelassen. Ein häufiges Urteil war die Todesstrafe, sodass Hinrichtungen zu etwas Alltäglichem wurden.

Niemand konnte sich sicher fühlen. Robespierre beschuldigte viele seiner politischen Gegner, Feinde Frankreichs und der Revolution zu sein, und ließ sie hinrichten, um seine Position zu stärken. Auf diese Weise wollte er seine Macht festigen. Allerdings machte er sich damit neue Gegner.

Schließlich wurde Robespierre selbst Opfer seiner Terrorpolitik: Viele Abgeordnete des Konvents bekamen Angst, von Robespierre als Feinde verdächtigt zu werden. Daher ließen sie ihn verhaften. Nach einem Fluchtversuch wurde er ohne Gerichtsverhandlung hingerichtet. Dieses Ereignis gilt als das Ende der Terrorherrschaft der Jakobiner.

M2 Ein Revolutionsgericht (zeitgenössische Zeichnung)

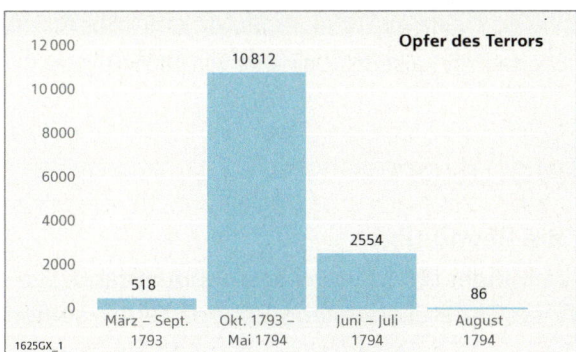

M3 Todesurteile der Revolutionsgerichte

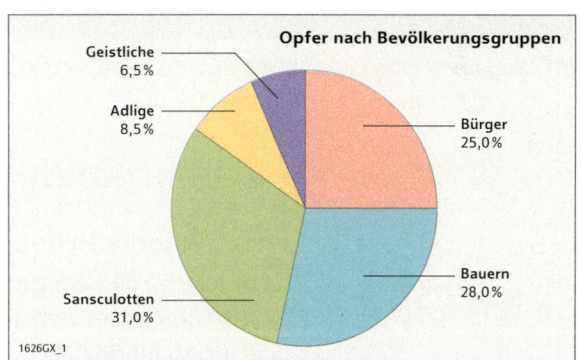

M4 Hingerichtete zur Zeit des Terrors

1. a) Wen sieht Robespierre als Feinde der Republik Frankreich? (M1)
   b) Wie soll nach Ansicht Robespierres mit den Feinden umgegangen werden? (M1)
   Think – Pair – Share
2. Wie kam es dazu, dass die Jakobiner die Macht in Frankreich übernehmen konnten? Nenne drei Gründe. (T1)
3. Erkläre, wer die Sansculotten waren. (T1)
4. Nenne die Merkmale der Terrorherrschaft der Jakobiner. (T2)
5. Erkläre, wie und warum Robespierre entmachtet wurde. (T2)
6. a) **Hilfe** Beschreibe das Revolutionsgericht aus M2.
   b) Welche Einstellung hatte der Zeichner gegenüber den Richtern? Begründe.
7. Stell dir vor, du bist Angeklagter vor einem Revolutionsgericht. Beurteile deine Chancen in der Verhandlung. (T2, M2)
8. Werte M3 und M4 aus:
   a) Wie viele Todesurteile wurden 1793/94 gefällt? (M3)
   b) In welchem Zeitraum wurden die meisten Todesurteile gesprochen? (M3)
   c) Welchem Stand gehörten die meisten Hingerichteten an? (M4)
9. Diskutiert folgende Aussage: Um ein gutes Ziel zu erreichen, darf auch Gewalt angewendet werden.

Hilfe zu
6. a) Was tun die Männer? Wer gehört zum Gericht? Wer ist der Angeklagte?

M1 Napoleon krönt sich 1804 selbst zum Kaiser und seine Ehefrau zur Kaiserin. (Gemälde von 1806/07)

Das Ende der Revolution

T1 • Napoleon beendet die Revolution

Im Jahre 1795 wagten die Anhänger der Monarchie einen Aufstand. Diesen schlug der erst 24-jährige General Napoleon Bonaparte mit seinen Truppen nieder.

Napoleon war Anhänger der Jakobiner gewesen. Als Heerführer war er sehr erfolgreich, gewann fast alle seine Schlachten und Kriege. Er wurde dadurch zu einem sehr bekannten Mann in Frankreich.

Nach einem Militärputsch übernahm Napoleon 1799 als „Erster Konsul" wie ein Diktator die alleinige Macht in Frankreich. 1802 ließ sich Napoleon in einer Volksabstimmung als Alleinherrscher auf Lebenszeit bestätigen. Am 2. Dezember 1804 krönte er sich selbst zum Kaiser und stellte sich damit über die anderen europäischen Herrscher. Frankreich war wieder zur Monarchie geworden.

T2 • Was blieb von der Revolution?

Die Revolution hatte in Frankreich vieles verändert. Doch Napoleon hatte einige Ergebnisse der Revolution wieder abgeschafft. Frankreich war zum Beispiel keine Republik mehr. Napoleon hatte außerdem die Pressefreiheit wieder aufgehoben und auch die Rechte der Frauen beschränkt.

Viele Errungenschaften der Revolution ließ Napoleon aber auch bestehen. Von 1800 bis 1804 ließ er ein Gesetzbuch für alle bürgerlichen Rechte erstellen. Dieser sogenannte Code Civil war auch Vorbild für das heute noch gültige Bürgerliche Gesetzbuch in Deutschland.

Militärputsch
Ein Militärputsch ist eine meist gewaltsame Aktion, bei der eine Regierung durch militärische Einheiten gezwungen wird zurückzutreten.

Diktator
Staatsoberhaupt, das uneingeschränkte Macht besitzt

- Alle Menschen sind persönlich frei.
- Jeder Franzose hat das Recht auf Eigentum.
- Alle Franzosen müssen entsprechend ihrem Einkommen Steuern zahlen.
- Vor dem Gesetz sind alle Menschen gleich, unabhängig von ihrem Stand.
- Öffentliche Gerichtsverfahren und unabhängige Richter werden eingeführt.
- Alle Zölle innerhalb Frankreichs bleiben abgeschafft.
- Maße und Gewichte (Meter, Gramm, Liter) werden vereinheitlicht und gelten für ganz Frankreich. (Dieses System setzte sich in ganz Europa durch.)
- Auch Nicht-Adlige können zu hohen Staatsämtern gelangen.

M2 Errungenschaften der Revolution, die bestehen blieben

M3 Eine Darstellung, die für einheitliche Maße und Gewichte und für das 10er-Zahlensystem werben sollte

❶ **Hilfe** Stell dir vor, du erlebst die Situation in M1 als Jakobiner mit. Beschreibe deine Gedanken in einem Tagebucheintrag. (M1)

❷ Nenne die Gründe für Napoleons schnellen Aufstieg. (T1)

❸ Gib die politischen Ziele Napoleons mit eigenen Worten wieder. (T1, T2)
   Think – Pair – Share

❹ Erläutere Vorteile von gleichen Maßen und Gewichten für den Handel. (M2, M3)

❺ Überprüfe, welche Punkte aus M2 heute noch in Deutschland gelten.
   Stühletausch

❻ Begründe, welche Menschen durch die Revolution Vorteile bzw. Nachteile hatten. (M2)

❼ Stell dir vor, M3 wäre ein Teil eines Werbeflyers. Formuliere dazu eigene Werbesprüche.

❽ **Hilfe** Beurteile, ob man mit der Herrschaft Napoleons die Revolution als vollendet oder gescheitert ansehen muss. (T1, T2, M2)

Hilfe zu
❶ Denke daran, für welche Ziele du als Jakobiner eingetreten bist. Was hättest du von Napoleon als Anhänger der Jakobiner erwartet?

❽ Berücksichtige, was die Menschen zu Beginn der Revolution forderten und welche Errungenschaften bestehen blieben. Du kannst auch noch mal auf den Seiten 282 – 287 nachlesen. Formulierungshilfen:

In der Revolution hatten die Menschen viele Rechte erkämpft, zum Beispiel … . Unter Napoleon wurden diese Rechte zum Teil … . Meiner Meinung nach muss die Revolution als vollendet / gescheitert angesehen werden, weil … .

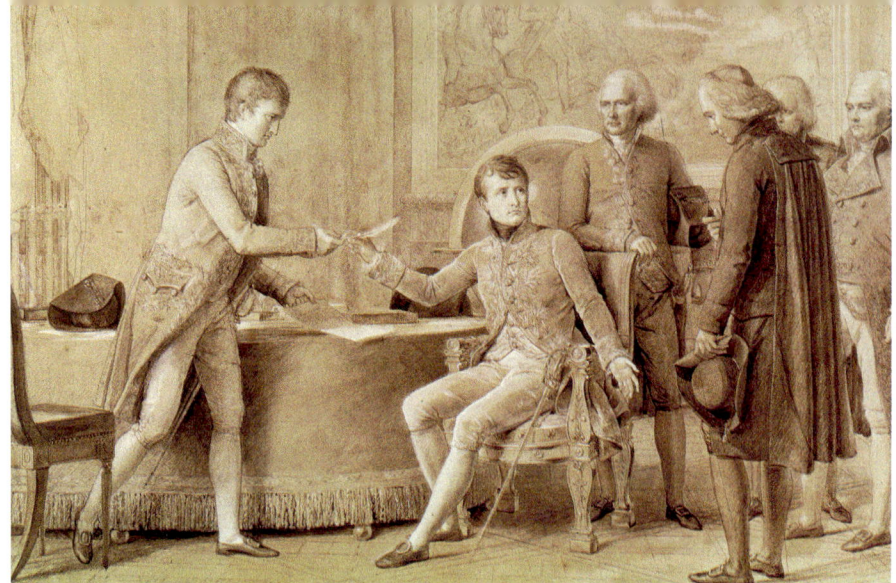

M1 Napoleon unterzeichnet 1801 einen Vertrag zwischen Frankreich und der katholischen Kirche

Die Kirche verliert ihre Macht

T1 • Enteignung der Kirche in Frankreich

Bereits in den ersten Monaten der Revolution waren der katholischen Kirche viele Besitztümer genommen worden. Mit dem kirchlichen Vermögen sollte die Staatskasse gefüllt werden. Im Gegenzug wurden die Geistlichen von nun an vom Staat bezahlt. Diese Regelung erkannte der Papst nicht an und es kam zum Bruch zwischen der katholischen Kirche und den Revolutionären. Viele Geistliche wurden als Gegner der Revolution verfolgt, flohen ins Exil oder starben durch die Guillotine.

T2 • Napoleon bedient sich der Kirche

Trotz der revolutionären Ereignisse war der katholische Glaube für große Teile der Bevölkerung sehr wichtig. Den Einfluss der Kirche wollte Napoleon nutzen, um seine Macht zu festigen. Im Jahre 1801 schloss er daher einen Vertrag mit der katholischen Kirche. Darin erkannte der Papst die Französische Republik an, und Napoleon erklärte die katholische Kirche in Frankreich zur Kirche der Mehrheit. Der katholische Glaube war aber nicht mehr Staatsreligion, denn der Vertrag schrieb auch das Recht auf freie Religionsausübung fest. Des Weiteren sicherte sich Napoleon das Recht, in Frankreich die Bischöfe bestimmen zu können. Er führte ebenfalls die Verstaatlichung von Kirchenbesitz weiter fort. Dies wird Säkularisation genannt.

Staatsreligion
von einem Staat bevorzugte Religion

Säkularisation
kirchliches Eigentum, beispielsweise Land, Geld, Klöster, wird vom Staat beschlagnahmt und umverteilt

---

❶ Hilfe Beschreibe die Situation in M1.
❷ Stelle dar, wie sich die Revolutionäre gegenüber der Kirche verhielten. (T1)
❸ Beschreibe Napoleons Umgang mit der Kirche. (T2)
❹ Erkläre den Unterschied zwischen Staatsreligion und Kirche der Mehrheit. (T2)

Hilfe zu
❶ Achte besonders auf die Körperhaltung.

T3 • Säkularisation in Deutschland

Frankreich hatte bis 1796 die deutschen Gebiete westlich des Rheins besetzt. Napoleon erklärte sie zu französischem Staatsgebiet und die deutschen Fürsten erkannten 1803 in einem Vertrag den Rhein als neue Grenze zu Frankreich an. Als Entschädigung für die westrheinischen Gebietsverluste wurden die deutschen Fürsten von Napoleon mit Ländern östlich des Rheins entschädigt. Dieses gelang durch eine große Säkularisation, indem kirchliche Fürstentümer und Abteien, aber auch kleine weltliche Territorien, wie beispielsweise Ritterschaften, aufgelöst und an die Vertragspartner übertragen wurden.

Über 450 Herrschaftsgebiete verloren auf diese Weise ihre Selbstständigkeit. Hauptsächliche Gewinner dieses Vorgehens waren Bayern, Baden und Württemberg. So waren an der Ostgrenze Frankreichs größere Staaten entstanden, auf die Napoleon Einfluss ausüben wollte.

Abtei
Kloster, das unter bestimmten Voraussetzungen vom Papst in einen höheren Rang erhoben wurde

Rheinbund
Durch Napoleon gegründeter Zusammenschluss deutscher Staaten. Der Rheinbund war durch ein Militärbündnis eng mit Frankreich verbunden. Die einzelnen Staaten selbst waren eigenständig.

> Ich muss Partei ergreifen entweder gegen Frankreich, das heißt, mich von Truppen überschwemmt, feindlich behandelt sehen drei Tage nach dieser Entscheidung, oder ich muss mich mit Frankreich verbünden …

M2 Kurfürst Friedrich von Württemberg zu seinen politischen Möglichkeiten

M3 Deutsche Gebiete 1789

M4 Deutsche Gebiete 1806

❺ a) Erkläre, wie durch die Säkularisation die Besitzverhältnisse in Deutschland verändert wurden. (T3)
b) Nenne die Vorteile für Frankreich. (T3)

❻ Diskutiert die Möglichkeiten, die Kurfürst Friedrich von Württemberg beschreibt. (M2)

❼ Stelle die Karten M3 und M4 gegenüber und nenne fünf Veränderungen.

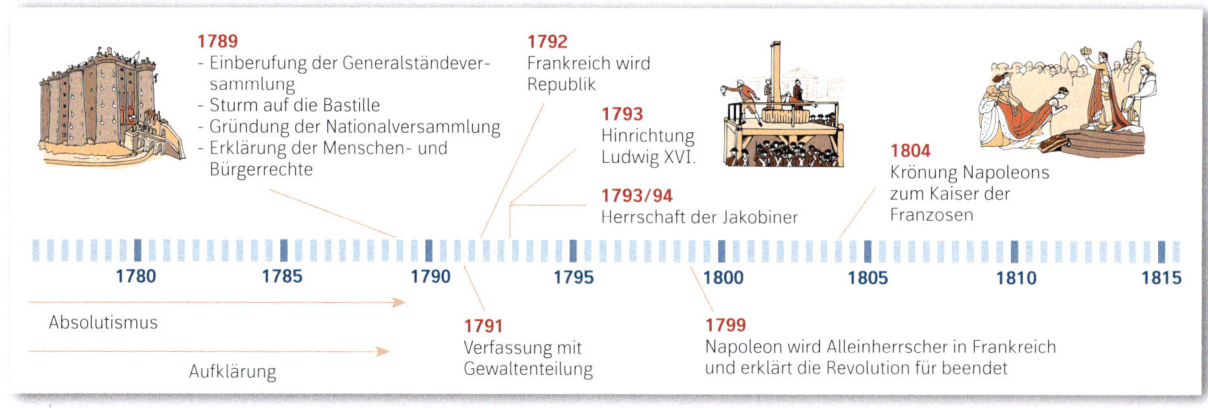

Die Französische Revolution

Warum gab es in Frankreich eine Revolution?

Die Ständeordnung in Frankreich gewährte dem Klerus und dem Adel, also dem ersten und zweiten Stand, eine Vielzahl von Sonderrechten. Die Angehörigen des dritten Standes, Bauern, Handwerker oder Kaufleute, besaßen hingegen wenig Rechte, mussten aber als einzige Steuern zahlen.

Die Steuern verwendete der König zum Beispiel für seinen aufwendigen Hofstaat oder sein Militär. In der Bevölkerung gab es jedoch Armut und Hunger. Diese Missstände führten zu einer großen Unzufriedenheit der Franzosen. Ermutigt durch die Ideen der Aufklärung wagten die Untertanen einen Aufstand gegen die absolutistische Herrschaft.

Was geschah während der Revolution?

1789 wollten Vertreter des dritten Standes auf einer Versammlung der Ständevertreter König Ludwig XVI. ihre Beschwerden vortragen. Weil diese nicht besprochen wurden, erklärten sich die Abgeordneten des dritten Standes aus Protest zur Nationalversammlung. Die Unzufriedenheit der Bürger in Paris schlug in Gewalt um, als sie die Bastille erstürmten. Im Sommer 1789 verkündete die Nationalversammlung die Menschen- und Bürgerrechte. Im Jahr 1791 setzte sie eine Verfassung in Kraft, die die Macht des Königs begrenzte. Nach einem Fluchtversuch 1792 wurde Ludwig XVI. abgesetzt und die Republik ausgerufen. 1793 wurde er wegen Hochverrats hingerichtet. Während der Terrorherrschaft der Jakobiner bis 1794 wurden fast 14 000 Menschen hingerichtet.

Welche Ergebnisse brachte die Revolution?

Napoleon Bonaparte war ein erfolgreicher Heerführer und sehr populär. 1799 übernahm er mithilfe seiner Soldaten die Macht als Alleinherrscher. 1804 krönte er sich selbst zum Kaiser der Franzosen. Frankreich war wieder eine Monarchie. Napoleon sah sich selbst als Verteidiger der Revolution, weil er viele Errungenschaften der Revolution bewahrte.

Viele Ideen der Revolution verbreiteten sich in Europa. Politische Mitbestimmung wurde für viele Menschen zu einem erkämpfenswerten Ziel.

Aufklärung
Die Aufklärung war ein Zeitraum im 17. und 18. Jahrhundert, in dem sich die Gelehrten auf die Vernunft beriefen. Sie sprachen sich auch dafür aus, die absolutistische Herrschaft einzuschränken. Die Aufklärung war damit eine Voraussetzung für die Französische Revolution.

Gewaltenteilung
Mitte des 18. Jahrhunderts schrieb Charles Louis de Montesquieu, dass es in jedem Staat eine gesetzgebende Gewalt, eine ausführende Gewalt und eine richterliche Gewalt gibt. Wenn diese drei Gewalten wie im Absolutismus in einer Hand vereint sind, kann diese Macht missbraucht werden. Montesquieu forderte daher, die drei Gewalten aufzuteilen.

Menschenrechte
Die Gelehrten der Aufklärung entwickelten die Idee, dass alle Menschen frei geboren sind und die gleichen Rechte haben. Dies wurde während der Französischen Revolution erstmals verwirklicht. Die Menschenrechte standen am Anfang der Verfassung Frankreichs von 1791.

Konstitutionelle Monarchie
Dies ist eine Form der Monarchie, in der die Macht des Herrschers durch eine Verfassung eingeschränkt ist.

Republik
Eine Republik ist meist eine Staatsform mit einer gewählten Regierung. Staatsoberhaupt ist kein Monarch, sondern ein Präsident. Er übt sein Amt auf Zeit aus. Das Volk übergibt die Macht auf Zeit durch Wahlen an Parlament und Regierung.

Revolution
Als Revolution wird eine grundlegende Veränderung der Gesellschaft oder der politischen Verhältnisse bezeichnet, die sehr plötzlich passiert. Eine Revolution kann mit Gewalt oder gewaltlos erfolgen. Politische Revolutionen haben meist die Änderung von Herrschaftsformen zum Ziel.

Terrorherrschaft
In den Jahren 1793/94 errichteten die Jakobiner in Frankreich eine Terrorherrschaft. Es gab Bespitzelungen und haltlose Beschuldigungen. Ein Angeklagter hatte vor den Revolutionsgerichten keine Chance. Sie fällten fast nur Todesurteile. Es wurden ca. 14 000 Menschen hingerichtet.

Verfassung
Eine Verfassung ist die Sammlung der wichtigsten Gesetze eines Staates. Es regelt die Verteilung der Macht im Staat sowie die Rechte und Pflichten aller Bürger.

M1 Kämpfe am Alexanderplatz in Berlin in der Nacht vom 18. zum 19. März 1848 (zeitgenössische Darstellung)

Auf dem Weg zum Nationalstaat

→ Wofür kämpften die Menschen?

→ Wie wurde ein einheitlicher deutscher Staat geschaffen?

→ Wie lebten die Menschen in diesem Staat?

M2 Die Gründung des Deutschen Reiches 1871 (Gemälde, 1885)

M3 In einer Tanzschule im deutschen Kaiserreich (Foto, um 1900)

M1 Der Einmarsch Napoleons in Berlin am 27. Oktober 1806 (Gemälde aus dem Jahr 1810)

Napoleon und die Deutschen

T1 • Napoleon herrscht über deutsche Staaten

Nachdem Napoleon seine Herrschaft in Frankreich gesichert hatte, versuchte er, Europa zu erobern. Mit Siegen über Preußen und Österreich dehnte er seine Macht auf die deutschen Staaten aus. Viele deutsche Bürger begrüßten zunächst die Eroberungen Napoleons. Sie hofften, dass die Ergebnisse der Französischen Revolution jetzt auch in ihren Ländern eingeführt würden.

Diese Hoffnungen schwanden jedoch bald. Die Besatzung durch französische Truppen wurde immer mehr als Fremdherrschaft empfunden. Zahlreiche Bürger mussten ertragen, dass fremde Soldaten in ihren Häusern untergebracht wurden. Auch für die Versorgung der Truppen mussten sie sorgen. Fuhrwerke und Pferde wurden beschlagnahmt. Waren wie Kaffee und Tee wurden knapp, weil die Häfen gesperrt wurden. Zudem zwang man viele Männer, in der Armee Napoleons zu kämpfen.

Preußen und Österreich
die beiden mächtigsten deutschen Staaten

Fuhrwerk
Wagen, die von Tieren gezogen wurden, zum Beispiel von Pferden

❶ a) *Hilfe* Wie wird in M1 die Reaktion der Bevölkerung auf den Einmarsch Napoleons dargestellt?
b) Vermute Gründe für diese Reaktionen.
　Think – Pair – Share
❷ *Hilfe* Erkläre, warum sich die Einstellung der deutschen Bevölkerung zu den französischen Truppen änderte. (T1)

Hilfe zu
❶ a) Sieh dir besonders die Personen an den Bildrändern an. Achte zum Beispiel auf Handbewegungen.
❷ Folgende Formulierungshilfen kannst du nutzen: Bald empfanden viele Deutsche die französische Besatzung als … .
Gründe dafür waren … .

T2 • Sieg über Napoleon

1812 versuchte Napoleon, auch Russland zu erobern. Er erlitt jedoch eine schmerzhafte Niederlage. Das wurde für viele zum Signal, sich gegen die französische Herrschaft zu wehren. In den deutschen Ländern meldete sich eine große Zahl von Bürgern freiwillig zum Kampf.

Zur entscheidenden Schlacht kam es 1813 bei Leipzig. Gemeinsam konnte Napoleon besiegt werden. Dies gelang auch, weil sächsische und bayrische Truppen, die zunächst für Napoleon gekämpft hatten, die Seite wechselten. Durch den gemeinsamen Kampf empfanden sich viele Bürger der verschiedenen deutschen Staaten immer mehr als Angehörige einer gemeinsamen deutschen Nation.

> Ich will Soldat werden, um, sei es mit meinem Blute, mir mein Vaterland zu erkämpfen ... Es ist bei Gott ein würdiges Gefühl, ... es ist die Überzeugung, dass kein Opfer zu groß sei für das höchste ... Gut, für seines Volkes Freiheit.

Nation
Eine große Gruppe von Menschen, die aufgrund von Gemeinsamkeiten als eine Einheit gelten. Gemeinsamkeiten können Sprache, Religion oder auch Feste sein, die sie feiern.

M2 Der Dichter Theodor Körner zu den Befreiungskriegen 1813

M3 Übermittlung der Siegesbotschaft nach der Schlacht bei Leipzig am 18. Oktober 1813 (Gemälde, 1834/35)

❸ **Hilfe** Beschreibe, wie es den Deutschen gelang, sich von der Fremdherrschaft zu befreien. (T2, M3)

❹ Wie begründete Theodor Körner seinen Entschluss, als Soldat zu kämpfen? (M2)

❺ **Hilfe** Verfasse einen Brief aus Sicht eines Soldaten aus M3. Formuliere darin auch deine Gedanken zum Sieg über Napoleon.

Hilfe zu
❸ Folgende Begriffe kannst du verwenden: Russlandfeldzug, Freiwilligenarmee, Schlacht bei Leipzig.
❺ Leipzig, den 19. Oktober 1813
Liebe(r) ... ,
nach so vielen Jahren habe ich es kaum für möglich gehalten, dass ... . Aber ... .

M1 Der große Wiener Friedenskongress zur Wiederherstellung von Freiheit und Recht in Europa (kolorierter Stich von 1815)

Kongress
Eine größere Gruppe von Menschen kommt zusammen, um sich zu einem Thema auszutauschen und Entscheidungen zu treffen.

Der Wiener Kongress

T1 • Große Hoffnungen

Nach dem gemeinsamen Sieg über Napoleon versammelten sich von September 1814 bis zum Juni 1815 Vertreter der europäischen Herrscher in Wien. Gemeinsam wollte man die Grenzen in Europa neu festlegen und die Beziehungen der Staaten untereinander regeln.

Besonders in den deutschen Ländern waren die Erwartungen an diesen Kongress sehr hoch. Viele Bürger hatten dafür gekämpft, die deutschen Staaten von der Herrschaft Napoleons zu befreien. Im gemeinsamen Kampf hatte sich das Gefühl, zu einer Nation zu gehören, herausgebildet. Nun hofften viele, dass im Ergebnis des Wiener Kongresses ein vereinter deutscher Staat entstehen würde. Nach dem Vorbild der Französischen Revolution sollte der deutsche Staat seinen Bürgern Rechte und Freiheiten wie Meinungsfreiheit, Presse- und Versammlungsfreiheit bieten. Diese sollten in einer Verfassung festgelegt werden.

---

❶ **Hilfe** Beschreibe, was M1 über die Teilnehmer und den Inhalt der Beratungen auf dem Wiener Kongress aussagt.
  🐝 *Bienenkorb*

❷ a) **Hilfe** Erkläre die Erwartungen der Bürger in den deutschen Staaten. (T1)
   b) **Hilfe** Nenne die Gründe für diese Erwartungen.

Hilfe zu
❶ Beachte die Gegenstände auf dem Tisch und auch die Kleidung der Personen.
❷ a) Folgende Formulierungshilfen kannst du nutzen: *Die Bürger erwarteten … . Dieser Staat sollte … .*
   b) Denke an den Kampf gegen Napoleon.

T2 • Die Ziele der deutschen Fürsten

Die deutschen Fürsten sahen durch die Erwartungen der Bürger ihre Macht bedroht. Sie fürchteten, dass Freiheiten wie Meinungs- oder Versammlungsfreiheit das Selbstbewusstsein der Bürger stärken würden. Dies könnte die Bürger ermutigen, die Herrschaft der Fürsten infrage zu stellen. Das Ziel der Fürsten war, auch in Zukunft weitgehend uneingeschränkt zu herrschen. Sie wollten vermeiden, dass Ergebnisse der Französischen Revolution in den deutschen Staaten eingeführt werden. Alle fortschrittlichen Bestrebungen wollten sie verhindern.

T3 • Der Deutsche Bund – ein einheitlicher Staat?

Auf dem Wiener Kongress gründeten die Fürsten den Deutschen Bund. Dieser war allerdings kein einheitlicher Staat, sondern ein loser Zusammenschluss von 35 weiterhin selbstständigen Einzelstaaten und vier Freien Städten. Eine gemeinsame Verfassung gab es nicht.

Fürsten
allgemeine Herrscherbezeichnung; gemeint sind hier die Herrscher der deutschen Staaten. Sie werden auch als deutsche Landesherren bezeichnet.

Freie Städte
Städte, die sich völlig selbst verwalten durften. Sie hatten unter anderem das Recht auf eigene Gerichte und konnten Gesetze selbst bestimmen.

M2 Der Deutsche Bund

❸ Erläutere die Ziele der deutschen Fürsten. (T2)

❹ Hilfe Beschreibe den Deutschen Bund. (T3)

❺ a) Suche aus M2 die Staaten heraus, die nicht mit ihrem gesamten Staatsgebiet dem Deutschen Bund angehören.
b) Vermute, wie sich das auf die Zusammenarbeit im Bund ausgewirkt haben könnte.

❻ Hilfe Wessen Vorstellungen entsprach der Deutsche Bund? Begründe.

Hilfe zu
❹ Formulierungshilfen: Der Deutsche Bund war ein loser … . Es gab keine … .
❻ Vergleiche die Erwartungen der Bürger und der Fürsten mit dem Ergebnis.

M1 Wartburgfest am 18. Oktober 1817 (kolorierter Holzstich, um 1848)

Zwischen Fortschritt und Rückschritt

T1 • Ein Fest auf der Wartburg

Viele Menschen in den deutschen Ländern waren von den Ergebnissen des Wiener Kongresses enttäuscht. Einige wollten sich damit auch nicht abfinden. In Jena schlossen sich zum Beispiel Studenten zu einer Burschenschaft zusammen, um gemeinsam für ihre Ziele zu kämpfen.

Die Jenaer Burschenschaft lud am 18. Oktober 1817 Studenten aus ganz Deutschland zu einem Fest auf die Wartburg bei Eisenach ein. Gemeinsam zogen sie mit Fackeln auf die Burg und hielten dort Reden für die deutsche Einheit. Außerdem verbrannten sie neben fürstenfreundlichen Büchern auch Gegenstände, die für die Herrschaft des Adels standen.

Burschenschaft
Bursche war ein Wort für Student. Die Studenten schlossen sich in Burschenschaften zusammen. Sie halfen einander und sprachen viel über Politik und die Zukunft Deutschlands.

> Wir wünschen unter den einzelnen Staaten Deutschlands einen größeren Gemeinsinn, größere Einheit in ihrer Politik, keine eigene Politik der einzelnen Staaten … wir wünschen, dass Deutschland als ein Land und das deutsche Volk als ein Volk angesehen werden könne.

M2 Politische Ziele der Jenaer Burschenschaft

---

❶ Beschreibe die Stimmung in M1.
   Stühletausch

❷ **Hilfe** Berichte über das Wartburgfest der Jenaer Burschenschaft. (T1)

❸ Nenne die Ziele der Jenaer Burschenschaft. (M2)

④ Schildere aus Sicht eines Studenten aus M1 Eindrücke vom Wartburgfest. Schreibe einen Brief an einen Freund.

Hilfe zu
❷ Nenne Ort, Zeit, Teilnehmer und Ablauf.

T2 • **Maßnahmen gegen die Studenten**

Das Auftreten der Studenten schätzten die Herrschenden als sehr gefährlich ein. Sie befürchteten, dass sich mehr Bürger den Forderungen der Studenten anschließen würden. Als der Student Carl Ludwig Sand, ein Teilnehmer des Wartburgfestes, einen fürstenfreundlichen Schriftsteller ermordete, sahen die Regierenden die Möglichkeit, gegen die Studenten vorzugehen. Der Deutsche Bund fasste am 20. September 1819 die sogenannten Karlsbader Beschlüsse. Diese Beschlüsse führten zu einem Verbot der Burschenschaften. Viele Vertreter fortschrittlicher Gedanken wurden verfolgt, verurteilt und eingesperrt.

> Es soll bei jeder Universität ... die strengste Vollziehung der bestehenden Gesetze [überwacht werden] ... [Es] dürfen Schriften, die in Form täglicher Blätter oder heftweise erscheinen, dergleichen solche, die über 20 Bogen stark sind, in keinem deutschen Bundesstaate ohne Vorwissen und vorgängige Genehmigung der Landesbehörden zum Druck befördert werden.

M3 Auszug aus den Karlsbader Beschlüssen

M4 „Der Denker-Club" (kolorierte Radierung, um 1825)

① **Gesetze des Denker-Clubs**
I. Der Präsident eröffnet präzise 8 Uhr die Sitzung.
II. Schweigen ist das erste Gesetz dieser gelehrten Gesellschaft.
III. Auf dass kein Mitglied in Versuchung geraten möge, seiner Zunge freien Lauf zu lassen, so werden beim Eintritt Maulkörbe ausgeteilt.
IV. Der Gegenstand, welcher in jedesmaliger Sitzung durch ein reifes Nachdenken gründlich erörtert werden soll, befindet sich auf einer Tafel mit großen Buchstaben deutlich geschrieben.

5 Hilfe Warum fassten die Fürsten die Karlsbader Beschlüsse? Erkläre. (T2)

6 Hilfe Arbeite wesentliche Inhalte der Karlsbader Beschlüsse heraus. (T2, M3)
🐝 *Bienenkorb*

7 Hilfe Analysiere die Karikatur M4 in den bekannten Schritten.
🐝 *Think – Pair – Share*

Hilfe zu
5 Achte darauf, zwischen Ursache und Anlass zu unterscheiden.
6 Zu folgenden Punkten solltest du dich äußern: Burschenschaften, Universitäten und Druckerzeugnisse.
7 Nutze die Methodenseite 264/265.

M1 Die Familie des Schlossermeisters Hausschild (Gemälde von 1843)

Schlosser
Handwerker, der überwiegend Dinge aus Metall herstellt und anbringt

Verwaltungsbeamte
Personen, die für den Staat oder die Stadt arbeiteten. Durch ihre Arbeit sorgen sie dafür, dass Regeln und Beschlüsse des Staates umgesetzt und kontrolliert werden.

Empfang
festliche Veranstaltung, auf der sich Menschen treffen, um sich auszutauschen und Kontakte zu knüpfen

Eine neue Schicht: das Bürgertum

T1 • Der Aufstieg des Bürgertums

Im Lauf des 19. Jahrhunderts übernahmen immer mehr Maschinen die Produktion von Waren. Anstelle von kleinen Handwerksbetrieben entstanden große Fabriken. Dies führte auch zu Veränderungen in der Gesellschaft. Die Besitzer der Fabriken, ihre leitenden Angestellten, aber auch Ärzte, Rechtsanwälte, Professoren und Verwaltungsbeamte bildeten eine eigene Schicht in der Bevölkerung: das Bürgertum. Diese Schicht grenzte sich klar vom Adel auf der einen Seite und von den Arbeitern und Bauern auf der anderen Seite ab.

Der erarbeitete Wohlstand ermöglichte es ihnen, Angestellte für die Hausarbeiten einzustellen. Dadurch hatten sie mehr freie Zeit. Diese nutzten sie zum gemeinsamen Musizieren und Lesen. Am Abend traf man sich zum Beispiel zu Empfängen.

Leistung und Bildung hatten für die Angehörigen des Bürgertums eine große Bedeutung. Darüber hinaus wurden Kinder erstmals als Persönlichkeiten mit eigenen Interessen wahrgenommen. Wer es sich leisten konnte, richtete für seine Kinder eigene Zimmer ein.

❶ a) Beschreibe M1.
   b) **Hilfe** Stelle Vermutungen über die Lebensverhältnisse der Familie des Schlossermeisters an.
      🌐 *Placemat*
❷ Beschreibe die Voraussetzungen für die Entstehung des Bürgertums. (T1)
❸ Nenne die Angehörigen des Bürgertums. (T1)

❹ **Hilfe** Erkläre, was unter bürgerlichem Leben verstanden wird. (T1)

Hilfe zu
❶ b) Beachte unter anderem die Größe des Raumes, die Möbel und die Kleidung.
❹ Gehe auf folgende Punkte ein: Freizeitbeschäftigungen, Ideale, Kinder.

T2 • Die politischen Ziele des Bürgertums

Die gewachsene wirtschaftliche Bedeutung des Bürgertums führte auch zur Entwicklung von eigenen politischen Ideen. Die starren herrschenden Verhältnisse unter der Führung des Adels wurden immer mehr als störend für die eigene Weiterentwicklung angesehen. Von der Aufklärung beeinflusst, forderten viele Bürger wirtschaftliche und politische Freiheiten. Diese Bewegung wird nach dem französischen Wort „liberté", zu Deutsch Freiheit, Liberalismus genannt.

Für die wirtschaftliche Entwicklung war ein freier Handel von großer Bedeutung. Dabei wirkten sich die deutschen Kleinstaaten mit ihren zahlreichen Grenzen als störend aus. Deshalb stieß vor allem im Bürgertum die Idee des Nationalismus auf breite Zustimmung, denn dieser hatte das Ziel, einen einheitlichen Staat zu bilden.

> Achtunddreißig Zoll- und Mautlinien in Deutschland lähmen den Verkehr im Innern und bringen dieselbe Wirkung, wie wenn jedes Glied des menschlichen Körpers unterbunden wird, damit das Blut ja nicht in ein anderes überfließe. Um von Hamburg nach Österreich, von Berlin in die Schweiz zu handeln, hat man zehn Staaten zu durchschneiden, zehn Zollordnungen zu studieren, zehnmal Durchgangszoll zu bezahlen.

Maut
Geldbetrag, den man für die Nutzung von Wegen, Straßen oder Brücken zahlen muss

Schaumburg-Lippe
deutsches Fürstentum (seit 1815) mit einer Fläche von 340 km², was ungefähr der Fläche der heutigen Stadt Bremen entspricht

M2 Der Wirtschaftswissenschaftler Friedrich List 1819

„Sie sehen, Herr Gränzwächter, dass ich nix zu verzolle hab', denn was hinte auf'm Wagen ist, hat die Lippi'sche Gränz noch nit überschritten, in der Mitt' ist nix, und was vorn drauf ist, ist schon wieder über der Lippi'schen Gränze drüben."

M3 Karikatur zu den wirtschaftlichen Verhältnissen in den deutschen Ländern 1849

5 Beschreibe die Kritik der Bürger an den Verhältnissen in Deutschland. (T1, M2)

6 **Hilfe** Formuliere aus Sicht eines Bürgerlichen Forderungen für notwendige Veränderungen. (T1, M2)
 🔵 *Marktplatz*

7 Erläutere die Aussage der Karikatur in M3.

8 Erkläre, warum gerade das Bürgertum Anhänger von Liberalismus und Nationalismus war.

Hilfe zu
6 Formulierungshilfen zum Begründen:
 denn, weil, da, deshalb, aus diesem Grund.

Eine Geschichtserzählung

T1 • Schüsse auf dem Schlossplatz

Es ist der 18. März 1848. Die Frühlingssonne scheint auf den gut gefüllten Schlossplatz, aber noch immer fegt eisiger Wind durch die Straßen Berlins. Mitten in der Menge steht Edgar, ein vierzehnjähriger Schusterlehrling. Eigentlich soll er in der Werkstatt seines Meisters Lederreste sortieren. Aber dafür hat er wirklich keine Nerven – angesichts der Neuigkeiten, die in der Stadt kursieren. In Paris haben sie den König abgesetzt und eine Republik ausgerufen. In Wien haben die Bürger den Metternich davongejagt und heute will hier der König zu seinem Volk sprechen. Da kann er nicht in der Werkstatt hocken.

Immer mehr Menschen strömen auf den Platz. Durch die vor ihm Stehenden hindurch versucht Edgar, einen Blick auf den Schlossbalkon zu erhaschen. Da stehen König Friedrich Wilhelm IV. in seiner Uniform und einer seiner Minister, der gerade etwas verliest. Zu verstehen ist hier hinten nichts. Aber die Worte werden umgehend durch zahlreiche Münder über den Platz getragen: „Der König will Pressefreiheit und eine Verfassung!" Im großen Jubel fliegen viele Arme nach oben, Hüte und Tücher werden geschwenkt. Edgar wird immer näher an das Schlosstor geschoben, das von Soldaten bewacht wird. Ein Zurückweichen ist bei dem Gedränge nicht möglich. Schon sind einige Angstschreie zu vernehmen.

„Der König lässt den Platz räumen!" Aber wohin? Panisch blickt sich Edgar um. Überall Menschen. Plötzlich kracht es – einmal, zweimal – Schüsse! „Der König lässt auf uns schießen – Verräter!"

kursieren
etwas wird herumgesprochen

Metternich
Außenminister Österreichs, der während der Aufstände 1848 in Wien zum Rücktritt und zum Verlassen des Landes gezwungen wurde

erhaschen
etwas sehen können, das nur schwer zu sehen ist

T2 • Der Barrikadenkampf

Wutgeschrei mischt sich in die Menge. „Leute – auf die Barrikaden! Revolution!"

Voller Angst sieht sich Edgar um. Da – eine kleine Lücke in der Menschenmenge. Blitzschnell schießt er in diese Richtung davon. Kaum haben sich die Reihen etwas gelichtet, nimmt er seine Beine in die Hand und rennt zur Taubenstraße. Als er die Straße erreicht hat, vernimmt er ohrenbetäubendes Getöse. Ein paar Männer haben einen Leiterwagen umgestürzt, andere tragen Türen aus den Hauseingängen und schichten sie auf den Wagen. Aus den Fenstern krachen Möbel auf die Straße, in der ganzen Stadt läuten die Kirchenglocken. „Los, pack mal mit an!", ruft ihm ein Mann zu. Er ist gerade dabei, Pflastersteine aus der Straße zu reißen und in Richtung Barrikade zu schmeißen. Noch völlig außer Atem lässt sich Edgar neben dem Mann nieder und löst einen Stein.

Mit einem Mal ist deutlicher Kanonendonner zu vernehmen. Rasch verschanzen sie sich hinter der Barrikade. Da tauchen auch schon erste Soldaten auf. Diese suchen an den Hauswänden Schutz, um dem Regen aus Flaschen, Ziegeln und heißem Wasser zu entgehen, der aus den Fenstern auf sie niederprasselt. Ängstlich duckt sich Edgar hinter die Barrikade. Was sollen sie mit ihren Steinen, Schaufeln und Messern gegen diese Übermacht ausrichten? Schüsse peitschen, die Einschläge kommen immer näher. Schreie von Verletzten mischen sich in die Explosionsgeräusche. Sie sind verloren. Flink huscht Edgar in einen Hauseingang und schlüpft in einen Raum unter der Treppe. Krampfhaft versucht er, jedes Geräusch zu vermeiden.

Plötzlich hört er Schritte. Die Tür zu seinem Versteck fliegt auf, eine Bajonettspitze kommt bedrohlich in seine Nähe. Zwei starke Arme zerren ihn heraus. Soldaten! Sie haben ihn entdeckt, er ist verloren.

Barrikaden
Hindernis aus Alltagsgegenständen. Es diente vor allem bei Kämpfen zum Verstecken und zum Schutz.

sich verschanzen
sich hinter einer Blockade verstecken

Bajonettspitze
Messer, das am Ende eines Gewehrs befestigt wurde, damit das Gewehr auch als Stichwaffe benutzt werden konnte

---

❶ **Hilfe** Wer steht im Mittelpunkt der Geschichte?
❷ **Hilfe** Warum versammeln sich die Menschen auf dem Schlossplatz? Erkläre.
❸ **Hilfe** Beschreibe die Stimmung auf dem Schlossplatz.
❹ Was verspricht der König? Zähle auf.
❺ Warum schlägt die Stimmung plötzlich um? Begründe.
❻ **Hilfe** Wie versuchen sich die Bürger gegen die heranstürmenden Soldaten zu verteidigen?
❼ **Hilfe** Schreibe aus der Sicht eines Soldaten: Welche Gedanken hat er bei der Erstürmung der Barrikade?
❽ Beschreibe das Schicksal Edgars.

Hilfe zu
❶ Nenne Name, Alter, Beruf und Wohnort.
❷ Beziehe die Ereignisse von Paris und Wien mit ein.
❸ Folgende Adjektive kannst du verwenden: gespannt, erwartungsvoll, neugierig, interessiert, fordernd.
❻ Formulierungshilfen: Die Bürger errichten Barrikaden aus ... . Sie sind mit ... bewaffnet. Aus den Fenstern fliegen ... .
❼ Du bist seit einem halben Jahr Soldat in der Armee. Deine Eltern betreiben eine Bäckerei in der Gertraudenstraße in unmittelbarer Nähe zur Taubenstraße.

M1 Kämpfe am Alexanderplatz in Berlin in der Nacht vom 18. zum 19. März 1848 (zeitgenössische Darstellung)

Die Revolution von 1848/49

T1 • Das Volk erhebt sich

Nachdem es im Frühjahr 1848 in zahlreichen europäischen Staaten zu revolutionären Erhebungen gekommen war, erreichten die Unruhen im März 1848 auch die Staaten des Deutschen Bundes.

In vielen Städten fanden Versammlungen und Demonstrationen statt, in Wien und Berlin kam es zu Straßenkämpfen. Die Bürger verlangten einen vereinigten Staat und die Möglichkeit, durch Wahlen politisch mitzubestimmen. Die Herrschenden leisteten kaum Widerstand. Aus Angst, ihre Macht völlig zu verlieren, gaben sie den Forderungen nach und gewährten zahlreiche Rechte und Freiheiten. Auch in Berlin ging der König auf die Forderungen ein, um weitere Kämpfe und Tote zu vermeiden.

Die Aufstände der Bürger, die die Herrschenden zu Zugeständnissen zwangen, veränderten die politischen Verhältnisse in den deutschen Staaten erheblich. Sie werden deshalb als Märzrevolution bezeichnet.

❶ Hilfe Beschreibe das Geschehen in M1.
❷ Berichte über die Situation in Europa im Frühjahr 1848. (T1)
❸ Hilfe Erkläre die Reaktion der Herrschenden in den deutschen Staaten im Frühjahr 1848. (T1)

Hilfe zu
❶ Beachte die Gruppen vor und hinter der Barrikade und auf den Dächern.
❸ Formulierungshilfen: Die Herrschenden gaben ... . Sie hatten Angst, dass ... .

T2 • Die Frankfurter Nationalversammlung

Die Fürsten gestatteten die Durchführung von Wahlen zu einer Nationalversammlung. Am 18. Mai 1848 trafen sich die gewählten Abgeordneten für ein einheitliches deutsches Parlament in der Paulskirche in Frankfurt am Main.

Die Abgeordneten stellten sich die Aufgabe, einen vereinigten Staat zu schaffen und eine gemeinsame Verfassung auszuarbeiten. Sie beschlossen, dass an der Spitze des Staates ein Kaiser steht, während ein Parlament die Gesetze beschließen sollte. Diese Staatsform nennt man konstitutionelle Monarchie.

Die Nationalversammlung formulierte im Dezember 1848 in einem Gesetz die Grundrechte, die den Bürgern zahlreiche Freiheiten einräumten. Im April 1849 bot eine Delegation der Abgeordneten dem preußischen König Friedrich Wilhelm IV. die Kaiserkrone an.

T3 • Das Ende der Revolution

Im Frühjahr 1849 hatten sich die Verhältnisse in Europa wieder zugunsten des Adels geändert. Das bestärkte den preußischen König, die angebotene Kaiserkrone abzulehnen. Damit waren die Beschlüsse der Nationalversammlung wirkungslos. Versuche, durch neue Aufstände die Ziele von Einheit und Freiheit doch noch durchzusetzen, schlugen die Truppen der Fürsten nieder. Gewählte Landesparlamente wurden aufgelöst und beschlossene Verfassungen für ungültig erklärt. Viele Revolutionäre wurden verfolgt, zu Haftstrafen oder zum Tod verurteilt. Einige flohen ins Ausland.

Nationalversammlung
Zusammenschluss gewählter Politiker, die vor allem eine Verfassung ausarbeiten

Parlament
vom Volk gewählte Politiker, die vor allem über Gesetze entscheiden

Delegation
ausgewählte Mitglieder des Parlaments, die zeitlich begrenzt eine bestimmte Aufgabe haben

Landesparlament
Zusammenschluss gewählter Politiker in einer Region, die Entscheidungen für diese Region treffen

verunehren
ohne Ehre, verschmutzt

legitim
meint rechtmäßig, gesetzlich anerkannt, ordnungsgemäß

Meine Herren! Die Botschaft, als deren Träger Sie zu mir gekommen sind, hat mich tief ergriffen. ... Aber, meine Herren, ich würde Ihr Vertrauen nicht rechtfertigen, ... ich würde Deutschlands Einheit nicht aufrichten, wollte ich ... ohne das freie Einverständnis der gekrönten Häupter, der Fürsten und der freien Städte Deutschlands eine Entschließung fassen. ...

M2 Friedrich Wilhelm IV. an die Vertreter der Frankfurter Nationalversammlung

Die [Krone ist] ... verunehrt ... mit ihrem ... [Aasgeruch] der Revolution von 1848, der albernsten, dümmsten, schlechtesten –, wenn auch, gottlob nicht der bösesten dieses Jahrhunderts. Einen solchen ... Reif, aus Dreck und ... [Ton] gebacken, soll ein legitimer König von Gottes Gnaden und nun gar der König von Preußen sich geben lassen ...?

M3 Friedrich Wilhelm IV. schrieb an einen Freund

---

❹ Beschreibe die Ereignisse vom Mai 1848. (T2)
❺ Hilfe Arbeite die Beschlüsse der Frankfurter Nationalversammlung heraus. (T2)
❻ Hilfe Beschreibe das Ende der Revolution von 1848/49. (T3)
❼ Stelle gegenüber, wie Friedrich Wilhelm IV. in M2 und M3 seine Entscheidung begründet.

Hilfe zu
❺ Folgende Punkte solltest du berücksichtigen: Grundrechte und Regierungsform.
❻ Gehe auf folgende Aspekte ein: Verhältnisse in Europa, Reaktion Friedrich Wilhelms IV., Ende der Nationalversammlung, neue Aufstände, Schicksal der Revolutionäre.

... nicht durch Reden und Majoritätsbeschlüsse werden die großen Fragen der Zeit entschieden – das ist der große Fehler von 1848 und 1849 gewesen –, sondern durch Eisen und Blut.

M1 Der preußische Ministerpräsident Otto von Bismarck 1862

Die Gründung des Deutschen Reiches

T1 • Einigung durch Krieg

Immer stärker setzte sich auch bei den Herrschenden die Einsicht durch, dass nur ein einheitlicher Staat Einfluss in Europa haben kann.

Im Einigungsprozess galt es vor allem, ausländische Gegner einer deutschen Einheit auszuschalten. Im Norden verwaltete Dänemark die deutschen Herzogtümer Schleswig, Holstein und Lauenburg. Als Dänemark versuchte, Schleswig fest an sich zu binden, besetzten preußische und österreichische Truppen diese Gebiete. Im Deutsch-Dänischen Krieg besiegten die Truppen des Deutschen Bundes 1864 Dänemark, das sich aus den Herzogtümern zurückziehen musste.

Streitigkeiten zwischen Preußen und Österreich um die Verwaltung Holsteins führten 1866 zum Preußisch-Österreichischen Krieg, in dem Preußen siegte. Im Friedensvertrag verzichtete Preußen auf harte Strafen und auf die Besetzung Österreichs, das aber aus dem Deutschen Bund ausschied. Dieser wurde 1867 aufgelöst und durch den Norddeutschen Bund ersetzt, in dem Preußen die mächtigste Stellung hatte.

T2 • Der Krieg gegen Frankreich

Der deutschen Einigung stand vor allem Frankreich ablehnend gegenüber. Es fürchtete einen starken Gegner an seiner Grenze. Die Konflikte zwischen Frankreich und Preußen führten zum Deutsch-Französischen Krieg von 1870/71. Truppen des Norddeutschen Bundes und der süddeutschen Staaten rückten bis Paris vor und konnten Frankreich besiegen. Anders als Österreich wurden Frankreich in einem Friedensvertrag harte Bedingungen auferlegt. Es musste Elsass-Lothringen an Deutschland abgeben und eine hohe Kriegsentschädigung zahlen.

Majorität
bedeutet Mehrheit, gemeint ist hier die Mehrheit bei einer Abstimmung im Parlament

M2 Die Siegessäule in Berlin zur Erinnerung an die Einigungskriege (heutiges Foto)

❶ a) Auf welches Geschehen bezieht sich Bismarck mit „1848 und 1849"? (M1)
 b) **Hilfe** Wie unterscheidet sich der Weg von 1848/49 von den Vorstellungen Bismarcks? (M1)
❷ Erkläre, warum die Herrschenden nun doch für einen einheitlichen Staat eintraten. (T1)
❸ **Hilfe** Stelle die Schritte zur Einigung in einer Tabelle dar. (T1, T2)

❹ Vergleiche die Friedensschlüsse mit Österreich und Frankreich.
 🌐 *Lerntempoduett*

Hilfe zu
❶ b) Kanonen wurden aus Eisen hergestellt.
❸

Jahr	Ereignis
1864	

Auf dem Weg zum Nationalstaat

M3 Entwicklung des Deutsches Reichs bis 1871

T3 • Die Ernennung des deutschen Kaisers

Am 18. Januar 1871 versammelten sich im Spiegelsaal des französischen Schlosses Versailles fast alle deutschen Fürsten. Mit dem Beitritt der süddeutschen Staaten Bayern, Württemberg und Baden zum Norddeutschen Bund und der Verabschiedung einer Verfassung war ein einheitliches Reich geschaffen worden. Nun galt es, den deutschen Kaiser zu ernennen. Diesen Titel beanspruchte der preußische König, da Preußen im Einigungsprozess die führende Rolle übernommen hatte. Otto von Bismarck, der spätere Reichskanzler, verlas die Erklärung Wilhelms I.

> Wir Wilhelm, von Gottes Gnaden König von Preußen, … bekunden hiermit, dass Wir es als eine Pflicht gegen das gemeinsame Vaterland betrachtet haben, diesen Ruf der verbündeten deutschen Fürsten und Städte Folge zu leisten und die deutsche Kaiserwürde anzunehmen.

M4 Erklärung Wilhelms I., verlesen von Otto von Bismarck

5 **Hilfe** Warum wird die Reichseinigung von 1871 auch als „kleindeutsche Lösung" bezeichnet? Begründe mithilfe von M3.

6 **Hilfe** Fasse die Ernennung des deutschen Kaisers zusammen. (T3)

7 **Hilfe** Erkläre anhand von M4, warum von einer „Reichsgründung von oben" gesprochen wird.

Placemat

Hilfe zu

5 Vergleiche die Ausdehnung des Deutschen Bundes von 1815 mit dem Deutschen Reich von 1871. Nutze auch M2 von Seite 305.

6 Nenne Datum, Ort und Verlauf.

7 Als „Reichsgründung von unten" wurde der Versuch von 1848/49 bezeichnet, als die vom Volk gewählte Nationalversammlung die Einheit herstellen wollte.

Gemälde auswerten

Die Auswertung und Deutung von Bildquellen ist eine wichtige Methode, die im Geschichtsunterricht erlernt wird. Bilder helfen dabei, dass wir uns eine Vorstellung von vergangenen Ereignissen machen können. Häufig wird dabei aber übersehen, dass jedes Bild vom Künstler mit einer bestimmten Absicht angefertigt wurde. Bilder zeigen also nicht nur einen ausgewählten Ausschnitt aus der Vergangenheit, sondern auch eine bestimmte Blickweise auf das Geschehen. Wir müssen deshalb untersuchen, welche Perspektive der Künstler eingenommen hat und was er damit erreichen möchte. Es ist also notwendig, Bildquellen genau wie andere Quellen kritisch zu überprüfen.

Historiengemälde

Ereignis (Was?):
Krönung des deutschen Kaisers

Zeitpunkt (Wann?):
18. Januar 1871

Ort (Wo?):
Im Spiegelsaal des Schlosses von Versailles in Frankreich

Dargestellte (Wer?):

❶ Kaiser Wilhelm I., deutscher Kaiser

❷ Kronprinz Friedrich Wilhelm, sein Sohn

❸ Großherzog Friedrich I. von Baden, Schwiegersohn von Wilhelm I.

❹ Otto von Bismarck, Ministerpräsident Preußens und Bundeskanzler des Norddeutschen Bundes

❺ Helmuth von Moltke, Generalfeldmarschall

❻ Albrecht von Roon, Kriegsminister

❼ deutsche Fürsten

Gemälde, die historische Ereignisse darstellen, nennt man Historiengemälde. Sie wurden oft von einem der Beteiligten in Auftrag gegeben. Die Gemälde sind häufig sehr groß, sodass der Betrachter viele Einzelheiten erkennen kann. Da das Malen eines solchen Gemäldes viel Zeit benötigte, sind die Historiengemälde erst Jahre nach dem geschichtlichen Ereignis fertiggestellt worden. Historienbilder dienten dem Auftraggeber dazu, die eigene Sichtweise auf das dargestellte Ereignis deutlich zu machen.

M1 „Die Proklamierung des deutschen Kaiserreiches" am 18. Januar 1871: König Wilhelm I. von Preußen wird im Spiegelsaal des Schlosses von Versailles zum deutschen Kaiser ausgerufen.
(Gemälde, 1885, von Anton von Werner (1843 – 1915), Öl auf Leinwand, 1,67 Meter hoch und 2,02 Meter breit)

Proklamierung
feierliche Bekanntmachung

Informationen zum Gemälde

Der Maler Anton von Werner hat 1877, 1883, 1885 und 1913 vier Gemälde mit dem Titel „Die Proklamierung des deutschen Kaiserreiches" angefertigt. Unterschieden haben sich die Gemälde vor allem in ihrer Größe. Das Gemälde von 1885 in M1 ist bis heute erhalten geblieben. Es war ein Geschenk des Kaisers Wilhelm I. an Otto von Bismarck zu dessen 70. Geburtstag für sein privates Anwesen in Friedrichsruh. Heute ist es im dortigen Bismarck-Museum zu sehen.

Otto von Bismarck, der auf dem Gemälde in weißer Uniform dargestellt ist, trug in Wirklichkeit eine blaue Uniform. Kriegsminister Albrecht von Roon hat an der Veranstaltung in Versailles überhaupt nicht teilgenommen. Als enger Freund Bismarcks und Mitstreiter für die Einheit Deutschlands wurde er in dieser Fassung mit aufgenommen.

1. Schritt: Ein Gemälde beschreiben

- Finde heraus, um welche Art von Bildquelle es sich handelt.
- Nenne den Maler und den Zeitpunkt, an dem das Gemälde entstanden ist. Nutze die Bildunterschrift.
- Kläre, wann das Ereignis stattfand.
- Beschreibe, was auf dem Gemälde dargestellt wird.

Bei dem Gemälde handelt es sich … . Der Titel lautet: … .
Es wurde im Jahr … . … fand im Jahr … statt. Der Maler ist … .
Dargestellt wird … . Im Mittelpunkt steht … . Rechts davon ist … zu sehen.
Rechts erkenne ich … . Im Hintergrund sieht man … .

2. Schritt: Ein Gemälde historisch einordnen

- Erkläre, zu welchem Anlass das Gemälde entstanden ist.

Das Bild entstand zur Zeit … . Um das Bild zu verstehen, muss man wissen … . Besonders erscheint mir, dass … . Auffällig ist … .

3. Schritt: Ein Gemälde deuten

- Beschreibe die Darstellung auf dem Gemälde.

Die Darstellung auf dem Bild ist … , weil … . … wird … dargestellt, da … .
Nicht gezeigt wird … .

- Vermute, an wen sich das Bild richtet. Wer sollte es betrachten?

Ich vermute, dass … . Wahrscheinlich … . Der Betrachter des Bildes … .

- Erläutere, welche Wirkung das Gemälde erzeugen sollte.

Das Gemälde sollte zeigen … . Beim Betrachter sollte der Eindruck entstehen, dass … . Berücksichtigt man die Größe des Bildes … .
Im Mittelpunkt steht … , deshalb könnte es sein … .

- Beurteile die Darstellung des historischen Ereignisses auf dem Gemälde.

Das historische Ereignis wird … dargestellt. Dies erkennt man an … .
Besonders hervorgehoben wird … , weil … . Die Bedeutung Preußens und Bismarcks soll … .

Die Darstellungsweise untersuchen

Wie werden die Personen dargestellt?

Wie sind sie einander zugeordnet?

Sind einzelne Personen hervorgehoben?

Werden bestimmte Farben verwendet, um deren Bedeutung zu verstärken?

Zusätzliche Informationen nutzen

Hat das Gemälde einen Titel?

Was erfährst du über den Maler, das Ereignis oder die dargestellten Personen?

---

realistisch
übertrieben
dramatisch
würdevoll
Ehrfurcht einflößend
respektvoll
negativ/positiv
aufwertend/abwertend

M1 In einer Tanzschule im Deutschen Reich (Fotografie um 1900)

Das deutsche Kaiserreich

T1 • Das Militär bestimmt die Gesellschaft

Weil der deutsche Nationalstaat vor allem aufgrund der gewonnenen Kriege errichtet werden konnte, genoss das Militär ein hohes Ansehen in der Bevölkerung. Menschen, die Uniformen trugen, wurden bewundert und geachtet. Bereits die Kindermode war durch Uniformen beeinflusst, auch Kriegsspielzeug war sehr begehrt. Das Prinzip von Befehl und Gehorsam galt im Arbeitsleben, in der Schule und auch in der Familie.

M2 Junge im beliebten Matrosenanzug (Foto, um 1910)

ehrerbietig
mit Respekt behandeln, unterwürfig

> Die Dienstboten müssen stets <u>ehrerbietig</u> gegen ihre Herrschaft … sein. … Wenn ein Auftrag gegeben wird, so sagen sie „Zu Befehl!" (nicht „Jawohl" oder „Ja!"), und werden sie gerufen oder ist etwas nicht verstanden „Wie befehlen?", (nicht „Was gefällig?" oder gar „Was?"); … „Befehlen gnädige Frau noch?" (nicht „Wünschen Sie?")

M3 Aus einer Verhaltensregel für Dienstboten von 1888

❶ a) Hilfe Beschreibe M1.
b) Scheint dir die Uniform der Männer für diesen Anlass passend? Begründe.
❷ Hilfe Beschreibe, wie das Militär die Gesellschaft bestimmte? (T1, M1, M2)
❸ Erkläre, woran in M3 das militärische Prinzip deutlich wird.

Hilfe zu
❶ Folgende Formulierungen sind möglich:
Auf dem Bild erkenne ich … . Die Männer tragen alle … .
❷ Auf folgende Punkte solltest du eingehen: Uniformen, Kinder, das Prinzip von Befehl und Gehorsam.

T2 • Die Verfassung von 1871

Am 4. Mai 1871 wurde die Verfassung des Deutschen Reichs in Kraft gesetzt. Grundrechte für die Bürger des Staates waren in ihr nicht festgelegt. Die Verfassung sicherte dem Kaiser eine herausragende Stellung. Auch der Reichskanzler besaß erhebliche Macht, denn er musste sich nur dem Kaiser und nicht dem Reichstag gegenüber rechtfertigen.

Für die Wahlen zum Reichstag galt ein allgemeines Wahlrecht für alle Männer über 25 Jahre, Frauen waren ausgeschlossen. Die Rolle des Reichstags war eingeschränkt. Gemeinsam mit dem Bundesrat wirkte er an der Gesetzgebung mit. Die Abgeordneten des Reichstages besaßen die Möglichkeit, über den Staatshaushalt mitzuentscheiden, in außenpolitischen und militärischen Angelegenheiten besaßen sie allerdings keine Mitsprache.

Ein großer Teil der Macht im deutschen Kaiserreich lag in den Händen weniger Personen. Sie bestimmten im Wesentlichen die Politik des Staates. Das Volk hatte nur wenige Mitwirkungsmöglichkeiten. Der Reichstag als Volksvertretung spielte nur eine geringe Rolle, der Staat wurde in erster Linie von oben regiert. Dieses Prinzip zog sich durch das gesamte Zusammenleben. Deshalb wird das Deutsche Reich als Obrigkeitsstaat bezeichnet.

Reichskanzler
nach dem Kaiser der Regierungschef des Deutschen Reichs

Reichstag
gewählte Vertreter, die gemeinsam mit dem Bundesrat über Gesetze entscheiden

rechtfertigen
sein Handeln oder seine Entscheidungen erklären und begründen

Bundesrat
Vertreter der Einzelstaaten, die mit dem Reichstag über Gesetze bestimmen

Obrigkeitsstaat
Staat, in dem Entscheidungen größtenteils ohne die Bürger „von oben" getroffen werden

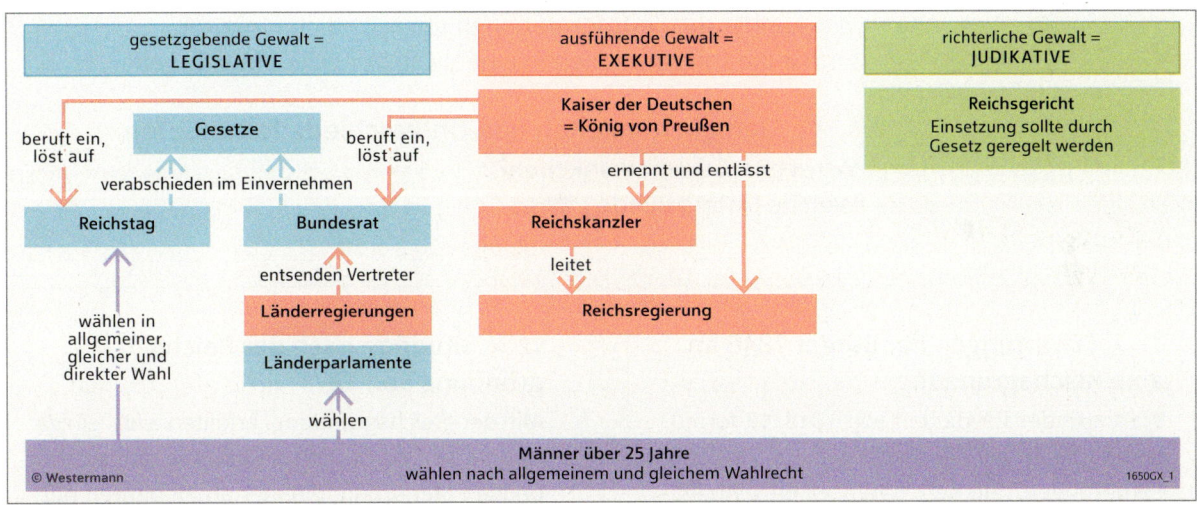

M4 Die Verfassung des Deutschen Reichs von 1871

4 Untersucht das Schaubild zur Verfassung von 1871. (T2, M4)
a) **Hilfe** Welche Aufgaben und Rechte hatten die einzelnen Verfassungsorgane?
b) **Hilfe** Geht auf die Beziehungen der einzelnen Verfassungsorgane ein.
c) Welche Rechte sicherte die Verfassung den Bürgern zu?
 Gruppenpuzzle

5 Begründe, warum das deutsche Kaiserreich als Obrigkeitsstaat bezeichnet wird.

Hilfe zu
4 a) Untersucht folgende Verfassungsorgane: Kaiser, Reichskanzler, Reichstag, Bundesrat, wahlberechtigte Bevölkerung.
b) Formulierungen: *Der Kaiser ernennt und erlässt ... . Er beruft den ... ein.*

gegenüberstellen

Wenn in der Aufgabenstellung steht, dass du Dinge einander gegenüberstellen sollst, dann musst du diese genau anschauen und ihre Gemeinsamkeiten und Unterschiede aufzählen. In der Aufgabenstellung steht, was genau du einander gegenüberstellen musst. Das können zum Beispiel Werkzeuge, Aufgaben oder Ziele von Menschen, Texte oder auch Anfang und Ausgang eines Ereignisses sein.

Sammle zunächst möglichst viele Informationen und schreibe sie auf. Anschließend ordnest du die Informationen; am besten in einer Tabelle. So kannst du danach ganz leicht erkennen, welche Gemeinsamkeiten und Unterschiede die beiden haben.

Anders als beim Operator *vergleichen* brauchst du kein weitergehendes Ergebnis zu formulieren. Es reicht, wenn du sagst, ob es mehr Unterschiede oder Gemeinsamkeiten gibt.

1. Schritt: Informationen sammeln
- Was soll einander gegenübergestellt werden?
- Welche Informationen findest du zu beidem?

2. Schritt: Informationen ordnen
- Wie kannst du die Informationen übersichtlich notieren?
  Ordne die Informationen in einem Cluster oder einer Tabelle.

3. Schritt: Gemeinsamkeiten und Unterschiede formulieren
- Wo liegen Gemeinsamkeiten?
- Welche Unterschiede gibt es?

T1 • Erwartungen der Bürger 1848 an eine Reichsgründung

Während der Revolution von 1848/49 formulierten die Bürger der deutschen Staaten klare Forderungen. Sie verlangten einen einheitlichen Staat und die Möglichkeit, in diesem politisch mitzubestimmen. Die Menschen forderten das Wahlrecht für alle und wollten ihren Herrscher selbst bestimmen dürfen. Außerdem wollten sie ihre Meinung ohne Strafe vertreten können. Darunter fiel die Pressefreiheit genau wie die Meinungsfreiheit. Die Menschen verlangten die Gleichheit aller Bürger und keine Sonderrechte für den Adel. Darüber hinaus wollten die Menschen frei entscheiden dürfen, welcher Religion sie angehören.

T2 • Situation nach der Reichsgründung von 1871

Mit der Reichsgründung erfüllten sich einige Hoffnungen der in den deutschen Ländern lebenden Menschen. Männer ab 25 durften nun wählen. Es gab einen einheitlichen deutschen Staat und eine Verfassung. Über den Inhalt der Verfassung und die Einsetzung des Staatsoberhauptes hatten jedoch die Fürsten der deutschen Länder entschieden. Das Amt des Kaisers wurde weitervererbt.

Im Jahr 1874 wurde ein neues Pressegesetz verabschiedet, das den Zeitungen erlaubte zu drucken, ohne vorher zensiert zu werden. Weitere Grundrechte, wie die der Religionsfreiheit, waren in der Verfassung kaum zu finden.

Stelle die Erwartungen der Bürger 1848 an eine Reichsgründung der Situation nach der Reichsgründung von 1871 gegenüber.

1. Schritt: **Informationen sammeln**
- Als Erstes sammelst du Informationen. Kopiere dafür die Seite 320.
- Lies die Texte. Markiere die Wünsche und Erwartungen der Bürger während der Revolution von 1848/49 sowie die Informationen zur Situation nach der Reichsgründung.

2. Schritt: **Informationen ordnen**
- Im zweiten Schritt schreibst du die Informationen, die du in den Texten gefunden hast, geordnet auf.
- Schreibe sie zum Beispiel in eine Tabelle.
- Die Informationen zu gleichen Themen sollten nebeneinanderstehen. Zum Beispiel solltest du nebeneinanderschreiben, wie sich die Menschen die politische Mitbestimmung vorstellten und wie viel Mitbestimmung später verwirklicht wurde.

	Erwartungen 1848	Umsetzungen 1871, 1874
Wahlrecht	- gleiches Wahlrecht für …	- Wahlrecht nur für …
Entscheidung über das Staatsoberhaupt	- …	- …
Pressefreiheit	- …	- …
…	- …	- …

3. Schritt: **Gemeinsamkeiten und Unterschiede formulieren**
Zuletzt schreibst du auf, welche Gemeinsamkeiten und welche Unterschiede es zwischen den Forderungen der Bürger 1848 und der Situation nach der Reichsgründung von 1871 gab. Beginne mit den Gemeinsamkeiten und formuliere dann die Unterschiede.
Schreibe so:
Wenn man die Forderungen der Bürger der Situation nach der Reichsgründung gegenüberstellt, sieht man … .
Der Wunsch nach politischer Mitbestimmung wurde nur zum Teil erfüllt. Denn es durfte zwar gewählt werden, aber … .
Die Wähler durften nicht bestimmen, wer … . Diese Entscheidung lag bei … .
Die Pressefreiheit wurde im Jahr 1874 … .
Abschließend kann man festhalten, dass es einige Gemeinsamkeiten gibt. Aber … .
Insgesamt … .

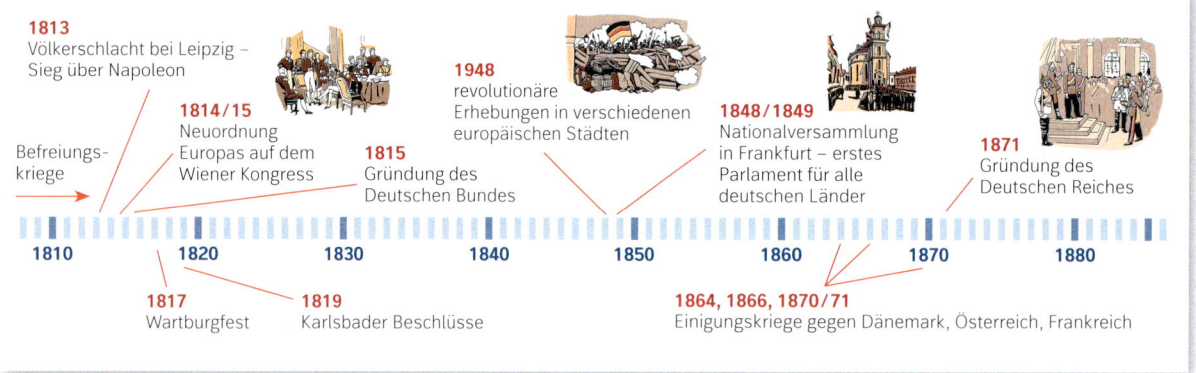

Auf dem Weg zum Nationalstaat

Wofür kämpften die Menschen?

Im gemeinsamen Kampf gegen die französische Fremdherrschaft hatte sich bei vielen Bürgern in den deutschen Ländern der Wunsch nach einem vereinten Staat entwickelt. Sie erhofften sich von einer Staatsgründung auch mehr Rechte und Freiheiten. Der Deutsche Bund, der 1815 durch den Wiener Kongress geschaffen wurde, erfüllte diese Hoffnungen aber nicht. Durch die Karlsbader Beschlüsse versuchten die Fürsten, weitere Bestrebungen nach Einheit und Freiheit einzuschränken. In der Revolution von 1848/49 gelang es den Bürgern nicht, einen einheitlichen Staat durchzusetzen.

Wie wurde ein einheitlicher Staat geschaffen?

Ein einheitlicher Staat wurde schließlich durch die Herrschenden selbst geschaffen. Am 18. Januar 1871 bestimmten die Fürsten den preußischen König zum deutschen Kaiser. Das Deutsche Reich entstand aus dem 1867 gegründeten Norddeutschen Bund, in dem Preußen eine Vormachtstellung besaß, sowie den süddeutschen Staaten. In Kriegen gegen Dänemark, Österreich und Frankreich wurden Gegner dieses Einigungsprozesses ausgeschaltet.

Wie lebten die Menschen in diesem Staat?

Die Verfassung des Deutschen Reiches betonte die starke Stellung des Kaisers und des Reichskanzlers. Der Reichstag wurde durch das Volk gewählt, Frauen besaßen kein Wahlrecht. Die Rechte des Reichstags waren eingeschränkt. Grundrechte wie Versammlungs- oder Meinungsfreiheit für die Bürgerinnen und Bürger fehlten in der Verfassung.

Innerhalb der Gesellschaft spielte das Militär eine herausragende Rolle. Uniformen prägten das Straßenbild, sogar die Kindermode war durch Uniformen beeinflusst. Prinzipien der Armee wie strenge Unterordnung und Gehorsam bestimmten auch das Privatleben der Menschen. Deshalb wird das deutsche Kaiserreich auch als Obrigkeitsstaat bezeichnet.

Deutscher Bund
Im Ergebnis des Wiener Kongresses entstand ein lockerer Zusammenschluss der deutschen Einzelstaaten. Er ermöglichte den Fürsten, in ihren Ländern weiterhin selbstständig politische Entscheidungen zu treffen. Eine gemeinsame Verfassung gab es nicht.

Deutsches Reich
1871 gründeten die Herrschenden einen einheitlichen deutschen Staat. Um deutlich zu machen, dass das Staatsoberhaupt über den Herrschern der Königreiche wie Bayern, Württemberg oder Sachsen stand, verliehen sie dem preußischen König den Titel des deutschen Kaisers.

Frankfurter Nationalversammlung
Im Ergebnis der Märzkämpfe fanden 1848 die ersten freien Wahlen statt. Die gewählten Abgeordneten versammelten sich in der Paulskirche in Frankfurt am Main. Sie beschlossen die Gründung eines deutschen Reiches und arbeiteten eine Verfassung aus. Da die Nationalversammlung nicht über die notwendige Macht verfügte, konnten die Fürsten eine Umsetzung der Beschlüsse verhindern. 1849 löste sich die Nationalversammlung auf.

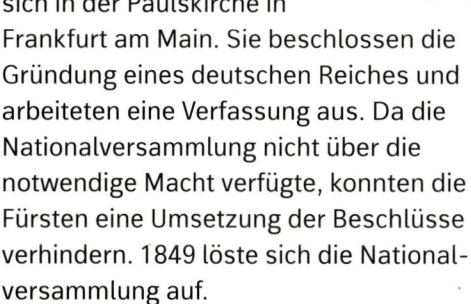

Karlsbader Beschlüsse
Die Fürsten wollten die Bestrebungen der Bürger nach mehr Rechten und Freiheiten verhindern. So nutzten sie 1819 ein Attentat auf einen Schriftsteller, um Maßnahmen zu beschließen, mit denen sie Vertreter fortschrittlicher Ideen verfolgen konnten.

Märzrevolution
So werden die Aufstände der Bürger im März 1848 in den deutschen Staaten bezeichnet. Um ihre Macht nicht vollständig zu verlieren, waren die Herrscher zu Zugeständnissen bereit. Die Bürger erkämpften sich eine Reihe von Freiheiten.

Nationalstaat
Bis 1871 gab es keinen einheitlichen deutschen Staat, sondern nur einzelne deutsche Herrschaftsgebiete. Nach dem Sieg über die französische Fremdherrschaft 1813 empfanden sich viele Bürger nicht mehr in erster Linie als Preußen, Sachsen oder Bayern, sondern als Angehörige einer deutschen Nationalität mit gemeinsamer Sprache, Kultur und Tradition. Diese Gemeinsamkeiten sollten in einem einheitlichen Staat zusammengeführt werden.

Obrigkeitsstaat
Die Verfassung des Deutschen Reiches sicherte dem Kaiser und dem Reichskanzler eine herausragende Stellung. Die Macht lag in den Händen weniger. Das Volk wurde eher regiert, als dass es mitwirken konnte. Gleichzeitig war dieser Staat durch die große Bedeutung der Armee gekennzeichnet. Das Prinzip von Obrigkeit und Untertanen zog sich durch die gesamte Gesellschaft.

Wiener Kongress
Nach dem Sieg über Napoleon versammelten sich von 1813 bis 1815 Abordnungen der europäischen Herrscher in Wien. Sie berieten über die Zukunft Europas. Neben der Festlegung von Herrschaftsgebieten ging es vor allem darum, den Einfluss der Französischen Revolution zurückzudrängen.

M1 Kinderarbeit in einer Textilfabrik (Foto, 1907)

Die Industrialisierung

→ Was ist Industrialisierung?

→ Welche Erfindungen führten zur Industrialisierung?

→ Wie veränderte die Industrialisierung das Leben der Menschen?

M2 Pflügen mit einem Dampftraktor (kolorierter Stich, um 1890)

M3 Arbeiterfamilie in ihrer Wohnküche (Foto, 1900)

M1 Eine Mähmaschine (Stich, 1840)

Tiefgreifende Veränderungen

T1 • Landwirtschaft im Umbruch

Bis zum 19. Jahrhundert lebten die meisten Menschen auf dem Land. Landwirtschaft und Handwerk waren die Grundlage der menschlichen Gesellschaft. Die Bauern arbeiteten auf den Feldern und hielten Vieh. Sie säten das Getreide von Hand und ernteten mit der Sense. In handwerklichen Familienbetrieben wurden Waren hergestellt. Große Mengen konnten so nur schwer produziert werden. Mit verschiedenen Erfindungen veränderte sich das Leben auf dem Land. Saat- oder Mähmaschinen erleichterten die Arbeiten und führten zu höheren Ernteerträgen.

T2 • Anstieg der Bevölkerung

Ab Mitte des 18. Jahrhunderts wuchs die Bevölkerung in Europa stark an. Hierfür gab es mehrere Gründe. Durch bessere Ernteerträge wurde die Ernährung der Menschen besser. Außerdem erkannten die Menschen, dass zwischen Gesundheit und Hygiene ein Zusammenhang besteht. Sie verbesserten die Wasser- und Abwasserversorgung, sodass es zu weniger Krankheiten kam. Und in der Medizin wurden Impfstoffe entwickelt, die weitere Krankheiten verhinderten.

M2 Mähen von Getreide mit einer Sense

Hygiene
Sauberkeit

❶ a) Überlege, wie die Mähmaschine funktioniert hat. (M1)
   🐝 *Bienenkorb*
   b) Nenne die Vorteile einer Mähmaschine gegenüber einer Sense. (M1, M2)
❷ Hilfe Beschreibe, wie die meisten Menschen bis zum 19. Jahrhundert lebten. (T1)

❸ Erkläre, wie sich die Arbeit auf dem Land veränderte. (T1)
❹ Nenne Gründe für den Anstieg der Bevölkerung. (T2)

Hilfe zu
❷ Die meisten Menschen lebten ... . Grundlage der Gesellschaft waren ... . Die Bauern ... .

T3 • Naturkräfte treiben Maschinen an

Durch das Anwachsen der Bevölkerung wurde mehr Kleidung und Wäsche benötigt. Die Mengen an Stoffen, die bislang in Heimarbeit und in Manufakturen hergestellt wurden, reichten nicht mehr aus. Forscher, Erfinder und Techniker wurden beauftragt, Lösungen zu entwickeln. Ende des 18. Jahrhunderts gab es erste Maschinen, die größere Mengen an Stoffen herstellen konnten. Diese Maschinen wurden anfangs durch menschliche Muskelkraft angetrieben. Später übernahmen Windräder oder Wasserräder den Antrieb.

T4 • Die Dampfkraft ersetzt Naturkräfte

Bald erkannten die Menschen, dass die benutzten Herstellungsmöglichkeiten nicht ausreichten. Die natürlichen Kräfte wie Muskel-, Wind- und Wasserkraft waren begrenzt und nicht immer und überall verfügbar.

Im Jahr 1769 gelang es dem Erfinder James Watt, die erste leistungsfähige Dampfmaschine herzustellen. Durch Zahnräder, Gestänge und breite Lederriemen wurde die durch Dampf erzeugte Kraft auf Maschinen übertragen. Maschinen zur Herstellung von Stoffen oder Garnen, aber auch Werkzeuge oder Pumpen konnten jetzt durch die künstliche Kraft unermüdlich angetrieben werden. Darüber hinaus war die Dampfmaschine auch unabhängig von Wetter und Standort.

> **Heimarbeit**
> Menschen fertigten in ihren Wohnräumen Waren, zum Beispiel Stoffe.

M3 Windkraft

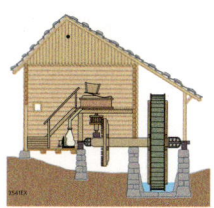

M4 Wasserkraft

M5 Modell einer Dampfmaschine

Die Dampfkraft wird auf Arbeitsmaschinen übertragen. Die einzelnen Schritte:
- Ein Ofen ① erhitzt Wasser im Kessel ②.
- Der entstehende Wasserdampf wird so in den Zylinder ③ geleitet, dass er dort den Kolben ④ auf- und abdrückt.
- Diese Bewegung wird durch das Gestänge ⑤ auf zwei Zahnräder ⑥ übertragen.
- Die Zahnräder treiben das große Schwungrad ⑦ an. Von dort wird die Energie über Treibriemen an die Maschinen geleitet.

◻ Webcode
Filmclip zur Dampfmaschine
WES-100110-14

---

5 Hilfe Erkläre, warum das Angebot an Kleidung für die Bevölkerung nicht ausreichte. (T3)

6 Erkläre, wie die Dampfmaschine funktioniert. (M5)
　Lerntempoduett

7 Hilfe Erläutere, warum die Dampfmaschine als Antriebsmaschine besser geeignet war als Naturkräfte. (T4, M3, M4)

Hilfe zu

5 Mit dem Wachstum der Bevölkerung wurde … . Die in Heimarbeit hergestellten … . Die Weber konnten die Menge an Stoffen … . Maschinen, die große Mengen … .

7 Bilde mit folgenden Begriffen ganze Sätze: Wasser, Wind, Muskelkraft, begrenzt, verfügbar, künstliche Kraft.

M1 Zwei bewegliche Dampfmaschinen ziehen einen Pflug an einem Seil hin und her. (Stich, um 1890)

Mit Dampf arbeiten

T1 • Mit Kohle Dampf und Kraft erzeugen

Eine Dampfmaschine entwickelte große Kräfte, die immer verfügbar waren. Im Unterschied zum Menschen ermüdete sie auch nicht. Sie konnte 24 Stunden am Tag arbeiten. Eine 600 PS starke Dampfmaschine verrichtete die tägliche Arbeit von rund 9000 Menschen bei einem Zehnstundentag. Und die gleiche Maschine erledigte die tägliche Arbeit von 1800 Pferden bei einem Achtstundentag.

Um Dampfmaschinen betreiben zu können, benötigte man aber viel Kohle. Durch das Verbrennen von Kohle wurde Wasser erhitzt, das dann verdampfte. Der Wasserdampf trieb die Dampfmaschine an. Um die Dampfmaschinen betreiben zu können, musste deshalb enorm viel Kohle abgebaut werden.

PS
Abkürzung für Pferdestärke; bezeichnet die Leistung eines Pferdes für eine bestimmte Arbeit

Kohle abbauen
Braun- oder Steinkohle aus der Erde ausgraben

❶ Die drei Männer rechts im Vordergrund unterhalten sich über die neuartige Technik. Formuliere Sprechblasen. (M1)
   🌐 *Marktplatz*

❷ **Hilfe** Begründe, warum bei bestimmten Arbeiten eine Dampfmaschine eher eingesetzt wurde als Menschen oder Tiere. (T1, M1)

❸ Erkläre, warum Dampfmaschinen Kohle als Energieträger benötigen. (T1, M1)

Hilfe zu
❷ Nutze folgende Stichpunkte: Menschen ermüden, 600 PS starke Dampfmaschine, Zehnstundentag von 9000 Menschen.

T2 • Die Dampfmaschine verändert das Leben

Die Dampfmaschine wurde in vielen Bereichen eingesetzt, zum Beispiel in Fabriken, um Maschinen anzutreiben. So wurde Arbeit mechanisiert und ermöglichte eine Massenproduktion. Um die Maschinen zu bedienen, wurden viele Arbeitskräfte benötigt. Menschen, die in der Landwirtschaft nicht mehr gebraucht wurden, zogen vom Land in die Industriegebiete. Hier ergaben sich für sie neue Arbeitsmöglichkeiten.

Mit der maschinellen Massenproduktion gab es eine neue Form der Arbeit, die Fabrikarbeit. Das Leben der Menschen wurde jetzt durch die Arbeitsbedingungen der Fabriken bestimmt. In den Fabrikordnungen waren Arbeitstage von bis zu vierzehn Stunden festgelegt. Oft gab es keine Pausen, und die Menschen arbeiteten in Schichten. Gearbeitet wurde außer an Sonntagen oder hohen Feiertagen immer. Wer zu spät kam, wurde mit Lohnabzug von bis zu zwei Tageslöhnen bestraft.

Im 19. Jahrhundert entwickelte sich die Wirtschaft von der Landwirtschaft zur Industriewirtschaft. Wegen der Veränderungen in der Arbeitswelt wird von der industriellen Revolution gesprochen.

Industrie
Teil der Wirtschaft, in dem Rohstoffe verarbeitet und Waren hergestellt werden. Diese Waren werden dann verkauft.

Schicht
Der Arbeitstag wird in verschiedene Schichten eingeteilt, sodass ein Arbeiter unterschiedliche Arbeitszeiten innerhalb eines Monats hat:
- von nachts bis vormittags,
- von vormittags bis nachmittags oder
- von nachmittags bis nachts.

Bei der Schichtarbeit werden die Maschinen nicht abgestellt, sondern die Arbeiter von Schicht zu Schicht gewechselt. So kann ohne Pause produziert werden.

M2 Mechanisierte Tuchfabrik (Stich aus der zweiten Hälfte des 19. Jahrhunderts)

4 a) Erkläre, warum viele Menschen vom Land in die Industriegebiete zogen. (T2, M2)
b) **Hilfe** Begründe, warum das Leben der Arbeiter von der Fabrikarbeit und der Fabrikordnung bestimmt war. (T2, M2)

5 Was könnten die Arbeiter über ihre Arbeit gedacht haben? Formuliere Sprechblasen. (M2)

6 Erkläre den Begriff industrielle Revolution. (T2)
Partnerabfrage

Hilfe zu
4 b) Das Leben der Arbeiter war von ... bestimmt, denn ... .

vergleichen

Wenn du im Geschichtsunterricht Materialien miteinander vergleichen sollst, betrachtest du sie, um Gemeinsamkeiten und Unterschiede festzustellen. Dazu musst du Vergleichspunkte finden und diese untersuchen. Zum Schluss hältst du deine Ergebnisse fest. Dabei schreibst du auf, ob es mehr Gemeinsamkeiten oder Unterschiede gibt. Außerdem solltest du notieren, welche Erkenntnisse sich aus dem Vergleich ergeben. Hierbei kann es wichtig sein zu formulieren, welche Folgen sich für die Menschen ergeben.

In der Aufgabenstellung steht, was du miteinander vergleichen sollst. Das können Situationen, Aufgaben, Lebensbedingungen von Menschen und vieles andere sein.

1. Schritt: Informationen sammeln
- Werte die Materialien aus.
- Lege Vergleichspunkte fest.

2. Schritt: Informationen ordnen
- Wie kannst du die Informationen übersichtlich aufschreiben?

3. Schritt: Gemeinsamkeiten und Unterschiede formulieren
- Wo liegen Gemeinsamkeiten und Unterschiede?

4. Schritt: Ein Ergebnis formulieren
- Gibt es mehr Gemeinsamkeiten oder Unterschiede?
- Welche wichtigen Erkenntnisse können festgehalten werden?
- Welche Folgen für die Menschen erkennst du?

M2 In einer Textilfabrik (um 1840)

M1 Schreinerwerkstatt im Mittelalter

M3 Werk für Fahrzeugmontage (2012)

Vergleiche einen mittelalterlichen Handwerksbetrieb mit einer Fabrik des 19. Jahrhunderts und einem Betrieb der Gegenwart.

1. Schritt: Informationen sammeln

- Um Bilder miteinander vergleichen zu können, musst du diese zunächst genau betrachten. Schau dir die Bilder in Ruhe an, finde Vergleichspunkte und notiere sie.
- In unserem Beispiel sind folgende Vergleichspunkte möglich:
  - Tätigkeiten
  - Arbeitsplatz
  - Werkzeuge
  - Fertigungsweise

Tipp
Du musst nicht jede Einzelheit des Bildes beschreiben. Konzentriere dich auf die Vergleichspunkte.

2. Schritt: Informationen ordnen

- Sammle nun Informationen zu den Vergleichspunkten und schreibe sie in einer Tabelle auf.
- Markiere die Gemeinsamkeiten und die Unterschiede mit unterschiedlichen Farben, zum Beispiel mit einem Textmarker.

Vergleichspunkte	M1	M2	M3
Tätigkeit	- etwas wird aus Holz hergestellt - …	- Stoffe werden auf Webstühlen hergestellt - …	- Autos werden in einer Fabrik hergestellt - …
Arbeitsplatz	- …	- …	- …
Fertigungsweise	- eine Person fertigt von Hand ein Produkt - …	- je ein Mensch arbeitet an einer großen Maschine - viele Maschinen …	- Roboter montieren Autoteile - …
Werkzeuge, Geräte	- …	- …	- …

3. Schritt: Gemeinsamkeiten und Unterschiede formulieren

- Im dritten Schritt schreibst du die Gemeinsamkeiten und Unterschiede zwischen den Arbeitsplätzen auf. Konzentriere dich hierbei vor allem auf die Vergleichspunkte.
- Beginne mit den Gemeinsamkeiten und formuliere dann die Unterschiede. Schreibe so:
  Eine Gemeinsamkeit aller Bilder ist, dass auf allen etwas hergestellt wird. Außerdem … . Unterschiedlich ist vor allem die Größe der … . In M1 sieht man, dass die Werkstatt sehr klein ist, da … . Es gibt auch nur einen Arbeitsplatz, an dem mehrere … . Selbst das Kind der Familie … . In Bild M2 dagegen sieht man eine riesige Halle, in der …

4. Schritt: Ein Ergebnis formulieren

- Abschließend fasst du zusammen, was du festgestellt hast und schreibst ein Ergebnis auf. Denke dabei auch an die Folgen für die Menschen. Schreibe so:
  Insgesamt gibt es große Unterschiede zwischen den Arbeitsplätzen … . Die Menschen stellten früher … . Während der Industrialisierung haben … . Heute … .

M1 „Ansicht der Badischen Anilin- und Soda-Fabrik" (BASF) Ludwigshafen (Gemälde, 1881)

Koks
Durch bestimmte Verfahrensweisen werden der Steinkohle Gase entzogen und es entsteht Koks, ein besonders guter Brennstoff.

Schmelzofen
hier: großer Ofen, in dem flüssiges Roheisen erzeugt wird

Landarbeiter
Arbeiter in der Landwirtschaft ohne eigenen Grundbesitz

Heimarbeiter
Arbeiter, die zu Hause Waren in Handarbeit fertigen

urban
städtisch

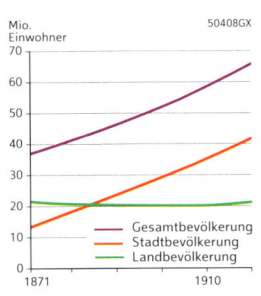

M2 Anstieg der Bevölkerung in Deutschland

Deutschland wird Industriestandort

T1 • Industriezentren entstehen

Vor allem in der Nähe von Bergwerken siedelten sich während der Industrialisierung viele weitere Fabriken an. So zum Beispiel Firmen, die Steinkohle zu Koks veredelten. Koks wurde auf kurzen Bahnstrecken zu benachbarten Eisen- und Stahlwerken transportiert und dort zum Befeuern der Dampfmaschinen und Schmelzöfen eingesetzt. Die produzierten Metalle benötigten andere Firmen zum Beispiel für den Bau von Dampfmaschinen, Eisenbahnen und Schienen. Auch solche Fabriken siedelten sich oft in direkter Nähe der Bergwerke und Kokereien an. Dadurch sparten sie Transportwege und Kosten.

Der Bau von Eisenbahnstrecken war eine wesentliche Voraussetzung für die Ansiedlung von Industrie, denn Rohstoffe und Waren mussten transportiert werden. Die Ludwigsbahn verband zum Beispiel die Tuchmacherstadt Lambrecht mit Ludwigshafen, Kaiserslautern und anderen Städten.

T2 • Städte wachsen rasant

In vielen Bereichen stellten im Laufe des 19. Jahrhunderts Unternehmer ihre Betriebe von handwerklicher auf maschinelle Produktion um. Durch den Fortschritt in der Landwirtschaft und die maschinelle Massenproduktion in den Fabriken verloren viele Landarbeiter und Heimarbeiter ihre Verdienstmöglichkeiten. Sie gingen daher in die Industriestädte, um dort Arbeit zu finden.

Die steigende Zahl der Industriebetriebe und die Zuwanderung von Arbeitern führten dazu, dass bäuerlich geprägte Landschaften, also Dörfer mit Acker- und Weideflächen, deutlich weniger wurden. Stattdessen wuchsen Industrielandschaften mit Städten und Fabriken. Dieser Prozess wird Verstädterung oder Urbanisierung genannt.

Zweibrücken
Christian Dingler entwickelte und produzierte erfolgreich eine Buchdruckerpresse, die nach ihm „Dinglerpresse" genannt wurde. Er errichtete in seinem Unternehmen die erste Dampfmaschine in der Pfalz und ließ später selbst Dampfmaschinen herstellen.

Christian Dingler

Postkarte aus Pirmasens

Pirmasens
Pirmasens, die Stadt des Schuhhandwerks, auch liebevoll die Stadt der Schlabbeflicker genannt, wuchs im 19. Jahrhundert schnell zu einem Standort der Schuhindustrie. Schuhfabriken und ihre Zulieferfirmen zogen Menschen aus dem ländlichen Umland an. Sie suchten in Pirmasens nach Arbeit und ließen sich hier nieder. Bis 1900 wuchs die Einwohnerzahl Pirmasens' auf über 30 000 an. Das war mehr als das Vierfache.

Ludwigshafen
Mitte des 19. Jahrhunderts verlagerte Friedrich Engelhorn seine chemische Fabrik, die Badische Anilin- & Soda-Fabrik, kurz BASF, nach Ludwigshafen am Rhein. Die Firma stellte synthetische Farben, die wasch- und lichtecht waren, sowie Düngemittel und andere Chemikalien her. Bereits 1900 war sie zur größten chemischen Fabrik Europas geworden. Arbeiter, Chemiker, Ingenieure, und kaufmännische Beamte fanden hier Arbeit. Innerhalb kürzester Zeit entwickelte sich aus einem kleinen Dorf eine mittelgroße Stadt.

Rheinbrücke zwischen Ludwigshafen und Mannheim (Postkarte, 1910)

Jahr	Einwohner
1843	90
1852	1520
1861	3300
1864	3900
1867	4887
1871	7830
1875	12 093
1880	15 012
1885	21 042
1890	28 768
1895	39 799
1900	61 914
1905	72 286
1910	83 301

Einwohnerzahlen von Ludwigshafen

M3 Beispiele zur Industrialisierung in Rheinland-Pfalz

❶ Tausche dich mit deinem Nachbarn über eure Gedanken zum Bild M1 aus.
❷ *Hilfe* Erkläre, warum sich in der Umgebung von Bergwerken viele Fabriken ansiedelten. (T1)
❸ Erläutere, warum für die Industrialisierung der Bau von Eisenbahnstrecken wichtig war. (T1)
   Think – Pair – Share
❹ Erkläre, warum viele Menschen in den Städten Arbeit suchten. (T2)
❺ Beschreibe Urbanisierung mit eigenen Worten. (T2, M2)
❻ Wähle ein Beispiel zur Industrialisierung in Rheinland-Pfalz aus und stelle es vor. (M3)
   Bienenkorb
❼ Stelle die Entwicklung der Einwohnerzahl Ludwighafens in einem Diagramm dar. (M3)

Hilfe zu
❷ Formulierungshilfen: Kohle abbauen, Kohle zu Koks veredeln, Schmelzöfen und Maschinen befeuern, Eisen und Stahl produzieren, Maschinen und anderes herstellen, Transportkosten sparen

M1 In einem Eisenwerk (Gemälde, 1875)

Das Leben der Arbeiterfamilien

T1 • Die Arbeiter – eine neue Schicht

Mit der Industrialisierung war eine neue Bevölkerungsgruppe entstanden: die Industriearbeiter. Die meist ungelernten Arbeiter waren jederzeit gegen andere, die auf der Suche nach Arbeit waren, austauschbar. Die Industriearbeiter lebten unter sehr schlechten Bedingungen. Sie erhielten einen sehr geringen Lohn, der kaum für die täglichen Dinge ausreichte. Die Arbeiter lebten in großer Armut.

Die Arbeitsbedingungen der Industriearbeiter waren sehr hart: Staub, Lärm, Gestank und Hitze waren in den Fabriken normal. Auch Sicherheitsvorkehrungen gab es kaum, denn die Unternehmer ersparten sich alles, was die Produktion langsamer oder teurer gemacht hätte. Arbeitsunfälle galten als normal. Wer sich verletzte und nicht arbeiten konnte, verdiente auch kein Geld. Unternehmer zahlten keine Entschädigungen, auch nicht bei Unfällen mit Todesfolge.

❶ Schreibe zu drei Arbeitern aus M1 eine Sprechblase mit deren Gedanken zur Arbeit und ihren Arbeitsbedingungen.

❷ Beschreibe die neue Bevölkerungsgruppe, die in der Industrialisierung entstand. (T1, M1)

❸ a) Berichte über die Arbeitsbedingungen in den Fabriken. (T1, M1)
b) Erkläre, warum es in Fabriken wenige Sicherheitsvorkehrungen gab. (T1)
Partnervortrag

T2 • Auskommen mit dem Lohn

Trotz schwerer Arbeit waren die Löhne der Arbeiter so gering, dass sie für die Grundbedürfnisse Kleidung, Nahrung und Wohnung kaum reichten. Die Arbeiterfamilien mussten sich stark einschränken, um mit dem Lohn auszukommen. Geld wurde auch bei den Mieten gespart. Familien bezogen nur sehr kleine Wohnungen. So lebten oft bis zu sieben Personen in einer 20 Quadratmeter großen Wohnung.

T3 • Speiseplan einer Arbeiterfamilie

Der Hauptanteil der Ausgaben einer Familie wurde für Nahrungsmittel verwendet. Hier mussten die Menschen sparen. Kartoffeln und Brot waren die Hauptnahrungsmittel, Fleisch gab es meist nur an Sonntagen.

Tag	Tageszeit	Vater: Metallarbeiter / Sohn: Lehrling	Mutter: Aushilfsarbeiterin / Tochter: schulpflichtig
alltags	6 Uhr	Kaffee (Malz / Gerste), Schwarzbrot mit Bückling, Käse oder Wurst (ohne Butter)	trockenes Schwarzbrot, in Kaffee (Gerste / Malz) gestippt
	12 Uhr	Schwarzbrot mit Pflaumenmus	
	19 Uhr	Mehlspeise oder Eintopfgerichte (Erbsen, Linsen, Kartoffeln), Wasser oder Kaffee (Malz / Gerste)	
sonntags	mittags, morgens und abends	Kuhfleisch (von notgeschlachteten Tieren), Kartoffeln, Schwarzbrot, Kaffee, etwas Aufschnitt	

M2 Speiseplan einer Arbeiterfamilie

Malz
kurz gekeimtes und wieder gtrocknetes Getreide. Es wurde zur Herstellung von Malz- bzw. Getreidekaffee verwendet. Dieser war deutlich preiswerter als richtiger Kaffee aus Kaffeebohnen.

Bückling
ein geräucherter Hering

> Mittagessen [bestand] ganz überwiegend aus Kartoffeln. Ich habe sie dann mittags gekocht und etwas Speck oder zerlassenes Schweineschmalz und eine zerschnittene Zwiebel darauf geschüttet. ... Morgen- und Abendessen bestanden aus Brot und Kaffee[ersatz]; gelegentlich wurden abends noch einmal Kartoffeln gebraten ... So bin ich bei Roggenbrot groß geworden. Ich weiß den Preis für ein halbes Brot nicht mehr ... er betrug aber einen Tageslohn der Mutter.

M3 Die Ernährung eines Arbeiterkindes

4 Wie kamen Arbeiter mit ihrem Lohn aus? Beschreibe. (T2)

5 a) Nenne die Hauptnahrungsmittel einer Arbeiterfamilie. (M2)
b) *Hilfe* Zeige die tägliche Ernährung eines Arbeiterkindes auf. (M3)
c) *Hilfe* Vergleiche mit deiner Ernährung.

6 *Hilfe* Familien mit vielen Kindern litten besonders unter Armut. Erkläre. (T3, M3)

Hilfe zu
5 b)/c) Lege eine Tabelle an:

Zeit	Speiseplan Arbeiterkind	eigener Speiseplan
6 Uhr	Brot, Kaffeeersatz, Schwarzbrot	

6 Schreibe in ganzen Sätzen. Verwende Wörter und Wendungen wie: weil, da, denn, darum, deshalb, aus diesem Grund, deswegen.

Fotografien untersuchen

Heute ist das Fotografieren etwas, was wir mit Smartphones und Kameras ständig ausführen. Fotos werden gemacht, verschickt und gelöscht. Früher war das Fotografieren sehr teuer und aufwendig. Ein Fotograf überlegte vorher sehr genau, was er fotografieren wollte.

Fotografien gelten meist als zuverlässige Quellen, da sie die Wirklichkeit in einem bestimmten Moment abbilden. Oft nutzen wir Fotos, um etwas zu beweisen: In einem Pass ist ein Foto, damit wir uns ausweisen können, ein Foto einer Radaranlage beweist, dass jemand zu schnell gefahren ist, ein Ziellinienfoto entscheidet über die Gültigkeit eines Sieges bei Sportwettkämpfen. Aber sind Fotos tatsächlich immer objektiv?

Was müssen wir beachten, wenn wir Fotos als Quellen nutzen wollen? Bearbeitungen oder Veränderungen von Fotos wurden bereits in früheren Zeiten vorgenommen. Fotos als Quelle müssen auch deshalb kritisch ausgewertet werden, weil sie immer wieder verwendet werden, um die Meinungsbildung zu beeinflussen. Dennoch können sie als historische Quelle genutzt werden. Sie zeigen oft den Alltag von Menschen in früheren Zeiten. Dabei handelt es sich jedoch immer nur um einen Ausschnitt in einem Moment, der von einem Fotografen bestimmt wurde.

Radaranlage
ein Gerät, das zum Beispiel von der Polizei eingesetzt wird, um die Geschwindigkeit von Fahrzeugen zu kontrollieren

objektiv
etwas sachlich und neutral ohne eine persönliche Meinung betrachten

M1 Die Wohnküche einer Arbeiterfamilie in einem vierstöckigen Mietshaus in der Badstraße 44 in Berlin. (Foto, 1916) – Das Foto entstand im Rahmen einer Dokumentation der Wohnverhältnisse in den Berliner Elendsquartieren zwischen 1903 und 1920. Eine Berliner Krankenkasse organisierte diese Fotoserie, um staatliche und kommunale Behörden auf die krank machenden Wohnverhältnisse aufmerksam zu machen.

1. Schritt: **Fotografien erfassen**
- Betrachte die Fotografie aufmerksam.
- Formuliere deinen ersten Eindruck. (Gedanken, Gefühle, Stimmung)
  Ich empfinde / nehme wahr / sehe /…
- Beschreibe, was auf der Fotografie zu sehen ist. Nenne Einzelheiten.
  Im Vordergrund … . Im Mittelpunkt … / Im Zentrum … . Im Hintergrund … .
  Rechts … / Links … .
  Die Gesichtsausdrücke der Personen … . Ihre Kleidung … . Die Kinder wirken
  … . Die Eltern … . Die Möbel … .

2. Schritt: **Fotografien einordnen**
- Nenne den Zeitpunkt, wann die Fotografie entstanden ist.
  Das Foto ist … entstanden. / Die Fotografie wurde … .
- Benenne den Anlass, aus dem die Fotografie gemacht wurde. Nutze zusätzliche Informationen aus der Bildunterschrift.
  Die Fotografie wurde gemacht, um … . Sie wurde im Auftrag von … angefertigt. Der Anlass … .
- Bestimme, um welche Art von Fotografie es sich handelt (Privatfoto, Pressefoto, Werbefoto).
  Es handelt sich um … . Das Foto wurde aufgenommen, um … .

Präpositionen
davor
dahinter
neben
über
unter
zwischen
Adjektive
klein/groß
ärmlich/wohlhabend
arm/reich
ängstlich/selbstsicher
traurig/fröhlich
verschreckt
angespannt/entspannt

3. Schritt: **Fotografien auswerten**
- Untersuche, ob der Fotograf bestimmte Interessen verfolgte.
- Leitfragen:
  - Handelt es sich um ein gestelltes Foto oder einen zufälligen Schnappschuss?
  - Wie wurde der Bildausschnitt gewählt?
  - Handelt es sich um eine Nahaufnahme oder um einen Überblick?
  - Was ist auffällig an der Gestaltung?
  - Gibt es Hinweise darauf, dass die Aufnahme nachträglich verfälscht wurde?
  - Was sagt das Foto über die damalige Zeit aus? Tipp: Vergleiche Fotos, die aus der gleichen Zeit stammen.

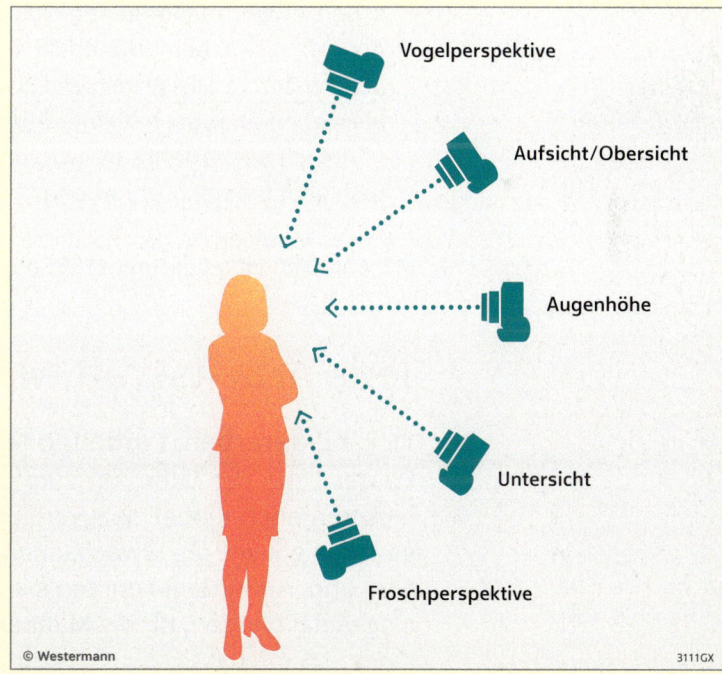

M2 Verschiedene Kameraperspektiven

Bei dem Foto handelt es sich um … . Der Fotograf zeigt … im Überblick / als Nahaufnahme. Auffällig ist … . Wahrscheinlich wurde das Foto … .
Durch das Foto erfährt man … .

M1 Kinderarbeit in einer Textilfabrik (Foto, 1907)

> Ich wurde im Jahr 1852 … geboren. Als ich fünfeinhalb war, musste ich schon etwas mitverdienen. Ich ging also in die Fabrik [Textilfabrik]. Als ich die Arbeit ordentlich erlernt hatte, bekam ich wöchentlich 40 Kreuzer. … Die Arbeitszeit dauerte im Sommer von sechs Uhr früh bis sieben abends, mit einer Stunde Mittagspause.
>
> Als ich sechs Jahre alt war, musste ich auch zur Schule gehen. Von halb acht bis neun Uhr abends.

Kreuzer
alte Währung

M2 Anna Altmann berichtete 1895 als Erwachsene über ihre Kindheit

Jede Arbeitskraft wird gebraucht

T1 • Kinderarbeit – arbeiten statt lernen

Da der Lohn der Eltern oft zum Leben für die Familie nicht ausreichte, mussten auch Kinder dazuverdienen. Obwohl sie meist die Maschinen genauso gut wie die Erwachsenen bedienen konnten, erhielten sie weniger Lohn. Außerdem konnten sie aufgrund ihrer Körpergröße an Stellen eingesetzt werden, für die Männer oder Frauen zu groß waren.

❶ Versetze dich in einen der Jungen aus M1. Vermute, wie es ist, zehn oder mehr Stunden am Tag an der Maschine zu stehen.

❷ a) Zeige den Tagesablauf von Anna auf. (M2)
b) Berechne ihre Arbeitszeit. (M2)

❸ Erkläre, warum Kinder arbeiten mussten. (T1)

❹ Vergleiche Annas und deinen Tagesablauf. (M2)
  Think – Pair – Share

❺ Beurteile, dass viele Kinder vorwiegend arbeiten mussten und nur wenig zur Schule gingen.

T2 • Frauenarbeit – Leben zwischen Familie und Fabrik

Mütter waren besonders belastet. Zusätzlich zur Fabrikarbeit gehörte die Hausarbeit zu den Pflichten einer Frau. Sie versorgten die Kinder und erledigten den Großteil der anfallenden Hausarbeiten.

> Wenn der Morgen heraufdämmert, so eilen wir … mit unseren kleinen Kindern … durch die Gassen, um die Kinder tagsüber unterzubringen … Sind die Kinder versorgt, so laufen die Mütter hastig zur Fabrik, um an surrenden Maschinen ein Stück Brot zu verdienen. Kaum haben sie den Fabriksaal betreten, so heißt es: schuften! …
>
> Um halb zwölf Uhr mittags geht es … nach Hause, um … Kartoffeln und Hering zu richten … Um halb ein Uhr geht es dann wieder im Trab in die Fabrik, wo wir müde und gehetzt bis halb sechs oder halb sieben [arbeiten] … Nach Arbeitsschluss eilen wir aufs Neue durch die Gassen, um unsere Kinder zusammenzuholen …
>
> Sind alle daheim … und die Kinder zu Bett gebracht … dann beginnt für uns Frauen die Quälerei von Neuem … Mit einem Eimer auf dem Kopf, einem … in der Hand hasten wir an den Bach, um zu waschen. Gar manchmal wird es zwölf Uhr und noch später …

Gasse
enge Straße
hastig
eilig, schnell
schuften
hart arbeiten
Trab
schnelles Gehen
hasten
eilen, hetzen

M3 Bericht über einen Arbeitstag einer Fabrikarbeiterin (1909)

M4 Frauen bei der Herstellung von Glühlampen (Foto, um 1900)

M5 Frau beim Wäschewaschen in einem Waschzuber (Foto, um 1920)

6 Arbeite den Tagesablauf einer Arbeiterin mit Familie heraus. (T2, M3)

7 a) Beschreibe M4.
b) Handelt es sich bei M4 um ein gestelltes Foto oder um einen zufälligen Schnappschuss? Begründe deine Meinung.

8 Vermute, welche Aufgaben der Mann links im Bild hat. (M4)

9 Begründe, warum die Belastung der Fabrikarbeiterinnen mit Familie besonders groß war. (T2, M3, M4, M5)
Placemat

Eine Geschichtserzählung

T1 • Beengtes Wohnen

Ich bin Erna und sieben Jahre alt. Ich lebe mit meinen Eltern und meinen fünf Geschwistern in einem großen Mietshaus in Berlin. Neben unserer Wohnung gibt es noch ganz viele weitere Wohnungen mit sehr vielen Erwachsenen und Kindern.

Unsere Wohnung besteht aus einer Küche, einem großen Zimmer und einer kleinen Kammer. Ein Bad gibt es nicht und zur Toilette müssen wir in das Treppenhaus. Hier gibt es eine Toilette für vier Wohnungen.

In der kleinen Kammer unserer Wohnung steht ein Hochbett. Hier schlafen meine Schwester Gertrud und ich. Unter dem Hochbett steht eine Truhe. Im Winter sind da unsere warmen Klamotten drin.

In dem großen Zimmer stehen drei Betten, ein Schrank und auch eine Kommode. In dem einen Bett, dem größeren, schlafen Mama und Papa. Die zwei kleineren Betten sind für meine vier Brüder Walter, Karl, Wilhelm und Otto. Sie schlafen zu zweit in einem Bett. Weil die Betten sehr schmal sind, schlafen sie jeweils umgekehrt zueinander.

Die Küche ist unser Wohnraum. Hier stehen ein Kohleherd zum Kochen und Heizen, ein Tisch mit sechs Stühlen und zwei Hockern und ein Küchenschrank. Quer durch die Küche zieht sich die Wäscheleine, hier hängt Mama die Wäsche zum Trocknen auf.

Kommode
eine Art halbhoher Schrank mit Schubladen

T2 • Start in den Tag

Für mich hat in diesem Monat wieder die härteste Zeit des Jahres begonnen. Es ist November, es hat bereits geschneit und es ist sehr kalt. Wenn ich halb fünf aufstehe, um mich für die Arbeit fertig zu machen, ist es zu dieser Jahreszeit draußen noch stockdunkel.

Ich ziehe mich in meiner kalten Kammer an und gehe in die Küche. Die Küche ist schon warm, Mama hat Feuer im Herd gemacht und für die Männer Malzkaffee gekocht. Das ist kein echter Kaffee, sondern eine Art Kaffee aus Getreide. Echten Kaffee können wir uns nicht leisten. Meine drei älteren Brüder und Papa haben schon angefangen zu frühstücken. Sie arbeiten in einer Eisengießerei. Ihre Arbeit ist sehr schwer, deshalb bekommen sie jeweils zwei Schwarzbrote mit Käse und Wurst. Mama und ich arbeiten in einer Textilfabrik, das ist auch anstrengend, aber nicht so wie bei den Männern. Wir essen jeder ein Schwarzbrot mit Marmelade.

Nach dem Frühstück wecke ich meine kleine Schwester Gertrud und meinen kleinen Bruder Otto. Ich ziehe sie an und bringe sie dann zwei Häuser weiter zur Hütefrau. Meine Geschwister sind noch viel zu jung, um in Fabriken zu arbeiten.

Pünktlich um halb sechs mache ich mich auf den Weg zur Textilfabrik.

Hütefrau
Frau, die Kinder hütet, das heißt, die auf Kinder aufpasst

❶ a) Nenne die Familienmitglieder von Erna. (T1)
   b) Nenne das Alter von Erna. (T1)
❷ **Hilfe** Beschreibe die Wohnung (T1):
   a) Nenne die Anzahl der Zimmer.
   b) Beschreibe, welche Möbel in den jeweiligen Zimmern sind.
   c) Berichte über Bad und Toilette.
   d) Beschreibe die Schlafgelegenheiten von Ernas Familie.
   e) Schreibe über die Wärme der Wohnung.
   Partnervortrag
❸ a) Beschreibe das Frühstück der Familie. (T2)
   b) Schreibt eine kleine Szene: „Am Frühstückstisch". Spielt diese in der Klasse vor.
   Bienenkorb

❹ Erkläre, warum für Erna eine harte Jahreszeit beginnt. (T2)
❺ **Hilfe** Schreibe die Geschichte weiter.

Hilfe zu
❷ a)–d) Du kannst die Aufgaben in einem Text beantworten oder du erstellst eine Skizze der Wohnung mit den entsprechenden Angaben und Möbeln.
❺ Du kannst zum Beispiel schreiben über:
  - den Weg zur Fabrik,
  - die Arbeit in der Fabrik,
  - die Übergabe an die Hütefrau,
  - ein Gespräch mit der Mutter,
  - eine eigene Idee.

M1 Bürgerliche Familie beim Frühstück (Gemälde, 1902)

Das Leben des Bürgertums

T1 • Das Bürgertum

Neben der Gruppe der Industriearbeiter bildete sich eine weitere Bevölkerungsschicht heraus: das Bürgertum. Dazu gehörten zum Beispiel Kaufleute, Fabrikanten, Ärzte, Professoren und Rechtsanwälte. Bürgerliche Familien wohnten in vornehmen Häusern. Die Wohnungen hatten geräumige Zimmer. Diese waren sehr hoch und durch große Fenster hell und freundlich. Kinder hatten ihr eigenes Zimmer, ausgestattet mit guten Möbeln und Spielzeug.

M3 Schilder an einem bürgerlichen Haus (Foto, 1900)

Jungfer
(Kurzform für Kammerjungfer)
Sie half beim Ankleiden und Frisieren, reinigte die Kleidung, putzte Schuhe u. Ä.

> Da das unsrige [Haus] sehr geräumig war, brauchte meine Mutter außer dem Kinderfräulein: eine Köchin, eine Unterköchin, ein Serviermädchen, eine Jungfer und ein Dienstmädchen, das vor allem putzte. Zum Stiefelputzen und Anmachen der Heizung kam eine männliche Hilfskraft.

M2 Ein Hamburger Kaufmannssohn erinnert sich an sein Zuhause um 1900.

---

❶ a) Beschreibe die Einrichtung in M1.
   Stühletausch
   b) Versetze dich in eine Person in M1 und schildere die Situation.

❷ Nenne Personengruppen, die zum Bürgertum gehörten. (T1)

❸ Zähle auf, welche Bediensteten es in der Familie des Kaufmannssohnes gab? (M2)

❹ Vergleiche das Zuhause eines bürgerlichen Kindes mit dem eines Arbeiterkindes. (M1, M2, Seite 336 M1)
   Partnerpuzzle

T2 • Das Leben in bürgerlichen Familien

Bürgerliche Familien zeigten in der Öffentlichkeit, dass es ihnen gut ging. Männer trugen gute Anzüge und Frauen modische und prächtige Kleider.

Großer Wert wurde auf die Ausbildung der Kinder gelegt. Söhne wurden zum Beispiel aufs Gymnasium und zum Studium auf Universitäten geschickt. So hatten sie die Möglichkeit, später in gehobenen Stellungen Arbeit mit guten Verdienstmöglichkeiten zu finden.

Mädchen kamen auf Höhere Mädchenschulen. Dort wurden sie auf ihre Rolle als Ehefrau, Mutter und Vorsteherin des Haushalts vorbereitet. Auf dem Lehrplan standen Handarbeiten wie Sticken, Sprachen wie Französisch oder Englisch, Kunst, Literatur und Musik mit Gesang und Klavierspielen. Mit dieser Ausbildung konnten sie später als Ehefrauen den Haushalt organisieren und die Familie repräsentieren.

T3 • Das Einkommen bürgerlicher Familien

Die bürgerlichen Frauen mussten nicht arbeiten, um den Lebensunterhalt der Familie zu sichern. Der Verdienst des Mannes reichte aus, um ein angenehmes und abgesichertes Familienleben zu führen.

Die Männer arbeiteten in gehobenen Stellungen oder als Unternehmer in Büros. Ihre Arbeitskleidung waren Anzüge und weiße Hemden.

Höhere Mädchenschule
weiterführende Schule für Mädchen. Der Schulabschluss entsprach ungefähr einem heutigen Realschulabschluss.

repräsentieren
in der Öffentlichkeit ehrenhaft vertreten

gehoben
angesehen, anspruchsvoll

M4 Konstrukteure in einem Planungsbüro für Kühlmaschinen

5 a) Beschreibe das Leben einer bürgerlichen Familie. (T2, M3)
b) Beurteile die unterschiedlichen Ausbildungen bei Mädchen und Jungen. (T2)

6 Erkläre, warum bürgerliche Frauen nicht arbeiten mussten. (T3)

7 Stelle die Arbeitsbedingungen der Industriearbeiter und die der Bürgerlichen dar. (T3, M4; Seite 334/335)

8 Hilfe Fasse die Lebensbedingungen von bürgerlichen Familien und Arbeiterfamilien zusammen. (Seiten: 342/343; 334 – 339)
Kugellager

Hilfe zu
8 Vergleichspunkte könnten sein: Tätigkeiten von Müttern, Kleidung, Schule, Löhne, Wohnungen.

M1 Wohnungslose Jugendliche beim gemeinsamen Essen in ihrer Wohngruppe im „Rauhen Haus" (Holzstich, um 1855)

Die soziale Frage – Lösungsversuche

T1 • Soziale Missstände

Die ungelernten Fabrikarbeiter waren abhängig von den Unternehmern. Sie konnten jederzeit durch andere Arbeitsuchende ersetzt werden. So konnten die Fabrikbesitzer nicht nur sehr geringe Löhne zahlen, sondern auch Arbeitszeiten und Arbeitsbedingungen in ihren Fabriken bestimmen. Die geringen Löhne führten zu Armut, Elend und Obdachlosigkeit. Wie konnten die Missstände geändert werden? Zu dieser sozialen Frage gab es unterschiedliche Ansätze.

T2 • Hilfe durch die Kirche

Hilfen gab es durch die Kirchen. Um Jugendliche, die auf der Straße lebten, kümmerte sich zum Beispiel der Geistliche Johann Hinrich Wichern. Er gründete das „Rauhe Haus". In diesem wurden obdachlose Jugendliche aufgenommen und in familienähnlichen Gruppen betreut.

Der Geistliche Adolph Kolping gründete einen Gesellenverein, der in vielen Städten die sogenannten Kolpinghäuser einrichtete. Hier konnten die Gesellen wohnen und sich weiterbilden.

> [Es] fehlt dem jungen Handwerker zumeist die Gelegenheit, sich außer in der Werkstätte und dem Wirtshaus irgendwo behaglich niederzusetzen. Man richte in allen Städten einen freundlichen geräumigen Saal ein, sorge für Beleuchtung und Wärme und öffne es allen jungen Arbeitern. ... Da dürfte es nicht an guten Büchern, Schriften und Zeitungen fehlen ...

M2 Forderungen von Adolph Kolping für junge Handwerker und Arbeiter (1840)

---

rauh
(heutige Schreibweise rau)
das Gegenteil von freundlich, nett, lieblich

Geselle
Handwerker mit abgeschlossener Berufsausbildung

T3 • Einzelne Unternehmer helfen

Die meisten Unternehmer kümmerten sich nicht um die Lebensbedingungen ihrer Arbeiter. Nur wenige waren daran interessiert, die Lage ihrer Arbeiter zu verbessern. Sie waren der Meinung, dass gesunde und zufriedene Arbeiter bessere Arbeiter waren. So richteten sie zum Beispiel Werkskantinen ein, in denen die Arbeiter Mittagessen bekamen. Andere unterstützten die Arbeiter und ihre Familien bei Krankheiten. Dies war etwas Besonderes, denn Arbeiter und ihre Familien hatten keine Krankenversicherung. Im Falle von Krankheiten oder Verletzungen mussten sie normalerweise selbst für die Kosten aufkommen.

> **Invaliden**
> Menschen, die das Rentenalter noch nicht erreicht haben, aber aufgrund von Unfällen oder Krankheiten nicht mehr arbeiten können

> Um die Lage meiner Arbeiter zu verbessern, war ich von jeher zunächst darauf bedacht, ihnen ein möglichst sorgenfreies Dasein für Zeiten zu verschaffen, in denen sie selbst nicht mehr arbeiten könnten. Ihr selbst wisst am besten, wie es mit Kranken, Invaliden und ausgedienten Arbeitern bei uns gehalten wird. Dann habe ich Arbeitern Wohnungen gebaut, worin bereits 20 000 Seelen untergebracht sind, Schenkungen verliehen und Einrichtungen getroffen zur billigen Beschaffung von allem Lebens- und Hausbedarf.

M3 Der Unternehmer Alfred Krupp zu seinen Arbeitern (1877)

M4 Alfred Krupp (1812 – 1887) war ein Unternehmer. Er verlangte von seinen Arbeitern absolute Treue. Dafür schuf er für sie unter anderem eine Krankenkasse und eine Kasse zur Altersversorgung.

M5 Werkswohnungen für Beschäftigte der Krupp-Werke Essen, erbaut 1872

❶ Formuliere eine Sprechblase zu einem der Jugendlichen. (M1)

❷ Erläutere die sozialen Missstände. (T1)
   Bienenkorb

❸ Erkläre, wie Vertreter der Kirche versuchten, soziale Missstände zu mildern. (T2, M1, M2)

❹ a) Nenne Maßnahmen, mit denen einzelne Unternehmer ihre Arbeiter unterstützten. (T3)
   b) Erkläre, warum sie das taten. (T3)

❺ **Hilfe** Erläutere, wie der Unternehmer Alfred Krupp seiner Arbeiterschaft half. (M3, M4, M5)

❻ **Hilfe** Beurteile die Maßnahmen der Unternehmer, die Missstände zu ändern.
   Placemat

Hilfe zu
❺ Benutze folgende Begriffe: Kranke, Invalide, Wohnungen, Schenkungen, Einrichtungen, billige, Beschaffung, Lebens- und Hausbedarf, Altersversorgung, Treue.

❻ Die Maßnahmen der Unternehmer waren für die damalige Zeit sehr ... , denn ... .

M1 Der Streik (Gemälde von 1886)

Arbeiter fordern Rechte

T1 • Arbeiterbewegung – gemeinsam sind wir stark

Nicht nur Kirchen und einige Unternehmer halfen den Arbeitern. Vielmehr erkannten die Arbeiter selbst, dass sie ihre Lebens- und Arbeitsbedingungen verbessern konnten, wenn sie ihre Interessen gemeinsam vertraten. Sie schlossen sich in Arbeitervereinen zusammen. Gemeinsam stellten sie ihre Forderungen an die Unternehmer. Die Fabrikbesitzer sahen sich so gezwungen, auf einige Forderungen ihrer Arbeiter einzugehen, da sie nicht alle entlassen konnten.

T2 • Gewerkschaften

Aus den Arbeitervereinen bildeten sich später die Gewerkschaften. Hier schlossen sich die Arbeiter meist nach Berufsgruppen zusammen; zum Beispiel zur Gewerkschaft der Bergleute oder der Stahlarbeiter.

Die Gewerkschaften vertraten jeweils die Interessen ihrer Mitglieder. Kam es bei Verhandlungen mit den Unternehmern zu keinem Ergebnis, wurden Streiks organisiert. Die Arbeiter legten die Arbeit nieder und das Unternehmen konnte nicht weiter produzieren. Der Unternehmer konnte dadurch weniger oder keine Waren verkaufen und hatte geringere Einnahmen. So wurden die Fabrikbesitzer unter Druck gesetzt. Allerdings führten Streiks nicht immer zur Erfüllung der Forderungen.

I. Der Streik der Bergarbeiter sämtlicher Zechen von Rheinland und Westfalen ... dauert, bis ... folgende allgemeine Forderungen ... eingelöst sind.
  1. Es darf die Schicht unter Tage für alle Bergarbeiter nur acht Stunden betragen ...
  2. Es dürfen keine Überstunden ... gemacht werden, bevor ... man sich nicht verständigt hat.
  3. Eine Lohnerhöhung von 15 Prozent für alle Schichtlohnarbeiter ...
  4. Es dürfen weder Beauftragte noch sonstige Arbeiter nach Wiederaufnahme der Arbeit in irgendeiner Weise bestraft oder benachteiligt werden.

M2 Beschluss des Streikkomitees aus Bochum, Dortmund, Gelsenkirchen u. a. vom 24. Mai 1889 (sprachlich vereinfacht)

T3 • Arbeiter gründen Parteien

Die Arbeiter wollten nicht nur auf die Unternehmer, sondern auch auf die Gesetzgebung im Staat Einfluss nehmen. Um politisch mitzuwirken, gründeten sie eine Partei, die die Interessen der Arbeiter vertrat. Ab dem Jahr 1891 nannte sich diese Partei „Sozialdemokratische Partei Deutschland" (SPD). Die neue Partei arbeitete eng mit den Gewerkschaften zusammen. Sie versuchte, schrittweise die gesellschaftlichen Missstände durch Gesetze zu lösen, und trat für demokratische Grundrechte ein.

unter Tag
im Bergwerk unter der Erde

- Wahl- und Stimmrecht aller über 20 Jahre alten [Bürger] ohne Unterschied des Geschlechts
- kostenloser Unterricht und kostenlose Lehrmittel
- Festsetzung eines höchstens Acht-Stunden-Normalarbeitstages
- Verbot der Erwerbsarbeit für Kinder unter 14 Jahren
- eine ununterbrochene Ruhepause von 36 Stunden in jeder Woche

M3 Auszug aus dem Programm der SPD von 1891 (sprachlich vereinfacht)

❶ a) Beschreibe das Geschehen in M1. Achte auf die Körperhaltung der Leute.
  b) Wähle zwei Personen aus. Schreibe ein mögliches Gespräch zwischen ihnen.
❷ Erkläre, wie die Arbeiter Forderungen durchsetzen konnten. (T1, M1)
❸ Welche Aufgaben hatten die Gewerkschaften. Erkläre. (T2)
  Placemat
❹ a) Hilfe Arbeite die Forderungen der Bergarbeiter heraus. (M2)
  Partnerabfrage
  b) Wie können die Bergleute ihre Forderungen durchsetzen? (T2, M1)
❺ Hilfe Gestaltet Wahlplakate zu den Zielen, die die SPD verfolgte. (T3, M3)
  Galeriegang
❻ Beurteile die Forderungen der SPD. (T3, M3)

Hilfe zu
❹ a) Benutze die Begriffe: Schicht, unter Tage, acht Stunden, Überstunden, Lohnerhöhung, keine Strafen, keine Benachteiligungen.
❺ Benutze die Stichpunkte aus M3. Du kannst folgende Formulierungen verwenden:
  - Wir fordern ... .
  - Schluss mit ... .
  - Verbot von ... .

M1 Karl Marx 1844 im Gespräch mit Arbeitern (Gemälde von 1961)

Politische Vordenker

T1 • Einteilung der Gesellschaft in zwei Klassen

Die Arbeiterbewegungen fanden Unterstützung durch politische Vordenker wie Karl Marx und Friedrich Engels. Ihre Ideen und Vorstellungen veröffentlichten sie in Büchern und Zeitungen. Marx und Engels teilten die Gesellschaft in zwei Klassen. Auf der einen Seite waren die Unternehmer, auf der anderen Seite die Arbeiter. Die Arbeiter mussten ihre Arbeitskraft verkaufen und erhielten dafür einen Lohn, der kaum zum Leben ausreichte. Die Unternehmer besaßen die Produktionsmittel. Durch den Verkauf der Produkte, die die Arbeiter herstellten, machten die Unternehmer Gewinne. Diese Erträge setzten sie aber nicht für höhere Löhne oder bessere Arbeitsbedingungen ein, sondern kauften neue Maschinen oder ließen neue Fabriken errichten. Damit machten sie weitere Gewinne und beuteten noch mehr Arbeiter aus.

Karl Marx
(1818 – 1883) Philosoph, der sich mit Fragen der Gesellschaft und der Arbeiter beschäftigte

Friedrich Engels
(1820 – 1895) Sohn eines Textilfabrikanten, der während seiner Kaufmannsausbildung die Arbeits- und Lebensverhältnisse von Arbeitern kennenlernte

Produktionsmittel
alle Mittel, die für die Produktion von Gütern nötig sind, zum Beispiel Fabriken, Maschinen, Rohstoffe oder Kapital

❶ a) Beschreibe die in M1 dargestellte Szene.
b) Entwickle zwei weitere Sprechblasen.
② Recherchiere den Werdegang von Karl Marx oder Friedrich Engels.
Partnervortrag

❸ a) Nenne die beiden Klassen, in die Marx und Engels die Gesellschaft einteilten. (T1)
b) Stelle den Konflikt zwischen den beiden Klassen in einem Schaubild dar. (T1)
Lerntempoduett

T2 • Eine Lösung der sozialen Frage – ein Kampf der Klassen

Für Karl Marx und Friedrich Engels konnte es nur eine Lösung für die soziale Frage geben, die klassenlose Gesellschaft. In dieser Gesellschaft sollte es keinen Privatbesitz an Produktionsmitteln mehr geben. Diese würden vielmehr in den Besitz des Volkes übergehen. Da aber die Fabrikbesitzer ihre Produktionsmittel nicht freiwillig abgeben würden, müssten sie gewaltsam durch eine Revolution dazu gezwungen werden. Mit diesem Klassenkampf sollte die herrschende Klasse abgeschafft werden und eine klassenlose Gesellschaft entstehen. Diese Gesellschaftsform wird Kommunismus genannt.

Proletarier
Menschen, die nichts besitzen und nur durch den Verkauf ihrer Arbeitskraft, also durch Lohnarbeit, Geld verdienen können

---

① Die Geschichte aller bisherigen Gesellschaft ist die Geschichte von Klassenkämpfen. Freier und Sklave …, … [Grundherr] und Leibeigener, Zunftbürger und Gesell, kurz, Unterdrücker und Unterdrückter standen in stetem Gegensatz zueinander, führten einen ununterbrochenen … Kampf, der jedes Mal mit einer revolutionären Umgestaltung der ganzen Gesellschaft endete …

② Was … der Lohnarbeiter durch seine Tätigkeit sich aneignet, reicht bloß dazu hin, um sein nacktes Leben wieder zu erzeugen. … Ihr entsetzt euch darüber, dass wir das Privateigentum aufheben wollen. Aber in eurer bestehenden Gesellschaft ist das Privateigentum für neun Zehntel [der Menschen] … aufgehoben.

③ Ein Gespenst geht um in Europa – das Gespenst des Kommunismus. … Die Kommunisten erklären, dass ihre Zwecke nur erreicht werden können durch den gewaltsamen Umsturz aller bisherigen Gesellschaftsordnung. Möge die herrschende Klasse vor einer kommunistischen Revolution erzittern. Die Proletarier haben nichts zu verlieren … Sie haben eine Welt zu gewinnen.

④ Proletarier aller Länder vereinigt Euch!

M2 Karl Marx und Friedrich Engels im Manifest der Kommunistischen Partei von 1848 (Auszüge)

Die Theorie von Marx und Engels beeinflusste viele Arbeiterbewegungen. Auch Parteien griffen immer wieder auf die Ideen der beiden Denker zurück, denn die soziale Frage zu lösen, war für viele Menschen ein wichtiges Anliegen. Allerdings wollten die meisten politischen Parteien nicht den Weg einer Revolution gehen.

Manifest
öffentliche Erklärung, meist über politische Ziele und Absichten

---

❹ Erkläre den Begriff Klassenkampf. (T2)
   🗣 *Stühletausch*

❺ [Hilfe] Stelle dar, wie sich Marx und Engels die Lösung der sozialen Frage vorstellten. (T2)

❻ Arbeite aus M2 ① heraus, wie Karl Marx die Entwicklung von Gesellschaften sieht. (M2)

❼ Diskutiert die Forderung, das Privateigentum abzuschaffen. (T2, M2 ②)
   🗣 *Marktplatz*

❽ [Hilfe] Erkläre, was Marx mit dem „Gespenst des Kommunismus" meinte. (M2 ③)

❾ Erläutere, warum die Ideen von Marx und Engels von vielen für gefährlich gehalten wurden. (M2 ①–④)

Hilfe zu
❺ Benutze die Begriffe: Klassenkampf, Bürgertum, abschaffen, Produktionsmittel, gewaltsam, Revolution.
❽ Mit „Gespenst" ist etwas Unheimliches und Angsteinflößendes gemeint.

M1 Staatliche Rentenauszahlung (kolorierter Holzstich, um 1890)

Der Staat greift ein

T1 • Überlegungen des Staates

Die Unzufriedenheit, die Unruhen und die Streiks der Arbeiter veranlassten den Staat zu handeln. Zudem forderten die Kirchen und einige Unternehmer den Staat auf, etwas gegen die sozialen Missstände zu unternehmen.

Außerdem hatten Kaiser Wilhelm I. und sein Reichskanzler Otto von Bismarck Angst davor, dass die Arbeiter Anhänger der Arbeiterpartei SPD werden. Diese Partei wurde als Gefahr für den Staat eingestuft, weil sie die bestehende staatliche Ordnung kritisierte.

Rente
Einkommen von Arbeitern, nachdem sie aus dem Berufsleben aus Altersgründen ausgeschieden sind

> Die bisherigen [Lösungsversuche], welche die Arbeiter vor der Gefahr sichern sollen, durch den Verlust ihrer Arbeitsfähigkeit infolge von Unfällen oder des Alters in eine hilflose Lage zu geraten, haben sich als unzureichend erwiesen, und diese Unzulänglichkeit hat nicht wenig dazu beigetragen, [Arbeiter] dahin zu führen, dass sie in der Mitwirkung zu sozialdemokratischen Bestrebungen den Weg zur Abhilfe suchen.

M2 Kaiser Wilhelm I. (1881)

❶ **Hilfe** Versetze dich in eine Person in M1 und beschreibe deine Gedanken.
  🌐 *Marktplatz*

❷ Erkläre, warum der Staat handelte, um die sozialen Missstände zu mildern. (T1)
  🌐 *Placemat*

❸ Arbeite aus M2 die Aussagen des Kaisers zu den sozialen Problemen heraus:

a) Wie beurteilt Wilhelm I. den Erfolg der bisherigen Lösungsansätze?
b) Welche Folge hatte dies nach Meinung des Kaisers?

Hilfe zu
❶ „Na ja, jetzt gibt es wieder ein bisschen Geld."
„Ein Glück, dass das Parlament … ."

T2 • Gesetzliche Sozialversicherungssysteme

In mehreren Schritten wurden vom Reichskanzler Otto von Bismarck von 1883 bis 1889 die Sozialgesetze eingeführt. Diese Gesetze betrafen die Bereiche Krankheit, Unfall und Rente. Damit begann in Deutschland die staatliche Sozialpolitik. Das von Bismarck eingeführte System der Sozialversicherungen hat in Grundzügen noch heute Gültigkeit. Es wurde aber weiter ausgebaut.

Mit den Sozialgesetzen wollte der Staat die grundlegenden Lebensrisiken Krankheit, Unfall und Alter finanziell absichern, denn der einzelne Arbeiter konnte die anfallenden Kosten nicht allein tragen.

> Der Arbeiter leidet vor allem unter der Unsicherheit. Er ist nicht sicher, dass er immer Arbeit haben wird, er ist nicht sicher, dass er immer gesund ist, und er sieht voraus, dass er einmal alt und arbeitsunfähig sein wird. Verfällt er aber der Armut auch nur durch längere Krankheit, so ist er völlig hilflos. Die Gesellschaft hat bisher keine Verpflichtung ihm gegenüber, auch wenn er vorher noch so treu und fleißig gearbeitet hat.

M3 Otto von Bismarck über die Sorgen der Arbeiter (März 1884)

Versicherungsart (Höhe des Beitrages)	Beitragsanteile		Welche **Leistungen** erhalten die Arbeiter?
	Arbeitgeber	Arbeitnehmer	
1883 **Krankenversicherung** (2–3% des Lohnes)	1/3	2/3	• Bezahlung der Arztbesuche und Medikamente • Kosten für Krankenhausaufenthalt • bis zu 50% des Lohnes als Krankengeld vom 3. bis zum 26. Krankheitstag
1884 **Unfallversicherung** (unterschiedlich)	alles	--	• Bezahlung der Heilungskosten • bei Erwerbsunfähigkeit Weiterzahlung von 2/3 des Lohnes • bei Unfalltod 1/5 des Lohnes für Witwen
1889 **Altersversicherung** (1% des Lohnes)	1/2	1/2	• Altersrente ab 70 Jahren und nach 30 Jahren Beitragszahlung

M4 Bismarcks Sozialgesetze

❹ Welche Bereiche wollte Bismarck nach und nach durch den Staat absichern lassen? (T2)

❺ Hilfe Arbeite aus M3 heraus, warum Bismarck eine Absicherung der Arbeiter für wichtig hielt.

❻ Hilfe Beschreibe die Absicherungen, die für die Arbeiter geschaffen wurden. (M4)
Lerntempoduett

❼ Recherchiere die heutigen Sozialversicherungen. Stelle deine Ergebnisse der Klasse vor.

Hilfe zu
❺ Benutze folgende Wendungen:
Unsicherheit, Gesundheit, Krankheit.
❻ Im Jahr 1883 wurde die … eingeführt. Die Höhe des Beitrages betrug … . Diesen zahlten … .

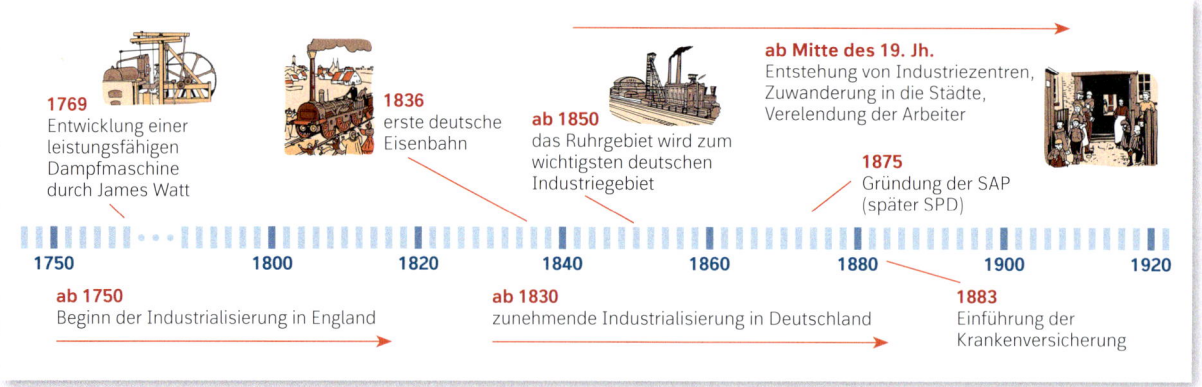

Die Industrialisierung

Was ist Industrialisierung?

Im 18. und 19. Jahrhundert lebten die meisten Menschen auf dem Land und ihre Lebensgrundlagen waren die Landwirtschaft und das Handwerk. In dieser Zeit entwickelte sich jedoch die Wirtschaft von einer landwirtschaftlichen in eine industrielle Wirtschaft. Dieser Prozess wird Industrialisierung genannt. Viele Waren wurden nicht mehr in Handarbeit, sondern mithilfe von Maschinen in großer Stückzahl hergestellt. Für die Produktion wurden viele Arbeiter benötigt. Die Menschen kamen vom Land und siedelten in der Nähe der Fabriken.

Welche Erfindungen führten zur Industrialisierung?

Zur Industrialisierung trug erheblich die Erfindung der Dampfmaschine bei. Sie ersetzte die bislang genutzten Muskel-, Wind- und Wasserkräfte. Für die Produktion und das Betreiben von Dampfmaschinen wurden große Mengen an Kohle benötigt. Die Erfindung wurde auch benutzt, um Fahrzeuge anzutreiben, zum Beispiel die Eisenbahn. Städte und Industriezentren wurden mit Eisenbahnlinien verbunden.

Wie veränderte die Industrialisierung das Leben der Menschen?

Mit der Industrialisierung entstand die gesellschaftliche Schicht der Industriearbeiter. Ihre geringen Löhne führten zu einem Leben in Armut. Da der Lohn der Eltern oft zum Leben nicht ausreichte, mussten auch Kinder dazuverdienen. Neben der Schicht der Industriearbeiter gab es das Bürgertum. Bürgerliche Familien lebten in gut eingerichteten Wohnungen und hatten oft mehrere Bedienstete. Männer verdienten den Lebensunterhalt der Familien, Frauen mussten nicht arbeiten.

Um die Armut bei den Industriearbeitern zu lindern, halfen die Kirchen und einige Unternehmer. Mit der Gründung von Arbeitervereinen, den späteren Gewerkschaften, stellten die Arbeiter ihre Forderungen direkt an die Fabrikbesitzer. Unruhen, Streiks und die Angst vor der Arbeiterpartei SPD veranlassten den Staat zu handeln. In mehreren Schritten wurden von 1883 bis 1889 die Sozialgesetze eingeführt.

Arbeiterschicht (Proletarier)
Fabrikarbeiter oder Proletarier gehörten zur neuen Schicht, die sich während der Industrialisierung bildete. Das Leben der Proletarier war gekennzeichnet durch Armut, Not und schlechte Wohnverhältnisse. Die Löhne, die sie durch ihre Arbeit in Fabriken verdienten, waren so gering, dass sie für die Grundbedürfnisse kaum reichten.

Arbeiterverein
Ein Arbeiterverein war ein Zusammenschluss von Arbeitern, die gemeinsam ihre Interessen vertraten. Arbeitervereine waren die Vorläufer von Gewerkschaften.

Bürgertum
Zum Bürgertum gehörten zum Beispiel Kaufleute, Fabrikanten, Ärzte und Rechtsanwälte. Sie lebten in vornehmen Häusern, die gut eingerichtet waren, und sie hatten oft mehrere Bedienstete. In diesen Familien reichte der Verdienst des Mannes aus, um ein sorgenfreies Leben zu führen.

Dampfmaschine
Die Dampfmaschine ist eine Maschine, die mithilfe von Dampf große Kräfte entwickelt. Sie wurde genutzt, um andere Maschinen oder Fahrzeuge, wie zum Beispiel Webstühle oder Eisenbahnen, anzutreiben.

Fabriken
Im Gegensatz zum Handwerk und zu kleinen Familienbetrieben wurden in Fabriken durch die Erfindung der Dampfmaschine Waren und Güter in Massen produziert.

Gewerkschaft
Eine Gewerkschaft ist ein Zusammenschluss von meistens gleichen Berufsgruppen, zum Beispiel die Gewerkschaft der Metallarbeiter. Die Gewerkschaft vertritt die Interessen und Forderungen der Arbeiter gegenüber den Arbeitgebern. Vorläufer der Gewerkschaften waren die Arbeitervereine.

Industrialisierung
Als Industrialisierung bezeichnet man den Prozess, bei dem sich eine Wirtschaft von der Landwirtschaft zu einer Industriewirtschaft entwickelt. Erfindungen, wie die der Dampfmaschine, führten zu einem Ablösen von Handwerksbetrieben. Waren und Güter wurden in den entstehenden Fabriken in Massen angefertigt. Da diese Entwicklung eine starke Umgestaltung bedeutete, spricht man auch von der industriellen Revolution.

Soziale Frage
Die soziale Frage bezeichnet die Missstände, die in der Gesellschaft während der Industrialisierung entstanden. Die Arbeiterschicht lebte in Armut und litt Not.

Sozialversicherungen
Für manche Lebensrisiken wie schwere Krankheiten, Gebrechlichkeit im Alter oder schwere Unfälle kann sich der einzelne nicht allein absichern. Von dem Politiker Otto von Bismarck wurden Versicherungen eingeführt, die bestimmte Lebensrisiken mithilfe des Staates abdeckten. Dies waren die Krankenversicherung, die Unfallversicherung und die Alterssicherung.

Textquellenverzeichnis

Leben in vorgeschichtlicher Zeit
29 M3 Ian Tattersall, Ein neues Modell der Homo-Evolution; in: Spektrum der Wissenschaft 6/1997 (ISSN 0170-2971), Heidelberg: Spektrum der Wissenschaft Verlagsgesellschaft mbH 1997, S. 64 (vereinfacht)

Ägypten – eine frühe Hochkultur
62 M1 Adolf Erman, Ägypten und ägyptisches Leben im Altertum (reprograf. Nachdr. d. Ausg. Tübingen 1923), Hildesheim: Gerstenberg Verlag 1981, S. 469

77 M3 Herodotus, Geschichten und Geschichte Bd. 1 (übers. v. Walter Marg), Zürich/München: Artemis Verlag 1973, S. 164 f./Buch 2, Kap. 86–88

Das antike Griechenland
89 M3 Isokrates, Panegyrikos 43; zit. n.: Theodor Flathe (Hg./Übers.), Des Isokrates Panegyrikos, Stuttgart: Hoffmann 1862, S. 13

89 M4 Xenophanes, Fragment 21 B 2 DK; zit. n.: Wolfgang Lautemann (Hg.)/Walter Arend (Bearb.), Geschichte in Quellen Bd. I: Altertum: Alter Orient, Hellas, Rom. München: Bayerischer Schulbuch-Verlag 1965, S. 126

98 M1 Thukydides, Geschichte des Peloponnesischen Krieges, Buch II/45; zit. n.: Jochen Martin/Renate Zoepffel (Hg.), Aufgaben, Rollen und Räume von Frau und Mann Bd. 2 (Veröffentlichungen des Instituts für Historische Anthropologie e.V. 5), Freiburg/München: Alber 1989, S. 469

98 M3 Xenophon; zit. n.: Wolfgang Lautemann (Hg.)/Walter Arend (Bearb.), Geschichte in Quellen Bd. I: Altertum: Alter Orient, Hellas, Rom. München: Bayerischer Schulbuch-Verlag 1965, S. 285

103 M2 Platon, Kritias 111a–e; zit. n.: Günther Garbrecht, Wasser. Vorrat, Bedarf und Nutzung in Geschichte und Gegenwart, Reinbek: Rowohlt 1985, S. 101 f.

Imperium Romanum
111 M2 Tacitus; zit. n.: Wolfgang Lautemann (Hg.)/Walter Arend (Bearb.), Geschichte in Quellen Bd. I: Altertum: Alter Orient, Hellas, Rom. München: Bayerischer Schulbuch-Verlag 1978, S. 641 f. (vereinfacht)

115 M2 Plutarch, Tiberius Gracchus; zit. n.: Wolfgang Lautemann (Hg.)/Walter Arend (Bearb.), Geschichte in Quellen Bd. I: Altertum: Alter Orient, Hellas, Rom. München: Bayerischer Schulbuch-Verlag 1978, S. 471 f.

118 M2 Strabo; zit. n.: Wolfgang Lautemann (Hg.)/Walter Arend (Bearb.), Geschichte in Quellen Bd. I: Altertum: Alter Orient, Hellas, Rom. München: Bayerischer Schulbuch-Verlag 1978, S. 594 f. (vereinfacht)

120 M2 Lindsey Davis, Silberschweine (Roman, übers. v. Reinhard Kaiser), München: Droemer Knaur 1996, S. 28 f.

124 M2 Marcus Porcius Cato der Ältere, zit. n. Gnaeus Gellius 10, 23; zit. n.: Bodo von Borries, Römische Republik. Weltstaat ohne Frieden und Freiheit? Ein problemorientiertes Unterrichtsmodell für die Sekundarstufen, Stuttgart: Klett 1980, S. 89

125 M5 Apuleius; zit. n.: Edward Brandt/Wilhelm Ehlers (Hg./Übers.), Apuleius: Der goldene Esel/Metamorphosen (lat./dt.), Berlin: Akademie-Verlag 2012 (6. Aufl.), S. 335 (vereinfacht)

130 M1 Tacitus, Germania (lat./dt., übers. v. Manfred Fuhrmann), Stuttgart: Reclam 1978, S. 9, 31 183

141 M2 Theodosius, zit. n.: Dietz, Karlheinz (Hg.), Klassisches Altertum, Spätantike und frühes Christentum: Adolf Lippold zum 65. Geburtstag gewidmet, Würzburg: Verl.–Buchh. Der Christliche Osten 1993

Leben im Mittelalter
148 M2 Adalbero von Lâon; zit. n.: Heinz-Dieter Schmid (Hg.)/Wilhelm Borth (Bearb.), Fragen an die Geschichte Bd. 2: Die europäische Christenheit, Frankfurt a. M.: Hirschgraben-Verlag 1980, S. 15

155 M2 Annales Laureshamenses (Lorscher Annalen), foll. 3v/4r; zit. n.: Hiram Kümper/Michaela Pastors (Hg.), Mittelalter. Quellen für den Geschichtsunterricht, Schwalbach/Ts.: Wochenschau-Verlag 2008, S. 28 f.

159 M2 Urbar von Friemersheim; zit. n.: Günther Franz (Hg.), Quellen zur Geschichte des deutschen Bauernstandes im Mittelalter, Berlin: Deutscher Verlag der Wissenschaften 1967

167 M3 Ulrich von Hutten; zit. n.: https://de.wikipedia.org/wiki/Lehnsmann [letzter Zugriff: 17.3.2020] (bearbeitet)

169 M6 Basilius Steidle (Hg./Übers.), Die Benediktusregel (lat./dt.), Beuron: Beuroner Kunstverlag 1975 (2. Aufl.), S. 35 f. (bearbeitet)

172 M1 Cassel, Clemens: Geschichte der Stadt Celle – mit besonderer Berücksichtigung des Geistes- und Kulturlebens der Bewohner, Bd. 1, Ströher, Celle 1930, S. 35 f.

177 M3 Schoop, August: Rechts- und Wirtschaftsgeschichte der Stadt Düren bis zum Jahre 1794, Hanstein, Bonn 1920, S. 117.

177 M5 Wolfram Fischer: Quellen zur Geschichte des deutschen Handwerks, Musterschmidt-Verlag, Göttingen 1957, S. 25 ff.

Begegnung fremder Kulturen
185 M2 Lewis, Bernard (Hrsg.): Der Islam von den Anfängen bis zur Eroberung von Konstantinopel, Bd. 2, Artemis-Verlag, Zürich 1982, S. 279.

187 M2 Allebrand, Raimund: Al-Andalus. Islam im Westen Europas. In: Matices, Zeitschrift zu Lateinamerika Spanien und Portugal, Nr. 27, 2000.

188 M1 Robert Burchard Constantijn Huygens (Hg.): Guilelmus, de Tyro: Chronique, Turnholti : Brepols, 1986, S. 412.

188 M2 Gabrieli, Francesco (Hrsg.): Die Kreuzzüge aus arabischer Sicht, Bechtermünz-Verlag, Augsburg 1999, S. 49 f.

188 M3 Recueil des Historiens des Croisades. Historiens occidentaux, Bd. 3, Imprimerie royale, Paris 1844.

190 M2 Messmer, Willy: Juden unserer Heimat. Geschichte der Kraichgauer Juden aus den Orten Mingolsheim, Langenbrücken und Malsch, Messmer, Bad Schönborn 1986.

192 M2 Stemberger, Günter (Hrsg.): Die Juden. Ein historisches Lesebuch, Beck, München 1995, S. 145.

194 M1 Höllmann, Thomas O.: Die Seidenstraße, Beck, München 2004, S. 7.

Die Zeit der Entdeckungen

221 M2 Prescott, William: Tagebuch des Fray Celso Garcia. In: Die Eroberung Perus, Dietrich Verlag, Pfäffingen 1973, S. 49 ff.

223 M2 Enzensberger, Hans-Magnus (Hrsg.): Bartholomeo de las Casas. Kurzgefasster Bericht über die Verwüstung der westindischen Länder, Insel Verlag, Frankfurt am Main 1981, S. 20.

225 M2 Lautemann, Wolfgang u. Manfred Schlenke Hrsg.): Geschichte in Quellen, Bd. 3, Bayrischer Schulbuch-Verlag, München 1976, S. 76 f.

225 M3 Lautemann, Wolfgang u. Manfred Schlenke Hrsg.): Geschichte in Quellen, Bd. 3, Bayrischer Schulbuch-Verlag, München 1976, S. 73.

226 M1 Aus: http://www.berliner-zeitung.de/archiv/die-niederlande-feiern-die-gruendung-der--vereinigten-ostindischen-kompanie--vor-400-jahren-zimt-aus-tidor--gewuerznelken-aus-am-bon,10810590,9990286.html (Stand: 25.09.2015)

229 M3 zit. nach: Brockhaus-Redaktion (Hrsg.): Brockhaus. Die Bibliothek. Die Weltgeschichte, Bd. 4, Bibliographisches Institut & F. A. Brockhaus AG, Leipzig u. Mannheim 1998, S. 331.

Reformation und Glaubenskriege

234 M2 Kühner, Hans: Das Imperium der Päpste, Fischer Taschenbuch Verlag, Frankfurt a. M. 1980, S. 253.

239 M4 Amt der Vereinigten Evangelisch-Lutherischen Kirche Deutschlands (Hrsg.): Luther lesen. Die zentralen Texte. Auf der Grundlage von Kurt Aalands „Luther deutsch". Vandenhoeck & Ruprecht, Göttingen 2016, S. 91 f.

241 M3 Schappeler, Christoph u. Sebastian Lotzer: Die 12 „Hauptartikel aller Bauernschaft" 1524. sprachlich geringfügig modernisierte Fassung nach: Detlef Plöse und Günter Vogler (Hrsg.): Buch der Reformation. Eine Auswahl zeitgenössischer Zeugnisse (1476-1555), Union Verlag, Berlin 1989, S. 358-362. Aus: https://www.uni-muenster.de/FNZ-Online/politstrukturen/reformation/quellen/bauer.htm (Stand 14.01.2019)

242 M2 Luther, Martin: Ermahnung zum Frieden auf die zwölf Artikel der Bauerschaft in Schwaben. 1525. In: Luther, Martin: Sämtliche Werke. Bd. 24, Erlangen 1826, S. 260, 262.

242 M3 Luther, Martin: Wider die räuberischen Bauern. In: Lautemann, Wolfgang u. Manfred Schlenke (Hrsg.): Geschichte in Quellen, Bd. 3, Bayrischer Schulbuch-Verlag, München 1976, S. 149 f., 154 f.

Die Zeit des Absolutismus

263 M3 zit. nach: Fritz Dickmann: Renaissance, Glaubenskämpfe, Absolutismus, Oldenbourg Schulbuchverlag, München 1982, S. 460-463.

266 M2 Locke, John: „Two Treatises one Government Geschichte 1689". In: Lautemann, Wolfgang u. Manfred Schlenke (Hrsg.): Geschichte in Quellen, Bd. 3, Bayrischer Schulbuch-Verlag, München 1966, S. 496.

266 M3 Rousseau, Jean-Jacques: Der Gesellschaftsvertrag oder Die Grundsätze des Staatsrechtes, Reclam, Leipzig [o.J.], S. 34. Aus: http://www.zeno.org/Philosophie/M/Rousseau,+Jean-Jacques/Der+Gesellschaftsvertrag/Erstes+Buch/1.+Inhalt+des+ersten+Buches (Stand: 16.01.2019)

268 M1 de Montesquieu, Charles: De l'esprit de lois [Vom Geist der Gesetze]. In: Jonas, Friedrich: Geschichte der Soziologie, Bd. 1, Westdeutscher Verlag, Opladen 1981, S. 337.

270 M1 Jost, Isaak Markus (Hrsg.): Gesammelte Werke Friedrichs des Großen in Prosa: Ausgabe in einem Bande, Lewent's Verlags-Buchhandlung, Berlin 1837, S. 788.

271 M3 (1,2,3) Lautemann, Wolfgang u. Manfred Schlenke (Hrsg.): Geschichte in Quellen, Bd. 3, Bayrischer Schulbuch-Verlag, München 1966, S. 604-608.
M3 (4) Stadelmann, Rudolph: Preussens Könige in ihrer Thätigkeit für die Landescultur, Teil 2: Friedrich der Große, Hirzel, Leipzig 1882, S. 333.
M3 (5) Ritter, Albert (Hrsg.): Die Werke Friedrichs des Großen, Bd. 2, Borngräber, Berlin 1915, S. 342-344.

Die Französische Revolution

279 M2 Markov, Walter: Revolution im Zeugenstand, Bd. 2, Fischer Taschenbuch Verlag, Frankfurt 1987, S. 71.

283 M3 Jakoby, Ruth u. Frank Baasner: Paris 1789 – Journal der Täter, Opfer und Voyeure, Elster Verlag, Baden-Baden 1988, S. 263 f.

285 M2 Grundgesetz der Bundesrepublik Deutschland. Art 1-5. Zit. nach: Niedersächsische Zentrale für politische Bildung. Hannover 1999. S. 7.

289 M2 Paschold, Chris E. (Hrsg.): Die Französische Revolution. Ein Lesebuch mit zeitgenössischen Berichten und Dokumenten, Reclams Universal-Bibliothek, Stuttgart 1989, S. 262.

290 M1 Markov, Walter (Hrsg.): Die Französische Revolution – Bilder und Berichte 1789-1799, Propyläen, Berlin 1989, S. 186 ff.

290 M2 Die Hinrichtung Ludwigs XVI. Aus: https://lehrerfortbildung-bw.de/u_gewi/geschichte/gym/bp2016/fb7/4_franz/3_unter/5_koenig/5_das_verhalten_des_koenigs.pdf (Stand 22.02.2021)

292 M1 de Robespierre, Maximilien: Ausgewählte Texte, Merlin, Hamburg 1971, S. 587 f., 594 f.

297 M2 von Würtemberg, Friedrich; zit. nach E. Kleßmann: Deutschland unter Napoleon, Rauch Verlag, Düsseldorf, 1965, S. 37.

Auf dem Weg zum Nationalstaat

303 M2 Weldler-Steinberg, Augusta von (Hrsg.): Theodor Körners Briefwechsel mit den Seinen, Quelle & Meyer, Leipzig 1910, Brief vom 10.03.1813.

306 M2 Wentzcke, Paul u. Wolfgang Klötzer (Hrsg.): Deutscher Liberalismus im Vormärz. Heinrich von Gagern, Briefe und Reden 1815-1848, Musterschmidt, Göttingen 1959, S. 60.

307 M3 Schönbrunn, Günther: Bürgerliches Zeitalter 1815-1914, Bayerischer Schulbuch-Verlag, München 1980, 86 f.

309 M2 List, Friedrich: Schriften, Reden und Briefe, Bd. 5, Berlin 1929, S. 50.

313 M2 Krebs, Gilbert u. Bernard Poloni (Hrsg.): Volk, Reich und Nation 1806-1918. Texte zur Einheit Deutschlands in Staat, Wirtschaft und Gesellschaft, Paris: Univ. de la Sorbonne Nouvelle 1994, S. 108 f.

313 M3 Oncken, Wilhelm: Das Zeitalter des Kaisers Wilhelm, Bd. 1, Grote, Berlin 1890, S. 241.

314 M1 Schüßler, Wilhelm (Hrsg.): Otto von Bismarck, Reden 1847-1869. In: Hermann von Petersdorff (Hrsg.): Bismarck: Die gesammelten Werke, Bd. 10, Otto Stolberg, Berlin 1924–1935, S. 139 f.

315 M4 Görtemaker, Manfred: Deutschland im 19. Jahrhundert. Entwicklungslinien, Leske + Budrich, Opladen 1989, S. 253.

318 M3 Berliner Festspiele GmbH (Hrsg.): Preussen. Zur Sozialgeschichte eines Staates. Eine Darstellung in Quellen, Rowohlt, Reinbek bei Hamburg 1981, S. 299.

Die Industrialisierung

335 M3 zit. nach: Schulz, Ursula (Hrsg.): Die deutsche Arbeiterbewegung in Augenzeugenberichten, Rauch, Düsseldorf 1968, S. 107.

338 M2 Altmann, Anna: Aus dem Leben eines Proletarierkindes, In: Emma Adler (Hrsg.): Buch der Jugend. Für die Kinder des Proletariats, Verlag der Expedition des „Vorwärts", Berlin 1895, S. 186 f.

339 M3 Vom Leben der Spulerinnen, In: „Der Textil-Arbeiter", Jg. 21, Nr. 6, 5. Februar 1909, S. 44, Verband Deutscher Textilarbeiter, Berlin 1909. Aus: http://library.fes.de/gewerkzs/textilarbeiter/1909/pdf/1909-006.pdf (Stand 13.02.2019)

342 M2 Schramm, Percy Ernst: Neun Generationen. Dreihundert Jahre deutscher „Kulturgeschichte" im Lichte der Schicksale einer Hamburger Bürgerfamilie (1648-1948), Bd. 2, Vandenhoeck & Ruprecht, Göttingen 1964, S. 421.

344 M2 zit. nach: Danner, Wilfried und Wolfgang Hug (Hrsg.): Geschichtliche Weltkunde. Quellenlesebuch. Bd. 2, Diesterweg Verlag, Braunschweig 1980, S. 215.

345 M3 Quellensammlung zur Geschichte der sozialen Betriebsverfassung, Bd. 2, Verlag Hanstein, Bonn 1965, S. 295.

347 M2 Weber, Bunte u. a.: Beschluß der Deligirten der Bergleute von Rheinland und Westfalen am 24. Mai im Schützenhofe zu Bochum. Märkische Vereinsdruckerei 1889. Aus: https://de.wikisource.org/wiki/Beschluß_der_Deligirten_der_Bergleute_von_Rheinland_und_Westfalen_am_24._Mai_im_Schützenhofe_zu_Bochum (Stand: 27.01.2019)

347 M3 Raßloff, Steffen u. Ulrich Seidel (Hrsg.): Der Erfurter Kaisersaal, Sutton Verlag, Erfurt 2008, S. 45-48. Aus: http://www.erfurt-web.de/Text_Erfurter_Programm (Stand: 05.12.2018)

349 M2 Marx, Karl u. Friedrich Engels: Manifest der Kommunistischen Partei, London 1848, S. 3-23. Aus: https://www.deutschestextarchiv.de/book/view/marx_manifestws_1848 (Stand: 19.02.2021)

350 M2 Peters, Horst: Die Geschichte der sozialen Versicherung, Asgard, Bonn-Bad Godesberg 1973, S. 49 f.

351 M3 Petersdorf, Herrmann von (Hrsg.): Otto von Bismarck, Gesammelte Werke, Bd. 3, Frankfurt (Oder) 1925, S. 319 f.

Bildnachweis

|123RF.com, Hong Kong: Pavel Timofeev 103.1. |akg-images GmbH, Berlin: 6.2, 7.3, 8.2, 13.3, 14.5, 36.1, 109.1, 122.1, 131.2, 147.2, 148.1, 150.2, 152.2, 156.1, 157.1, 157.2, 157.3, 157.4, 157.5, 163.1, 163.2, 163.3, 163.4, 163.6, 167.1, 168.2, 168.3, 169.1, 175.1, 178.1, 180.9, 182.1, 189.1, 193.2, 198.5, 203.1, 206.1, 206.2, 208.1, 209.1, 210.2, 215.1, 224.1, 228.1, 230.5, 233.1, 235.2, 238.1, 239.1, 246.1, 249.1, 254.4, 256.1, 260.1, 271.2, 272.3, 277.1, 282.1, 286.2, 288.1, 290.1, 292.1, 296.1, 298.5, 306.1, 307.1, 312.1, 316.1, 318.2, 322.5, 325.1, 325.2, 328.1, 333.3, 334.1, 336.1, 345.1, 345.2, 348.1, 350.1, 350.4, 350.5, 351.3, 351.4, 352.6, 352.7; (Bildarchiv Steffens) 136.1; Album 186.1; Album/Oronoz 248.1; archaeologyillustrated.com, Balogh, Balage 89.1; arkivi 333.2; Bildarchiv Steffens 14.4; British Library 164.1; Cameraphoto 201.3; Connolly, Peter 5.3, 15.2, 106.1, 117.1, 142.6; Forman, Werner 70.2; Held, André 140.1, 140.2; Hervé Champollion 63.2; Imagno 304.1; Imagno/Austrian Archives 251.1; Jentzsch, Hans Gabriel 342.1; L. W. Hine 8.3, 352.5; Lessing, Erich 64.1, 88.3, 100.1, 257.2, 263.1, 264.1, 267.1, 272.5, 279.1, 284.1, 294.1; Lewis W. Hine 324.1, 338.1; Märkisches Museum 308.1, 350.2; Martin, Joseph 258.1; Michaud, Roland and Sabrina 195.1, 195.2; Nimatallah 122.2; Osprey Publishing/Salamis 480 BC/Peter Dennis 102.1; Peter v. Hess 303.1; Pictures From History 197.1; Rabatti & Domingie 201.2; Simon Bening 163.5; Vandeville, Eric 201.1; Visioars 196.2; VISIOARS 259.1; © VG Bild-Kunst, Bonn 2020/Banco de México Diego Rivera Frieda Kahlo Museums Trust 203.2, 222.1, 230.7. |Alamy Stock Photo, Abingdon/Oxfordshire: public domain sourced/access rights from VTR 205.1. |Alamy Stock Photo (RMB), Abingdon/Oxfordshire: A. Ramsey 213.1, 213.2, 213.3; Alex Timaios Photography 138.1; Dagnall, Ian 22.3, 137.2; Eastland, Adam 92.14; Ellis, Richard 91.2; Granger Historical Picture Archive 204.2, 257.1, 263.2, 272.4; Heritage Image Partnership Ltd 125.2; imageBROKER 27.2; Ivanov, Anton 91.3; J. Sackermann 138.3; jackie ellia 77.1; Jon Arnold Images Ltd 91.1; Lanmas 219.1; Maentz, Jacob 39.1, 39.2; Richardson, Rolf 83.2, 91.4, 104.7; The Natural History Museum 31.1; Universal Images Group North America LLC 123.1; velislava-germany 36.2. |Albertina, Wien: 234.1. |Askani, Bernhard Dr., Schwetzingen: 152.3. |Astrofoto, Sörth: NASA 57.1. |Bonin, Katharina, Braunschweig: 92.1, 92.2, 92.6, 92.7. |Bönisch, Britta, Hildesheim: 18.1, 18.2, 18.3, 18.4, 18.5, 18.6, 18.7. |bpk-Bildagentur, Berlin: 7.1, 8.1, 11.6, 13.1, 55.2, 58.2, 60.1, 60.2, 61.1, 61.2, 61.3, 62.1, 80.5, 98.1, 118.1, 168.1, 176.1, 202.1, 210.1, 215.2, 228.2, 230.6, 276.1, 277.2, 278.1, 281.1, 283.1, 295.1, 295.2, 298.4, 298.6, 301.1, 322.6, 326.1, 330.1, 332.1, 339.2, 351.2; A. Dagli Orti 221.1; Antikensammlung, SMB/

Laurentius, Johannes 88.5; Antikensammlung, SMB/Liepe, Jürgen 138.6; British Library Board 147.1, 158.1, 180.7; Georg Büxenstein & Co 339.1; Kunstbibliothek, SMB/Knud Petersen 300.1; Kupferstichkabinett, SMB / Volker-H. Schneider 235.1; Liepe, Jürgen 71.1; Museum für Vor- und Frühgeschichte, SMB / Jürgen Liepe 43.1; Reiss-Engelhorn-Museen Mannheim 47.1, 47.2; RMN - Grand Palais / Les frères Chuzeville 127.2; RMN -Grand Palais / Lewandowski, Hervé 115.1; Robana Picture Library 168.4; Scala 87.2, 248.2; Scala - courtesy of the Ministero Beni e Att. Culturali 125.1; SMB/antikensammlung/I. Geske 88.1; SMB/Antikensammlung/I. Geske 88.2; SMB/Kunstbibliothek 220.1; Staatliche Kunstsammlungen Dresden 233.2, 240.1, 254.5; The Trustees of the British Museum 12.1, 258.2. |Bridgeman Images, Berlin: 196.1, 286.1, 329.1, 346.1; Bibliotheque de L'Arsenal, Paris 6.1, 146.1, 155.1, 180.8, 351.1; Giraudon 174.1, 174.2, 174.3, 293.1, 330.2; National Archaeological Museum, Athens, Greece / De Agostini Picture Library / G. Dagli Orti 87.1; Universitätsbibliothek, Göttingen 208.2. |Carls, Claudia (RV), Hamburg: 214.1. |Colourbox.com, Odense: Valeriy Tretyakov 187.2. |David, Wolfgang, Frankfurt am Main: 47.4. |Dölling, Andrea, Berlin: 92.15. |Druwe & Polastri, Cremlingen/Weddel: 19.1. |Focus Photo- u. Presseagentur GmbH, Hamburg: H.W. Silvester 218.2. |fotolia.com, New York: B. Kröger 314.2; elli 226.2; Georgios Kollidas 314.1; Körber, Stefan 137.3; milosk50 5.2, 82.1, 104.5; nikhg 119.4; saurebeere 226.1; Yantra 92.10. |FRAMEPOOL, Seattle: 119.6. |Frankfurter Allgemeine Zeitung GmbH, Frankfurt/Main: F.A.Z.-Foto/Samira Schulz 136.2. |Garbert, Jutta, Nürnberg: 92.5. |Getty Images, München: De Agostini Editorial 85.1. |Getty Images (RF), München: Michael Thornton/Design Pics 187.1. |Gurche, John, Trumansburg, NY: © 2021 4.2, 24.1, 30.1, 50.5. |Herzog August Bibliothek, Wolfenbüttel: Cod. Guelf. 3.1 Aug. 2°, fol. 65v 150.3; Cod. Guelf. 3.2 Aug. 2°, fol. 10r 150.1. |Historisches Archiv MAN, Augsburg: 343.1. |Historisches Museum der Pfalz Speyer, Speyer: Fotograf: Peter Haag-Kirchner 190.1. |HüttenWerke, Klaus Kühner, Hamburg: 47.3, 53.1, 53.3, 99.2, 141.1, 145.1, 165.1, 165.2, 171.1, 247.1, 332.2. |Imago, Berlin: Siering 55.1, 56.1, 80.4. |INNOVA-Agentur - Graphik & Design, Borchen: 92.4. |Interfoto, München: Granger 204.1; Heine, Heiner 14.6; imagebroker/Heinz-Dieter Falkenstein 137.5; Schneiders, Toni 242.1; Science Museum/SSPL/Science & Society 92.13. |iStockphoto.com, Calgary: Aurelie1 218.1; bluejayphoto 22.1, 201.4; MahirAtes 92.11; Michal Krakowiak 119.3; mmac72 119.1; Renars2014 21.2; rusm 21.5; seraficus 271.1. |Keltenmuseum Hochdorf/Enz, Eberdingen-Hochdorf: 49.2. |Keltenwelt am Glauberg, Glauburg: P. Odvody 49.1. |Kesper, Ingrid, Salzkotten: 34.1, 35.1, 95.1. |Landesamt für Denkmalpflege im Regierungspräsidium Stuttgart, Esslingen (Neckar): 138.4. |Landesmuseum Württemberg, Stuttgart: P. Frankenstein/H. Zwietasch 45.1, 45.2, 49.3, 49.4. |Langner & Partner Werbeagentur GmbH, Hemmingen: 191.1. |Limesmuseum, Aalen: 107.2, 132.1, 142.8. |LWL, Münster: Brentführer, Stefan 13.2. |Marckwort, Ulf, Kassel: 92.9. |Müller, Bodo, Bartensleben: 244.1. |National Maritime Museum, Greenwich, London: G201:1/53 C4568_1 212.1. |PantherMedia GmbH (panthermedia.net), München: Jan Drskovic 22.4. |Pfannenschmidt, Dirk, Hannover: 56.2, 56.3, 56.4, 108.1, 127.1. |Picture-Alliance GmbH, Frankfurt a.M.: akg-images 302.1; akg-images/Lessing, Erich 45.3; AP Photo 31.2; AP/Meissner, Martin 38.1; Bildagentur Huber/G. Simeone 119.2; dpa-Zentralbild/Hendrik Schmidt 330.3; dpa/Arnold, Andreas 136.3; dpa/duisport 197.2; dpa/F. Hörhager 11.3; dpa/K. Scholz 78.1; dpa/Kräuse, Axel 76.1; dpa/Landesamt 15.3; dpa/Langenstrassen, Wolfgang 28.1; dpa/Neumeier, A. 88.4; dpa/R. Haid 177.1; dpa/R. Kremming 28.2; DU-MONT Bildarchiv/Haenel, Gerald 136.4; imageBROKER/Oberhäuser, Rupert 137.4; IMAGNO/Anonym 249.2; Maurizio Gambarini 14.2; newscom/Hill, Debbie 26.1; Rainer Fieselmann 138.2. |Rauschenbach, Anke Kristin, Leipzig: 129.1. |Roemer- und Pelizaeus-Museum, Hildesheim: Archivfoto 77.3. |Römisch-Germanisches Museum der Stadt Köln, Köln: COLONIA¦3D 134.1. |Rosgartenmuseum Konstanz, Konstanz: 35.2. |Schönauer-Kornek, Sabine, Wolfenbüttel: 70.1, 111.1. |Schwarz, Thies, Hannover: 90.1, 90.2, 90.3, 90.4, 96.1, 97.1, 97.2, 109.2, 116.1, 160.1, 160.2, 161.1, 170.1, 245.1, 245.2, 245.3, 275.1, 310.1, 310.2, 310.3, 311.1, 340.1, 340.2, 340.3, 341.1, 341.2. |Science Photo Library, München: 79.1. |Shutterstock, New York: Good_Stock 92.3; Jess Kraft 218.3; Kanate 207.2, 266.1; Shchipkova Elena 185.1; Viacheslav Lopatin 14.1; vvoe 22.2; wentus 27.1. |Spangenberg, Frithjof, Konstanz: 4.1, 10.1, 10.2, 11.1, 11.2, 11.4, 11.5, 25.1, 25.2, 27.3, 32.1, 32.3, 32.4, 32.5, 33.1, 33.2, 33.3, 37.1, 42.1, 44.1, 44.2, 48.1, 50.6, 50.7, 58.1, 59.1, 59.2, 59.3, 59.4, 65.1, 66.1, 66.2, 68.1, 68.2, 69.1, 69.2, 72.1, 73.1, 75.1, 75.2, 75.3, 75.4, 75.5, 83.1, 86.1, 86.2, 86.3, 86.4, 86.5, 86.6, 86.7, 86.8, 86.9, 86.10, 94.1, 98.2, 99.1, 101.1, 104.6, 107.1, 110.1, 110.2, 110.3, 110.4, 110.5, 114.1, 120.1, 124.1, 126.1, 128.1, 128.2, 128.3, 128.4, 128.5, 128.6, 128.7, 130.1, 130.2, 130.3, 135.1, 142.7, 149.1, 151.1, 151.2, 151.3, 152.1, 162.1, 166.1, 171.2, 171.3, 171.4, 171.5, 207.1, 211.1, 211.2, 262.1, 326.2, 327.1. |Stadt Celle, Celle: Stadtarchiv Celle, Urk, Nr.1 173.1. |Stadtarchiv Zweibrücken, Zweibrücken: 333.1. |Stiftung Das Rauhe Haus, Hamburg: 344.1. |Stiftung Neanderthal Museum, Mettmann: Titel. |Stiftung Schleswig-Holsteinische Landesmuseen, Schleswig: 46.1. |stock.adobe.com, Dublin: Brutz, Michael 137.1; ExQuisine 92.8; Fotofreundin 21.3; fotomek 53.4, 145.4, 201.5, 275.2; goldbany 92.12; Marek Durajczyk 119.5; PRILL Mediendesign 5.1, 54.1, 73.2, 80.6; Schwier, Christian 23.1, 23.2; tadoma 13.1; ti_to_tito 21.1; Tomsickova 21.4. |Süddeutsche Zeitung - Photo, München: Scherl 342.2. |TESSLOFF VERLAG, Nürnberg: WAS IST WAS Band 58 Wikinger, Copyright © 2016 15.1. |Tonn, Dieter, Bovenden-Lenglern: 50.1, 50.2, 50.3, 50.4, 51.1, 51.2, 51.3, 52.1, 52.2, 52.3, 80.1, 80.2, 80.3, 81.1, 81.2, 81.3, 104.1, 104.2, 104.3, 104.4, 105.1, 142.1, 142.2, 142.3, 142.4, 142.5, 143.1, 143.2, 144.1, 144.2, 144.3, 144.4, 144.5, 146.6, 175.2, 180.1, 180.2, 180.3, 180.4, 180.5, 180.6, 181.1, 181.2, 198.1, 198.2, 198.3, 198.4, 199.1, 200.1, 200.2, 200.3, 200.4, 200.5, 200.6, 200.7, 223.1, 223.2, 230.2, 230.3, 230.4, 231.1, 231.2, 231.3, 231.4, 254.1, 254.2, 254.3, 255.1, 268.1, 272.1, 272.2, 273.1, 273.2, 274.1, 274.2, 274.3, 274.4, 274.5, 287.1, 298.1, 298.2, 298.3, 299.1, 322.1, 322.2, 322.3, 322.4, 323.1, 352.1, 352.2, 352.3, 352.4. |ullstein bild, Berlin: adoc-photos 77.2; Africa Media Online/Iziko Museum 216.1; Archiv Gerstenberg 238.2, 309.1; Granger Collection 217.1; Granger, NYC 219.2, 219.3, 236.1; Heritage Images/Werner Forman Archive 187.3; histopics 7.2, 232.1, 232.2, 250.1, 250.2, 254.6; Pictures from History 183.2, 194.1, 198.7; Poss, Oskar 14.3; Roger-Viollet/Albert Harlingue 290.2; Schellhorn 32.3, 32.2; SZ Photo / Scherl 301.2, 318.1, 322.7; The Granger Collection 63.1. |Universität Tübingen, Tübingen: Hilde Jensen 12.2, 16.1. |Universitäts- und Landesbibliothek Darmstadt, Darmstadt: Hs-1971, Bd 23, fol. 122 193.1. |Universitätsbibliothek Würzburg, Würzburg: M.ch.f.760, fol. 257v 183.1, 192.1, 198.6, 350.3. |Varusschlacht im Osnabrücker Land, Bramsche-Kalkriese: 138.5. |Volkskunde- und Freilichtmuseum Roscheider Hof, Konz: Kramp, Hermann 15.5. | © SWR, Stuttgart: Film:"Bäuerliches Leben im Mittelalter" | Bild: SWR 15.4.

Operatorenübersicht

beschreiben
Wenn du im Geschichtsunterricht Sach- und Bildquellen oder auch Vorgänge aus der Vergangenheit anschaust, dann beschreibst du diese oft erst einmal. Das bedeutet, dass du zum Beispiel bei einem Gegenstand das Aussehen in einer logischen Reihenfolge beschreiben sollst. Bei einem Vorgang musst du diesen in der zeitlich richtigen Reihenfolge kurz zusammenfassen. Am Ende deiner Beschreibung sagst du kurz, wozu die Menschen den Gegenstand gebraucht haben oder warum der Vorgang wichtig für die Menschen war.

→ 16/17

erklären
Wenn du im Geschichtsunterricht etwas erklären sollst, dann musst du Informationen aus einem Text oder einem Bild herausarbeiten und diese dann genau wiedergeben. Deine Erklärung muss so genau sein, dass sie von jedem verstanden werden kann.

→ 28/29

gegenüberstellen
Wenn in der Aufgabenstellung steht, dass du Dinge einander gegenüberstellen sollst, dann musst du diese genau anschauen und ihre Gemeinsamkeiten und Unterschiede aufzählen. In der Aufgabenstellung steht, was genau du einander gegenüberstellen musst. Das können zum Beispiel Werkzeuge, Aufgaben oder Ziele von Menschen, Texte oder auch Anfang und Ausgang eines Ereignisses sein. Sammle zunächst möglichst viele Informationen und schreibe sie auf. Anschließend ordnest du die Informationen; am besten in einer Tabelle. So kannst du danach ganz leicht erkennen, welche Gemeinsamkeiten und Unterschiede die beiden haben.
Anders als beim Operator *vergleichen* brauchst du kein weitergehendes Ergebnis zu formulieren. Es reicht, wenn du sagst, ob es mehr Unterschiede oder Gemeinsamkeiten gibt.

→ 66/67

begründen
Wenn du etwas begründen sollst, dann sollst du eine Aussage erklären. Diese musst du erst einmal in deinen eigenen Worten zusammenfassen. Danach sollst du Gründe dafür finden, dass diese Behauptung richtig ist. Du musst also die Frage nach dem „Warum ist das so?" beantworten. Dafür brauchst du Informationen aus der Geschichte und auch Beispiele. Um Informationen und Beispiele auflisten zu können, musst du Materialien und Texte anschauen und lesen. Am Ende fasst du dein Ergebnis in einem Schlusssatz zusammen.

→ 138/139

erläutern
Beim Erläutern sollst du ein Thema verständlich machen. Das tust du, indem du Informationen sammelst und miteinander in Verbindung setzt. Anhand von Unterpunkten und Beispielen erklärst du sie genauer. Wenn du eine Theorie, einen Ablauf, eine Übersicht oder Ähnliches erläuterst, musst du zunächst das vorliegende Material sichten. So sammelst du Informationen. Das Material kann aus Texten, Schaubildern oder Tabellen bestehen. Die Informationen und Beispiele formulierst du geordnet in einem Fließtext aus.

→ 268/269

beurteilen
Wenn wichtige Ereignisse aus der Geschichte untersucht werden, sollen diese oft auch beurteilt werden. Das bedeutet beispielsweise, dass du sagen sollst, warum eine Erfindung oder etwas, das passiert ist, wichtig war. Es kann aber auch sein, dass du erklären musst, warum das Verhalten von Menschen damals gut oder schlecht war. Wichtig ist, dass du nicht nur sagst, ob etwas gut oder schlecht war, sondern auch begründest, warum du zu diesem Urteil kommst. Dein Urteil sollte aber immer sachlich sein, du sollst also nicht deine Meinung aufschreiben.

→ 208/209

vermuten

Manchmal findest du zu einem Thema nicht alle Informationen, die du brauchst. Es gibt also eine offene Frage. Um die Frage zu beantworten, musst du vermuten, also eine mögliche Antwort finden. Dafür musst du zunächst die vorhandenen Informationen sammeln. Auf der Grundlage dieser Informationen kannst du dann Überlegungen anstellen, wie die Frage beantwortet werden kann.

Der Operator *vermuten* ist besonders wichtig im Geschichtsunterricht, denn so arbeitet ein Historiker: Es gibt eine offene Frage oder ein Problem, und er stellt Vermutungen dazu an. Im nächsten Schritt überprüft er anhand von Materialien und Quellen, ob seine Vermutung stimmen kann oder ob er sie verändern muss.

➡ 252/253

vergleichen

Wenn du Dinge miteinander vergleichen sollst, betrachtest du sie, um Gemeinsamkeiten und Unterschiede festzustellen. Dazu musst du Vergleichspunkte finden und diese untersuchen. Zum Schluss hältst du deine Ergebnisse fest. Dabei schreibst du auf, ob es mehr Gemeinsamkeiten oder Unterschiede gibt. Außerdem solltest du notieren, welche Erkenntnisse sich aus dem Vergleich ergeben. Hierbei kann es wichtig sein zu formulieren, welche Folgen sich für die Menschen ergeben.

In der Aufgabenstellung steht jeweils, was du miteinander vergleichen sollst. Das können Situationen, Aufgaben, Lebensbedingungen von Menschen und vieles andere sein.

➡ 330/331

bewerten

Beim Bewerten gehst du zunächst genau wie beim Beurteilen vor. Du wägst ab, inwiefern zum Beispiel Aussagen oder Maßnahmen bestätigt oder widerlegt werden können. Hierfür formulierst du Argumente, die du aus vorliegendem Material und deinen eigenen Vorstellungen erarbeitest. Der Unterschied zum Beurteilen liegt darin, dass du dein Urteil nicht nur sachlich begründest, sondern darüber hinaus ein Werturteil abgibst. Das tust du, indem du deine eigene Sicht begründest. Du sagst, warum du etwas zum Beispiel richtig oder falsch, gerecht oder ungerecht, gut oder schlecht findest.

➡ 290/291

Methoden für gemeinsames Lernen

Bienenkorb
1. Findet euch zu zweit oder zu mehreren zusammen.
2. Tauscht euch gemeinsam zur jeweiligen Fragestellung aus: Sammelt Ideen und Lösungsvorschläge oder vergleicht vorhandene Ergebnisse.
3. Sprecht anschließend gemeinsam in der Klasse.

Galeriegang
1. Bildet gleich große Gruppen. Innerhalb der Gruppen werden unterschiedliche Themen bearbeitet.
2. Anschließend werden die Gruppen neu zusammengesetzt: Aus jeder alten Gruppe wechselt ein Mitglied als Experte in eine neue Gruppe.
3. Dort präsentiert der Experte die Arbeitsergebnisse und beantwortet Fragen.

Gruppenpuzzle
1. Bildet Stammgruppen. Alle Stammgruppen haben so viele Mitglieder, wie es Teilaufgaben gibt. Jedes Mitglied erhält einen Buchstaben (A, B, C, D usw.).
2. Alle gleichen Buchstaben beschäftigen sich mit derselben Aufgabe. Jeder arbeitet für sich.
3. Nach einer gewissen Zeit setzen sich die gleichen Buchstaben zu Expertengruppen zusammen (A+A+A, B+B+B, C+C+C usw.).
In der Expertengruppe besprecht ihr eure Ergebnisse. Klärt Fragen und korrigiert Fehler. Besprecht, wie ihr die Mitglieder eurer Stammgruppe über das Thema informieren wollt.
4. Zurück in der Stammgruppe tragen die „Experten" nacheinander die Ergebnisse ihrer Teilaufgabe vor. Alle Ergebnisse werden zusammengefasst, strukturiert und ggf. für eine Präsentation vorbereitet.

Gruppenturnier
1. Bildet Stammgruppen zu je 4 Schülern. Formuliert Fragen zu dem Thema, für das ihr üben wollt. Schreibt je eine Frage mit Lösung auf eine Karte.
2. Legt eure Karten auf einen Stapel in die Mitte des Tisches. Bereitet euch mit den Karten auf das Thema vor. Das könnt ihr allein machen; oder mit einem Partner oder in der Gruppe – fragt euch dann zum Beispiel gegenseitig ab.
3. Nummeriert die Tische durch. Ordnet außerdem jedem Schüler der Gruppen einen Buchstaben zu (A – D). Mischt nun die Gruppen neu: Alle A-Schüler gehen 1 Tisch weiter, alle B-Schüler gehen 2 Tische weiter, alle C-Schüler gehen 3 Tische weiter, alle D-Schüler bleiben an ihrem Tisch sitzen.
4. An allen Tischen sitzt nun je ein Schüler aus den verschiedenen Stammgruppen. Die Karten werden gemischt. Schüler A liest eine Frage vor. B, C und D schreiben die Lösung auf. Anschließend werden die Lösungen kontrolliert. Für richtige Antworten gibt es einen Punkt. Die nächste Frage liest B vor und alle anderen müssen sie beantworten. Reihum geht es weiter, bis alle Fragen gestellt sind.
5. Am Ende gehen alle Schüler in ihre Stammgruppen zurück und zählen ihre gesammelten Punkte. Die Gruppe mit den meisten Punkten hat gewonnen.

Lesekarussell
1. Bildet 4er-Gruppen. Jedes Gruppenmitglied übernimmt eine Aufgabe, die mithilfe von Rollenkarten zugewiesen wird: A: Vorleser, B Fragensteller, C: Fragenbeantworter, D: Zusammenfasser.
2. Jeder Schüler liest den Textabschnitt leise für sich. Dann liest A den Textabschnitt leise und deutlich vor. Die anderen hören zu. B stellt Fragen zum vorgelesenen Text. C beantwortet die Fragen. D fasst den Inhalt kurz zusammen (findet eine Überschrift oder nennt Schlüsselbegriffe). Danach notieren alle Gruppenmitglieder die Ergebnisse.
3. Für den nächsten Textabschnitt werden die Aufgaben neu verteilt. Die Rollenkarten werden hierfür im Uhrzeigersinn einen Platz weitergegeben. Nun wird wie in Schritt 2 der Text erarbeitet. Dieses Vorgehen wiederholt sich so lange, bis der gesamte Text erschlossen ist.

Kugellager
1. Teilt die Klasse in zwei gleich große Gruppen. Bildet einen inneren und einen äußeren Stuhlkreis. Je ein Schüler aus dem Innenkreis und sein Gegenüber aus dem Außenkreis sind Gesprächspartner.
2. Der Schüler aus dem Außenkreis stellt seinem Gegenüber im Innenkreis seine Fragen. Der Schüler im Innenkreis beantwortet sie.
3. Die Gesprächspartner wechseln, indem der Außenkreis sich einen Platz weiterbewegt. Jetzt stellt der Schüler im Innenkreis seine Fragen und der Partner im Außenkreis beantwortet sie.
4. Diese Wechsel werden 2 bis 3 Mal wiederholt.